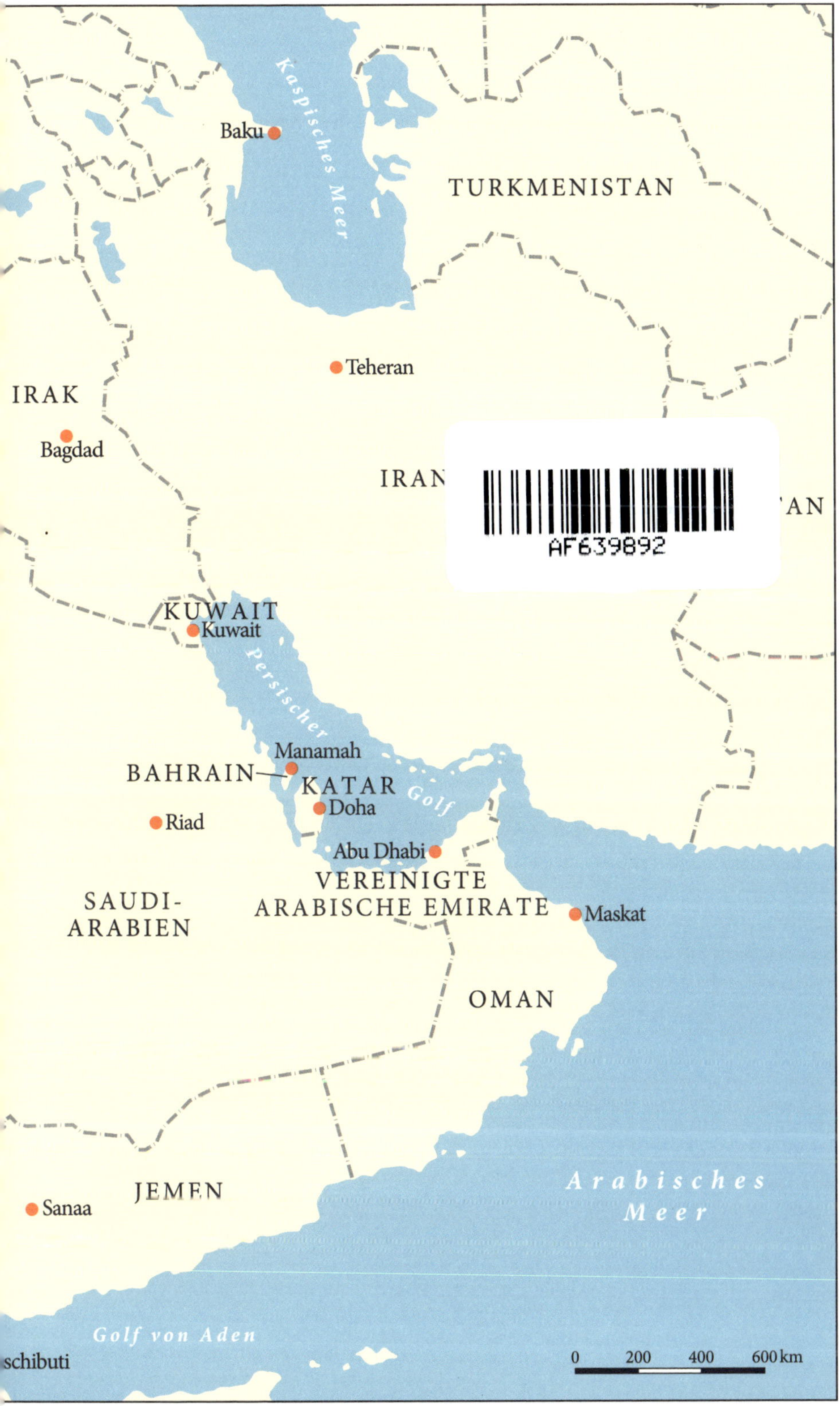
Kaspisches Meer
Baku
TURKMENISTAN
Teheran
IRAK
Bagdad
IRAN
KUWAIT
Kuwait
Persischer Golf
Manamah
BAHRAIN
KATAR
Doha
Riad
Abu Dhabi
VEREINIGTE ARABISCHE EMIRATE
SAUDI-ARABIEN
Maskat
OMAN
Arabisches Meer
JEMEN
Sanaa
Golf von Aden
schibuti
0 200 400 600 km

Michael Lüders

Krieg ohne Ende?

GOLDMANN

MICHAEL LÜDERS

KRIEG OHNE ENDE?

Warum wir für Frieden im Nahen Osten unsere Haltung zu Israel ändern müssen

GOLDMANN

MIX
Papier | Fördert gute Waldnutzung
FSC® C014889

Penguin Random House Verlagsgruppe FSC® N001967

3., aktualisierte Auflage
Originalausgabe September 2024

Redaktion: Peter Hammans
Karten: © Peter Palm
Umschlag: Uno Werbeagentur, München
Satz: Uhl + Massopust, Aalen
Druck und Bindung: Friedrich Pustet GmbH & Co. KG, Regensburg
Printed in Germany
EB · NB
ISBN 978-3-442-31776-9

www.goldmann-verlag.de

Für meinen Sohn Marlon

Denke ohne Geländer!

»Ich glaube, dass die Erkenntnis der Wahrheit
nicht in erster Linie eine Sache der Intelligenz,
sondern des Charakters ist.«

Erich Fromm

»Glaube denen, die die Wahrheit suchen,
und zweifle an denen, die sie gefunden haben.«

André Gide

»Man darf die Mehrheit nicht
mit der Wahrheit verwechseln.«

Jean Cocteau

»Wer die Wahrheit nicht weiß,
der ist bloß ein Dummkopf.
Aber wer sie weiß und sie eine Lüge nennt,
der ist ein Verbrecher.«

Bertolt Brecht

INHALT

Trauer, Leid und Denkverbote: Zur Einführung

Fragen, die weite Teile der Gesellschaft bewegen, solche über Krieg und Frieden beispielsweise, erfordern in einer Demokratie den freien Meinungsaustausch – sollte man meinen. Doch dem ist nicht so. Es gibt Grenzen dessen, was öffentlich gesagt werden kann, ungeschriebene Gesetze, ja, Tabus. Wer sie missachtet oder übersieht, dem drohen die Rufschädigung oder der politisch-mediale Pranger, schlimmstenfalls auch juristische Konsequenzen. Verstärkt seit dem Gaza-Krieg, dessen jüngste Eskalation mit dem 7. Oktober 2023 begann – jenem mörderischen Tag, als die Hamas und andere Gruppen vom Gazastreifen aus Südisrael angriffen. Offiziellen Angaben zufolge sind dabei 846 israelische Zivilisten, 278 Soldaten und 44 Polizisten getötet worden, 264 Gefangene wurden in die Küstenenklave verschleppt. Diesen Akt des Terrors zu verurteilen und sein Mitgefühl gegenüber den Opfern oder deren Angehörigen zum Ausdruck zu bringen, war in Deutschland aus gutem Grund weitestgehend Konsens.

Schwieriger wird es, sobald die Frage nach den Hintergründen und Ursachen dieser Gewalttat im Raum steht. Nicht wenige glauben, etwas zu erklären bedeute, es zu rechtfertigen. Das aber ist ein Irrtum: Verstehen und Billigen sind zweierlei. Gleichzeitig riskiert, wer einzuordnen versucht, den Vorwurf der Relativierung. Der Horror spreche doch für sich, vom zugrunde liegenden Judenhass ganz zu schweigen. Und überhaupt: Auf welcher Seite stehst du eigentlich?

Auf Seiten derer, die unschuldig Opfer von Terror und Gewalt werden. Meine Anteilnahme, die des Autors, gilt jenen, die an diesem Schicksalstag in Israel getötet oder entführt wurden. Und sie gilt den Zehntausenden Toten im Gazastreifen, aber auch im Westjordanland und im Libanon, die seither den Preis für eine entfesselte Rachsucht zu zahlen haben. Was wiederum Südafrika veranlasste, vor dem Internationalen Gerichtshof in Den Haag Klage gegen Israel wegen Völkermordes, konkret des Verstoßes gegen die UN-Völkermordkonvention von 1948 einzureichen.

Politik und Medien hierzulande haben sich jedoch nicht etwa für einen sofortigen Waffenstillstand und eine Friedenslösung eingesetzt, sondern sich uneingeschränkt hinter Israel gestellt. Im Ergebnis lief das auf einen Schulterschluss mit der Regierung unter Premier Benjamin Netanjahu hinaus, die als rechtsextrem zu bezeichnen fast schon eine Untertreibung ist. Die vielbeschworene »Staatsräson« und die irrige, aber wirkmächtige Annahme, Kritik an israelischen Positionen sei im Zweifel antisemitisch, hatten nicht allein in Deutschland zur Folge, dass die offenkundigen Kriegsverbrechen der israelischen Armee lange Zeit bestenfalls zur Kenntnis genommen wurden – mehr aber auch nicht. Was auch daran zu ermessen ist, dass sich die deutschen Rüstungsexporte in Richtung Israel 2023 verzehnfacht haben, wobei der Löwenanteil auf die Zeit *nach* dem 7. Oktober entfiel. Vor allem Artillerie- und Panzermunition aus hiesigen Beständen kam zuverlässig im Gazastreifen zum Einsatz. Darüber hinaus lieferte Berlin Schusswaffen verschiedenen Kalibers und allein in den ersten sechs Kriegsmonaten 500 000 Schuss Munition für Maschinengewehre. Wer also die richtigen Lektionen aus der jüngeren deutschen Geschichte gelernt zu haben glaubt, liefert Israel Waffen und Munition, die anschließend palästinensische Zivilisten töten?

Ins Visier gerieten auch Deutsche mit palästinensischen, arabischen oder muslimischen Wurzeln. Sie sahen sich dem Generalverdacht ausgesetzt, pro Hamas oder schlichtweg Antisemiten zu sein. (Obwohl, nebenbei bemerkt, auch Araber Semiten sind.) Entsprechend wurde ein Großteil der Demonstrationen gegen den Horror im Gazastreifen untersagt, oder aber ihre Teilnehmer sahen sich strengen Auflagen ausgesetzt. Schon Parolen wie »Free Palestine« oder »Stoppt den Genozid« waren strafbewehrt, weil sie angeblich Israel das, wie es heißt, Existenzrecht absprechen.

Parallel überrollte eine Welle der Zensur und der Denkverbote das Land. Vor allem im kulturellen Bereich kam es zu Hochgerichten der Inquisition, einer zunehmend McCarthy-haften *Cancel Culture*. Palästinensischer Herkunft zu sein oder als potenziell israelfeindlicher Verdachtsfall zu gelten, reichte bereits aus, um einen zugesprochenen Preis nicht oder erst im Nachklapp zu erhalten, von Veranstaltungen ausgeladen oder einem Gesinnungstest unterzogen zu werden. Es traf aber auch renommierte in- und ausländische Künstler oder Wissenschaftler, sofern sie sich im Verlauf ihres Berufslebens jemals kritisch über Israel geäußert oder etwa Texte verlinkt hatten, die den Rechtgläubigen als blasphemisch galten. Der anti-antisemitische Furor ereilte sogar deutsche wie nichtdeutsche Juden, die den Massenmord im Gazastreifen beim Namen nannten.

Die Konsequenz war eine ungute Mischung aus Philosemitismus und Islamophobie, geboren aus Schuldgefühl und Eurozentrismus. Bundespräsident Frank-Walter Steinmeier ermahnte alle »mit arabischen Wurzeln« in Deutschland, sich vom Hass auf Juden zu distanzieren und die Hamas zu verurteilen. Vizekanzler Robert Habeck ging sogar noch einen Schritt weiter. Er forderte die hier lebenden Muslime auf, sich »klipp und klar von Antisemitismus zu distanzieren, um nicht ihren eigenen Anspruch auf Toleranz zu verlieren«. Damit stellte der Minister eine klar umrissene Bevölkerungsgruppe unter Generalverdacht, verstärkt noch durch eine indirekte Drohung. Diese und ähnliche Botschaften, aufgegriffen und verstärkt in Politik und Medien, dürften nicht wenige, möglicherweise die meisten der hiesigen Muslime, immerhin 5,5 Millionen Menschen, der Mehrheitsgesellschaft entfremdet haben. Nicht weil sie Antisemiten wären, die es in ihren Reihen ebenso gibt wie im Rest der Gesellschaft, sondern weil ihnen die Aufteilung der Bevölkerung in »wir« und »ihr« nicht entgangen sein wird. Und weil es ihnen, anders als dem Mainstream, nicht gelungen ist, das fortwährende Massaker im Gazastreifen lediglich zur Kenntnis zu nehmen. Vielmehr zeigen sie sich darüber ebenso betroffen wie entsetzt. Von den 40 000 Deutsch-Palästinensern in Berlin, der größten palästinensischen Community in Europa, haben viele Verwandte im Gazastreifen.

Laut Bundesamt für Verfassungsschutz gehen 84 Prozent der antisemitischen Straftaten in Deutschland auf das Konto von Rechtsextremisten. Am Pranger stehen jedoch seit dem 7. Oktober 2023 verstärkt hiesige Muslime und Araber, ob mit oder ohne deutschen Pass. Selbst ein Hubert Aiwanger, bayerischer Bannerträger solider Bodenständigkeit, in der rechten Armbeuge nicht immer haltungssicher, reihte sich in den Chor derer ein, die den hiesigen Antisemitismus im Bereich der »unkontrollierten Einwanderung« verorten. Mithin ein importiertes Problem, den Deutschen wesensfremd. Wie gut, möchte man ergänzen, dass Hitler Araber war und der Hamas angehörte. Die Spaltung der Gesellschaft jedenfalls schreitet voran.

Fällt Kritik an Israel in die Kategorie des »israelbezogenen Antisemitismus«? Für die große Mehrheit der hiesigen Entscheider und Meinungsmacher ist das eindeutig der Fall. Den wiederum anzuprangern stellt sich ihnen als Ausdruck allerhöchster Moralität dar. Bestenfalls handelt es sich dabei allerdings um eine Scheinmoral, solange das Menschheitsverbrechen im Gazastreifen ungeahndet bleibt. Gleichwohl stellt der nahöstliche Krieg tief verwurzelte Glaubensgewissheiten und Rituale im Bereich der »Erinnerungskultur« infrage. Allein die weltweit immer lauter erhobene Forderung nach einem sofortigen Waffenstillstand enthält ja aus dieser Warte bereits eine Provokation: Sie unterstellt, dass die israelische Regierung, dass Israel mit einem Makel behaftet sein könnte. Was selbstverständlich nicht der Fall sein kann und darf, hat doch das stets in seiner Existenz bedrohte Land alles Recht der Welt, sich zu verteidigen. Warum also diese in Deutschland offiziös gesetzte Wahrheit nicht ebenfalls mit allen Mitteln, auch zutiefst undemokratischen, verteidigen?

Weil eine solche Haltung dem Denken und Handeln in einer freiheitlichen Gesellschaft zuwiderläuft. Was spricht denn dagegen, die Verbrechen der Hamas mit derselben Entschlossenheit zu verurteilen wie jene der israelischen Staatsführung? Warum sollte das eine das andere ausschließen? Weshalb nicht die Gewalt der israelischen Armee im Gazastreifen beim Namen nennen? Als da wären: unablässige Bombardements, großflächige Zerstörungen, darunter Krankenhäuser, Schulen, Universitäten, Gotteshäuser, Kulturgüter; mehrheitlich getötete Zivilisten, zu 70 Prozent Frauen und Kinder, Enteignung, Entrechtung, Folter in den Gefängnissen und, am perfidesten, der Entzug von Nahrung und Wasser als Waffe, das systematische Aushungern von 2,3 Millionen Menschen mit dem erklärten Ziel, sie möglichst in Richtung Sinai zu vertreiben. Seit dem Zweiten Weltkrieg ist keine Region der Welt innerhalb nur weniger Wochen dermaßen umfassend und zielgerichtet dem Erdboden gleichgemacht worden wie der Gazastreifen. 80 Prozent der Häuser und Gebäude, allgemein der Infrastruktur wurden zerstört. Gemessen an der täglichen Todesrate ist der Gaza-Krieg 2023/24 der bislang tödlichste in diesem Jahrhundert. Alle zehn Minuten starb dort in den ersten sechs Monaten ein Kind.

Es geht nicht darum, die Gewalt der einen Seite gegen die der anderen aufzurechnen, wenngleich die Zahlen für sich sprechen. Das Vorgehen der Hamas ist und bleibt ein Verbrechen und muss als solches benannt werden. Doch ist dieses Verbrechen nicht in einem Vakuum entstanden, wie UN-Generalsekretär António

Guterres zu Recht anmerkte. Der 7. Oktober hat eine Vorgeschichte, und die reicht zurück bis in die 1880er Jahre, bis zum Beginn der zionistischen Inbesitznahme Palästinas auf Kosten seiner ursprünglichen Bewohner. Getragen von einer siedlerkolonialen Bewegung, die seit ihren Anfängen glaubt, über ein biblisch begründetes, alleiniges Anrecht auf das gesamte Erez Israel zu verfügen: auf Palästina, das Land zwischen Mittelmeer und Jordanfluss. Allein historische Zusammenhänge aufzuzeigen kann vor diesem Hintergrund bereits zum Politikum werden – dann vor allem, wenn sie der allgemeinen Stimmungslage zuwiderlaufen oder gefühlten Wahrheiten entgegenstehen. Ohne Kenntnis dieser Zusammenhänge ist jedoch alles Reden nichts.

Und genau deswegen befasst sich das vorliegende Buch ausführlich mit der Vorgeschichte heutiger Konfliktlinien, zu der natürlich auch die israelische Staatswerdung 1947/48 gehört. Sie ging einher mit der gewaltsamen und vorsätzlichen Vertreibung von 750 000 Palästinensern, mehr als der Hälfte der damaligen arabischen Bevölkerung, im Arabischen als »Nakba« bezeichnet, als »Katastrophe«. Nach dem Sechstagekrieg 1967 wurden noch einmal 350 000 Palästinenser aus ihrer Heimat vertrieben. Seither hält Israel völkerrechtswidrig die syrischen Golanhöhen besetzt, das Westjordanland einschließlich Ostjerusalems sowie den Gazastreifen. Ungeachtet des israelischen Abzugs 2005 gilt dieser auch weiterhin, internationalem Recht zufolge, als besetzt – zu den Hintergründen später mehr. Für die Palästinenser bedeutet diese Entwicklung seit Jahrzehnten ein Leben in Ohnmacht und Entrechtung, ohne Hoffnung auf Veränderung. Unterbrochen nur von einem vermeintlichen »Friedensprozess«, der nie wirklich einer war, und in dessen Windschatten ein zunehmend messianisch aufgeladener Siedlungskolonialismus auf brutalste Weise Fakten schafft, straflos den Landraub auf Kosten der Palästinenser forciert.

Dergleichen Gegebenheiten aufzuzeigen oder auch nur zu benennen, mag Anhänger der »Staatsräson« empören. Das kann aber nicht der Maßstab sein. Der Horror des 7. Oktober 2023 ist einerseits singulär – und steht gleichzeitig stellvertretend für jenen Horror aus Unterwerfung und Gewalt, wie ihn Israel/Palästina seit Jahrzehnten erlebt. Ohne Gerechtigkeit und Ausgleich, ohne einen palästinensischen Staat wird die Region nicht zur Ruhe kommen. Der Anspruch Israels auf das gesamte Palästina und die angestrebte, dann dritte ethnische Säuberung sind Ausdruck einer gefährlichen Ideologie, die zu unterstützen es keinerlei Anlass gibt. Auch nicht für Deutschland. Dieser Konflikt ist ein territorialer, keineswegs ein religiöser – auch wenn er sich durchaus religiös artikulieren oder entladen kann.

Das historische Vermächtnis von Auschwitz, »Nie wieder«, kann nicht ernsthaft darin bestehen, eine falsche und verbrecherische Großisrael-Politik schönzureden oder gar zu fördern. Die Stimme dort zu erheben, wo Unrecht geschieht, insbesondere dann, wenn es epochales Ausmaß erreicht – darin liegt der Wert einer Erinnerungskultur, die diesen Begriff verdient. Umso mehr, als die Lage im Nahen Osten zunehmend außer Kontrolle gerät und der Krieg im Gazastreifen das Potenzial hat, einen Weltenbrand auszulösen: Hier der Westen, aufseiten Israels, dort Russland und China, aufseiten Irans.

Das vorliegende Buch sucht einen weiten Bogen zu schlagen, vom Gestern ins Heute. Als Autor stehe ich damit gleichwohl vor einem Dilemma. Zwar folge ich weitgehend der historischen Chronologie, doch Immanuel Kant zufolge ist nicht die Wirklichkeit an sich entscheidend, sondern deren Wahrnehmung. Und die ist in Deutschland in Sachen Israel/Palästina geprägt von moralischer Hybris und Realitätsverleugnung, oft genug auch von Philosemitismus, was in letzter Konsequenz auf eine Sakralisierung israelischer Politik hinausläuft.

Es empfiehlt sich daher, in einem ersten Schritt das vorherrschende Bewusstsein auf den Prüfstand zu stellen. Woher kommt diese Überidentifikation mit dem jüdischen Staat? Vordergründig erklärt sie sich mit dem Wunsch nach Absolution für die Verbrechen des Nationalsozialismus, für den Genozid an den Juden. Doch war dieser Wunsch stets eingebettet in übergeordnete Interessen, die selten offen angesprochen werden. Angefangen mit der Westorientierung der noch jungen Bundesrepublik unter Konrad Adenauer bis hin zum Wirken heutiger Antisemitismusbeauftragter.

Über einen Umweg ans Ziel gelangen, eine Zäsur setzen vor dem eigentlichen Akt – das ist ungewöhnlich und ein Hinweis darauf, dass ein Buch wie dieses zu schreiben oder zu verlegen alles andere als selbstverständlich ist. Keinen Denkverboten zu erliegen war dabei die entscheidende Herausforderung. Die Perspektive ist konsequent die der Ohnmächtigen und Vergessenen. Ich danke all jenen, die den Arbeitsprozess als anregende Gesprächspartner bereichert haben (und mehrheitlich ungenannt bleiben möchten). Für den Inhalt verantwortlich ist selbstverständlich der Autor allein. Aus dem Text parteipolitische oder ähnliche Rückschlüsse ziehen zu wollen wäre halt- und gegenstandslos.

Inmitten der zahlreichen politischen und ideologischen Minenfelder nicht die Orientierung zu verlieren halfen mir *last, but not least* zwei israelische Historiker, vor deren persönlicher Integrität und intellektueller Redlichkeit ich mich verneige: Ilan Pappe und Avi Shlaim.

Die Suche nach Vergebung: Israel und die deutsche »Staatsräson«

Deutschlands kollektive Identität beruht wesentlich auf dem öffentlichen Erinnern an die Verbrechen des NS-Regimes, wobei der Holocaust im Vordergrund steht. Damit einher geht ein häufig heilsgeschichtlicher Tonfall, wenn etwa von der »Gnade der Versöhnung« oder dem »Wunder der Vergebung« zwischen Deutschen und Juden die Rede ist. Vergangenheitsbewältigung und Erinnerungskultur, die Schlüsselbegriffe des staatlich institutionalisierten Gedenkens, verleihen der Suche nach der rechten Form des Erinnerns eine stark moralisierende Färbung, wie sie spätestens seit der deutschen Wiedervereinigung für die hiesige Politik insgesamt prägend ist. Im Vordergrund stehen dabei weniger klassische Tugenden wie Diplomatie oder die Suche nach Gemeinsamkeiten, als vielmehr die Festschreibung eigener Standpunkte, Weltbilder oder Überzeugungen auf der Ebene einer ultimativen und somit auch nicht infrage zu stellenden Wahrheit. Im verinnerlichten Wissen um das einzig Richtige und Machbare, destilliert aus einer absolut gesetzten Moralität, die sich als Widerpart der Monstrosität von Auschwitz versteht. Die Deutschen haben in jüngerer Vergangenheit so grundlegend auf der falschen Seite der Geschichte gestanden, dass sie nunmehr den kollektiven Wunsch verspüren, für alle Zeiten auf der richtigen zu stehen. Als Gute das Böse unwiderruflich zu tilgen.

Anders gesagt: Das kleine Israel spielt für das deutsche Selbstbild und die hiesige Identitätssetzung eine übergroße Rolle. In den Worten des Politologen Daniel Marwecki: »Während die deutsche Politik ihr Verhältnis zu Israel in seltener Einmütigkeit pflegt, wird der israelisch-palästinensische Konflikt in der deutschen Öffentlichkeit ohne Bandagen ausgetragen. Dabei geht es in den Zeitungen, auf Twitter oder in den Fachschaftsräten kaum um den Konflikt an sich. Vielmehr ist der seit dem frühen 20. Jahrhundert andauernde Konflikt zweier Nationen um ein entferntes Territorium eine willkommene Schablone für deutsche Identitätskämpfe.«[1] Zu den Ritualen der Selbstvergewisserung hiesiger Entscheider wie auch Meinungsmacher gehört die Beschwörung des Allerheiligsten, wofür an erster Stelle die deutsche »Staatsräson« wie auch das »Existenzrecht« Israels stehen. Als Mantra eingesetzt, sucht diese Ritualisierung die Dämonen der Vergangenheit zu bändigen. Gleichzeitig rührt sie an den Wesenskern einer staatlichen Identität, die sich angesichts einer fragwürdigen Traditionslinie – angefangen bei der Staatswerdung Deutschlands aus dem Geist des Militarismus 1871 in Versailles bis hin zur bedingungslosen Kapitulation 1945 – nicht ohne Weiteres auf die vermeintliche Großartigkeit der eigenen Nation berufen kann, im Gegensatz etwa zu Frankreich. Auch die Religion entfällt als Bezugsrahmen, wenngleich aus anderen Gründen.

Doch ungeachtet der Seligsprechung Israels in weiten Teilen der Öffentlichkeit als höchstem Ausdruck einer als makellos empfundenen Gesinnung seitens des Staates war das tatsächliche Verhalten (West-)Deutschlands im Zuge der »Wiedergutmachung« stets weniger von Moral, Wunder oder Versöhnung geprägt als vielmehr von Eigeninteressen. Die Geschichte der deutsch-israelischen Beziehungen passt in kein Gut/Böse-Schema, dafür ist sie zu widersprüchlich. Sie begann mit Konrad Adenauer, dem ersten Kanzler der Bundesrepublik (1949 – 1963). Seine Ägide stand im Zeichen des Kalten Krieges. Entsprechend ging es ihm in erster Linie um gute Beziehungen zu den USA, zu den westlichen Nachbarn in Europa und um die Wiederbewaffnung, konkret die

Gründung der Bundeswehr und den Beitritt zur NATO, beides 1955 vollzogen. Der Schlüssel für die angestrebte Westintegration Bonns war das Verhältnis zu Israel.

1965 erklärte Adenauer im Gespräch mit dem Fernsehjournalisten Günter Gaus, rückblickend auf seine Zeit als Kanzler: »Wir hatten den Juden so viel Unrecht getan, wir hatten solche Verbrechen an ihnen begangen, dass sie irgendwie gesühnt werden mussten, wenn wir überhaupt wieder Ansehen unter den Völkern der Welt gewinnen wollten … Die Macht der Juden auch heute noch, insbesondere in Amerika, sollte man nicht unterschätzen.«[2]

Die Bundesrepublik wollte also so schnell wie möglich wieder in den Kreis der zivilisierten Nationen aufgenommen werden. Folglich galt es »irgendwie zu sühnen«. Der zweite Teil von Adenauers Ausführung entsprach dem damaligen Zeitgeist. Dabei galt es in Bonn nicht als Widerspruch, einerseits Entschädigungen an Israel zu zahlen und die »Wiedergutmachung« voranzutreiben, andererseits aber verbrecherischen Funktionseliten zu erlauben, ihre Kriegs- und Vorkriegskarrieren im Beamtenapparat, in Politik und Wirtschaft ungebrochen fortzusetzen. Am bekanntesten dürfte der Fall Hans Globke sein, Mitverfasser der Nürnberger Rassengesetze von 1935 (»Arier-Nachweis«, »Judenstern«), Adenauers graue Eminenz und neben ihm der mächtigste Mann im Staat. Globke, der zudem im Verdacht stand, für die Deportation von 20 000 griechischen Juden in die Vernichtungslager mitverantwortlich zu sein, kontrollierte insbesondere den Bundesnachrichtendienst BND und den Verfassungsschutz.

Dergleichen Widersprüche begünstigten das Entstehen eines demonstrativ zur Schau getragenen Philosemitismus, der sich weniger für die Realität jüdischen Lebens interessierte als vielmehr für Außenpolitik und Staatsräson im vordemokratischen Sinn – mit anderen Worten für dem Staatswohl untergeordnete Aktivitäten von nationaler Bedeutung.

Kurzum: (West-)Deutschland wurde nach Unterzeichnung des Luxemburger Abkommens von 1952, dem ersten Schritt zur »Versöhnung« mit Israel, zu dessen wichtigstem Handelspartner in Europa. Die vereinbarten Entschädigungszahlungen halfen bei der Transformation Israels von einer Agrarökonomie in einen Industriestaat. Gleichzeitig wurde die Bundesrepublik zum größten Waffenlieferanten des dortigen Militärs und blieb es bis etwa Mitte der 1960er Jahre, als die USA die Führung übernahmen. Paradoxerweise legte die von Judenfeindschaft geprägte Generation der Täter das Fundament für Israels Aufstieg zur regionalen Hegemonialmacht. Ungeachtet der Tatsache, dass Bonn und Tel Aviv erst 1965 diplomatische Beziehungen zueinander aufnahmen.

Seinem Biograf Hans-Peter Schwarz zufolge war Adenauer »ein Kolonialherr alter Schule«, der 1956 volles Verständnis für den Suezkrieg zeigte, den gemeinsamen Angriff von Großbritannien, Frankreich und Israel auf Ägypten, nachdem der dortige Staatschef, Gamal Abdel Nasser, den Suezkanal verstaatlicht hatte. Die Beziehungen zu Israel waren der Regierung Adenauer wichtiger als die zu den arabischen Staaten, als Vermittler in der Region mochte (West-)Deutschland nicht auftreten. Zumal die Hallstein-Doktrin von 1955 unter Sanktionsandrohung einen Alleinvertretungsanspruch der Bundesrepublik formulierte, viele arabische Staaten aber infolge der westlichen Unterstützung Israels außenpolitisch der Sowjetunion zuneigten und sukzessive die DDR anerkannten.

»Juden – blond und blauäugig«

Theodor W. Adorno war überzeugt, dass es in der deutschen »Aufarbeitung der Vergangenheit« (so der Titel seines Essays von 1963) nicht darum gehe, sich ernsthaft mit Fragen von Schuld und

Verstrickung zu befassen. Über Aufarbeitung zu reden bedeute nicht, sie auch zu betreiben. Die Auseinandersetzung mit dem, was war, könne auch von dem Wunsch geleitet sein, die Vergangenheit zu überwinden, die eigene Verantwortung zu relativieren oder schlicht vergessen zu machen.[3] Wie richtig Adorno mit dieser Einschätzung lag, zeigte sich auch im Eichmann-Prozess 1961. Israelische Agenten hatten Adolf Eichmann, den Cheforganisator der Verfolgung, Vertreibung und Deportation der europäischen Juden in die Vernichtungslager, im Mai 1960 in Argentinien aufgespürt und entführt. Von April bis Dezember 1961 stand er in Jerusalem vor Gericht, im Mai 1962 wurde er gehenkt.

Adenauer war über den Eichmann-Prozess regelrecht »verzweifelt«, da er um (West-)Deutschlands Ruf in der Welt fürchtete. Was so weit ging, dass der Kanzler die Waffen- und Finanzhilfen verzögerte, die er dem israelischen Premier David Ben-Gurion 1960 in New York zugesagt hatte, und Bonns weiteres Vorgehen vom Verlauf des Eichmann-Prozesses abhängig machte, wie der Politikwissenschaftler Daniel Marwecki nachweisen konnte. Tatsächlich kam Ben-Gurion der Bundesregierung entgegen, indem er auf das Verfahren einwirkte und Änderungen an der Eröffnungsrede des Chefanklägers Gideon Hausner vornahm. Dabei ging es insbesondere darum, »das Ansehen Westdeutschlands zu schützen und die Schuld des deutschen Volkes zu mindern« sowie die Schuld Hitlers zu betonen, »um Diskussionen über eine Kollektivschuldthese abzuschwächen«.[4]

Nicht zuletzt sorgte sich Adenauer, was Eichmann wohl über Globke aussagen mochte. Doch die neuen Verbündeten in Israel sorgten dafür, dass dessen federführende Rolle bei den antijüdischen Rassegesetzen vor Gericht nicht weiter thematisiert wurde. Auch nicht die Präsenz anderer Alt-Nazis an den Schaltstellen der Macht in der Bundesrepublik. Stattdessen nutzte die israelische Seite den Eichmann-Prozess, um eine vermeintliche historische wie ideologische Nähe zwischen dem Nationalsozialismus und dem Großmufti von Jerusalem in den 1930er- und 1940er-Jahren zu behaupten. Wider jede Faktenlage wurde der ranghöchste Vertreter der Palästinenser jener Zeit als Urheber und geistiger Vater der »Endlösung« präsentiert – dazu später mehr.

Während Ben-Gurion und die Seinigen Deutschland rhetorisch »entnazifizierten« und der Bonner Republik bescheinigten, sie verkörpere »ein neues Deutschland«, wurden spiegelbildlich die Araber nazifiziert, abzulesen auch an der steten Gleichsetzung des ägyptischen Präsidenten Nasser mit Hitler. So thematisierten israelische Medien etwa umfassend die Präsenz früherer Nazis in Ägypten, wo sie ergebnislos an einem daraufhin aufgegebenen Raketenprogramm arbeiteten. Die Causa des Luftfahrtingenieurs Wernher von Braun, der im Dritten Reich die »Wunderwaffe« V2 maßgeblich entwickelte und nach dem Krieg in den USA als Apollo-Mitkonstrukteur Karriere machte, erfuhr hingegen keine weitere Beachtung. Hannah Arendt notierte in ihrem berühmten Eichmann-Prozessbericht über »die Banalität des Bösen«, Globke und den Großmufti betreffend: »Auf jeden Fall dürfte der frühere Ministerialrat des Innern und Staatssekretär in Adenauers Bundeskanzleramt den Vorrang vor dem ehemaligen Mufti von Jerusalem haben, wenn man die Leidensgeschichte der Juden unter dem Naziregime gerichtsnotorisch machen wollte.«[5]

Der mentale Export von Antisemitismus und nationalsozialistischem Gedankengut in den arabischen Raum hat sich keineswegs überlebt. Unter veränderten Vorzeichen lebt er bis heute fort, indem Politik und Medien in Deutschland Abneigungen und Vorurteile der Mehrheitsgesellschaft auf Migranten und Muslime projizieren, in deren Reihen sie »Judenhass« verorten. Obwohl, wie bereits erwähnt, mehr als vier Fünftel der antisemitischen Straftaten in Deutschland auf das Konto von germanisch gesinnten Rechtsextremisten gehen. Die darin enthaltene Traditionslinie speist sich aus Verdrängung, Exkulpierung und »Othering«. Gegenwärtige Formen von Rassismus gehen häufig einher mit

Philosemitismus und erkennen die Wurzeln allen Übels im Islam, wahlweise unter nahöstlichen Migranten.

Doch hatte der Eichmann-Prozess noch eine ganz andere Wirkung: Er machte den Holocaust zur »Staatsräson« Israels. Bis dato hatte Auschwitz im öffentlichen Bewusstsein des jüdischen Staates eine eher untergeordnete Rolle gespielt, obwohl ein Drittel seiner Bewohner Überlebende des Genozids waren. Der israelische Historiker Tom Segev nennt dafür zwei Gründe. Zum einen hätten sich die Zionisten auch während des Zweiten Weltkrieges in erster Linie um den Aufbau ihres Staates in Palästina gekümmert, die Rettung der europäischen Juden sei für Ben-Gurion und seine Mitstreiter sekundär gewesen. Zum anderen wurden »die Holocaust-Überlebenden … zuweilen geradezu verachtet. Die in Palästina lebenden Juden, sonnengebräunt und an harte Pionierarbeit gewöhnt, konnten mit den ausgezehrten, kranken KZ-Überlebenden wenig anfangen, sprachen gar herablassend von ›unbrauchbarem Menschenmaterial‹.«[6]

Überdies sei der Holocaust lange ein dunkles Familiengeheimnis für die meisten Israelis gewesen. Bis zum Eichmann-Prozess. »Seither ist der Holocaust zu einem zentralen Element der israelischen Identität geworden«, wie es Segev ausführlich in seinem Standardwerk *Die siebte Million. Der Holocaust und Israels Politik der Erinnerung* (1995) beschreibt. Darin kritisiert der Autor ähnlich wie Hannah Arendt, dass die Auseinandersetzung mit dem Holocaust vielfach machtpolitisch und ideologisch missbraucht werde. So sei die israelische Armee 1982 im Libanon einmarschiert, um, mit den Worten von Israels Premierminister Menachem Begin, »Adolf Hitler zu fangen« – gemeint war PLO Chef Jassir Arafat. Gleichzeitig gelte Auschwitz als Generalabsolution für das kompromisslose Vorgehen Israels gegenüber den Palästinensern, für deren systematische Entrechtung.

Davon unabhängig zeigte sich die bundesdeutsche Delegation wie elektrisiert, während sie den Eichmann-Prozess vor Ort verfolgte. Offenbar nahm sie Israel als jüdische Wiedergeburt arischer Fantasien wahr. Jedenfalls schloss deren Abschlussbericht mit den Worten: »Einer der stärksten Eindrücke, die auf den europäischen Besucher wirken, ist der neuartige und sehr vorteilhafte Typus der israelischen Jugend. Diese Jugend weist fast keine der Merkmale auf, die man gewohnt war, als jüdisch zu betrachten. Groß gewachsen, oft blond und blauäugig, frei und selbstbestimmt in ihren Bewegungen, mit klar umrissenen Gesichtern, die Nachkommen der deutsch-jüdischen Einwanderer stellen einen neuen Typus des Juden dar, der bisher unbekannt war.«[7]

Gnade! Der späten Geburt

Diese Haltung, sich mit den Überlebenden der eigenen Verbrechen zu identifizieren, den Gegensatz zwischen Tätern und Opfern aufzuheben und die Rolle der eigentlichen Nazis den Arabern zuzuweisen, sollte sich im Sechstagekrieg 1967 nicht nur fortsetzen, sondern noch einmal steigern. Israels Sieg führte in Politik und Medien zu wahren Begeisterungsstürmen: So erlebte Hitlers »Wüstenfuchs« Erwin Rommel seine Wiedergeburt als Moshe Dayan, damals israelischer Verteidigungsminister. »SIEG! Dayan – Der Rommel Israels«, titelte die *Bild*. Auch *Spiegel*-Herausgeber Rudolf Augstein zeigte sich euphorisch. Unter der Überschrift »Tötet, tötet« schrieb er am 11. Juni: »Sie rollten wie Rommel, siegten wie Patton (US-Weltkriegsgeneral, ML) und sangen noch dazu …« Nicht fehlen durften in dem Artikel Orientalismen in bester Kolonialmanier: »In 60 Stunden zerschlugen die gepanzerten Söhne Zions den arabischen Einkreisungsring um Israel, scheuchten sie die panarabischen Propheten aus ihren Großmachtträumen, stürzten sie Ägyptens Nasser in niltiefes Jammertal.«

Der Eichmann-Prozess »half jenes Narrativ zu verfestigen, das den Nahostkonflikt aus dem Kontext eines kolonialen Konfliktes über Territorium und Selbstbestimmung in den europäischen Geschichtsraum von Judenhass und Judenverfolgung verpflanzte«, formuliert es sehr treffend der deutsch-israelische Historiker Daniel Cil Brecher.[8] Gleichwohl fassten israelische Entscheider Kritik an ihrer auf Vorherrschaft ausgerichteten Politik zunehmend als existenzielles Problem auf. Bereits in den 1950er Jahren gingen sie dazu über, beginnend in den USA, diese Kritik mit einer sehr wirkmächtigen Waffe abzuwehren, auch gegenüber Juden: dem Antisemitismus-Vorwurf. Je weniger die brutalen Realitäten der Nakba und ihre Folgen mit den idealisierten westlichen und später insbesondere (west-)deutschen Wahrnehmungen Israels übereinstimmten, desto sorgfältiger galt es jene Grenzen einzuhegen, die Israels Selbstbild und dessen Bild in der Welt infrage stellen mochten.

Die Weitsicht, mit der man sich in Tel Aviv dieses Problems annahm, ist bemerkenswert. Denn noch spielten die Palästinenser im westlichen, allen voran im (west-)deutschen Bewusstsein kaum eine Rolle. Nach 1967 stand zunächst der Siegesjubel im Vordergrund, die Deutschen schienen mit sich selbst im Reinen: Wir umarmen unsere besten Freunde in Israel, nunmehr historisch entlastet. Diese wiederum sahen sich im Zuge der erneuten Vertreibung Hunderttausender Palästinenser im Gefolge des Sechstagekrieges veranlasst, »arabischer Propaganda« entgegenzuwirken und das »Existenzrecht« Israels in den Vordergrund zu rücken. In diesem Kontext wurden die »geläuterten« Deutschen zu Tel Avivs wichtigsten Verbündeten, gleich nach den USA. Dabei ging es aber weniger um die Auseinandersetzung mit Judenfeindschaft als vielmehr um die politisch-ideologische Verteidigung Großisraels: Israel, die besetzten palästinensischen Gebiete plus Sinai sowie die Golanhöhen. Wer den Expansionsdrang Israels kritisiert, ist Antisemit – so die bis heute fortwirkende Logik. Idealisierte deutsche Wunschbilder des jüdischen Staates trafen auf die Entschlossenheit der dortigen Machthaber, mit Gewalt geschaffene Fakten unumkehrbar zu machen.

Doch war die Haltung Bonns gegenüber Israel nach 1967 bis zur deutschen Wiedervereinigung 1990 in erster Linie geprägt von dem Wunsch nach einer Normalisierung der beiderseitigen Beziehungen – weg von den Hinterzimmer-Deals, wie sie zwischen Adenauer und Ben-Gurion prägend gewesen waren. Hauptsächlich aus zwei Gründen. Zum einen, um sich auch mit den arabischen Staaten ins Benehmen zu setzen, die im Verlauf des Oktoberkrieges 1973 Erdöl als ökonomische Waffe eingesetzt hatten. Die Palästinafrage war den Deutschen spätestens mit dem Terroranschlag auf die israelische Olympiamannschaft 1972 in München ins Bewusstsein gerückt. Die anhaltende Besatzungs- und Siedlungspolitik Israels stieß zunehmend auf Kritik, vornehmlich vonseiten der Europäer, weniger aus den USA. Äußerlich abzulesen an der Resolution von Venedig, in der sich die Europäische Wirtschaftsgemeinschaft EWG (Vorläufer der Europäischen Union) im Juni 1980 erstmals, wenngleich sehr vorsichtig, zum Selbstbestimmungsrecht der Palästinenser bekannte. Israel reagierte darauf mit der Annexion Ostjerusalems und erklärte Gesamt-Jerusalem zur Hauptstadt. Der Einmarsch Israels in den Libanon 1982 und die Massaker in den Flüchtlingslagern von Sabra und Schatila warfen tiefe Schatten auch auf das deutsch-israelische Verhältnis. Umso mehr, als Kanzler Helmut Schmidt und Israels Premier Menachem Begin einander verachteten, wenn nicht verabscheuten.

Zum anderen war da die deutsche Seele. Der Wunsch vieler Deutscher nach einem positiven Selbstbild, nach einem Schlussstrich oder wenigstens doch einer Versöhnung mit der eigenen Geschichte, Israel hin oder her. Exemplarisch steht dafür das Diktum von Kanzler Helmut Kohl, der 1983 die »Gnade der späten Geburt« für sich in Anspruch nahm. Auch in seiner Rede vor dem israelischen Parlament, der Knesset, am 24. Januar 1984: »Ich rede vor Ihnen als einer, der in der Nazizeit nicht in Schuld geraten konnte, weil er die Gnade der späten Geburt … gehabt hat.« Kohls Erinnerungspolitik bezog sich weniger auf den jüdischen Staat, vielmehr suchte er den nationalsozialistischen Vernichtungskrieg im Osten in einen gesamtwestlichen Kampf gegen den Bolschewismus umzudeuten. Das war Geschichtsfälschung der übelsten Sorte, doch überaus wirksam, auch außenpolitisch. Jedenfalls besuchten Kohl und US-Präsident Ronald Reagan am 5. Mai 1985 den Soldatenfriedhof in Bitburg, wo amerikanische Soldaten ebenso ruhen wie deutsche, aber auch Mitglieder der Waffen-SS, die das Massaker im französischen Oradour-sur-Glane begingen. Das aber erschien zweitrangig angesichts der vermeintlich gemeinsamen Frontlinien, erst gegen den Bolschewismus, dann gegen die Sowjetunion.

So wie der Eichmann-Prozess in Israel eine kathartische Wirkung für den öffentlichen Umgang mit dem jüdischen Genozid hatte, galt das in (West-)Deutschland ähnlich für die 1979 in der ARD ausgestrahlte US-Fernsehserie »Holocaust«. Sie erzielte eine sensationelle Einschaltquote von bis zu 40 Prozent und schuf in nachfolgenden TV-Talkrunden und landesweiten Gesprächskreisen Foren, in denen sich Schock, Wut, Trauer und Fassungslosigkeit über die deutschen Verbrechen erstmals auf nationaler Ebene entfalteten. Offenkundig wurde, dass die Lebenslüge so vieler Deutscher – nur eine Minderheit habe im Dritten Reich Grauenvolles angerichtet, die Mehrheit habe davon nichts gewusst, im Zweifel nicht einmal der Führer – kaum länger aufrechtzuerhalten war. Das Offenkundige wurde ersichtlich: Die Verbrechen hatten in aller Öffentlichkeit stattgefunden. Dass es für diese Einsicht einer US-Fernsehserie bedurfte, die weitaus mehr erreichte als die Studentenrevolte im Jahrzehnt zuvor, ihrerseits nicht zuletzt eine Abrechnung mit dem Schweigen der Eltern, spricht für sich.

Das kollektive Schamgefühl griff Bundespräsident Richard von Weizsäcker in seiner berühmt gewordenen Ansprache zum 40. Jahrestag des Kriegsendes am 8. Mai 1985 geschickt auf und setzte damit einen Kontrapunkt zur Kohl'schen »Gnade«. Von Weizsäcker machte den Deutschen ein Erinnerungs- und Versöhnungsangebot jenseits bestehender Weltanschauungen und politischer Orientierung. Die historische Schuld, so seine Empfehlung, möge nicht länger vergessen und verdrängt werden, sondern als Bekenntnis zur Erinnerung gelten: Sich an das, was geschehen ist, bewusst zu erinnern, darin liege die Erlösung. Angefangen damit, den 8. Mai als »Tag der Befreiung« zu würdigen und nicht länger als deutsche Kapitulation oder Niederlage anzusehen.

Die Rede des Bundespräsidenten stärkte das westdeutsche Ansehen in der Welt und war ein wichtiger Brückenschlag zwischen Gegenwart und Vergangenheit. Dennoch gingen die gesellschaftlichen Debatten um Erinnerung und nationale Identität weiter – verstärkt nach der Wiedervereinigung 1990. Deutschland war damit auf bestem Weg zur europäischen Führungsmacht, politisch und wirtschaftlich. Woraus aber sollte die Identität dieses neuen Kraftzentrums bestehen, nachdem sich der »Antifaschismus« im Osten und die Beschwörung der »deutschen Einheit« im Westen als jeweils einigende Erzählungen überlebt hatten? Ein lediglich fahnenschwenkender Nationalismus war kaum die Alternative, die Religion noch weniger.

Was blieb, war die Verbindung zwischen einer positiv besetzten nationalen Identität mit Auschwitz. Von Weizsäcker hatte sie umfassend hergestellt, und die politische Klasse setzte diese Linie in der Folgezeit fort. Das Ergebnis war, die deutsche »Erinnerungskultur« mit dem Bekenntnis zum »Existenzrecht« Israels zu verbinden und schließlich in der »Staatsräson« aufgehen zu lassen.

»Staatsräson« und Holocaust

Begünstigt wurde diese Entwicklung nach der Jahrtausendwende durch das allmähliche Vordringen identitätspolitischer, hochgradig moralisierender Forderungen an Staat und Gesellschaft, für die in Deutschland allen voran die Grünen stehen. Dafür gibt es soziokulturelle wie ökonomische Gründe. An erster Stelle ist hier der Übergang von einer Industrie- in eine digitalisierte Dienstleistungsgesellschaft zu nennen, die ihrerseits einhergeht mit einer ausgeprägten Individualisierung vor allem urbaner Lebenswelten.[9] Diese gesellschaftliche Fragmentierung zerstört vielfach historisch gewachsene Formen sozialen Zusammenhaltes zugunsten (klein-)gruppenbezogener Identitäten. Um politisch Gehör zu finden, nehmen die entsprechenden Gruppen ihre jeweiligen Interessen vorzugsweise im Gewand »alternativloser« moralisierender Forderungen wahr. Ein anschauliches Beispiel dafür sind die regelmäßigen Appelle von Außenministerin Baerbock an die »Schurkenstaaten« dieser Welt, denen sie unter Verwendung ihres Lieblings-Hilfsverbes »müssen« gerne erklärt, was sie zu tun und besser noch zu lassen haben. Ein übersteigerter Moralismus ist nicht per se etwas Neues, nun aber gilt er gewissermaßen als kodifiziert. Ist das einzig Gute und Wahre erst einmal verbindlich benannt, gilt jede abweichende Meinung im Zweifel als falsch oder gar als Bedrohung eigener Glaubensgewissheiten.

Diese Haltung setzt sich in den Medien fort. Der nächste Schritt, eine zunehmend von Framing geprägte öffentliche Meinung und die Dämonisierung Andersdenkender, ergibt sich dann wie von selbst. An diesem Punkt steht Deutschland längst auch in Sachen Israel/Palästina, verstärkt seit Beginn des Gaza-Krieges.

Doch der Reihe nach. Israels Sicherheit sei deutsche »Staatsräson«, erklärte Kanzlerin Angela Merkel 2008 in der Knesset. Was genau sie damit meinte, blieb offen. Der von ihr zum Ausdruck gebrachte Versöhnungswunsch lief allerdings hinaus auf eine an keinerlei Bedingungen, Vorbehalte oder Einschränkungen gebundene Sicherheitsgarantie für Israel. Das ist insoweit erstaunlich, als das Land die mit weitem Abstand stärkste Militärmacht in der Region ist, eine Nuklearmacht zudem. Auf die Unterstützung durch die Bundeswehr ist Israel schlichtweg nicht angewiesen. Auch mit Blick auf die Schutzmacht-Funktion der USA für ihren engen Verbündeten ist diese bis heute uneingeschränkt gültige, von vielen Politikern regelmäßig beschworene »Staatsräson« befremdlich. Sich anlasslos für Israels Sicherheit mitverantwortlich zu zeigen, sei eine »gefühlsmäßig verständliche, aber törichte Auffassung, die sehr ernste Konsequenzen haben könnte«, kommentierte damals Altkanzler Helmut Schmidt. Wenn es beispielsweise zum Krieg zwischen Israel und dem Iran käme, »dann hätten nach dieser Auffassung die deutschen Soldaten mitzukämpfen«.[10]

Die Fertigstellung des Holocaust-Mahnmals in Berlin 2005 und Merkels Rede unterstreichen jeweils, dass Auschwitz weiterhin eine zentrale Rolle im Kontext nationaler deutscher Identität spielen sollte. Vordergründig um die Leidensgeschichten von Millionen zu würdigen. Doch geht es um mehr, nicht zuletzt um die Legitimierung eigener Politik nach innen wie nach außen. Dazu gehört auch der Missbrauch geschichtlichen Gedenkens. Erinnert sei an den ersten *Out-of-Area*-Einsatz der Bundeswehr, der nichts mit Landesverteidigung oder der Unterstützung eines NATO-Bündnispartners zu tun hatte: der völkerrechtswidrige, durch kein UN-Mandat gedeckte Einsatz auch deutscher Soldaten im Kosovo 1999. Außenminister Joschka Fischer begründete ihn ausdrücklich mit einem vermeintlich drohenden Völkermord, den zu verhindern Deutschland verpflichtet sei: »Nie wieder Auschwitz«.

Diese diffuse Mischung aus »Gutmenschentum« und der gleichzeitigen politischen Instrumentalisierung jüngerer Geschichte vor dem Hintergrund westlicher, US-dominierter Interessenlagen ist für den Nahen Osten nicht minder prägend. Die deutsche »Erinnerungskultur«, bar jeder Bereitschaft, die komplexen Realitäten im Nahen Osten jenseits eines schlichten Gut/Böse-Schemas auch nur zur Kenntnis zu nehmen, ist im Grundsatz gleichbedeutend mit der faktischen Bejahung der völkerrechtswidrigen Siedlungs- und Besatzungspolitik Israels. Das Bekenntnis zur »Staatsräson« läuft daraus hinaus, die Causa Israel/Palästina allein oder doch vorrangig durch die Brille des Holocausts zu betrachten. Zugespitzt formuliert, wurden die Palästinenser dem politisch korrekten Erinnern geopfert, kaschiert durch deren finanzielle Unterstützung und die ebenso routinierte wie folgenlose Beschwörung einer »Zweistaatenlösung«.

Gleichzeitig machte man sich in Berlin parteiübergreifend die israelische und amerikanische Sichtweise bei regionalen Konflikten zu eigen, allen voran in der Konfrontation mit dem Iran. Mit der unmittelbaren Folge, dass die Waffenexporte Deutschlands nach Israel erneut beträchtlich zulegten. Als besonders kontrovers erwies sich dabei die Lieferung von zunächst sechs U-Booten in den 2010er Jahren, die auch nuklear bestückt werden können, was wahrscheinlich auch geschah. Die hiesigen Steuerzahler übernahmen einen Großteil der Kosten in Milliardenhöhe – insgesamt ein durchaus verengtes Verständnis von »Staatsräson« und Erinnerungskultur.

Die Palästinafrage, also einen politischen, territorialen Konflikt »in den europäischen Geschichtsraum von Judenhass und Judenverfolgung« zu übertragen (Daniel Cil Brecher), ist problematisch genug. Auch deswegen, weil die Annahme, Deutschland trüge eine besondere Verantwortung für Israels Sicherheit, in weiten Teilen der Bevölkerung zunehmend anders beurteilt wird als von den politischen Eliten. Nicht zuletzt sehen jüngere Menschen wenig Veranlassung, für die Taten ihrer Groß- oder Urgroßeltern in die Pflicht genommen zu werden.

Dieser Generationenwechsel, aber auch der israelische Anspruch auf das gesamte Palästina, geteilt von weiten Teilen der jüdischen Diaspora, standen nicht unwesentlich Pate bei dem erfolgreichen Bemühen, den Antisemitismus normativ neu zu verorten und ihn von der Ausrichtung auf Auschwitz zu lösen. Vor dem Hintergrund eskalierender Gewalt im Nahen Osten – zu nennen sind hier insbesondere die zweite Intifada und das Erstarken der Hisbollah im Libanon nach dem Jahr 2000 – wuchs das Interesse an einer neuen, im Ergebnis repressiven Antisemitismus-Definition. Die »Organisation für Sicherheit und Zusammenarbeit in Europa« (OSZE) formulierte es in ihrer »Berliner Erklärung« von 2004 so: Nach dem Holocaust trete der Antisemitismus nunmehr »unter neuen Erscheinungs- und Ausdrucksformen auf, die gemeinsam mit anderen Formen der Intoleranz eine Bedrohung der Demokratie, der Werte der Zivilisation und somit der Sicherheit« Europas bedeuteten. Folglich gelte es »vorbehaltlos alle Erscheinungsformen des Antisemitismus« zu verurteilen.

Diese und vergleichbare Aussagen auf höchster Ebene suggerieren, in den Worten des Antisemitismus-Forschers Michael Kohlstruck, »bei Antisemitismus handele es sich um eine überhistorische, in sich identische Substanz«.[11] Mit der Folge, dass der Antisemitismus nicht lediglich als eine von vielen Spielarten des Rassismus angesehen wird, sondern als das ahistorisch Böse schlechthin, angesiedelt außerhalb von Raum und Zeit. Vergleichbar einem genetischen Defekt beispielsweise. Die »Berliner Erklärung« ist ein Akt der Exekutive, der das öffentliche Bewusstsein neu zu formatieren sucht – was im nächsten Schritt auf eine Sakralisierung israelischer Belange und Interessen hinausläuft.

Antisemitismus richtig verstehen

Wie das? Die allermeisten dürften die folgende Formulierung schon einmal vernommen haben, wie sie öffentlich seither zum guten Ton gehört: »Wir verurteilen Antisemitismus, Rassismus und Ausländerfeindlichkeit.« In der Sache würde es genügen, jede Form von Rassismus zu verurteilen. Damit wäre alles gesagt. Denn Ausländerfeindlichkeit wie auch Antisemitismus sind ja per se Ausdruck einer rassistischen Gesinnung. Was aber die »Berliner Erklärung« ausdrücklich anders versteht. Sie weist den Antisemitismus als eine singuläre, sich selbst stetig neu generierende Form hasserfüllter Intoleranz aus, die alles bedrohe, was Europa ausmache. Ein hehres Verständnis, allerdings dermaßen allgemein gefasst, dass es zur politischen Instrumentalisierung geradezu einlädt.

Etwa in Gestalt der »Arbeitsdefinition« von Antisemitismus seitens der »International Holocaust Remembrance Alliance« (IHRA), einer zwischenstaatlichen Organisation, die 1998 in Stockholm gegründet wurde. An der ersten Ausarbeitung dieser Definition 2005 war die OSZE maßgeblich beteiligt. Ebenso mehrere jüdische Organisationen wie das »American Jewish Committee« (AJC), die als durchsetzungsstarke Lobbyisten Israels bekannt sind. Kohlstruck: »Bei ihnen bestand ein Interesse an einer Antisemitismusdefinition, mittels derer auch die aktuelle Kritik an der israelischen Besatzungspolitik neutralisiert werden konnte. Die meisten Beispiele, die in der ›Arbeitsdefinition‹ aufgeführt werden, beziehen sich dementsprechend auf den Nahost-Konflikt. Es überrascht nicht, dass diese Beispiele … im Nachhinein von einem AJC-Vertreter als ›die nützlichsten‹ bewertet wurden.«[12]

Die Antisemitismus-Definition der IHRA ist die bis heute wirkmächtigste in westlichen Staaten. Seit 2005 ist sie mehrfach überarbeitet und erweitert worden, vor allem 2016, vielfach auf nationaler Ebene. Obwohl es auch andere Definitionen gibt und die IHRA-Variante bislang nirgendwo Gesetzeskraft erlangt hat, dient sie de facto als Richtschnur in der politischen Beurteilung dessen, was legitimerweise und sanktionsfrei über Israel gesagt werden darf. Vor allem aber, was nicht. Das gilt auch und allen voran für Deutschland. Die »Arbeitsdefinition« ist wenig konkret, was ihren Einsatz als Diskurs- und Moralkeule sowie als »Einladung« zur Selbstzensur erleichtert.

Anhand von »Beispielen« sucht die IHRA das aus ihrer Sicht fatale Junktim aus Antisemitismus und Israelkritik zu belegen.

Die drei wichtigsten: »Das Recht des jüdischen Volkes auf Selbstbestimmung infrage zu stellen« sei antisemitisch, »beispielsweise auf Grundlage der Behauptung, die Existenz des jüdischen Staates sei ein rassistisches Unterfangen«. Diese Formulierung erlaubt es, jeden Bezug auf die siedlerkolonialen Grundlagen Israels und die Forderung nach ihrer Überwindung antisemitisch zu verorten, ebenso jede Auseinandersetzung mit der Nakba. Demzufolge müssten auch die Schriften führender westlicher und palästinensischer Denker sowie von Theoretikern des Globalen Südens, die sich kritisch mit dem Zionismus auseinandergesetzt haben, als antisemitische Hetze gelten, etwa die von Hannah Arendt, Judith Butler, Angela Davis, Masha Gessen, Edward Said oder Achille Mbembe. Deswegen stehen sie ja auch, mit Ausnahme der bereits Verstorbenen, massiv am Pranger.

»Doppelte Standards anzulegen, die von Israel ein anderes Verhalten als von jeder anderen demokratischen Nation verlangen«, so ein weiteres IHRA-Dogma, sei antisemitisch. Diese Formulierung ist gewissermaßen ein schwarzer Schimmel, denn keine andere demokratische Nation betätigt sich seit Jahrzehnten völkerrechtswidrig als Besatzungsmacht. Mehr noch: Es stellt sich die Frage, ob ein Land, das dauerhaft eine Militärherrschaft in besetzten Gebieten ausübt und das unterworfene Volk systematisch entrechtet und kujoniert, tatsächlich eine Demokratie sein kann. Die wie selbstverständlich erfolgende Gleichsetzung von Israel und Demokratie ist in Wahrheit ein Oxymoron, ein Widerspruch in sich selbst. Aus Sicht der Großisrael-Anhänger ist jedoch allein der Gedanke, der jüdische Staat könne infolge seiner ethnonationalen Ausrichtung keine Demokratie sein oder habe kein Anrecht auf die besetzten Gebiete, reinster Antisemitismus.

Und schließlich: »Vergleiche zwischen der gegenwärtigen Politik Israels mit jener der Nazis zu ziehen« sei antisemitisch. Solche Vergleiche sind in der Tat höchst fragwürdig und im Zweifel geschichtsklitternd – aber sind sie auch antisemitisch? Die Frage stellt sich umso mehr, als die israelische Seite den Nazi-Vergleich seit Jahrzehnten freigiebig auf nahöstliche Potentaten oder politische Bewegungen anwendet und seit dem 7. Oktober 2023 gegen Palästinenser generell einsetzt, obwohl sie selbst sich dagegen verwahrt.

Die drei genannten Beispiele illustrieren, dass es den Propagandisten der IHRA-Definition in erster Linie um das Weißwaschen des von Israel begangenen Unrechts geht. Antisemitismus, Auschwitz und die Apologetik Israels in einen Topf zu werfen ist pure Ideologie. Eine gefährliche zudem, weil sie den Holocaust profanisiert und die deutsche Erinnerungskultur reduziert auf einen außergerichtlichen Freispruch für Israels (angestrebte) Judaisierung aller besetzten Gebiete. Der eigentliche Antisemitismus, also ein gegen Juden gerichtetes Ressentiment, weil sie Juden sind, fällt dabei weitgehend unter den Tisch. Mehr noch: Die politisch gewollte Gleichsetzung von Judentum, Zionismus und Israel, insbesondere mit Blick auf das von Tel Aviv zu verantwortende Menschheitsverbrechen im Gazastreifen, dürfte dem Antisemitismus weltweit geradezu Vorschub leisten, bis hin zu Angriffen auf Juden oder jüdische Einrichtungen. Aufgrund ihrer Selbstermächtigung und Generalabsolution für das von Israel begangene Unrecht läuft die IHRA-Definition Gefahr, zu einer sich selbst erfüllenden Prophezeiung zu werden.

Wie spätestens die Demonstrationen im Zuge des Gaza-Krieges 2023/24 gezeigt haben, steht in Deutschland jede Kritik an Israel, und sei sie noch so sachlich oder faktenbasiert, potenziell unter Antisemitismusverdacht. Unbeschadet der Frage, ob die Demonstranten nun »Sympathieträger« sein mögen oder nicht. Diesen politisch gewollten *State of Mind* herbeigeführt zu haben, verdankt sich, über die IHRA-Definition hinaus, auch dem überaus erfolgreichen Wirken des 2006 in Israel neu entstandenen »Ministeriums für Strategische Angelegenheiten und Hasbara«, de facto ein Propagandaministerium. »Hasbara«, deutsch »Erklärung« oder »Öffentlichkeitsarbeit«, bezeichnet die Versuche der israelischen Regierung und ihrer Lautsprecher, international eine möglichst positive Berichterstattung über Israel zu erwirken und das zu bekämpfen, was die Großisrael-Verfechter als »Delegitimierung« Israels bezeichnen. Letztendlich geht es darum, das offizielle israelische Verständnis nahöstlicher Geschichte und Gegenwart durchzusetzen und dessen Kritiker oder Widersacher als Antisemiten oder Terroristen zu framen. Zu diesem Weltbild gehört, die entscheidende Verantwortung für den zugrunde liegenden Konflikt allein der palästinensischen Seite zuzuweisen.

Unmittelbarer Anstoß für die Gründung des Ministeriums war die 2005 von Palästinensern begründete, zivilgesellschaftliche Bewegung BDS: »Boycott, Divestment and Sanctions«. Ziel dieser Bewegung ist es, Israel durch Boykottmaßnahmen im akademischen und kulturellen Bereich, aber auch durch den Boykott israelischer Waren, den Stopp von Investitionen sowie Wirtschaftssanktionen zu veranlassen, internationale Rechtsnormen zu befolgen. Denn weder der palästinensische Widerstand der ersten (1987–1993) noch der zweiten Intifada (2000–2005) und auch nicht der vermeintliche Friedensprozess von Oslo nach 1993 hatten das Ende der brutalen israelischen Besatzung eingeläutet. Ebenso wenig die Anrufung des Internationalen Gerichtshofes oder des Internationalen Strafgerichtshofes, beide in Den Haag ansässig. Deren Urteile oder Empfehlungen interessieren israelische Entscheider gestern wie heute nicht. Daher, inspiriert von der Antiapartheidbewegung in Südafrika, nun also ein neues Konzept: Durch gewaltfreie Maßnahmen soll international Druck auf Israel ausgeübt werden, um die Besatzung zu beenden. Darüber hinaus sollen die Palästinenser mit israelischem Pass, vielfach Bürger zweiter Klasse, den jüdischen Israelis gleichgestellt und das Rückkehrrecht der 1948 vertriebenen Palästinenser anerkannt werden.

Die Politologin Muriel Asseburg schreibt zutreffend: »Das nationale BDS-Komitee mit Sitz in Ramallah legt die grundsätzliche Ausrichtung fest und stößt anlassbezogene Kampagnen an. Es wird in der ganz überwiegenden Mehrheit von zivilgesellschaftlichen Organisationen und Parteien in den palästinensischen Gebieten getragen. Die globale Bewegung setzt sich aus einer Vielzahl von lokalen und nationalen Gruppierungen zusammen, die eigene Webauftritte haben und eigenständig Kampagnen und Veranstaltungen durchführen. Sie hat keine hierarchische Struktur; das nationale BDS-Komitee verfügt über keine Sanktions- oder Disziplinargewalt gegenüber den einzelnen Gruppierungen. Entsprechend variieren auch die konkreten Forderungen und Verlautbarungen einzelner Gruppen. International hat die Bewegung mittlerweile einen breiten und diversen Unterstützerkreis gefunden – von herausragenden Persönlichkeiten wie Friedensnobelpreisträger Desmond Tutu über britische Gewerkschaften, Stadtverwaltungen in Spanien, die American Studies Association bis hin zu jüdischen Gruppierungen und Einzelpersonen inner- wie außerhalb Israels.«[13]

Coole Preise

Die Großisrael-Verfechter wissen nur zu gut, dass die Durchsetzung und Beibehaltung ihrer Ansprüche auf zwei Säulen beruht: der uneingeschränkten Unterstützung durch die USA und (an zweiter Stelle) Deutschland sowie der Notwendigkeit, jeden politischen Ansatz zu unterlaufen, der Israel »delegitimieren«, sprich: zu Kompromissen zwingen könnte. Wenden Palästinenser Gewalt an, um ihre Ziele zu erreichen, ist es ein Leichtes, sie als Terroristen zu brandmarken. Damit entfallen sie als Gesprächs- und Verhandlungspartner. Sind sie bereit zu Kompromissen, wie die Palästinensische Nationalbehörde erst unter Jassir Arafat, dann unter Mahmud Abbas, lässt man sie ins Leere laufen. Setzen sich Palästinenser aber gewaltfrei für ein Ende der Besatzung ein, wird es gefährlich. Keine Gewalt im Streben nach Unabhängigkeit, dafür gibt es weltweit anerkannte Vorbilder, bis hin zu Mahatma Gandhi oder Nelson Mandela. Das bedeutet eine möglicherweise positive palästinensische Außenwirkung und im nächsten Schritt politischen oder diplomatischen Druck. Es gilt folglich Gefahrenstufe rot, auch mit Blick auf kulturelle Boykottmaßnahmen. Sie könnten das Dogma der Singularität des Holocaust und somit den westlichen Freibrief für Israels Gewaltanwendung und seinen Anspruch auf das gesamte Palästina infrage stellen. Von Sanktionen oder »Divestment« im Bereich der Wirtschaft ganz zu schweigen, die beide Israel sehr schnell zusetzen würden, anders als etwa Russland.

Folglich war die BDS-Bewegung ein Weck- und Alarmruf für Tel Aviv: Wehret den Anfängen. Die Antwort erfolgte in Gestalt des Hasbara-Ministeriums. Dabei ging es weniger um die palästinensische Ebene der BDS-Bekämpfung – dafür reicht die israelische Armee. Die eigentliche Gefahr lag und liegt im Ausland. Was, wenn die BDS-Bewegung in westlichen Staaten an Zulauf und Einfluss gewinnt?

Das zu verhindern hilft die IHRA-Definition von Antisemitismus, flankiert von Hasbara und einer in ihrer Wirkmacht nicht zu unterschätzenden Lobbyarbeit proisraelischer Verbände – zu denen selbstverständlich auch die Botschaften gehören. Der britische Investigativjournalist Asa Winstanley hat detailliert aufgezeigt, wie die Israelische Botschaft in London, Israel zugeneigte Aktivisten innerhalb der Labour-Partei und insbesondere das Hasbara-Ministerium jahrelang darauf hingewirkt haben, den linksliberalen Labour-Vorsitzenden Jeremy Corbyn, der 2015 ins Amt kam, zu Fall zu bringen. Europaweit war er einer der einflussreichsten und schärfsten Kritiker israelischer Politik. Winstanley zufolge war es maßgeblich besagtes Ministerium, das 2018 die IHRA-Definition von Antisemitismus innerhalb der Labour-Partei durchzusetzen half. Israel habe »eine mit mehreren Millionen Dollar ausgestattete Troll-Armee mobilisiert, die Corbyn in den sozialen Medien als ›Antisemiten‹ attackierte und seine Stellung zu unterminieren suchte«. Zwischenzeitlich habe die weltweit agierende israelische Anti-BDS-Kampagne Büros »in drei Ländern« eingerichtet und Online-Heerscharen mit mehr als 15 000 virtuellen Fußsoldaten aufgestellt. Gemeint sind Großbritannien, die USA und Deutschland. »Ihr erklärtes Ziel war es, die BDS-Bewegung zu ›bekämpfen‹ und ›die ausländische Öffentlichkeit‹ zu beeinflussen.« Über eine App habe die Kampagne, finanziert und ausgestattet vom Ministerium für Strategische Angelegenheiten und Hasbara, sogenannte »Missionen« auf den Weg gebracht. Um beispielsweise dafür zu sorgen, dass Teilnehmer bei Online-Abstimmungen mehrfach votierten oder in den (sozialen) Medien die Kommentarspalten fluteten. Im Gegenzug erhielten die glücklicheren unter den Internet-Kriegern Stipendien für ein Hochschulstudium und andere »coole Preise«.[14]

Am Ende stand ein parteiinterner Coup gegen Corbyn, dessen Nachfolger als Parteiführer von Labour 2020 Sir Keir Starmer wurde. Die Israel-Lobby war überglücklich. Starmer gehört dem rechten Parteiflügel an, vertritt das britische Establishment und ist Israel nicht weniger ergeben als etwa die politische Führungsriege in Berlin. Und seit Juli 2024 ist er Premierminister in Downing Street – ein Erfolg auch der Hasbara. Im Rahmen einer Undercover-Recherche hat der arabische Nachrichtensender *Al Jazeera* mit Sitz in Katar 2017 einen vierteiligen Dokumentarfilm erstellt, der detailliert den parteiinternen Aufstand gegen Corbyn schildert. Und vor allem aufzeigt, wer dabei die Strippen gezogen hat. Nicht ohne Grund trägt der Film den Titel »The Lobby«. Eine ähnlich gelagerte Serie über die proisraelische Lobby in den USA und deren

Aktivitäten, unter anderem zur Dämonisierung der BDS-Bewegung, hat *Al Jazeera* ebenfalls produziert. Im Februar 2018 sah sich die katarische Regierung jedoch veranlasst, maßgebliche jüdisch-amerikanische Organisationen über die geplante Ausstrahlung zu informieren. Nach heftigen politischen Reaktionen und offenbar aus Sorge, die bilateralen Beziehungen zwischen Katar und den USA könnten Schaden nehmen, erhielt *Al Jazeera* augenscheinlich Order, die Dokumentation aus dem Programm zu nehmen. Stattdessen stellte die *Electronic Intifada* im November 2018 eine Raubkopie der vier Folgen von »The Lobby – USA« ins Netz.[15]

Wie die in Tel Aviv verlegte Zeitung *Haaretz* im Juni 2024 berichtete, hat das israelische »Ministerium für Diaspora-Angelegenheiten und zur Bekämpfung von Antisemitismus« nach dem 7. Oktober 2023 eine umfassende Propaganda-Offensive gestartet, um dem Imageverlust Israels in weiten Teilen der westlichen Öffentlichkeit entgegenzuwirken. Die primäre Zielgruppe aber waren und sind afroamerikanische Abgeordnete, die an Gesetzgebungsverfahren beteiligt sind, und junge, progressive Politiker und Meinungsmacher in den USA und Kanada. Zu den eingesetzten Propagandamitteln gehören *fake accounts* in den sozialen Medien im großen Stil sowie Internetseiten, die islamophobe und islamfeindliche Inhalte verbreiten und den Gaza-Krieg aus einer beschönigenden israelischen Perspektive darstellen.[16]

Der Irrtum der deutschen Erinnerungskultur

Die deutsche »Staatsräson« und die damit einhergehende Erinnerungskultur kranken an ihrer begrifflichen Unschärfe. Der zugrunde liegende Irrtum beruht auf der Gleichsetzung von Judentum, Zionismus und Israel. Der deutsch-israelische Soziologe Moshe Zuckermann sieht es so: »Juden, Zionisten und Israel sind mitnichten identische Kategorien … Nicht alle Juden sind Zionisten, nicht alle Zionisten Israelis und nicht alle Israelis Juden. Und weil Juden, Zionisten und Israel nicht gleichzusetzen sind, sind auch, negativ gewendet, Antisemitismus, Antizionismus und Israelkritik voneinander zu unterscheiden. Man kann Zionist sein und dennoch Israel kritisieren. Man kann Jude sein, ohne dem Zionismus anzuhängen. Man muss nicht antisemitisch sein, um sich gegen den Zionismus zu stellen und Israel für seine Politik zu kritisieren … ›Israelbezogener Antisemitismus‹ ist primär ein Slogan, um legitime und notwendige Israelkritik zu verhindern, nicht um Antisemitismus zu bekämpfen.«[17]

Solche Einlassungen allerdings bekümmern die Rechtgläubigen hierzulande nicht im Geringsten. Auch daran zu ermessen, das selbst der Jude Moshe Zuckermann als Judenfeind gilt: »Ich darf mich rühmen, von der Bundesregierung offiziell als Antisemit eingestuft worden zu sein«, nämlich vom Büro des Antisemitismusbeauftragten.[18] Dieser verinnerlichte Glaube an die eigene, alles überragende Moralität, geboren aus der Überzeugung, die richtigen Lehren aus der jüngeren deutschen Geschichte habe gezogen, wer sich ohne Wenn und Aber hinter Israel stelle, kann nur in einem Desaster enden. Moralisch wie politisch.

Der Zionismus ist auch und vor allem eine siedlerkoloniale Bewegung, wie die folgenden Kapitel umfassend aufzeigen. Wer diese Ebene ausblendet, wird zwangsläufig von der Wirklichkeit überrollt. Eine stetig wachsende Zahl politischer Entscheider bezeichnet das, was im Gazastreifen geschieht, als Völkermord. Auf jeden Fall war und ist es das erste im Livestream übertragene Menschheitsverbrechen. Angesichts des damit einhergehenden moralischen Bankrotts auch der westlichen Unterstützer Israels wirken Bekenntnisse rund um »Staatsräson«, Erinnerungskultur oder das »Existenzrecht« Israels zunehmend hohl. Sie trotzdem aufrechtzuerhalten, setzt nahezu zwingend die Anwendung repressiver Maßnahmen voraus – denjenigen gegenüber, die ungeachtet all der prächtigen Kleider ausrufen: »Aber der Kaiser ist ja nackt!«

Bis 2020 hatten bereits 56 Staaten, zahlreiche Regierungsorganisationen und NGOs die jeweils aktuellste Fassung der IHRA-Definition übernommen, darunter die EU-Staaten. 2021 schlossen sich die USA an. Ein bemerkenswerter Erfolg, der sich wesentlich dem Hasbara-Ministerium und der Entschlossenheit proisraelischer Lobbygruppen verdankt, die BDS-Kampagne um jeden Preis zu bekämpfen. Damit einher ging allerdings ein wachsendes Unbehagen zivilgesellschaftlicher Bewegungen hinsichtlich der IHRA-Definition, weil sie allzu verkürzt Kritik an Israel mit Antisemitismus gleichsetzt und mehr und mehr der Gedankenkontrolle dient. Das veranlasste eine Gruppe liberal gesinnter Akademiker, Juden wie Nichtjuden, im März 2021 die »Jerusalemer Erklärung zum Antisemitismus« (JDA in der englischen Abkürzung) vorzulegen. Sie definiert Antisemitismus als »Diskriminierung, Vorurteil, Feindseligkeit oder Gewalt gegen Juden als Juden (oder jüdische Institutionen als solche)« und zeigt anhand von Beispielen den Unterschied zwischen israelkritischen und antisemitischen Aussagen auf. Obwohl führende Holocaust-Forscher die Erklärung mitverfasst haben, spielt sie im Kontext westlicher Politik keine Rolle. Zu wirkmächtig sind die anderweitigen Akteure.

Wer ist der bessere Philosemit?

2021 veröffentlichte die EU-Ratspräsidentschaft ein Handbuch zur »praktischen Anwendung« der IHRA-Definition. Dazu gehört, unter anderem, die Schulung von Behördenvertretern und Rechtspflegern, damit sie »Hassverbrechen« rechtzeitig erkennen und ahnden. Ebenso wird empfohlen, eine eigens für Antisemitismus zuständige Staatsanwaltschaft einzurichten und staatliche Beauftragte zu dessen Bekämpfung zu ernennen.

In Deutschland war Letzteres bereits geschehen: Das »Amt des Beauftragten der Bundesregierung für jüdisches Leben in

Deutschland und den Kampf gegen Antisemitismus« wurde 2018 eingerichtet, Beauftragter ist der Jurist und Diplomat Felix Klein. Seither ist eine wahre Explosion an Antisemitismusbeauftragten zu verzeichnen. Jedes Bundesland, mit Ausnahme Bremens, hat mittlerweile einen solchen. Zahlreiche Behörden und Stadtverwaltungen, ja, selbst Fußballvereine leisten sich diesen Ausweis politisch korrekter Gesinnung – denn darum geht es in erster Linie. Auf Bundes- und Landesebene ist nur ein einziger Antisemitismusbeauftragter Jude; er konvertierte nach seiner Ernennung. Was unter anderem dazu führt, dass verbeamtete deutsche Nichtjuden (deutschen) Juden erklären, was Antisemitismus sei, und ihnen nötigenfalls bescheinigen, Antisemiten zu sein – weil sie etwa das israelische Vorgehen im Gazastreifen anprangern.

»Die Meldungen über die Zunahme und das Auftauchen neuer Antisemitismen in Bezug auf Israel stehen im Gegensatz zu den Aussagen der Sozialforschung, die seit Jahrzehnten die Haltung von Bürgern gegenüber Juden ermittelt und keine starke Zunahme der Vorurteile in der Gesellschaft erkennen lässt. Eine gezielte Umfrage zum Thema ›Israelkritik‹ 2010–2012 ergab zudem, dass die Schnittmenge zwischen antisemitischem Denken und Kritik an Israel in der Bundesrepublik klein ist. Bei einer Mehrheit der Deutschen erscheine diese Kritik gerade mit einer deutlichen Ablehnung von antisemitischen Stereotypen gepaart …«, so der israelische Historiker und Publizist Daniel Cil Brecher.[19] Dessen ungeachtet vermelden Behörden und Medien stetig anwachsende Zahlen antisemitischer Straftaten, bei denen es sich aber, schaut man sich die Statistiken genauer an, überwiegend um verbale Übergriffe oder Entgleisungen handelt. Eine öffentliche Äußerung wie »Kindermörder Israel« gilt im Kontext der IHRA-Definition als antisemitisch. Dergleichen vermeintliche oder tatsächliche Meinungsdelikte wiederum werden behördlich erfasst und treiben die Fallzahlen antisemitischer Vorfälle entsprechend nach oben. Ganz im Geist der *Welt*-Schlagzeile: »Free Palestine ist das neue Heil Hitler«,[20] Antijüdische

Gewalttaten – am schwerwiegendsten war in den letzten Jahren die Schießerei im Umfeld der Synagoge von Halle 2019, bei der zwei Passanten getötet wurden – lassen sich in den seltensten Fällen auf »israelbezogenen Antisemitismus« zurückführen.

Der Alarmismus nach dem Einzug der AfD in den Bundestag 2017 veranlasste die Bundesregierung, in den Augen von Susan Neiman, US-Philosophin und Direktorin des Einstein-Forums in Potsdam, zu »einer Reihe von Fehlentscheidungen«. Angefangen mit der Ernennung von Antisemitismusbeauftragten, die in der Regel, wenn überhaupt, nur über geringes Wissen und wenig Verständnis für die Pluralität jüdischen Geisteslebens oder jüdischer Traditionen verfügten. »Die Beauftragten verlassen sich auf zwei Quellen, um sich über Juden, Israelis und Palästinenser zu informieren: die Israelische Botschaft und den Zentralrat der Juden in Deutschland, eine der am meisten rechtsorientierten jüdischen Organisationen weltweit.« Darüber hinaus würden sie, so Neiman, alle jüdischen Themen »durch das Prisma deutscher Schuld betrachten«. Das mache die Beauftragten anfällig für Manipulationen und Kurzschlusshandlungen.[21]

Rechtsautoritären Parteien in Ungarn, Polen oder den USA folgend, entschied sich auch die AfD für einen offensiv proisraelischen Kurs, der sie des Verdachtes entheben soll, antisemitisch oder neonazistisch zu sein und entsprechenden Strömungen Vorschub zu leisten. Unabhängig davon, dass diese Parteien aufgrund ihrer jeweils eigenen antiislamischen Agenda meist große Befürworter des israelischen Vorgehens gegenüber den Palästinensern sind: Bei Kameltreibern oder »Musels« Härte zu zeigen, das gefällt. Im Fall der AfD kommt hinzu, dass ihre proisraelische Haltung mühelos in die hiesige Erinnerungskultur passt. Umgekehrt hatte Israels Premier Netanjahu nie Berührungsängste gegenüber ultrarechten Regierungen, mochten sie auch, wie in Polen, den Antisemitismus im eigenen Land zur Zeit der NS-Besatzung leugnen und gegenteilige Hinweise unter Strafe stellen. Netanjahu und seinesgleichen sind Antisemiten oder Neonazis egal, solange sie nur ihren großisraelischen Kurs unterstützen. Das mag erklären, warum Jair Netanjahu, der Sohn des Premiers, 2020 als Posterboy auf AfD-Plakaten gegen die EU polemisierte: Europa werde wieder frei, demokratisch und christlich sein, wenn die AfD Erfolg habe. Dito die bezeichnende Intervention von Amichai Chikli, des israelischen Ministers für Diaspora-Angelegenheiten und zur Bekämpfung von Antisemitismus. Im Juli 2024 erklärte er inmitten des französischen Wahlkampfes, er hoffe auf einen Wahlsieg des ultrarechten Rassemblement National unter Führung von Marine Le Pen.

Im Mai 2019 stellte die AfD im Bundestag den Antrag, die BDS-Bewegung in Deutschland zu verbieten. Damit hatte sie die übrigen Parteien kalt erwischt. Sie konnten dem Antrag selbstverständlich nicht zustimmen, ihn aber auch nicht einfach unbeachtet lassen, lag er doch ganz auf Linie – nicht zuletzt der IHRA-Definition. Also wurde der AfD-Vorstoß zunächst zurückgewiesen. Stattdessen folgte noch im selben Monat eine eigene Resolution, Regierung und Opposition in seltener Eintracht: »Der BDS-Bewegung entschlossen entgegentreten – Antisemitismus bekämpfen«. Ein halbes Jahr später, im November 2019 machte sich auch die Hochschulrektorenkonferenz die IHRA-Definition in der Fassung der Bundesregierung zu eigen, einschließlich der BDS-Resolution selbstverständlich. Ebenso mehrere Vereine der Fußballbundesliga. Über die politische Arena hinaus schränken dergleichen Maßnahmen und Bestimmungen, die laufend erneuert und erweitert werden, den öffentlichen Diskursraum erheblich ein, vor allem im wissenschaftlichen und kulturellen Bereich. Umso mehr, als fast alle Museen, Ausstellungen, Konferenzen, Vorträge, Festivals in Deutschland finanzielle Unterstützung von der jeweiligen Landesregierung oder vom Bund erhalten, mindestens aber Steuerbegünstigungen in Anspruch nehmen können. Der BDS-Beschluss hält ausdrücklich fest, dass Geldmittel entzogen werden (können), sofern der Eindruck entstehe, Sanktionen gegen Israel würden unterstützt.

Nichts deutet darauf hin, dass es hier ein staatliches Umdenken geben könnte – im Gegenteil. Abzulesen auch an der »Nationalen Strategie gegen Antisemitismus und für jüdisches Leben«. Die Bundesregierung hatte sie bereits Ende 2022 beschlossen, doch harrt sie weiterhin ihrer juristischen Umsetzung. Aus gutem Grund: Auch diese »Strategie« verträgt sich nicht mit der grundgesetzlich garantierten Meinungsfreiheit. Entsprechend hätte sie auch vor Gericht kaum Bestand. Kern ist erneut die IHRA-»Arbeitsdefinition« von Antisemitismus, die vor allem für kulturelle und wissenschaftliche Einrichtungen verbindlich eingeführt werden soll. So sind beispielsweise Institutionen wie Einzelpersonen angehalten, sich ausdrücklich zum »Existenzrecht Israels« zu bekennen, andernfalls drohen sie ihre finanzielle Unterstützung zu verlieren, im Einklang mit dem BDS-Beschluss. Im Klartext: Wer Kritik an Großisrael und/oder seiner mörderischen Kriegsführung übt, riskiert den Vorwurf des Antisemitismus, amtlich besiegelt, und somit sein Karriereende.

Hinreichend, gewichtig und tatsächlich

Die BDS-Bewegung ist hierzulande ohne Bedeutung. Sie verfügt, Schätzungen zufolge, über weniger als 300 Aktivisten. Nennenswert in Erscheinung getreten sind sie bislang nicht. In den USA, Großbritannien oder im Globalen Süden gilt die Bewegung dagegen als relevante NGO. Tatsächlich gibt es bereits messbare Boykottmaßnahmen gegen Israel, wenn sie auch nicht auf die BDS-Bewegung zurückzuführen sind. Vielmehr meiden mehr und mehr Fondsgesellschaften oder Aktien-Portfolios aus politischen Gründen Investitionen in Israel. Die skandinavischen Staaten und Irland sind dabei innerhalb Europas führend. Im Mai 2024 stellte die Türkei alle Handelsbeziehungen zu Israel wegen dessen Kriegsführung im Gazastreifen ein (Volumen: jährlich 6,5 Milliarden Euro). Ebenfalls im Mai wurden aus demselben Grund die Arbeiten am »India-Middle East-Europe Economic Corridor« (IMEC) auf Eis gelegt, ökonomisch betrachtet das Herzstück der von den USA forcierten Annäherung zwischen Israel und Saudi-Arabien.[22] Zeitgleich kündigten Belgien, Irland, Luxemburg und Malta an, sich für EU-Sanktionen gegen Israel einzusetzen.[23]

In der Sache selbst war die Berliner BDS-Resolution folglich wenig mehr als ein Kanonenschuss auf Spatzen und einzig dem schweißgetriebenen Wettstreit des politischen Mainstreams mit der AfD geschuldet – wer von beiden ist der bessere Philosemit?

Leider lässt sich der Vorgang nicht kopfschüttelnd ad acta legen. Denn in der Praxis hat die BDS-Resolution, obwohl sie rechtlich nicht bindend ist, verheerende Auswirkungen. Ist sie doch der Freibrief, das Alibi, das Mittel zum Zweck, um gegen unliebsame Personen oder Meinungen vorzugehen und insbesondere das Kulturleben auf eine großisraelische Linie zu verpflichten. Denn gemäß der Resolution soll jeder, der »BDS nahesteht«, daran gehindert werden, auf staatlich mitfinanzierten Veranstaltungen oder an öffentlich geförderten Veranstaltungsorten vorzutragen, auszustellen oder aufzutreten. Die Behauptung oder eine entsprechende Unterstellung genügen in der Regel. Die Faustregel lautet: BDS gleich Kritik an Israel gleich Judenhass, und sei es auch nur, dass für den antisemitischen Verdachtsfall ein singulärer, jahrealter Post in den sozialen Medien oder eine »Kontaktschuld« bemüht wird. Insoweit städtische Stellen oder Landesbehörden dergleichen Verbote ausgesprochen haben und die Betroffenen dagegen juristisch vorgegangen sind, haben die jeweils zuständigen Gerichte sie *ausnahmslos* gekippt. Sie vertragen sich schlichtweg nicht mit der grundgesetzlichen Meinungsfreiheit.

Dessen ungeachtet oder gerade deswegen hat das Bundesamt für Verfassungsschutz die BDS-Bewegung im Juni 2024 als »extremistischen Verdachtsfall« eingestuft – die rechtliche Voraussetzung, um deren Anhänger observieren, sprich: ausspionieren zu können. Denn es gäbe »hinreichend gewichtige tatsächliche Anhaltspunkte«, dass BDS unter anderem »gegen den Gedanken der Völkerverständigung verstößt«. Fast möchte man ironisch anmerken: im Gegensatz etwa zur israelischen Regierung. Die Triade »hinreichend – gewichtig – tatsächlich« ist juristisch äußerst dünnes Eis und zeigt, was für Kapriolen die Rechtgläubigen mittlerweile zu schlagen bereit sind, um sich selbst zu genügen.

Zur Erinnerung: Es geht um »Staatsräson«, Erinnerungskultur und Israel. Das Ergebnis: Zensur, Hexenjagd und Diskursverengung – finde den Fehler! Das erste prominente Opfer staatlicher Inquisition, und diese Formulierung ist mit Bedacht gewählt, war Peter Schäfer. Der Hochschullehrer und international anerkannte Judaist musste seinen Dienst als Direktor des Jüdischen Museums in Berlin am 14. Juni 2019, nach knapp fünf Jahren, quittieren. Sein Fauxpas: Er hatte eine überaus erfolgreiche, gut besprochene Ausstellung über Jerusalem zu verantworten, die auch palästinensischen Perspektiven Raum ließ. Das wurde seitens der israelnahen jüdischen Verbände oder Verbandsvertreter in Deutschland als »zu einseitig« kritisiert. Israels Premier Netanjahu beschwerte sich bei Kulturstaatsministerin Monika Grütters über Schäfer und verlangte dessen Rücktritt.

»Nichts ist deutscher als der Wunsch, jüdisch zu sein«, resümiert Susan Neiman. Darin liegt der Wunsch nach Versöhnung, sichtbar für die Welt nach außen getragen. Auch wir gehören jetzt unwiderruflich zu den Guten. Wir sind eins geworden mit den vormaligen Opfern. Israel wird dergestalt zum Happy End für den Holocaust. Aus diesem Grund können hiesige »Gutmenschen« weder mit Kritik an Israel umgehen noch mit Juden, die sich der Großisrael-Ideologie verweigern und demzufolge als lästige Querulanten gelten. Diese Geisteshaltung setzte nach dem 7. Oktober zu weiteren Höhenflügen an, wie wir noch ausführlich sehen werden.

Hexenjagd

Dem australischen Historiker Anthony Dirk Moses zufolge, der sich mit Völkermord und Erinnerungskultur befasst, besteht der »deutsche Katechismus« aus fünf Überzeugungen:

1. Der Holocaust ist einzigartig, da er die Vernichtung der Juden um ihrer selbst willen zum Ziel hatte, im Unterschied zu den begrenzten Zielen anderer Genozide.

2. Die Erinnerung an den Holocaust ist das moralische Fundament Deutschlands, wenn nicht Europas.

3. Die Sicherheit Israels ist Staatsräson.

4. Der Antisemitismus existiert zeit- und kontextlos, aus sich selbst heraus, und sollte nicht mit Rassismus verwechselt werden.

5. Antizionismus ist Antisemitismus.[24]

Hier kommt nun Achille Mbembe ins Spiel. Anders als in Deutschland hat im Globalen Süden, aber auch in Frankreich, Großbritannien und Teilen der USA seit den 1990er Jahren eine Debatte an Fahrt aufgenommen, die sich mit den Verbrechen kolonialer Herrschaft auseinandersetzt, vom Sklavenhandel und der Ausrottung indigener Völker bis hin zur Plünderung von Kulturgütern. Die damit einhergehende Mentalität des Herrenmenschentums oder Suprematismus lebt etwa in den USA ungebrochen als autoritär-rassistische Bedrohung fort. Erinnert sei an die massenmörderische Gewalt des Ku-Klux-Klan noch in der ersten Hälfte des 20. Jahrhunderts, die erst in den 1960er Jahren de jure aufgehobene Rassentrennung oder die gegen Minderheiten und Liberale gerichtete Wählermobilisierung in der Amtszeit Donald Trumps als US-Präsident.

Die Ermordung des Schwarzen George Floyd durch einen US-Polizisten (»I can't breathe!«) am 25. Mai 2020 in Minneapolis hatte eine der größten länderübergreifenden, antirassistischen Bewegungen der letzten Jahrzehnte zur Folge. Die Auseinandersetzung mit dem Kolonialismus und dessen Folgen, bislang eher auf akademische Kreise oder betroffene Bevölkerungsgruppen begrenzt, erreichte nunmehr größere, teils weite Teile der Öffentlichkeit. In Europa kam es zu antirassistischen Kundgebungen, auch vor der US-Botschaft in Berlin. Demonstranten in Großbritannien, Frankreich und Belgien zerstörten oder verunstalteten Denkmäler von Vertretern des Kolonialrassismus, darunter jenes des belgischen Königs Leopold II., verantwortlich für den Genozid im Kongo im späten 19. und frühen 20. Jahrhundert.

Der Kameruner Achille Mbembe gilt als einer der führenden Theoretiker des Postkolonialismus. Er lehrt und forscht an der Witwatersrand-Universität in Johannesburg, 2015 erhielt er den Geschwister-Scholl-Preis, gestiftet vom Börsenverein des Deutschen Buchhandels und der Stadt München. Im August 2020 sollte er die Eröffnungsrede zur Ruhrtriennale halten. Die fand zwar am Ende coronabedingt gar nicht statt, doch änderte das nichts an der im Vorfeld erbittert geführten Antisemitismus-Kontroverse um Mbembe. Ähnlich wie der Palästinenser Edward Said den »Orientalismus« in seinem gleichnamigen Grundlagenwerk (1978) als eine westliche Projektion der islamischen Welt beschrieben hat, ist auch Mbembe überzeugt, dass die westliche Wahrnehmung Afrikas einer unbewussten Projektion folge, die an Schuld, Verleugnung und Wiederholungszwang gebunden sei. Desgleichen schlägt er einen Bogen vom frühen Kapitalismus, entstanden aus dem Sklavenhandel, zur neoliberalen Globalisierung, die von einem ähnlichen Geist der Zerstörung und Ausbeutung geprägt sei. An den Beispielen Palästina, Afrika und Kosovo beschreibt Mbembe »die Schaffung von Zonen des Todes«, aus denen heraus gewalttätiger Widerstand erwachse.

Im März 2020 forderte im Düsseldorfer Landtag zunächst ein FDP-Hinterbänkler, Mbembe von der Ruhrtriennale auszuladen, anschließend machte der Antisemitismusbeauftragte der Bundesregierung, Felix Klein, den Vorgang zur Chefsache und protestierte gegen Mbembes Einladung. Ausgangspunkt der Empörung war vor allem dieser eine Satz Mbembes aus dessen Buch *Politik der Feindschaft* (2017): »Das Apartheidregime in Südafrika und – in einer ganz anderen Größenordnung und einem anderen Kontext – die Vernichtung der europäischen Juden sind zwei emblematische Manifestationen des Trennungswahns.« Mit allen Folgen, die sich daraus für die als rassisch minderwertig Stigmatisierten ergäben. Im Vorwort zu seinem Buch *Apartheid Israel* (2015) hatte Mbembe die israelische Besatzungspolitik als »den größten moralischen Skandal unserer Zeit« bezeichnet und Israel vorgeworfen, mit Gemetzel, Zerstörung und schrittweiser Ausrottung der Palästinenser »den ganzen Weg zu gehen«. Deshalb sei die Zeit für die »globale Isolation Israels« gekommen.

Klein reagierte »mit einer Batterie von unbelegten Angriffen«, so der Politologe Hajo Funke, indem er Mbembe die Relativierung des Holocaust vorwarf, die Infragestellung des Existenzrechts Israels, generell Antisemitismus und BDS-Nähe. Mbembe wurde ultimativ aufgefordert, sich zu erklären und von BDS zu distanzieren. Funke hat die Kontroverse, die sich in Politik und Medien fortsetzte, detailliert nachgezeichnet und gelangt zu einem für Klein niederschmetternden Ergebnis. Deutlich wird, dass der Antisemitismusbeauftragte falsch oder entstellend zitiert, Texte offenkundig nicht liest, aber anprangert, Zusammenhänge nicht erkennt, falsche Bezüge herstellt und den Antisemitismus-Begriff politisch instrumentalisiert.[25]

Nicht ohne Grund forderten hiesige Juden wie Nichtjuden und Deutsche mit unterschiedlichen kulturellen Wurzeln im Juli 2020 Kleins Rücktritt. Deren Einschätzung bleibt aktuell: »Die Verunglimpfung von Mbembe im Zusammenhang mit Antisemitismus und die Aberkennung seiner Kompetenz, sich zu diesen Themen in Deutschland öffentlich zu äußern, waren kein Einzelfall. Sie stehen in einer langen Reihe anderer Fälle, in denen Nichtdeutsche und Deutsche mit arabischem, türkischem, afrikanischem oder jüdischem Hintergrund, darunter eine erhebliche Zahl an Frauen, des Antisemitismus beschuldigt oder in die Nähe von Antisemitismus gerückt wurden. Viele Personen hatten sich zuletzt verdächtig gemacht, die Singularität des Holocaust nicht anzuerkennen, wenn sie ihn mit anderen Genoziden verglichen, oder Antisemitismus zu verharmlosen, wenn sie ihn nicht als grundsätzlich von anderen Formen des Rassismus getrennt betrachteten.«[26]

Vielseitiges Erinnern

Gleichwohl hat sich Kleins affektives Gebaren an Achille Mbembe lediglich entzündet, zusätzlich entflammt durch die Causa George Floyd. Dahinter offenbart sich ein tiefer liegendes Problem. Die politisch gut aufgestellten Anhänger der IHRA-Definition betrachten den Antisemitismus wie auch den Holocaust als historisch einzigartig, wie ausgeführt als das ultimativ Böse schlechthin. Diese Singularität wiederum ist das Fundament für ihre weitgehende Gleichsetzung von Antisemitismus mit Israelkritik, die zu unterbinden oder zu »delegitimieren« das Bestreben der Großisrael-Verfechter ist.

Vertreter der *Postcolonial Studies* vergleichen zwangsläufig Genozide und Menschheitsverbrechen miteinander. Damit aber treten sie aus Sicht des IHRA-Umfeldes gewissermaßen als »Opfer-Konkurrenten« auf. Mbembe und der postkoloniale Forschungsbereich stellen nolens volens die Singularitätsthese infrage oder bewerten sie neu. Zweifellos war der Holocaust als industrieller Massenmord einzigartig – was aber bedeutet Singularität im Kontext von Völkermord? Ganz unabhängig davon, dass selbstverständlich jeder Genozid einer zu viel ist. Ist der Genozid an den Armeniern im Ersten Weltkrieg oder der deutsche Völkermord an den Herero und Nama in Namibia zwischen 1904 und 1908, um nur zwei von vielen möglichen Beispielen zu nennen, weniger verbrecherisch oder erinnerungswürdig als der Holocaust, ohne das eine mit dem anderen gleichzusetzen oder ihn relativieren zu wollen? Steht Auschwitz im »Genozid-Ranking« über der Auslöschung indigener Völker oder deren millionenfacher Versklavung?

Gelangen Fragen wie diese in den gesellschaftlichen Mainstream, ist die Singularitätsthese, Dirk Moses zufolge die erste der fünf Überzeugungen im »deutschen Katechismus«, in ihrer bisherigen Form kaum länger aufrechtzuerhalten. Das aber berührt den Kern hiesiger Glaubensgewissheiten. Die Alternative wäre eine an den Maßstäben von Menschlichkeit orientierte Erinnerungskultur, die keiner Hierarchie der Wertigkeiten folgt, sondern sich einer »multidirektionalen Erinnerung« verpflichtet weiß, so der US-Holocaustforscher Michael Rothberg. Darauf geht das vorliegende Buch im Schlussteil, mit Blick auf konstruktive Lösungsansätze, vertiefend ein.

Der Fall Mbembe, der in erster Linie ein Fall Felix Klein ist, unterstreicht die fragwürdige Funktion der Antisemitismusbeauftragten. Die hiesige Erinnerungskultur ist in ihrer gegenwärtigen Form auf bestem Weg, Deutschland geistig zu verzwergen. Und sie läuft Gefahr, den Blockwart 2.0 als Gedankenwächter dauerhaft einzurichten. Wer glaubt, über die Debattenhoheit zu verfügen, verträgt keine Kritik, erst recht nicht von außen, und legt die Fundamente für einen autoritären Staat.

Die vorherrschende Gleichsetzung des kollektiven deutschen Erinnerungsraums mit Großisrael ist für sich genommen bereits mehr als fragwürdig und potenziell selbstzerstörerisch. In dem Maß, wie sich dieses Großisrael durch seine Verbrechen und Völkerrechtsverstöße nicht nur im Gazastreifen zunehmend isoliert, verliert auch die nationalstaatliche Identität Deutschlands ihre Wertigkeit – weil sie sich auf Auschwitz beruft und doch Tod und Zerstörung in epochalem Ausmaß duldet. Die Phraseologie rund um »das Wunder der Versöhnung« verhallt zunehmend angesichts der Realitäten im Nahen Osten, allen repressiven innerdeutschen Maßnahmen zum Trotz. Eine Erinnerungskultur, die sich der Entmenschlichung der Palästinenser nicht stellt, ist falsches Erinnern.

Moralismus indessen ist auf Fakten nicht angewiesen. Liegt hier der Grund für das in Deutschland so weitverbreitete Unbehagen an einem Perspektivwechsel? Die hiesige Erinnerungskultur bedarf dringend einer Neuorientierung. Das wiederum setzt voraus, geschichtliche Zusammenhänge zu erkennen und sich mit ihnen auseinanderzusetzen. In dem Bewusstsein, dass das Leid der einen das Leid der anderen nicht aufwiegt. Zu versöhnen und zusammenzuführen, die Zukunft zu gestalten, ohne jene Teile der Vergangenheit zu verdrängen oder aus der Erinnerung zu löschen, die nach einer Neuvermessung des Heiligen Grals verlangen – darin liegt die gesellschaftliche Herausforderung.

»Agitation gegen Briten und Juden«: Palästina bis zum Zweiten Weltkrieg

Die weltanschaulichen Wurzeln, die der Staatsgründung Israels im Jahr 1948 zugrunde liegen, reichen zurück in die zweite Hälfte des 19. Jahrhunderts. Damals lebten rund 20 000 Juden in Palästina, die meisten von ihnen in Jerusalem, Safad und Hebron. Anders als die späteren Zionisten verfolgten sie keine nationalpolitischen Ziele, vielmehr führten sie ein ebenso frommes wie ärmliches Leben im Land der Vorväter, Seite an Seite mit den Arabern.

Seit der Zerstörung des Zweiten Jüdischen Tempels in Jerusalem im Jahr 70 durch die Römer und dem darauf folgenden Exodus – Vergeltung und Strafe für einen gescheiterten Aufstand der Israeliten gegen die Fremdherrscher [27] – hatte es keinerlei kollektive jüdische Ambitionen gegeben, in die verlorene Heimat zurückzukehren. Aus verschiedenen Gründen, vor allem aber infolge der jüdisch-spirituellen Einordnung Jerusalems als *Spiritus sanctus*, als »mentaler« Sehnsuchtsort der Erlösung, der Paradies- oder Glückseligkeitsverheißung, nicht aber des *Locus sanctus*, eines territorial verstandenen Heilsversprechens. Aus diesem Grund gab es, anders als bei Christen und Muslimen, auch keine jüdische Tradition der Pilgerreisen ins Heilige Land.

Das 19. Jahrhundert war eine Zeit politischer Erschütterungen und Umbrüche, von Kriegen und Restauration in Europa. Die Revolutionen in den USA und Frankreich wirkten nach, das Bürgertum strebte nach Emanzipation von Klerus und Adel. Der

Nationalismus wurde zur treibenden gesellschaftlichen Kraft, in dessen Windschatten europäische Mächte die Welt verstärkt unter sich aufteilten. Auch die europäischen Juden wurden von diesen Veränderungen erfasst, begannen ihre eigene Identität zu entwickeln und sich teilweise als Nation zu verstehen.

Doch welchen Weg einschlagen? Darüber gab es sehr unterschiedliche Auffassungen, insbesondere zwischen den Juden im Osten und jenen im Westen Europas. Die Haskala, die jüdische Aufklärung, die in den 1770er und 1780er Jahren in Berlin und Königsberg ihren Anfang genommen hatte, propagierte die Integration der Juden in den Ländern, denen sie jeweils angehörten, und deren rechtliche Gleichstellung. Die osteuropäischen Juden standen unter großem Druck, sowohl seitens der »Modernisten« aus den Reihen der jüdischen Aufklärung wie auch später vonseiten der ersten protozionistischen Gruppen, ihren isolationistischen Ghetto-Lebensstil aufzugeben. Dergleichen Forderungen oder Überlegungen gingen jedoch unter im Sog antijüdischer Pogrome im Osten, vor allem in Russland, die 1881/82 einmal mehr das Zarenreich erschütterten. Um sie einzudämmen, erließ Zar Alexander III. 1882 die »Maigesetze«, die unter anderem die Niederlassungsfreiheit der Juden einschränkten. Als Reaktion auf Perspektivlosigkeit und Diskriminierung emigrierten bis zum Beginn des Ersten Weltkrieges fast zwei Millionen Ostjuden vor allem in die USA.

Die Westjuden gingen den Weg der Integration und Assimilation, insbesondere in Deutschland, was ihnen infolge der Emanzipation, der allmählichen rechtlichen Gleichstellung der Juden, auch möglich war. Dessen ungeachtet blieb der Antisemitismus eine stete Bedrohung jüdischen Lebens, was etwa im französischen Justizskandal der Dreyfus-Affäre in den 1890er Jahren offenbar wurde. Der elsässisch-jüdische Artilleriehauptmann Alfred Dreyfus wurde mittels Rechtsbeugung zu einer langjährigen Freiheitsstrafe verurteilt, weil er angeblich zugunsten des

Deutschen Kaiserreichs Hochverrat begangen hatte. Später wurde er rehabilitiert, doch stürzte die Affäre Frankreich in eine tiefe moralische und politische Krise.

Ende des 19. Jahrhunderts gab es zahlreiche weltanschauliche Strömungen unter den Juden Europas. Das Spektrum reichte vom orthodoxen Judentum, von wertkonservativen Rabbinern oder Glaubensgruppen wie etwa den Chassidim, die Halt in überlieferten Traditionen oder im Mystizismus suchten, über säkularisierte Juden, die eine vollständige Assimilation anstrebten, bis hin zu »Pragmatikern«, die an religiösen Riten festhielten, ansonsten aber ihre jüdische Identität, soweit noch gegeben, der jeweiligen nationalen unterordneten. Nur eine kleine Minderheit, vor allem in Osteuropa, forderte einen eigenen Nationalstaat für die Juden, während die übergroße Mehrheit an der jahrtausendealten Kultur des Diaspora-Judentums festhalten wollte.

Aus dieser Minderheit sollte aber bald schon eine überaus wirkmächtige ideologische Strömung hervorgehen. Deren Vertreter bezeichneten sich selbst als Zionisten – eine Ableitung von »Zion«, einem der biblischen Namen für Jerusalem und seinen Tempelbezirk. Geprägt wurde der politisch gefasste Begriff Zionismus 1885 von dem jüdischen Schriftsteller Nathan Birnbaum. Der neuen Weltanschauung zufolge sind die Juden nicht lediglich eine Religionsgemeinschaft, sondern ein Volk, dessen einzige Möglichkeit zur Befreiung von Diskriminierung und Verfolgung in der Gründung eines eigenen Judenstaates liegt. Der Wiener Journalist Theodor Herzl (1860–1904) legte mit seinem Buch *Der Judenstaat* (1896) den ideologischen Grundstein für die nun politisch aktiv werdende jüdische Nationalbewegung. Eine solche war sie anfangs allerdings nicht: Assimilierte Juden sorgten sich um die negativen Auswirkungen nationalstaatlicher Ideen in ihren jeweiligen Heimatländern und hielten wenig bis gar nichts von zionistischen Bestrebungen.

Zu deren Auftakt wurde gleichwohl der erste Zionistische

Kongress in Basel 1897, der etwa 200 Teilnehmer aus 24 Ländern verzeichnete. Sie verabschiedeten das »Basler Programm«, in dem es heißt: »Der Zionismus erstrebt für das jüdische Volk die Schaffung einer rechtlich gesicherten Heimstätte in Palästina«. Dessen ungeachtet war zunächst nicht ausgemacht, dass der jüdische Staat im biblisch verheißenen Land liegen müsse. Argentinien war ebenso in der Diskussion wie Uganda oder der Sinai. Erst der siebte Zionistische Kongress, ebenfalls in Basel, schloss 1905 ein Engagement zur Schaffung einer »Heimstätte« außerhalb Palästinas aus. Aus gutem Grund: Die in großer Zahl aus Osteuropa emigrierenden Juden zog es in die falsche Richtung – in erster Linie nach Nordamerika, kaum nach Afrika oder in den Nahen Osten. Es brauchte folglich ein emotional ansprechendes Narrativ.

Schlussendlich instrumentalisierte der Zionismus den Judaismus für seine politischen Zwecke, insbesondere mystifizierte er die religiöse Verbindung des Judentums mit Palästina. Die Emigration dorthin entspräche einer »messianischen Vision«; biblische Erwartungen würden erfüllt, kehrten die Juden nach zweitausendjähriger Abwesenheit in ihre »historische Heimat« zurück. Diese »Säkularisierung des traditionellen jüdischen Messianismus«[28] ging einher mit der Politisierung der jüdischreligiösen Vorstellung vom auserwählten Volk – ursprünglich ein ethisches Postulat, nämlich der Menschheit durch vorbildliches Handeln ein Leuchtturm zu sein. Im zionistischen Verständnis wurde dergleichen Heilserwartung verkürzt zu einem Macht- und Besitzanspruch auf Palästina, auf Kosten seiner arabischen Bewohner, der »Nicht-Auserwählten«.

Das Land ohne Volk für das Volk ohne Land?

Der jüdische Historiker Nathan Weinstock urteilt in dem Zusammenhang scharf, im Kern aber nicht falsch: »Letzten Endes unterliegt der Zionismus dem Einfluss des Rassismus … Als Antwort auf seine Verfolger betrachtet der Zionismus die Existenz von Juden in einer nichtjüdischen Gesellschaft als problematisch und bezeichnet sie damit implizit als Störfaktor des sozialen Friedens. Er betreibt die Selbstaufgabe so weit, dass er den rassistischen Grundsatz annimmt: Der Jude muss von der Bildfläche verschwinden. Zionistische Maßnahmen und antisemitische Gegenmaßnahmen ergänzen einander und sind sich strukturell ähnlich. Das Wiederaufleben des Gedankens vom auserwählten Volk, losgelöst von seinen ursprünglichen archaischen Zusammenhängen, stellt nichts anderes dar als die Umkehrung des Mythos vom ewigen Juden.«[29]

Dabei war es keineswegs so, dass die wohl von dem britisch-jüdischen Autor Israel Zangwill stammende und durch Theodor Herzl berühmt gewordene Devise »Das Land ohne Volk für das Volk ohne Land« dem tatsächlichen Kenntnisstand zionistischer Führer entsprach. Ihnen war von Anfang an bewusst, dass ihre territorialen Ambitionen ein von Arabern bewohntes Land betrafen, und sie machten sich schon in den Anfangstagen ihrer Bewegung recht unmissverständlich Gedanken darüber, wie mit ihnen zu verfahren sei. So nahm der 1904 verstorbene Herzl in seinen Tagebüchern bereits den späteren Gang der Ereignisse vorweg. Er schlug vor, dem Zeitgeist der damaligen kolonialen Besitzansprüche gegenüber »Nichteuropa« folgend, dass sich die Zionisten zunächst in ausreichender Weise den Grundbesitz der arabischen Bevölkerung aneignen. Die Einheimischen sollten »unbemerkt« über die Grenze in Nachbarländer verschafft werden, nachdem sie zuvor die gröbste Kolonialisierungsarbeit im künftigen Judenstaat geleistet hätten. Davon abgesehen dürfe den Arabern keine

Arbeit gegeben werden; auch sei es der »eingeborenen Bevölkerung« untersagt, von Juden erworbenes Land zu erstehen.[30]

Dergleichen Überlegungen waren jedoch eher für Insider bestimmt – nach außen hin stellten zionistische Vertreter die Existenz einer einheimischen Bevölkerung vorzugsweise infrage oder verleugneten sie. Damals wie heute, bis hin zum berühmten Diktum von Premierministerin Golda Meir aus dem Jahr 1969: »So etwas wie Palästinenser hat es nie gegeben.« Fast wortgleich äußerte sich Netanjahus Finanzminister Bezalel Smotrich 2023, der sich selbst als »homophoben Faschisten« bezeichnet: »So etwas wie Palästinenser hat es nie gegeben, weil es so etwas wie ein palästinensisches Volk nicht gibt.«

Dergleichen Realitätsverleugnung ist nicht zuletzt Ausdruck einer kollektiven »Ichspaltung« im Sinne Sigmund Freuds: »Zwei psychische Einstellungen anstatt einer einzigen – die eine, die der Realität Rechnung trägt, die normale, und eine andere, die unter Triebeinfluss das Ich von der Realität ablöst.« Versteht man »Triebeinfluss« als das Verneinen eigener historischer Verantwortung, offenbart sich die Doppelgesichtigkeit des Zionismus, die ihm seit seinen Anfängen eingeschrieben ist. Denn die – aus Sicht ihrer Anhänger – jüdische Nationalbewegung ist letztendlich nicht zu verstehen ohne den »Transfer«-Gedanken und die nachfolgende Vertreibung der Palästinenser aus ihrer Heimat. Dieser koloniale Akt der Inbesitznahme des Landes anderer geht jedoch einher mit verdrängter Scham und Schuld und verlangt nach einer Dämonisierung oder Negierung der Gegenseite, um begangenes Unrecht rechtfertigen, relativieren oder leugnen zu können.

Die frühen zionistischen Kader, die fast durchweg dem gehobenen Bürgertum oder der Aristokratie Westeuropas, Polens und der westlichen Landesteile des Zarenreiches entstammten, bewiesen ein außerordentliches Maß an strategischer Weitsicht und geopolitischem Verständnis, um ihre Staatsidee zu verwirklichen. Sie erkannten, dass sie dafür auf die Unterstützung durch die damals maßgebliche Kolonialmacht Großbritannien angewiesen waren. Desgleichen bedurfte es effektiver Organisationen, um die jüdische Diaspora für das zionistische Projekt zu gewinnen. Diese Aufgabe übernahm zunächst die 1897 in Basel gegründete »Zionistische Weltorganisation« (Zionist World Organisation), deren Tätigkeit 1929 durch die »Jewish Agency« (Jüdische Agentur) ergänzt wurde, die vor allem nichtzionistische Juden in den USA ansprechen sollte. 1936 kam noch der »Jüdische Weltkongress« hinzu (World Jewish Congress), der sich generell als Interessenvertretung der Diaspora-Juden versteht.

Aus heutiger westlicher, politisch als korrekt empfundener Perspektive gilt jede Gleichsetzung von Zionismus und Siedlungskolonialismus als antisemitisch. Diese Haltung aber ist Ausdruck einer Glaubensgewissheit, fern historischer Sachkenntnis. Angefangen damit, dass die erste Organisation, die den Landkauf für das zionistische Projekt in Palästina organisierte, den bezeichnenden Namen »Jewish Colonization Agency« trug. Gegründet wurde sie 1891, seit 1899 stand sie unter der Ägide des Bankiers Baron Edmond James de Rothschild, der den Landkauf auf Palästina fokussierte und Siedlungsprojekte in Südamerika sowie der heutigen Türkei ganz und in Kanada größtenteils aufgab.

Wichtig zu verstehen ist, dass der Zionismus nicht *entweder* eine Reaktion auf europäische Judenverfolgung *oder* eine siedlerkoloniale Bewegung war und ist – er war stets beides zusammen, ergänzt um die spirituelle Sehnsucht nach Zion in Teilen des Judentums. Im Verlauf seiner Geschichte aber hat der siedlerkoloniale Anteil innerhalb des Mainstream-Zionismus eindeutig die Oberhand gewonnen.

Entsprechend galt es, die jüdische Kolonialisierung Palästinas unter strategischen Gesichtspunkten so zu betreiben, dass eine möglichst breite territoriale Basis für einen künftigen jüdischen Staat geschaffen würde. Der Berliner Arzt Franz Oppenheimer, ein führender zionistischer Funktionär, formulierte diese Strategie 1903 wie folgt: »Wir sollten ein Netz von Bauernkolonien über das Land spannen, das wir erwerben wollen. Wenn man ein Netz spannt, so schlägt man erst an den Stellen den Haken ein, zwischen denen das Netz entstehen soll. Dann spannt man zwischen diesen Haken starke Stricke, dann knüpft man zwischen den Stricken stärkere Fäden und stellt derart ein grobes Maschenwerk her … Genau so haben wir, meine ich, vorzugehen. Wir haben, soweit der dafür verfügbare Teil unserer Mittel reicht, in allen Teilen des Landes große Landflächen zu erwerben, und zwar wo möglich nur solche, deren Bodenbeschaffenheit und Wasserverhältnisse von vornherein eine gewisse Ergiebigkeit der Ackerkultur gewährleisten.«[31]

Solche Überlegungen gingen beinahe zwangsläufig einher mit dem »Transfer«-Gedanken, der Räumung des Landes und der Vertreibung seiner ursprünglichen Bevölkerung. Dieser damals verwendete Begriff umschreibt, was heute als ethnische Säuberung bezeichnet würde. Einer der immerhin liberalsten Vordenker der zionistischen Bewegung, Leo Motzkin, formulierte es 1917 so: »Nach unserer Vorstellung muss die Kolonisierung Palästinas in zwei Richtungen erfolgen: Jüdische Ansiedlung in Erez Israel und Umsiedlung der Araber aus Erez Israel in Gebiete zunächst außerhalb des Landes. Die Umsiedlung so vieler Araber mag zunächst wirtschaftlich unvertretbar erscheinen, ist aber dennoch machbar. Es erfordert nicht allzu viel Geld, ein palästinensisches Dorf auf anderem Land neu anzusiedeln.«[32] Mit Erez Israel ist das biblische Israel gemeint, das gesamte Land zwischen Mittelmeer und Jordanfluss. Wohin die Araber »umgesiedelt« werden sollten, ließ Motzkin offen.

»Kalt hinnehmen, was geschehen ist?«

Doch war die gewaltsame Vertreibung der Palästinenser erst der zweite Schritt. Zunächst wurde deren Land von arabischen Großgrundbesitzern erworben, die in der Regel nicht auf dem verkauften Land ansässig waren, sondern vorzugsweise in Jerusalem oder außerhalb Palästinas lebten, etwa in Beirut oder Damaskus. Für sie waren Land und Boden in erster Linie Spekulationsobjekt. Ob ein Käufer nun Christ, Jude oder Muslim war, spielte aus deren Sicht zunächst keine Rolle. Denn seit Jahrhunderten war es Sitte und Brauch, dass neue Eigentümer die Verhältnisse vor Ort unberührt ließen, insbesondere auf das Leben alteingesessener Bauernsippschaften und Dorfbewohner keinen Einfluss nahmen. Deren Alltag änderte sich daher durch einen Besitzerwechsel kaum – abgesehen davon, dass sie ihre Steuern und Abgaben an wechselnde Lehens- oder Feudalherren zu entrichten hatten.

Anders die neuen jüdischen Eigentümer. Sie vertrieben die bisherigen Pächter und Tagelöhner rigoros aus ihren Häusern, Dörfern und von jenem Land, das sie und ihre Vorfahren seit ewigen Zeiten beackerten. Damit verloren sie meist ihre Existenzgrundlage, sofern sie nicht aus Mangel an jüdischen Arbeitskräften vorübergehend weiterbeschäftigt wurden. Ein jüdisches Zeugnis von 1907 beschreibt das Vorgehen sehr anschaulich: »Der arabische Pächter hält sich nicht nur auf dem gepachteten Land auf, sondern er ist ein ständiger Bewohner, der seinen Wohnsitz nicht ändert. Es gibt Pächter-Fellachen, deren Vorfahren schon das gepachtete Land bestellten. Nach dem Brauch des Landes wird das Eigentum weitergegeben, aber die Pächter bleiben, wo sie sind. Wenn wir jedoch so ein Grundstück kaufen, entfernen wir seine vormaligen Bebauer vollkommen … Die Fellachen erhalten zwar eine gewisse Entschädigung in Geldform, aber – wenn wir uns nichts vormachen wollen – müssen wir zugeben, dass wir arme Leute aus ihren armen Nestern geworfen und ihnen ihr Brot genommen haben. Wohin soll sich die vertriebene Person wenden, wenn sie nur wenig Geld hat? ... Dieser Verkauf hinterlässt in seiner Seele eine Wunde, die nicht heilen wird, und er wird sich immer an den verfluchten Tag erinnern, an dem sein Grundstück in die Hände von Fremden gefallen ist ... Werden sich die Vertriebenen wirklich beruhigen und kalt hinnehmen, was ihnen getan wurde? Schließlich werden sie aufwachen und das mit Gewalt zurücknehmen, was ihnen mit der Gewalt des Goldes genommen wurde.«[33]

Einmal gekaufter Boden durfte, so die Statuten des 1901 gegründeten »Jüdischen Nationalfonds«, der mit dem Kapital europäischer Bankiers meist jüdischer Provenienz den Aufkauf organisierte, auf keinen Fall wieder an Nichtjuden verkauft oder von Nichtjuden genutzt werden. Der Boden »war nun nicht mehr einfach jüdisches Eigentum, sondern zionistisches Hoheitsgebiet«.[34]

Umfasste dieses Hoheitsgebiet im Jahr 1900 lediglich 275 Quadratkilometer, so waren es 1946 bereits 1624 – zum Vergleich: die vierfache Größe Bremens. Das entsprach zwar nur sechs Prozent der Fläche Palästinas, beinhaltete aber fast ein Drittel des kultivierbaren Bodens.

Die bis heute wirkmächtige Behauptung, jüdische Siedler oder die ersten Israelis hätten »die Wüste zum Blühen gebracht«, ist Unfug. Der Jüdische Nationalfonds achtete sehr genau auf die Qualität des zu erwerbenden Landes, das mit Blick auf territoriale Kontinuitäten strategisch erworben wurde, wie vom zitierten Franz Oppenheimer bereits 1903 empfohlen: zunächst vor allem entlang der Küstenlinie von Jaffa/Tel Aviv bis Haifa, später verstärkt auch in Richtung Nordosten, Tiberias und See Genezareth. Führt man sich vor Augen, dass die Araber 1919 noch 90 Prozent der Gesamtbevölkerung Palästinas stellten, wird die Dimension der angestrebten Verdrängung offenkundig. Als den Großgrundbesitzern aufging, was sie mit ihrem Gewinnstreben anrichteten, gingen deren Landverkäufe an Juden in den 1910er Jahren deutlich zurück. Der Jüdische Nationalfonds setzte daraufhin verstärkt Strohmänner ein, um die Aufkäufe fortzusetzen.

Die frühesten jüdischen Einwanderer mit nationalstaatlichen, protozionistischen Ambitionen erreichten Palästina 1882: Eine Gruppe von etwa tausend Russen, Ukrainern und Rumänen aus allen sozialen Schichten. Die darauffolgende erste Einwanderungswelle (1882–1903), hebräisch »Alija« genannt (»Aufstieg«), brachte etwa 35 000 Juden ins Land, die meisten von ihnen aus Osteuropa. Sie als protozionistisch zu bezeichnen erscheint sinnvoll, weil sich deren Einwanderung weniger dem Basler Programm des Zionistischen Weltkongresses von 1897 verdankte als vielmehr dem Engagement lokaler jüdischer Anführer aus Osteuropa, etwa in Odessa oder Cherson, die im »Gelobten Land« eine neue Heimat zu finden hofften.

Palästina gehörte damals als Teil der Provinz Großsyrien zum Osmanischen Reich. Die Einwohnerzahl des Landes zwischen Mittelmeer und Jordanfluss lag um 1900 bei etwa 500 000 Personen. Die zahlenmäßig bei Weitem stärkste Bevölkerungsgruppe waren sunnitische Muslime, gefolgt von Christen, hauptsächlich griechisch-orthodoxer Denomination, während Schiiten und Drusen nur kleine Minderheiten stellten.

Istanbul (damals Konstantinopel) widersetzte sich früh der zionistischen Einwanderung. Zum einen, um in dem osmanischen Vielvölkerstaat nicht ein weiteres nationales Problem zu schaffen. Zum anderen, um nicht noch mehr privilegierte Europäer ins Land zu lassen, die im Schutz der sogenannten »Kapitulationen« einen rechtlichen Sonderstatus für sich beanspruchen durften. Seitens osmanischer Behörden konnten sie weder juristisch belangt noch besteuert werden. Daher verkündete die Hohe Pforte schon 1881 ihre Ablehnung der jüdischen Einwanderung. Sultan Abdülhamid II. wies gegenüber Theodor Herzl bereits 1896, also ein Jahr vor dem Basler Weltkongress, die Idee eines jüdischen Staates in Palästina zurück.[35]

Doch befand sich das Osmanische Reich längst im Niedergang und hatte auf die Ereignisse vor Ort nur begrenzt Einfluss. Gleichwohl erschien es den zionistischen Führern ratsam, ihre Pläne für einen jüdischen Staat nicht allzu offensiv zu propagieren – was bis zur britischen Besetzung Palästinas 1917/18 und der »Balfour-Erklärung« so blieb. Stattdessen schufen sie Fakten, verstärkt mit der zweiten Alija (1904–1914), die weitere 35 000 Einwanderer nach Palästina brachte. (Insgesamt hat es bis zum Beginn des Zweiten Weltkrieges fünf größere jüdische Einwanderungswellen gegeben.) Sie stand im Zeichen der Losungen »Eroberung der Arbeit« und »Eroberung des Bodens« – nämlich für die jüdischen Neuankömmlinge und auf Kosten der Araber, die, wie erwähnt, vertrieben oder verdrängt wurden.

Zahlreiche neue zionistische Institutionen wurden geschaffen, darunter der Gewerkschaftsbund Histadrut sowie Siedlungsgemeinschaften, die später vielgerühmten Kibbuzim und Moschaws, ferner Immobilien-, Land- und Plantagengesellschaften. Hebräisch wurde als jüdische Landessprache eingeführt, die meist verstreut liegenden zionistischen Siedlungen schufen sich eine eigene Justiz, Polizei und Sicherheitsorgane. Parallel ging man forciert daran, den Arabern jegliche Beschäftigungsmöglichkeiten in jüdischen Betrieben, Siedlungen, Geschäften und Industrien zu verweigern. Wollte man doch einen Staat schaffen, der, wie es Chaim Weizmann, später Israels erster Präsident und nach David Ben-Gurion der einflussreichste zionistische Politiker, 1919 formulierte, » genauso jüdisch ist wie England englisch«.[36]

Der Verrat

Den Zionismus in Geschichte und Gegenwart, ebenso die Politik des heutigen Staates Israel, kann nur verstehen, wer sich dessen erwähnter Doppelgesichtigkeit bewusst ist. Einerseits jüdische

Nationalbewegung, andererseits eine siedlerkoloniale Ideologie, die vorsätzlich, bewusst und systematisch die Enteignung, Vertreibung und anhaltende Entrechtung der Palästinenser betrieb und weiterhin betreibt, wie wir noch ausführlich sehen werden. Die Beweggründe der Einwanderer mögen andere gewesen sein. Vor allem waren sie wohl beseelt von der Hoffnung auf ein besseres Leben ohne Diskriminierung oder Verfolgung. »Es ist nicht zu leugnen, dass die zionistischen Einwanderer in ihren Heimatländern verfolgt wurden und dass es nicht in ihrer Absicht lag, die Araber in Palästina zu berauben … Erkennen wir ebenfalls an, dass die ersten jüdischen Bauernhöfe im Schweiße ihrer Arbeit unter sehr ungünstigen Bedingungen entstanden. Alles das ist wahr. Dennoch lässt sich eine Idee nicht nach der Vorstellung beurteilen, die man sich von ihr macht, sondern vielmehr nach ihrem wirklichen Inhalt«, so Nathan Weinstock.[37]

Derweil wetteiferten die Kolonialmächte Großbritannien und Frankreich im Nahen Osten um Macht und Einfluss. Schon lange vor dem Untergang des Osmanischen Reiches nach dem Ersten Weltkrieg bot dieses Reich ein Bild des politischen Verfalls und wurde nur deshalb nicht bereits vor Kriegsbeginn vollständig unter den Kolonialmächten aufgeteilt, weil diese sich über die Verteilung der Beute nicht einigen konnten. Bereits im 19. Jahrhundert hatte Istanbul den Maghreb an Frankreich verloren, Ägypten an Großbritannien und Libyen an Italien (1912).

Der Kriegsausbruch 1914 eröffnete neue Möglichkeiten für koloniale Ränkespiele. Im Jahr darauf wurde der britische Spion und Abenteurer T. E. Lawrence, besser bekannt als Lawrence von Arabien, von Kairo aus in den Hedschas entsandt, die westliche Provinz des heutigen Saudi-Arabien. Dort befinden sich auch die beiden heiligsten Stätten des Islam, Mekka und Medina. Er überredete den dortigen Herrscher, Scherif Hussein, zu einem Aufstand gegen die Türken und versprach ihm als Gegenleistung die britische Unterstützung für sein angestrebtes Großsyrien, das von Damaskus und Bagdad bis nach Mekka und in den Jemen reichen sollte.

Londons Hochkommissar in Ägypten, Sir Henry MacMahon, wiederholte dieses Versprechen 1915/16 gegenüber dem Scherifen, beide Seiten führten darüber einen regen Briefwechsel.[38] Die Briten bestritten dies nach dem Krieg vehement – aus gutem Grund. Denn gleichzeitig hatten London und Paris im Mai 1916 nach langen Verhandlungen das nach den beiden Unterhändlern benannte, selbstverständlich geheime Sykes/Picot-Abkommen besiegelt, in dem sie ihre kolonialen Einflussgebiete für die Zeit nach dem Krieg absteckten. Frankreich sollte Syrien und den Libanon erhalten, Großbritannien den Irak, Transjordanien und Palästina. Die Grenzen ihrer jeweiligen Interessenssphären wurden dabei mit dem Lineal gezogen und haben die heutigen Landesgrenzen weitgehend vorbestimmt – ohne jede Rücksprache mit der einheimischen Bevölkerung.

Unter Berufung auf die britischen Versprechen an die Araber trat jedoch im Juli 1919 in Damaskus der erste Syrische Nationalkongress zusammen und proklamierte einen Großsyrischen Staat, der genau jene, von London und Paris beanspruchten Gebiete umfasste. Im März 1920, auf dem zweiten Syrischen Nationalkongress, wurde Feisal, Sohn des Scherifen Hussein, zum König von Großsyrien proklamiert, das allerdings kaum mehr als auf dem Papier bestand. Die beiden Kolonialmächte konterten im Folgemonat mit der Konferenz von San Remo, wo sie Großsyrien gemäß dem Sykes/Picot-Abkommen untereinander aufteilten und dafür zwei Jahre später auch das Mandat des Völkerbundes erhielten. Vor Ort in Damaskus erledigten die Franzosen militärisch den Rest. Die Araber wurden um ihre Unabhängigkeit betrogen, die nachfolgenden, wiederholten Aufstände niedergeschlagen. Scherif Hussein ging ins Exil nach Kairo, sein Sohn Feisal nach London.

Teile und herrsche: Die Briten machten einen weiteren Sohn

Husseins, Abdallah, im April 1921 zum König im britisch dominierten Transjordanien. Dessen gleichnamiger Urenkel wiederum ist heute als Abdallah II. König von Jordanien. Feisal seinerseits wurde auf Geheiß Londons im August 1921 König im ebenfalls britisch beherrschten Irak.

Frankreich betrachtete den Libanon und Syrien als eigene Landesteile, vergleichbar Algerien, und sah sich als »Schutzmacht« vor allem der libanesischen Christen. Die Briten verfolgten drei weniger romantische Ziele: den Zugriff auf die Erdölvorkommen im Irak und im Iran, die Kontrolle Palästinas als Pufferzone des Suezkanals und schließlich die Sicherung aller See- und Landverbindungen in ihre Kronkolonie Indien.

Die geostrategische Bedeutung Palästinas führte 1917 schließlich zur Erklärung des britischen Außenministers Lord Arthur Balfour, sein Land werde die Gründung einer jüdischen »Heimstätte« in Palästina befürworten. Diese Balfour-Erklärung, die sich wie eine Fortschreibung des Basler Programms liest und als deren »Architekt« Chaim Weizmann gilt, leitete nichts weniger als den Countdown zur Staatsgründung Israels ein.

Am 2. November 1917 schrieb Balfour seinem adeligen Kollegen, dem britischen Zionisten und Bankier Lord Walter Rothschild, die Regierung Seiner Majestät betrachte »mit Wohlwollen« die Errichtung einer »Heimstätte« für das jüdische Volk in Palästina und werde »ihre besten Bestrebungen einsetzen, um das Erreichen dieses Ziels zu ermöglichen«. Allerdings, so Balfour weiter, dürften die Rechte der »einheimischen, nichtjüdischen Gemeinschaften« nicht beeinträchtigt werden.

Die Balfour-Erklärung ist ein typisches Produkt der damaligen, von imperialen Interessen geleiteten Großmachtpolitik. Das Wort »Araber« findet sich im Text nicht, obwohl sie mit 90 Prozent die überwältigende Bevölkerungsmehrheit stellten. Stattdessen fallen sie in die Kategorie »einheimische, nichtjüdische Gemeinschaften« – unter ferner liefen also. Und selbstverständlich wurden die nichtexistenten Araber auch nicht gefragt, wie sie zur jüdischen »Heimstätte« stehen.

Ungeachtet der britischen Besetzung 1917/18 gehörte Palästina formal noch zum Osmanischen Reich. London versprach also Land, das ihm nicht gehörte, einer politischen Bewegung, der zionistischen, die nach damaligen Maßstäben keinerlei legale Ansprüche auf die angestrebte »Heimstätte« erheben konnte. Doch kommt Zeit, kommt Rat.

Am 11. August 1919 hielt Balfour in einem Memorandum für die Regierung Seiner Majestät fest: »Was Palästina betrifft, so denken wir nicht daran, die Wünsche der gegenwärtigen (!!, ML) Bewohner des Landes zu berücksichtigen … Die vier Großmächte (gemeint sind Großbritannien, Frankreich, Italien, die USA, ML) sind dem Zionismus verpflichtet. Und der Zionismus ist – zu Recht oder zu Unrecht, im Guten wie im Schlechten – in jahrhundertealten Traditionen verwurzelt, in gegenwärtigen Notwendigkeiten, in zukünftigen Hoffnungen. All das ist von ungleich größerer Bedeutung als die Wünsche und Vorurteile von 700 000 Arabern, welche jetzt dieses alte Land bewohnen.«[39]

Aus gutem Grund wurde dieses Memorandum erst dreißig Jahre später *declassified*: Zur Zeit der britischen Präsenz in Palästina durfte die Öffentlichkeit davon nichts erfahren. Schon gar nicht irgendwelche Araber.

»Palästina gehört Ihnen«

Der 1919 auf Initiative von US-Präsident Woodrow Wilson gegründete Völkerbund in Genf übertrug 1922 Frankreich und Großbritannien das Mandat für den Nahen Osten. Apropos Wilson: Anlässlich einer Unterredung mit führenden amerikanischen Zionisten am 2. März 1919, bei der es auch um die Aufteilung des Osmanischen Reiches ging, erklärte er gegenüber dem

Rabbiner und damaligen Vizepräsidenten der »Zionist Organisation of America«, Stephen Wise: »Machen Sie sich keine Sorgen, Dr. Wise. Palästina gehört Ihnen.«[40]

Sicher nicht ohne Grund wurde das Palästina-Mandat mit besonderem Nachdruck behandelt. Der Völkerbund sah sich, ganz im Geist Wilsons, dem Selbstbestimmungsrecht der Nationen verpflichtet. Das allerdings sollte nur für Weiße gelten, für Europäer. Palästinenser wie Araber hingegen mussten feststellen, dass die jeweiligen Mandate des Völkerbunds ihnen keineswegs Unabhängigkeit und Freiheit verhießen, sondern – ganz im Gegenteil – die Fremdherrschaft in ihren Ländern festschrieb. War doch, Genf zufolge, der Kolonialismus ebenso hilfreich wie gerechtfertigt »gegenüber Völkern, die noch nicht in der Lage sind, auf eigenen Beinen zu stehen«. Das Völkerbund-Mandat war folglich nichts anderes als ein Euphemismus für Kolonialherrschaft.

Bereits die Präambel des Palästina-Mandats übernimmt fast wortgleich die Balfour-Erklärung. Artikel 2 bestimmt, dass London »für die Schaffung solcher politischer, administrativer und ökonomischer Bedingungen im Land verantwortlich ist, welche die Errichtung der jüdischen nationalen Heimstätte sichern werden«. Artikel 4 verlangt eine »geeignete jüdische Vertretung als öffentliche Körperschaft« anzuerkennen, um »die Administration von Palästina« zu beraten und die Errichtung der »jüdischen nationalen Heimstätte« voranzutreiben. Das war zunächst die Zionistische Weltorganisation, ab 1930 die Jewish Agency.

Die Affinität nicht allein britischer Politiker zum Zionismus war nicht frei von Absurdität und religiösem Wahn – was sich, unter anderen Vorzeichen und vor allem mit Blick auf die USA, bis in die Gegenwart fortsetzt. So vertrat Winston Churchill 1920 die Auffassung, zwar hätten die Juden der Welt das Beste gegeben, das Christentum – doch nun gäben sie ihr das Schlechteste, den Bolschewismus. Mit Ausnahme Lenins seien alle führenden Sozialisten, insbesondere in Russland, Juden. Diese Gefahr gelte es zu bekämpfen, indem man die jüdische Neigung zum Sozialismus durch einen gesunden Nationalismus ersetze: den Zionismus.[41]

Hinzu kamen evangelikale Christen, die wie Lloyd George, britischer Premier von 1916 bis 1922, glaubten und bis heute glauben, der Zionismus beflügle die Wiederkehr des Messias. Meist geht dergleichen christlicher Zionismus, der heute insbesondere in den USA als eine Machtbasis der Republikaner überaus wirkmächtig ist, mit antiarabischen Ressentiments oder schlichtweg Rassismus einher. Auch in Gestalt von Antisemitismus: Denn bei Erscheinen des Heilands sind die Juden gehalten, zum Christentum zu konvertieren, andernfalls drohe ihnen Verfolgung oder Tod. Darüber hinaus hielt Lord Balfour, im Gleichklang mit sehr vielen britischen Aristokraten seiner Zeit, Christen wie Juden, den Zionismus für ein nützliches Ventil. Verarmte jüdische Emigranten aus Osteuropa zog es verstärkt nach Großbritannien, wo sie ebenso wenig willkommen waren wie heutige Bootsflüchtlinge. Eine jüdische Heimstätte in Palästina würde dieses Problem elegant lösen, so das Kalkül.

Die Balfour-Erklärung wie auch das Sykes/Picot-Abkommen legten den Grundstein für Instabilität, Krieg und Gewalt im Nahen Osten, die bis heute fortwirken. Die jüdische Inbesitznahme Palästinas konnte nur erfolgen, weil sich der britische Kolonialismus aus Eigennutz veranlasst sah, das zionistische Projekt zu unterstützen. Anliegen und Interessen beider ergänzten sich. Gleichwohl musste die britische Seite Rücksicht auf arabische Belange nehmen, da sich die Spannungen zwischen Juden und Arabern zunehmend gewaltsam entluden. Im April 1920 kam es zu blutigen Zusammenstößen in Jerusalem, die tagelang anhielten und Tote auf beiden Seiten forderten. Die Briten reagierten darauf mit einem Muster, das sich bis zu ihrem Abzug 1948 mehrfach wiederholen sollte. Sie richteten eine Kommission ein, die Ursachenforschung betrieb. Auf Grundlage der jeweiligen Kommissionsberichte wurden im nächsten Schritt politische Maßnahmen zur Deeskalation vorgeschlagen, bis hin zur Aufteilung Palästinas (Peel Commission 1937), die dann aber folgenlos blieben.

Sofern der Abschlussbericht nicht von vornherein unter Verschluss gehalten und ignoriert wurde. So geschehen mit dem »Palin Commission Report«, der ersten Kommission dieser Art, benannt nach Sir Philip Charles Palin, einem der ranghöchsten Militärs in Palästina. Nach den Unruhen vom April 1920 erhielt er den Vorsitz über eine Kommission, die in fünfzig Sitzungstagen 152 Zeugen befragte. Ihren Abschlussbericht zu den Hintergründen stellte sie am 1. Juli 1920 fertig, reicht ihn jedoch erst im August ein. Woraufhin er in einer Schublade verschwand und erst in den 1950er Jahren freigegeben wurde – vermutlich war er zu kritisch ausgefallen.

So bezeichnet der Bericht die Balfour-Erklärung »unzweifelhaft als Ausgangspunkt der gegebenen Schwierigkeiten«. Denn es sei für »die einheimische Bevölkerung« schwierig, »selbst noch so gemäßigte Ziele des Zionismus mit Gleichmut zu betrachten«. Die »Einheimischen« blickten »misstrauisch auf den Juden als neuen Herrscher«. Sie betrachteten die Zionisten aus Osteuropa, deren »von Überheblichkeit geprägtes Auftreten«, vor allem aber deren »politische Radikalität«, mit größtem Misstrauen. Noch größer aber sei die Sorge, dass diese Männer, die sie »für Feinde der Zivilisation und der Religion« hielten, an die Macht gelangen könnten.

»Doch es ist der Jude als wirtschaftlicher Konkurrent, der die Vorstellungswelt des Einheimischen am meisten bewegt.« Die jährlich steigenden Einwanderungszahlen, das wachsende Ausmaß der jüdischen »Kolonialisierung« erzeuge »panische Angst« angesichts der »schier unermesslichen Geldmittel« der Zionisten und ihres großen Einflusses »im Kreis der Nationen«. Und weiter: »Wir gelangen zu dem Schluss, dass die einheimische Bevölkerung, in ihren Hoffnungen enttäuscht, überaus verängstigt hinsichtlich ihrer Zukunft, grenzenlos entmutigt von der aggressiven Haltung der Zionisten ihnen gegenüber, verzweifelt angesichts der (parteiischen britischen, ML) Administration, empfänglich sein dürfte für jegliche Form feindlicher Agitation gegenüber der britischen Regierung und den Juden.«[42] Ein mehr als weitsichtiges Urteil.

Einen eigenständigen, auf politische Unabhängigkeit ausgerichteten palästinensischen Nationalismus gab es unter osmanischer Herrschaft nicht. Die palästinensischen Aspirationen waren vielmehr eingebettet in einen Ende des 19. Jahrhunderts erwachenden arabischen Nationalismus, der vom Osmanischen Reich mehr Autonomie, nicht aber nationale Unabhängigkeit verlangte. Denn ungeachtet aller Rückständigkeit, Willkür und Korruption ließen die Türken den von ihnen beherrschten Nationen deutlich mehr Freiräume als europäische Kolonialmächte. Jahrhunderte osmanischer Herrschaft haben weder die Araber noch die Balkanvölker turkifiziert. Insbesondere das osmanische Millet-System, ein System nahezu vollständiger Selbstverwaltung auf konfessioneller Grundlage, erwies sich als stabilisierendes Herrschaftsinstrument. Zudem war der Islam untrennbar mit dem Osmanischen Reich verbunden: Der Sultan war gleichzeitig Kalif, also höchster geistlicher Würdenträger.

Der erste große Aufstand

Damit galt er den mehrheitlich islamischen und konservativen arabischen Gesellschaften als durchaus verehrungswürdig. Der arabische Nationalismus erwachte folglich erst spät, als Reaktion auf den Niedergang des Osmanischen Reiches und das Vordringen der Europäer. Die zunehmend ultranationalistischen und repressiven Jungtürken, die 1908 de facto die Macht in Istanbul übernommen hatten (und von 1915 an den Völkermord an den Armeniern organisierten), wirkten zusätzlich identitätsstiftend. Die meisten Araber im Nahen Osten empfanden sich selbstverständlich als Araber. In erster Linie aber sahen sie sich (und sehen sich zum Teil bis heute so) als Angehörige einer religiösen oder ethnischen Gruppe, eines Stammes oder eines Clans – weniger als Syrer, Libanesen oder Iraker. Entsprechend erwuchs ein eigenständiger palästinensischer Nationalismus erst in der Konfrontation mit dem jüdischen Siedlungskolonialismus und der britischen Mandatsmacht. Apologeten (groß-)israelischer Politik argumentieren daher gerne, dass die Palästinenser kein oder nur ein untergeordnetes Anrecht auf Palästina hätten, da eine eigenständige palästinensische Identität frühestens für die 1910er Jahre nachzuweisen sei, ihr somit die Legitimität fehle. Dass der Zionismus seinerseits erst nach 1897 wirkmächtig wurde, in etwa also zeitgleich, bleibt dabei unerwähnt.

Während die zionistische Seite die Inbesitznahme Palästinas mit großem strategischem Geschick betrieb, langfristig dachte und britischer Protektion gewiss sein durfte, formierte sich der arabische und palästinensische Widerstand langsam, oft genug planlos, und war zwangsläufig gegen die Interessen Großbritanniens und Frankreichs gerichtet. Vor allem aber fehlte ihm eine gut organisierte Führungsebene. Im Grunde hatte dieser Widerstand nie eine Chance gegen die »westlich« eingebettete jüdische Nationalbewegung, die gewissermaßen den Geist der neuen, doch nicht weniger imperialen Zeit atmete, anders als der arabische Traditionalismus.

Das wiederum war maßgeblich der vorherrschenden Sozialstruktur geschuldet. Die wirtschaftliche und politische Macht in Palästina lag in Händen einiger weniger städtischer Notabelnfamilien, vor allem aus Jerusalem. Ihre Vormachtstellung beruhte auf Großgrundbesitz, zu geringen Teilen auf Handel und Kreditwesen. Diese Aristokratie stellte die hohen religiösen Führer, führende Verwaltungsbeamte und Politiker. Eng mit ihr verbunden war eine ebenfalls städtische Elite: Mediziner, Ärzte, Architekten etc. Und schließlich die schwach ausgeprägte urbane Mittelschicht aus Händlern und Gewerbetreibenden, deren Entwicklung durch die starke jüdische Konkurrenz fast zum Erliegen kam.

Die größte Schicht, rund 80 Prozent der Bevölkerung, stellten die Bauern, mehrheitlich Analphabeten und ihr Leben lang unfrei. Infolge ihrer geringen Einkünfte gelangten sie schnell in die Hände von Wucherern. Da es ihnen selten gelang, ihre Schulden zurückzuzahlen, verloren sie leicht ihr weniges Land und endeten als Pächter oder Tagelöhner. Wegen ihrer miserablen Lage, die durch den zionistischen Landkauf noch zusätzlich verschärft wurde, wanderten sie in großer Zahl in die Städte ab, wo sie ein Lumpenproletariat bildeten. Am Rand der Gesellschaft gab es zudem einige Tausend Beduinen im Jordantal und im Negev.

Da die politische Macht bei den Notabelnfamilien lag, erwiesen sich deren Rivalitäten als schweres Handicap für die palästinensisch-arabische Nationalbewegung. Insbesondere die Feindschaft zwischen den Dynastien der Nashashibis und der Husseinis in Jerusalem, die sich durch die gesamte Mandatszeit zog, sollte diese erheblich schwächen. Ein alle Schichten der Bevölkerung umfassendes Nationalgefühl konnte so kaum entstehen, zumal die Machtelite gleichzeitig die Mehrheit der Bevölkerung ausbeutete und sich lange Zeit lieber mit den Briten arrangierte, als sie ernsthaft herauszufordern. All das erklärt, warum die palästinensische Nationalbewegung erst Ende der 1920er Jahre einen Massencharakter annahm. Zu dem Zeitpunkt hatte die jüdische Depossedierung der Araber bereits derartige Ausmaße angenommen, dass die land- und erwerbslosen Bauern, Handwerker und Gewerbetreibenden zunehmend gewalttätig gegen die Einwanderer vorgingen.

1920 und 1921 kam es zu schweren Unruhen, in den beiden

letzten Augustwochen des Jahres 1929 schließlich zum Al-Buraq-Aufstand, dem ersten großen arabischen Aufstand in Palästina. Er richtete sich gleichermaßen gegen Juden und Briten, die Mühe hatten, ihn niederzuschlagen. Ausgangspunkt war eine Kundgebung an der Klagemauer in Jerusalem, organisiert von der Gruppe »Betar«, der Jugendorganisation der revisionistischen Bewegung unter Wladimir Jabotinsky – dazu gleich mehr. Die Demonstranten sangen die »Hatikva« (deutsch: »Hoffnung«), seit Basel 1897 die Hymne der zionistischen Bewegung, später die Nationalhymne Israels und geißelten »arabische Arroganz«. Eine ebenso unnütze wie vorsätzliche Provokation »auch in den Augen der meisten Juden«.[43]

Die darauf folgenden schweren Zusammenstöße an der Klagemauer, arabisch Al-Buraq-Mauer, griffen in kürzester Zeit auf das ganze Land über. Die besagte Mauer ist die westliche Umrandung des zerstörten jüdischen Tempels und gleichzeitig dessen letzter, erhalten gebliebener Teil. Sie begrenzt aber auch den westlichen Teil des Moscheegeländes, arabisch »Al-Haram ash-Sharif« (sinngemäß: der erhabene Bereich, das edle Heiligtum). In westlichen Ländern wird meist die jüdisch-israelische Bezeichnung Tempelberg verwendet. Auf diesem Gelände befinden sich sowohl der Felsendom wie auch die Al-Aqsa-Moschee. Muslimen gilt das Areal als drittheiligste Stätte nach Mekka und Medina. Al-Buraq wiederum ist in der islamischen Mythologie ein weißes, pferdeähnliches Reittier mit Flügeln, auf dem der Prophet Mohammed in den Himmel aufgestiegen sein soll, wo er den früheren Propheten und schließlich Gott begegnete. Diese physische und spirituelle Reise von Mekka nach Jerusalem, zu Gott und wieder zurück über Jerusalem nach Mekka in einer Nacht, ist ein wichtiges Datum im islamischen Kalender.

Aufgestiegen in den Himmel ist er der Überlieferung zufolge von jenem Felsen, auf dem nicht lange nach Mohammeds Tod im Jahr 632 der Felsendom errichtet wurde – 691/92, in einer Zeit schwerer politischer und religiöser Zerwürfnisse. Der Felsendom ist das älteste, erhalten gebliebene Bauwerk islamischer Architektur. Die Al-Aqsa-Moschee ihrerseits, erbaut zwischen 706 und 717 (»Al-Aqsa« bedeutet »am weitesten entfernt«, von Mekka aus gesehen), liegt etwa hundert Meter südlich des Felsendoms und bezeichnet jenen Ort, an dem Mohammed nach seiner Himmelsreise die Erde wieder betreten haben soll. Etwas verwirrend: Das Ensemble der zahlreichen kleineren Gebetsstätten und religiösen Gebäude auf dem Moscheegelände wird zusätzlich als »Al-Aqsa-Bereich« bezeichnet. Der Begriff wird also parallel zu »Al-Haram ash-Sharif« verwendet.

Gefährliche Träume

Aus Sicht jüdischer Extremisten, damals wie heute, muss dieses Areal, vor allem aber der Felsendom, zerstört werden, um den Dritten Tempel errichten zu können. Das erklärt im wahrsten Sinne des Wortes die fortwährende politische Sprengkraft dieses Juden wie Muslimen heiligen Ortes. 1984 versuchten fanatisierte Siedler aus dem Umfeld des ultraorthodoxen Rabbiners Moshe Levinger den Felsendom zu sprengen. Eher zufällig erfuhr der israelische Inlandsgeheimdienst Shin Bet von dem minutiös geplanten Anschlag: Die Attentäter in spe erbaten von verschiedenen Rabbinern den Segen für ihre Tat, woraufhin diese die Sicherheitsdienste informierten.[44] Der Rabbiner Levinger, wiederholt wegen Totschlags, Gewaltanwendung und provokanter Aktionen gegen Palästinenser angeklagt und (weniger häufig) auch verurteilt, war ein führender Kopf der messianischen Siedlerbewegung nach dem Krieg 1967. Als er 2015 starb, kondolierte Ministerpräsident Benjamin Netanjahu mit den Worten, Levinger sei »ein herausragender Vertreter einer Generation, die den zionistischen Traum in Wort und Tat nach dem Sechstagekrieg umzusetzen suchte«.[45] Wäre die Zerstörung des Felsendoms gelungen, hätten übrigens, sinnbildlich gesprochen, eine Milliarde Muslime die Israelis oder Juden generell zu Todfeinden erklärt. Eine Eskalation der Lage bis hin zum Dritten Weltkrieg wäre in dem Fall nicht auszuschließen gewesen. Ein »zionistischer Traum«?

Vergangenheit und Gegenwart sind in Israel/Palästina eng miteinander verwoben; das Gestern lebt im Heute und Morgen fort. Diesen Zusammenhang gilt es zu verstehen, weil sich die gegenwärtige Konfliktlage sonst nicht erschließt.

Doch zurück zu den bürgerkriegsähnlichen Unruhen 1929: Sie endeten erst nach zwei Wochen, unter Einsatz auch von Panzerfahrzeugen und Flugzeugen. Damals starben 113 Araber, die meisten im Kampf gegen die Briten, und 133 Juden, die meisten infolge terroristischer Gewalt. Das schlimmste Massaker ereignete sich in Hebron, wo ein arabischer Mob 67 Juden niedermetzelte. Es ist eine bittere Ironie der Geschichte, dass die dort seit Jahrhunderten ansässigen Juden zu jener »Urgemeinschaft« aus vorzionistischer Zeit zählten, die von der neuen politischen Bewegung wenig bis gar nichts hielten.

Levinger gehörte nach 1967 zu den ersten Siedlern im Zentrum Hebrons, die sich ausdrücklich auf das damalige Massaker beriefen, um ihre Besitzansprüche auf die Innenstadt geltend zu machen – selbstverständlich auf Kosten der Palästinenser, die von dort vertrieben wurden und werden und sich einem Alltag ausgesetzt sehen, den Außenminister Sigmar Gabriel (SPD) 2012 bei einem Besuch Hebrons als »Apartheid-Regime« bezeichnete. (Wie es sich für einen deutschen Politiker gehört, hat er sich für den Vergleich umgehend entschuldigt und ihn anschließend widerrufen.)

Ungeachtet der wachsenden Spannungen durfte aus jüdisch-zionistischer Sicht eines nicht geschehen: die Übertragung von Elementen politischer Souveränität an die arabische Bevölkerungsmehrheit. Genau das aber verlangte die 1920 aus Notabeln zusammengesetzte »Arabische Exekutive«, die von den Briten zunächst ignoriert, dann aber stillschweigend als (eine) Vertretung der Palästinenser akzeptiert wurde. Zwar entsprach deren Forderung nach Mitsprache den Bestimmungen des Palästina-Mandats, doch verspürten die Briten wenig Neigung, ihr Machtmonopol aus der Hand zu geben. Gleichzeitig bemühte sich die zionistische Führung, demokratische Spielregeln, insbesondere Mehrheitsentscheidungen, nach Kräften zu verhindern, stellte der »Jischuw«, die jüdische Siedlergemeinschaft in Palästina, zu jener Zeit doch gerade einmal zehn Prozent der Bevölkerung.

Hätten die von US-Präsident Woodrow Wilson propagierten Prinzipien von »Demokratie« und »nationaler Selbstbestimmung« hier Anwendung gefunden, hätten sich die zionistischen Ambitionen in Palästina damals erledigt. Entsprechend mühten sich jüdische Entscheider, die Weltöffentlichkeit davon zu überzeugen, dass Palästina einen Sonderfall darstelle. So forderten sie etwa auf internationalen Konferenzen die Intensivierung der Einwanderung, die internationale Anerkennung des jüdischen Anspruchs auf Palästina, die Gewährung des Wahlrechts für Juden weltweit (als künftige Bürger Palästinas), ein vom Bildungsniveau abhängiges Wahlrecht und vor allem den »Transfer« der Palästinenser in Richtung Transjordanien oder Irak.[46]

Schon 1918/19 drängte Chaim Weizmann die Briten, die unterschiedliche »Qualität« von Juden und Arabern anzuerkennen. Letztere wären noch auf lange Sicht zu »unreif«, um sich selbst regieren zu können. Sollte das geschehen, würden die »ungebildeten« und »primitiven« Araber Palästina ins Chaos stürzen.[47]

Simha Flapan, einer der ersten »neuen Historiker« in Israel, die sich verstärkt seit den 1980er Jahren kritisch mit den beschönigenden Gründungsmythen des jüdischen Staates auseinandersetzen, sieht eine historische Kontinuität zwischen der zionistischen Haltung gegenüber den Palästinensern in den Jahren 1917 bis 1948 und der späteren israelischen Politik. Deren grundlegende Prinzipien sind laut Flapan die folgenden: schrittweiser Aufbau eines eigenen wirtschaftlichen und militärischen Potenzials als Grundlage für Macht und Einfluss; Bündnis mit der jeweils relevanten Großmacht außerhalb des Nahen Ostens (zunächst Großbritannien, später die USA); Nichtanerkennung einer palästinensischen nationalen Entität; Selbstwahrnehmung zivilisatorischer Überlegenheit in einer unterentwickelten Region; wo immer möglich Segregation zwischen Juden und Arabern; Frieden durch militärische Stärke.[48]

Die zionistische Mehrheitsströmung war geeint durch die Vorstellung eines »Transfers« der Palästinenser, deren Widerstand im Zweifel gewaltsam zu brechen sei. Ben-Gurion, Weizmann und ihre Mitstreiter waren gleichwohl »so vorsichtig, diesen Standpunkt nicht öffentlich einzunehmen, aber die Transfer-Idee spielte eine viel größere Rolle im zionistischen Denken der Mandatszeit, als gewöhnlich zugegeben wird«, schreibt Flapan.[49]

Gleichwohl gab es Minderheiten, die ein ganz anderes, in erster Linie von Humanität und Humanismus getragenes Verständnis der jüdischen Präsenz in Palästina und des Zionismus hegten. Das gilt in erster Linie für die sogenannten Binationalisten oder Kulturzionisten. Obwohl sie auf den zionistischen Mainstream kaum oder keinerlei Einfluss hatten, ist ihr Plädoyer für ein gleichberechtigtes Miteinander von Juden und Arabern heute aktueller denn je. Wer die Gewalt zwischen Israelis und Palästinensern zu beenden sucht, findet bei ihnen bereits jene Ansätze, ohne die es eine Umkehr in Richtung Frieden schwerlich geben kann.

Der bekannteste Vertreter dieser binationalen Ausrichtung ist Martin Buber (1878–1965). Der gebürtige Wiener wuchs in einer gläubigen Familie auf, verbrachte seine Kindheit und Jugend in Lemberg und Polen, sprach mehrere Sprachen und wurde neben seinem zionistischen Engagement vor allem als Philosoph und Theologe bekannt. Die gemeinsam mit Franz Rosenzweig (1886 –

1929), einem weiteren anerkannten jüdischen Theologen, geleistete Übersetzung der Hebräischen Bibel ins Deutsche verglich Hannah Arendt in ihrer »poetischen Übertragung in eine andere Sprache« mit Luthers Bibelübersetzung. Sein weltanschauliches Leitmotiv formulierte Buber so: »Dem jüdischen Glauben zufolge ist die Geschichte der Menschheit wie auch das Leben eines jeden Einzelnen bestimmt vom Dialog mit Gott.« Und: »Mein Thema ist nicht die Religion, sondern der jüdische Glaube.« Buber verstand Religiosität als gelebten Ausdruck eines ganzheitlichen, existenziell gefassten Glaubens – nicht eines Glaubens äußerlicher Bezeugungen oder einer vornehmlich rituellen Befolgung der Halacha, der überlieferten jüdischen Gesetze.

»Aufgehen in brennender Liebe«

Buber gehörte einer neueren, moderneren Generation an, die Assimilation nicht für den geeigneten Weg in Richtung Emanzipation hielt. Gleichzeitig trieb ihn wie auch seine Weggefährten und Anhänger weniger der Antisemitismus um als vielmehr die Überlegung, wie das Judentum auf der Grundlage von Werten »wiederbelebt« werden könne – mit dem Ziel einer Stärkung jüdischer Identitäten. Einen Zionismus, der, wie andere Nationalismen auch, die Nation lediglich als Selbstzweck kultiviert, lehnte er ab. Ihm zufolge war der Zionismus etwas weitaus Größeres, eine Gemeinschaft von Juden nämlich, getragen von ihrem »Willen zur moralischen Perfektion«: Voraussetzung, um des künftigen Gottesreiches teilhaftig zu werden. Diesen Drang zu einem steten Dialog mit dem lebendigen Gott übertrug Buber auch auf den Zionismus. Wenn »Juden in Zion« jedoch ihre Beziehung zum Glauben und zur Geschichte ihres Volkes verlören und stattdessen territoriale Fragen in den Vordergrund rückten, könne es auch keine jüdische Nation geben.

Dabei strebte Buber nicht die Rückkehr zur rabbinischen Orthodoxie an, sondern die spirituelle, die geistig-moralische Erneuerung der jüdischen Gemeinschaft als Ganzes, die sich allein in ihrem eigenen Land und in ihrer eigenen Sprache verwirklichen lasse: »Das Volk muss Zion lieben lernen … Sein ganzes Herz muss aufgehen in dieser brennenden Liebe.«

Großen Rückhalt fand Buber im frühen 20. Jahrhundert unter Sozialisten und einer jüngeren Generation auf Sinnsuche, die dem etablierten, oft gehobenen Lebensstil der assimilierten westeuropäischen Juden, insbesondere in Deutschland, kritisch gegenüberstanden. Sie strebten nach einem anderen, bodenständigen und spirituellen Umfeld, das sie in Palästina zu finden hofften. Sie hielten es für die Pflicht eines jeden Zionisten, in jenem »unterentwickelten« Land ein Leben körperlicher Entbehrungen zu führen, weit entfernt vom Luxus des zivilisierten Europa.

Bereits zur Jahrhundertwende jedoch zeigte sich Buber desillusioniert über die »materiellen Ziele« eines lediglich politisch verstandenen Zionismus. Wortstark geißelte er jene Nationalisten, deren einziges Ziel darin bestünde, in einem Land zu leben, das ihnen als »verheißen« gelte – ohne damit das geringste spirituelle Anliegen zu verbinden. Diese Leute wollten lediglich »ein Teil des Wolfrudels« sein und riskierten damit die »nationalistische Assimilation«, den Verlust ihres Judentums.

Seit den frühen 1920er Jahren plädierte Buber für einen binationalen, jüdisch-arabischen Staat in Palästina. Für die Zionisten sei es unerlässlich, in Frieden mit den Arabern zu leben, selbst für den Fall, dass die Juden eine Minderheit blieben. 1925 gehörte er mit Albert Einstein und anderen prominenten Gleichgesinnten zu den Mitbegründern der Organisation »Brit Shalom« (Bund des Friedens), die für einen binationalen Staat mit gleichen Rechten für Juden und Araber eintrat. 1938 ließ sich Buber in Jerusalem nieder, um dort an der Hebräischen Universität zu lehren. Ungeachtet des Holocaust trat er auch weiterhin für einen binationalen, nicht für einen exklusiv jüdischen Staat in Palästina ein. Die Herrschaft der einen Nation über eine andere lehnte er zeit seines Lebens ab, ebenso einen Staat unbeseelt von jenem jüdischen Esprit, der nach Frieden und Erlösung strebt. Nach der Gründung Israels 1948 mahnte er, wenn es dem neuen Staat lediglich um Land gehe, ohne jede spirituelle Kraft, werde er den Boden unter den Füßen verlieren.[50]

Bleiben wir noch einen Moment bei den Geistesströmungen, bevor wir zurückkehren in das Palästina der 1920er Jahre. Der gebürtige Ulmer Albert Einstein (1879–1955), obgleich in einer assimilierten und vollständig säkularisierten Familie aufgewachsen, kam in seiner Einordnung des Zionismus zu sehr ähnlichen Schlüssen wie Buber. Er unterstützte die Idee einer »Heimstätte« für die Juden in Palästina, nicht aber auf Kosten der Araber. Die friedliche Koexistenz mit den Nachbarn sei wichtiger als jedes nationale Ziel. Wie Buber verstand sich auch Einstein als Kulturzionist und trat seinerseits für einen binationalen Staat ein. In einer Rede am 17. April 1938 in New York unter dem Titel »Was wir dem Zionismus schulden« erklärte er: »Ich ziehe ein vernünftiges und friedliches Zusammenleben mit den Arabern der Gründung eines jüdischen Staates vor. Mein Verständnis der grundlegenden Natur des Judentums verträgt sich nicht mit der Idee eines jüdischen Staates mit Grenzen, einer Armee und weltlicher Macht, wie bescheiden auch immer. Ich sehe mit Sorge, welchen Schaden das Judentum in dem Fall nehmen könnte – vor allem mit Blick auf den engstirnigen Nationalismus in unseren Reihen, gegen den wir bereits mit aller Kraft zu kämpfen hatten, sogar ohne jüdischen Staat … Sollten äußere Notwendigkeiten uns dennoch veranlassen, diese Last auf uns zu nehmen (gemeint ist die Gründung eines jüdischen Staates, ML), dann sollten wir das mit Taktgefühl und Geduld angehen.«[51]

Und bereits 1935 formulierte der überzeugte Pazifist Einstein, was ewig gültig bleiben dürfte: »In zwei Wochen gelingt es den

Zeitungen, die schafsgleichen Massen in einen Zustand von Erregung und Wut zu versetzen, bis sie eine Uniform anziehen und für die sinnlosen Ziele einiger weniger interessierter Parteien töten oder getötet werden.«

Einstein plädierte zwar für eine jüdische »Heimstätte« mit »binationalem Status in Palästina«, bei »freier Einwanderung«, doch ohne separaten Staat. In einem Schreiben vom 21. Januar 1946 widersprach er ausdrücklich dem Mainstream-Zionismus: »Es ist meiner Ansicht nach eine Frage des gesunden Menschenverstandes, dass wir nicht die politische Herrschaft in Palästina beanspruchen können, wenn zwei Drittel der Bevölkerung aus Nichtjuden besteht.« Mehr als einen binationalen Staat zu fordern »schadet unserem Anliegen, und ich verstehe nicht, warum unsere Zionisten einen so intransigenten Standpunkt einnehmen, der für uns nur nachteilig sein kann«.[52]

Wie Martin Buber sprach sich auch Einstein gegen die Teilung Palästinas aus und warnte Chaim Weizmann 1946 vor einem »jüdischen Nationalismus wie in Preußen«. Im Zuge der israelischen Staatswerdung 1947/48 und der sie begleitenden Gewalt an den Palästinensern wurden Einsteins Überzeugungen jedoch mehr als erschüttert. Vor allem das Massaker in Deir Yassin, einem westlichen Vorort Jerusalems, am 9. April 1948 hat ihn zutiefst entsetzt. An jenem Tag wurde das kleine, friedliche Dorf mit seinen 600 Einwohnern von etwa 120 zionistischen Paramilitärs grundlos attackiert. 150 Frauen, Männer und Kinder wurden massakriert, bei einigen Leichen Köpfe oder Gliedmaßen abgetrennt. Der Ort wurde geplündert, mehrere Frauen wurden vergewaltigt, einige Überlebende durch die Straßen Westjerusalems getrieben, wo ein jüdischer Mob sie anspuckte, ihnen die Kleider vom Körper riss, sie mit Steinen bewarf und schließlich umbrachte.

Das Massaker von Deir Yassin löste eine Massenflucht der Palästinenser aus – was auch beabsichtigt war. Die Verantwortlichen, offenkundig stolz auf ihre Tat, luden alle ausländischen Korrespondenten im Land ein, die geschändeten Leichen und die Zerstörungen im Dorf in Augenschein zu nehmen. Die treibende Kraft dieser Brutalität war die Organisation »Irgun Zvai Leumi« (deutsch: »Nationale Militärorganisation«), kurz Irgun, eine revisionistische, rechtsradikale Gruppierung unter Führung von Menachem Begin, von 1977 bis 1983 Israels Premierminister. Begin selbst hat am Massaker allerdings nicht teilgenommen, er hielt sich nach zahlreichen Terroranschlägen auf die Briten versteckt. Am bekanntesten wurde die von ihm veranlasste Sprengung des King David Hotel in Jerusalem, damals der britische Verwaltungssitz in Palästina, am 22. Juli 1946 mit 91 Toten.

Die Kämpfer der Irgun wurden nach der Staatsgründung Teil der israelischen Armee, ohne jemals juristisch belangt zu werden. Aus deren politischem Flügel ging 1948 die »Cherut«-(»Freiheits«-)Partei hervor, deren Logo ein siegreich erhobenes Gewehr über der Landkarte von Israel/Palästina und Jordanien zeigt, versehen mit dem Spruch: »Beide Ufer des Jordan – dieses gehört uns, das andere auch«.

»Jerusalem gehört uns«

1973 ging die Cherut unter Führung von Begin und Ariel Sharon ein Wahlbündnis mit anderen, kleineren Rechtsaußen-Parteien ein und nannte sich »Likud«, deutsch »Konsolidierung«, nämlich der israelischen (Ultra-)Rechten. Die Cherut blieb in diesem Bündnis die dominante Kraft, fusionierte aber 1988 mit den übrigen Koalitionären zur nunmehr singulären Likud-Partei, was an der Vorherrschaft der vormaligen Cherut-Funktionäre nichts änderte. 1993 wurde Benjamin Netanjahu ihr Vorsitzender, bis er sechs Jahre später von Ariel Scharon abgelöst wurde. Die Machtbasis des Likud sind neben Siedlern und Militärs vor allem

Mittelschichtsangehörige der Sephardim, der Israelis nichtwestlicher Herkunft. (Israelis europäischer oder nordamerikanischer Herkunft werden als Aschkenasim bezeichnet.)

Immer wieder zeigt sich, dass es in Israel an historischer Kontinuität nicht fehlt. Die zweite bedeutende revisionistische Bewegung, ebenfalls am Massaker in Deir Yassin beteiligt, nannte sich »Lechi«, ein hebräisches Akronym für »Kämpfer der Freiheit Israels«. Die Briten bezeichneten diese Gruppe nach ihrem ersten Anführer, dem 1942 nach zahlreichen Anschlägen hingerichteten Avraham Stern als »Stern-Bande«. Einer ihrer führenden Vertreter war Jitzchak Schamir, israelischer Ministerpräsident 1983/84 und von 1986 bis 1992. Darüber hinaus war er Netanjahus Vorgänger als Parteivorsitzender des Likud.

Die bekannteste Untat der Lechi ist die Ermordung des UN-Gesandten für den Nahen Osten, des schwedischen Diplomaten Graf Folke Bernadotte, am 17. September 1948 in Jerusalem. Sein Todesurteil war, dass er sich für die Rechte der Palästinenser eingesetzt hatte. »Stockholm gehört euch, Jerusalem ist unser!«, lautete der Schlachtruf der Terroristen.[53] Sie wurden gefasst, verurteilt und später amnestiert. Die meisten »Kämpfer« schlossen sich nach Auflösung ihrer Organisation der Cherut-Partei an.

Am 4. Dezember 1948 veröffentlichte die *New York Times* einen offenen Brief von 28 führenden jüdischen Intellektuellen, darunter Albert Einstein und Hannah Arendt. Darin verurteilten sie den geplanten Besuch von Menachem Begin in den USA, wo er für die Cherut zu werben suchte. Die Autoren machten ihre Haltung mehr als deutlich: Diese Partei sei »in ihrer Organisation, ihren Methoden, ihrer politischen Philosophie und sozialen Zielgruppe der Nazi-Partei und faschistischen Parteien sehr ähnlich. Sie rekrutiert sich aus der früheren Irgun Zvai Leumi, einer terroristischen, rechtsradikalen, chauvinistischen Organisation in Palästina ... Es ist unvorstellbar, dass diejenigen, die dem Faschismus weltweit entgegentreten, jene (von Begin verkörperte, ML)

Bewegung unterstützen, so sie über den politischen Werdegang und die Ansichten von Herrn Begin Kenntnis erhalten.« Nachfolgend führt das Schreiben aus, wie die Cherut ihre Anhänger erst rekrutiert, dann einschüchtert, und gelangt zu dem Schluss: »Es gibt nicht den geringsten Zweifel, dass es sich um eine faschistische Partei handelt, für die Terrorismus (gleichermaßen gegen Juden, Araber und Briten gerichtet) ebenso wie Machtmissbrauch Mittel zum Zweck sind. Ihr Ziel ist der ›Führerstaat‹.«

Der Vollständigkeit halber sei erwähnt, dass Einstein es ablehnte, nach dem Tod Chaim Weizmanns 1952 Israels zweiter Präsident zu werden. Ungeachtet seiner hinlänglich bekannten Kritik und Ablehnung eines radikalisierten politischen Zionismus würdigte ihn die *New York Times* in ihrem Nachruf dennoch als einen »führenden Unterstützer für die Errichtung eines jüdischen Staates«. Heute gilt Einstein, Mitbegründer der Hebräischen Universität, in Israel als politische und wissenschaftliche Ikone. Seine Kritik am übersteigerten jüdischen Nationalismus dagegen geriet in Vergessenheit oder wurde ignoriert.

Wie erwähnt sind David Ben-Gurion (1886–1973) und Chaim Weizmann (1874–1952) die politischen Granden der zionistischen Bewegung und die führenden Staatsmänner in den ersten Jahren Israels. Es gibt aber noch einen Dritten im Bunde, der großen Einfluss auf die »Transfer«-Lösung bis hin zur heutigen Großisrael-Ideologie nehmen sollte, nämlich den Begründer des revisionistischen Zionismus, Wladimir Jabotinsky (1880–1940), der sich als Aktivist den zweiten Vornamen »Zeev« (»Wolf«) zulegte. Im Völkerrecht wie auch in der Politik bezeichnet der Begriff Revisionismus den Versuch, durch Krieg geschaffene und mittlerweile anerkannte Fakten rückgängig zu machen. Häufig geht es darum, Grenzziehungen zu ändern oder eben zu revidieren. Die britische Entscheidung von 1923, Transjordanien vom Mandatsgebiet Palästina abzutrennen (teile und herrsche, den dortigen König Abdallah hatten ja die Briten eingesetzt), wurde zum Ausgangspunkt des zionistischen Revisionismus – daher auch das spätere Logo der Cherut-Partei.

Während sich Ben-Gurion und Weizmann nach außen hin politisch kompromissbereit gaben, verkörperte der Mussolini-Verehrer Jabotinsky den Typus des entschlossenen, unbändigen Freischärlers. In seinem Pamphlet »Die eiserne Wand« plädierte er im November 1923 für eine harte Linie gegenüber den Arabern, da sie zu territorialen Kompromissen nicht bereit und auch nicht bestechlich seien.[54] Sie würden die jüdische Besiedlung Palästinas immer ablehnen. Vorwürfe, er suche sie zu vertreiben, wies Jabotinsky zurück. Stattdessen empfahl er die »Integration« der Araber in einen allerdings ausdrücklich jüdischen Staat. Mit »eiserner Wand« meinte der Autor jüdische Bataillone, die jeden arabischen Widerstand brechen. Im selben Jahr, 1923, hatte er die Betar-Jugendorganisation gegründet, deren provokantes Auftreten an der Klagemauer im August 1929, wie beschrieben, den ersten landesweiten arabischen Aufstand provoziert hatte.

Jabotinsky wurde gewissermaßen zum Chefideologen der Ultrarechten, zum maßgeblichen Ideen- und Impulsgeber der Irgun wie auch der Lechi. Dort allerdings nahm er keine Führungsrolle ein, sicher auch deswegen nicht, weil ihn beider Anführer als Rivalen ansahen. Mit Ausbruch des Zweiten Weltkrieges kam es schließlich zum Zerwürfnis: Jabotinsky lehnte anders als Menachem Begin und Avraham Stern eine Kooperation mit dem NS-Staat ab. Er hielt die Nazis für die größten Feinde, nicht die Briten, deren Präsenz in Palästina Irgun und Lechi durch ihre Terroranschläge zu unterminieren suchten.[55]

Es misslang Jabotinsky, den Revisionismus jenseits der Betar als eigenständige politische Kraft zu etablieren. Sein national-chauvinistisches Überlegenheitsdenken aber blieb weiterhin wirkmächtig, in der Cherut wie auch beim Likud. Ohnehin sind die Unterschiede zwischen Revisionismus und zionistischem Mainstream gering – sie unterscheiden sich im Tonfall, selten in der Sache. Vor allem betrachten beide Palästinenser und Araber nicht als gleichwertige Partner und suchen vorrangig Fakten zu schaffen, bevorzugt mit Gewalt. Als die Briten 1923 Transjordanien vom Mandatsgebiet Palästina trennten, empörte sich auch Chaim Weizmann: Damit würde die Balfour-Erklärung »nachhaltig verwässert«, schrieb er in seinen Memoiren.[56]

Jabotinsky starb bereits 1940, doch spricht wenig dafür, dass er Aktionen wie in Deir Yassin oder generell die Vertreibung der Palästinenser verurteilt hätte. Mit Blick auf die NS-Ideologie des »Lebensraums« und der, in seinen Worten, Vertreibung »von 1,5 Millionen Polen und Juden« zugunsten der Ansiedlung von Deutschen erklärte er: »Die Welt hat sich an den Gedanken der Massenwanderung gewöhnt und ihn beinahe lieb gewonnen. Hitler – so verhasst er uns auch sein mag – hat diesen Gedanken in der Welt salonfähig gemacht.«[57]

Wer war der Großmufti?

Heute atmet die Siedlerbewegung den Geist des Revisionismus, häufig messianisch überhöht, während politische Vertreter des Mainstreams seit Jahrzehnten immer wieder laut und gerne darüber nachdenken, was eigentlich gegen einen palästinensischen Staat auf der anderen Seite des Jordan spreche, in oder anstelle von Jordanien. Ein Nachhall des Cherut-Slogans: Beide Ufer des Jordan – dieses gehört uns, das andere auch. Der Spruch geht übrigens zurück auf die Liedzeile eines Songs, dessen Text Jabotinsky 1929 verfasste, im Nachgang zur Revolte.

1921 ernannte Herbert Samuel, 1. Viscount Samuel, der britische High Commissioner (Gouverneur) in Palästina, Mohammed Amin al-Husseini (1897–1974) unter Manipulation des Auswahlverfahrens zum Großmufti von Jerusalem, zum höchsten religiösen Würdenträger. In dieser Position wurde al-Husseini zur Symbolfigur des palästinensisch-arabischen Nationalismus in der Mandatszeit. Verhielt er sich zunächst kooperativ gegenüber den Briten, wandte er sich mit Beginn der arabischen Revolte 1936 endgültig gegen sie. Dazu gleich mehr.

Daraufhin enthob ihn London 1937 seines Amtes, der Großmufti musste Palästina verlassen. Er ging zunächst in den Libanon und den Irak und ließ sich 1941 in Deutschland nieder. Von Berlin und Rom aus machte er Radio-Propaganda für die beiden faschistischen Regime und forderte die Araber zum Aufstand gegen die Briten auf. Außerhalb Palästinas verfügte al-Husseini allerdings kaum über Einfluss und Rückhalt. Seine zahlreichen Aufrufe an die Araber, auf Seiten der Achsenmächte in den Krieg zu ziehen, verhallten weitgehend. Ebenso seine Appelle an bosnische Muslime, sich der Waffen-SS anzuschließen. Hitler ersuchte er, die arabischen Unabhängigkeitsbestrebungen zu unterstützen und sich gegen einen jüdischen Staat in Palästina auszusprechen.

Nach dem Zweiten Weltkrieg protegierten ihn die Franzosen. Obwohl London und Paris Verbündete waren, intrigierten sie im Nahen Osten nach Kräften gegeneinander.[58] Offenbar erwies sich der Großmufti für ihre Interessen als nützlich. 1947/48 suchte er vergebens eine eigene Miliz im Kampf gegen die »Hagana« (deutsch: »Verteidigung«), den Vorläufer der israelischen Armee aufzustellen. Nach 1948 strebte er von Gaza aus erneut eine politische Führungsrolle an, doch ohne Erfolg – er galt als diskreditiert und der neue Zeitgeist war arabisch-nationalistisch, nicht islamisch oder islamistisch.

War der Großmufti ein palästinensischer Nationalist, der im Kampf gegen den Zionismus der altbekannten Devise folgte: Der Feind meines Feindes ist mein Freund? War er Antisemit? Oder beides?

Bei seinem Treffen mit Adolf Hitler am 28. November 1941 jedenfalls äußerte er sich unmissverständlich. Deutsche und Araber hätten dieselben Feinde, nämlich »die Engländer, die Juden und die Kommunisten«.[59] Die zionistische und später die israelische Seite nahm und nimmt dieses reaktionäre Weltbild des Großmuftis gerne zum Anlass, der palästinensischen Nationalbewegung generell Antisemitismus zu bescheinigen. Entsprechend wird die Biografie al-Husseinis bis heute politisch instrumentalisiert. Angefangen damit, dass führende zionistische Vertreter den Großmufti bereits 1945 als den maßgeblichen Anführer der Palästinenser und Araber im Zweiten Weltkrieg bezeichneten und ihn in Nürnberg angeklagt sehen wollten, Seite an Seite mit den NS-Hauptkriegsverbrechern. Als wäre er ein maßgeblicher Akteur im Völkermord des Dritten Reiches gewesen. Ohne Erfolg, doch erschien in der Folgezeit eine Flut an Artikeln, Broschüren und Büchern ähnlichen Tenors, die al-Husseini auf eine Ebene mit dem Führungspersonal des NS-Regimes stellten. Nicht ohne Hintersinn, denn die Dämonisierung des Großmuftis erwies sich im Zuge der Nakba als nützlich – wenn die Palästinenser eine Mitschuld am Holocaust tragen, dann erschiene ihre Vertreibung 1947 bis 1949 als legitime Selbstverteidigung der Holocaust-Überlebenden wider judenhassende Palästinenser.

Der Großmufti als Projektionsfläche zur Abwehr eigener Schuld und Verantwortung: Das mag erklären, warum ihm in Israel so viel Bedeutung beigemessen wurde und wird. Auch in Jad Vashem, der Holocaust-Gedenkstätte in Jerusalem. Die ihm dort gewidmete Tafel, schreibt der Historiker Tom Segev, erwecke den Eindruck, die arabische Feindseligkeit gegenüber Israel beruhe auf demselben antisemitischen Ungeist wie der nationalsozialistische Völkermord an den Juden. Der US-Historiker Peter Novick weist darauf hin, dass der Eintrag über den Großmufti in der »Enzyklopädie des Holocaust«, deren Mitherausgeber die Gedenkstätte ist, wesentlich länger ausfalle als die Artikel über Himmler, Heydrich, Goebbels und Eichmann und nur geringfügig kürzer als jener über Hitler.[60]

Im Oktober 2015 holte Israels Premier Benjamin Netanjahu

anlässlich einer Tagung des Jüdischen Weltkongresses in Jerusalem zu einem bemerkenswerten Rundumschlag gegen den in der arabischen Welt längst vergessenen Großmufti aus. In seiner Rede erklärte er, die Unruhen in Palästina 1920, 1921 und 1929 seien jeweils durch einen »Aufruf von Amin al-Husseini angestiftet« worden. Später hätten »die Nürnberger Prozesse nach ihm gesucht, weil er eine zentrale Rolle bei der Entwicklung der Endlösung gespielt hat. Er fuhr nach Berlin. Hitler wollte die Juden damals nicht auslöschen, er wollte sie vertreiben. Und al-Husseini sagte: ›Wenn du die vertreibst, kommen sie zu uns‹ (nach Palästina, ML). Also fragte Hitler: ›Was soll ich denn mit den Juden machen?‹ Und er sagte: ›Verbrenne sie!‹«[61]

Nicht eine dieser Behauptungen Netanjahus ist inhaltlich korrekt. Selbstverständlich geht es ihm nicht um Sachlichkeit, sondern um Ideologie und Propaganda. Im Jahr zuvor, 2014, hatte Israel den bis dato größten Angriff auf den Gazastreifen geführt, der fast zwei Monate andauerte, begleitet von großflächigen Zerstörungen und mehr als 2200 palästinensischen Toten. Die internationale Kritik an Israels Vorgehen war groß. Der bis heute beliebte Rekurs auf den Großmufti dient wesentlich der eigenen Exkulpierung und sucht die Reihen der Selbstgerechten zu schließen. Je dämonischer der Großmufti erscheint, umso legitimer das israelische Vorgehen: »Nie wieder Auschwitz«. Somit wird der Konflikt zwischen Israelis und Palästinensern, der ein territorialer ist, auf die Ebene eines Kampfes gegen Antisemitismus und Völkermord verlagert. Das mag emotional ansprechend sein, ist aber Geschichtsklitterung der übelsten Sorte, die zudem keine Lösungen erkennen lässt. Außer Gewalt und immer noch mehr Gewalt.

Mit anderen Worten: Analytische Zusammenhänge gehen verloren im Menetekel eines »Hass-Diskurses«. So auch im Artikel des US-Historikers Jeffrey Herf, den die *FAZ* nach dem Großangriff der Hamas auf Südisrael am 7. Oktober 2023 veröffentlichte. Darin heißt es: »Dieser jüngste Gewaltausbruch ist das logische Resultat des Judenhasses … und eines islamischen Antisemitismus, der im frühen zwanzigsten Jahrhundert aufkam und den Palästinakrieg 1948 anfachte. Die Ideologie der Hamas-Führung ist das Produkt der verhängnisvollen Fusion von Nationalsozialismus und Islamismus in den Dreißiger- und Vierzigerjahren.«[62] Womit wir fast wieder beim Großmufti wären. Und der Einsicht, dass die Nakba wenig mehr war als die erfolgreiche Abwehr antisemitischen, islamischen oder islamistischen Hasses.

Die sich stetig fortschreibende Geschichte aus Gewalt und Gegengewalt geht zurück auf die Inbesitznahme Palästinas durch jüdische Einwanderer, deren zionistische, später israelische Führung keine Veranlassung sah und sieht, dem nächsten Nachbarn auf Augenhöhe zu begegnen. Geschweige denn, die Rechte der Palästinenser anzuerkennen, ihnen Raum zu geben für einen eigenen Staat. Ein Unrechtsbewusstsein fehlt im zionistischen Mainstream bis heute fast vollständig, jenseits eines bedauernden Achselzuckens von Zeit zu Zeit. Stattdessen galt und gilt es, die unliebsamen Konkurrenten um Land und Boden entweder mit Gewalt zu kujonieren oder aber sie zu vertreiben. Mit der Folge einer zunehmenden Radikalisierung, wie die Entwicklung nach dem Al-Buraq-Aufstand 1929 unterstreicht.

Nach dessen Niederschlagung suchten die Briten den jüdischen Bodenerwerb in Palästina zu begrenzen, wie im Weißbuch (Passfield White Paper) von 1930 festgehalten. (Ein Weißbuch beschreibt ein anzustrebendes Regierungsverhalten, häufig im militärischen Bereich.) Denn die Palästinafrage und die anhaltenden Unruhen hätten Auswirkungen bis nach Indien und in den Fernen Osten – was übrigens noch immer so ist, darüber hinaus im gesamten Globalen Süden. Doch nach einer Intervention von Chaim Weizmann im House of Lords, dem Oberhaus des britischen Parlaments, und nach seinem Rücktritt von allen politischen Ämtern aus Protest, schrieb der britische Premierminister Ramsey McDonald am 13. Februar 1931 einen Brief an Weizmann, in dem er das Weißbuch für ungültig erklärte.

Daraufhin entstanden auf palästinensischer Ebene neue Parteien und Bewegungen, häufig in Gestalt »politischer Clubs«, städtischer Debattier-Kreise, die auf Distanz zur britischen Mandatsmacht gingen und den Führungsanspruch der Notabelnfamilien infrage stellten. Sie vertraten patriotische und antizionistische Inhalte, blieben aber überwiegend auf intellektuelle Kreise beschränkt, ohne Bezug zur einfachen Bevölkerung, den Bauern. Parallel suchte der Großmufti, politisch gestärkt durch den Aufstand 1929, die palästinensische Sache zu islamisieren und seinen eigenen Führungsanspruch durch Solidaritätsbekundungen rund um »Al-Buraq« und »Al-Aqsa« hervorzuheben. Höhepunkt dieser Bestrebungen war der von ihm organisierte »Islamische Weltkongress« im Dezember 1931 in Jerusalem, an dem muslimische Delegierte von Ägypten bis Indien teilnahmen.

Zu Beginn der 1930er Jahre entstanden auch, ein Novum in der palästinensischen Nationalbewegung, erste Guerilla-Gruppen, die auf Gewalt setzten, um ihre Ziele zu erreichen. Am bekanntesten wurde die von dem Prediger Scheich Izz ad-Din al-Qassam angeführte Gruppe. Der Absolvent der islamischen Azhar-Universität in Kairo kampfte bereits 1919/20 in Syrien gegen die Franzosen und floh nach Haifa, nachdem König Feisal aus Damaskus vertrieben worden war. In Haifa erlangte al-Qassam durch seine Tätigkeit in verschiedenen islamischen Organisationen großen politischen Einfluss unter Jugendlichen, Bauern und Slumbewohnern. Er unterrichtete seine Anhänger in Guerilla-Taktik und suchte mit Angriffen auf Juden und Briten einen bewaffneten Volksaufstand auszulösen. Militärisch trat die »Qassam-Bruderschaft« erstmals 1932 in Erscheinung. Im November 1935 verschanzte sich al-Qassam mit einigen Anhängern in der Gegend um die Stadt Dschenin im heutigen Westjordanland, wo alle im Gefecht mit britischen Truppen ums Leben kamen.

In der Gegenwart ist Dschenin eine Hochburg des palästinensischen Widerstandes und wurde nach dem 7. Oktober 2023 wie schon 2002, auf dem Höhepunkt der zweiten Intifada, erneut massiv angegriffen und großflächig zerstört. Damals auf Anordnung der Regierung Scharon, heute der Netanjahus.

Der Tod des bekannten und beliebten Predigers wurde zum Fanal für Generalstreik und Revolte in den Jahren 1936 bis 1939, die niederzuschlagen London nur mit größter Mühe gelang. Die »Qassam-Brigaden«, der militärische Arm der 1987 entstandenen Hamas, sind nach ihm benannt.

Die wachsende Radikalisierung der palästinensischen Nationalbewegung ist maßgeblich als Reaktion auf die immer höheren jüdischen Einwanderungszahlen zu begreifen. Nach offiziellen britischen Angaben sind zwischen 1920 und 1946 legal, also mit gültigen britischen Papieren ausgestattet, 376 415 Juden nach Palästina eingewandert. Hinzu kommt eine unbekannte, keineswegs zu unterschätzende Dunkelziffer. Nach 1933, nach der NS-Machtergreifung, stiegen die Zahlen sprunghaft an. Waren 1931 4075 Juden immigriert, so waren es 1932 bereits 9553, 1933 dann 30 327, 1934 bereits 42 359 und 1935 schließlich 61 854.[63] Danach gingen die Zahlen deutlich zurück, weil die Briten die Einwanderung rigoros einschränkten, als Reaktion auf Generalstreik und Revolte – ungeachtet der zunehmenden Judenverfolgung in Deutschland.

Um die Einwanderer absorbieren zu können, betrieb der Jüdische Nationalfonds eine hektische Bodenerwerbspolitik, wobei verstärkt die kleinen Bodenflächen einzelner Bauern ins Visier gerieten, die aus nackter Not zum Verkauf gezwungen waren. Gleichzeitig gingen die Zionisten zunehmend offensiver vor, um ihr Staatsprojekt zu verwirklichen. Die offenbar für die Hagana bestimmten Waffenlieferungen, die im Oktober 1935 im Hafen von Jaffa entdeckt wurden, ließen die Palästinenser das Schlimmste befürchten.

Die angeheizte Atmosphäre führte zu zahlreichen Scharmützeln; im April 1936 riefen arabische Politiker in Nablus und Jaffa zum Generalstreik auf. Landesweit entstanden Streikkomitees unter loser Führung des zeitgleich ins Leben gerufenen »Arab Higher Committee«, das Vertreter aller größeren palästinensischen Parteien unter Führung des Großmufti vereinte. Die arabische Bevölkerung befolgte den sechs Monate andauernden Streik weitgehend, was sich für sie aber zunehmend als nachteilig erwies. Denn die jüdische Seite übernahm die Tätigkeiten der von den Arabern bestreikten Wirtschaftszweige, sodass sich der jüdische Sektor weiter ausdehnen und konsolidieren konnte.

Gleichzeitig wurden zahlreiche Guerilla-Gruppen im Geist al-Qassams aktiv, doch fehlte ihnen eine übergeordnete Strategie. Aus Rivalitätsgründen und infolge fehlender Kommunikation gab es kein geeintes Oberkommando, die wenigsten ihrer Aktionen waren mit der politischen Führung abgesprochen.

Der Generalstreik endete im Oktober 1936, weil der palästinensische Sektor keine weiteren Marktanteile an die jüdische Konkurrenz verlieren wollte und die Briten drohten, den Streik militärisch zu beenden. Immerhin sahen sie sich veranlasst, 20 000 zusätzliche Soldaten nach Palästina zu expedieren.

Britisches Appeasement

Die Mandatsmacht blieb ihrer Linie treu und setzte eine weitere Untersuchungskommission ein, die bereits erwähnte Peel-Kommission, benannt nach dem House-of-Lords-Politiker William Robert Wellesley Peel, 1st Earl Peel (von 1912 bis 1929 2nd Viscount Peel – die Selbstinszenierung britischer Aristokraten mittels wohlklingender Fantasietitel ist nicht ohne Charme). Sie sollte die Ursachen der anhaltenden Unruhen ergründen – als ob es daran noch irgendeinen Zweifel geben konnte.

Am 7. Juli 1937 stellte die Peel-Kommission ihren 404 Seiten umfassenden Untersuchungsbericht vor. Demzufolge habe sich das bisherige Palästina-Mandat überlebt und sei in seiner bisherigen Form nicht länger tragbar. Der Bericht empfiehlt die Teilung Palästinas in einen arabischen und einen jüdischen Teil, ohne ihnen jedoch Unabhängigkeit zu gewähren. Der jüdische Teil hätte in etwa ein Drittel des Territoriums Israels in den späteren Grenzen von 1948 bis zum Sechstagekrieg 1967 umfasst, darunter die fruchtbarsten Landesteile entlang der Mittelmeerküste und im Nordosten, einschließlich der wichtigen Wasserressourcen rund um den See Genezareth. Weizmanns Einwirken auf die Peel-Kommission war es zu verdanken, dass sie in ihrem Bericht »den Austausch des Landes und der Bevölkerung« befürwortete – eine Formulierung mit hinlänglich Deutungsspielraum. Damit, so Ben-Gurion, bestehe »die Möglichkeit, die arabische Bevölkerung mit oder ohne ihre Zustimmung zu transferieren und so die jüdische Kolonisation zu erweitern …«[64]

Das Arab Higher Committee lehnte die Empfehlungen der Kommission und einen eigenständigen jüdischen Staat ab. Stattdessen forderte es ein unabhängiges Palästina, »das den Schutz aller jüdischen und anderen Minderheiten garantiert«. Die beiden maßgeblichen zionistischen Politiker Ben-Gurion und Weizmann akzeptierten den Teilungsbeschluss nach außen hin, doch allein aus taktischen Gründen. Sie sahen darin lediglich, in den Worten des israelischen Historikers Benny Morris »den ersten Schritt für eine weitere Expansion hin zur vollständigen Übernahme von Gesamt-Palästina«[65].

Nachdem nicht einmal die palästinensischen Notabeln bereit waren, den Teilungsplan zu akzeptieren, reagierten die Briten mit Gewalt und lösten das Arab Higher Committee in Oktober 1937 auf. Seine Mitglieder wurden deportiert, zum Teil nach Rhodesien (dem heutigen Simbabwe) und auf die Seychellen. Der Großmufti sollte verhaftet werden, doch gelang ihm die Flucht in den Libanon. Wie erwähnt enthoben ihn die Briten stattdessen seines Amtes.

Gleichwohl ging die britische Strategie nicht auf. Zwar wurde die politische Führungsebene der Palästinenser ausgeschaltet, aber deren bewaffneter Kampf ging nach Veröffentlichung des Peel-Berichts unvermindert weiter und erreichte im Herbst 1938 seinen Höhepunkt. Teile des Landes wurden von den Rebellen kontrolliert. Erst nach einer weiteren massiven Aufstockung des britischen Militärs mit Truppenteilen aus Indien, Ägypten und England gelang es London schließlich, unterstützt von der Hagana, den Aufstand niederzuschlagen.

Ende 1938 hatten die Briten Palästina wieder unter Kontrolle, doch setzten sich sporadische Guerilla-Aktivitäten bis zum Ausbruch des Zweiten Weltkrieges fort. Dabei gingen die Kolonialherren mit äußerster Brutalität vor: 5000 Araber wurden getötet, 14000 verwundet, 5600 interniert. Auf jüdischer Seite gab es 463 Tote.[66]

Die Methoden, die damals die Briten anwendeten, wurden nach 1948 auf israelischer Seite fortgesetzt: Kollektivbestrafung von Palästinensern, Ausgangssperren, Häusersprengungen von »Terroristen«, Enteignung, Vertreibung und vor allem die bis heute in den besetzten Gebieten beliebte Administrativhaft: Verdächtige können zeitlich unbegrenzt inhaftiert werden, ohne Anklage und juristischen Beistand, darunter auch Kinder.

Der militärische Druck auf London ließ allerdings nicht nach – obwohl in Palästina mittlerweile mehr britische Soldaten stationiert waren als auf dem gesamten indischen Subkontinent. Dennoch hatten sie zeitweilig die Kontrolle über die wichtige Ölpipeline von Kirkuk im Norden Iraks nach Haifa verloren. Der Albtraum der Militärs war deren Sprengung: Der Zweite Weltkrieg kündigte sich an, ohne Benzin und Diesel aber rollten keine Räder.

Wie ernst die Lage im Nahen Osten war, wie sehr der »Große Arabische Aufstand« in Palästina von 1936 bis 1939, als welcher er in die Geschichte eingegangen ist, die Ressourcen Londons in Anspruch nahm, zeigte sich auch an ganz anderer Stelle.

Am 30. September 1938 unterzeichneten die Regierungschefs Frankreichs und Großbritanniens sowie Hitler und Mussolini das Münchner Abkommen. Demzufolge hatte die Tschechoslowakei innerhalb von zehn Tagen das Sudetenland zu räumen, am 1. Oktober bereits marschierte die Wehrmacht dort ein. Insbesondere dem britischen Premier Neville Chamberlain wurde in dem Zusammenhang eine zu große Nachgiebigkeit gegenüber Nazi-Deutschland vorgeworfen. Seine zahnlose Appeasement-Politik habe Hitler den Eindruck vermittelt, 1939 auch Polen folgenlos angreifen zu können. Bis heute gilt Appeasement (Beschwichtigung) als regelrechtes Schimpfwort in der internationalen Politik. Doch hatte Chamberlains Zurückhaltung einen aus britischer Sicht guten Grund: 1938 hätte die britische Armee ihre Kräfte überdehnt, wäre sie gezwungen gewesen, in Europa und Palästina gleichzeitig Krieg zu führen und zusätzlich ihre Kronkolonie Indien in Schach zu halten.[67]

Um in Palästina zu deeskalieren, zog Großbritannien folglich im Bericht der Woodhead-Kommission vom 9. November 1938 den Teilungsplan der Peel-Kommission aus dem Vorjahr wieder zurück. Dieser sei, wie es nun offiziell hieß, »technisch nicht durchführbar«. Doch im Gewittergrollen des nahenden Zweiten Weltkrieges stand noch ein ganz anderer Aspekt im Vordergrund.

In den 1930er Jahren hatte das arabische Engagement für Palästina stetig zugenommen. Die »Panarabische Konferenz«, im September 1937 noch auf Initiative des von den Briten aufgelösten Arab Higher Committee im syrischen Bludan zusammengetreten, mit Vertretern aus Palästina, Syrien, Ägypten, Libanon, Transjordanien und Irak, übernahm ebenso wie der »Interparlamentarische Weltkongress arabischer und islamischer Länder für die Verteidigung Palästinas« in Kairo im Oktober 1938 die Forderungen der palästinensischen Nationalbewegung: Abschaffung des Palästina-Mandats und Annullierung der Balfour-Erklärung, Verbot der jüdischen Einwanderung und des jüdischen Bodenerwerbs.

Die panarabische Dimension der Palästinafrage war unübersehbar geworden, und darauf mussten die Briten reagieren, wollten sie nicht einen arabischen Schulterschluss mit Hitlerdeutschland riskieren. Also beriefen sie im Februar 1939 eine Round-Table-Konferenz in London ein, an der palästinensische, arabische und zionistische Vertreter teilnahmen. Unter dem Eindruck dieser Konferenz kam im Mai 1939 ein neues Weißbuch (McDonald White Paper) den Arabern entgegen, versprach den Palästinensern innerhalb der nächsten zehn Jahre sogar die Unabhängigkeit. Doch die *facts on the ground* waren längst unumkehrbar, und die Zeit arbeitete für die jüdische Seite, nicht für die palästinensische.

David Ben-Gurion, weitsichtiger Stratege und Realist (nicht zu vergessen: Propagandist), hat die Hintergründe des Aufstands in einer internen Diskussion unter Führungskadern 1938 sehr offen benannt: »Wenn wir im Ausland argumentieren und unseren Standpunkt vermitteln, reden wir den arabischen Widerstand uns gegenüber klein«, so Ben-Gurion. »Doch in vertrauter Runde sollten wir uns der Wahrheit nicht verschließen. Die Wahrheit ist, dass wir, politisch gesehen, die Aggressoren sind, während sie sich verteidigen. ... Es ist ihr Land, weil sie es bewohnen, während wir hierherkommen und uns hier niederlassen …« Die Revolte sei »ein aktiver Widerstand der Palästinenser gegen das, was sie als widerrechtliche Aneignung ihrer Heimat durch die Juden verstehen … Hinter dem Terrorismus steht eine Bewegung, der es, obgleich primitiv, nicht an Idealismus und Opferbereitschaft fehlt.«[68]

Zu keinem Zeitpunkt konnten die Palästinenser während der Mandatszeit ein politisches Gegengewicht zur hochmobilen und effektiven, in London, Genf und den USA lobbyierenden zionistischen Bewegung aufbauen. Rückständige Sozialstrukturen, eine infolge von Clanrivalitäten gespaltene Notabelnführung, ein viel zu schwach ausgeprägtes Bürgertum, fehlende politische Vernetzung mit den Machtzentren im Westen, der Kolonialismus der Briten und deren Parteilichkeit zugunsten der Zionisten sowie die weitgehende Entwaffnung der Palästinenser im Zuge der Aufstandsbekämpfung – vor diesem Hintergrund konnten sie nur verlieren. 1939 war deren politische Führung weitgehend zerschlagen oder exiliert. Die Palästinenser hatten kaum eine andere Wahl, als sich politisch und militärisch auf ihre arabischen Nachbarn zu verlassen. Eine eigenständige palästinensische Nationalbewegung gab es in den 1940er Jahren nicht mehr. Mit katastrophalen Folgen, wie sich 1947/48 zeigen sollte. Erst in den 1960er Jahren formierte sie sich neu, unter Führung von Jassir Arafat.

Geschichte neu erzählen: Israel säubert seine Archive

Während die britischen Mandatsbehörden die palästinensische Nationalbewegung mit Nachdruck manipulierten und bekämpften, erlaubten sie der zionistischen Bewegung von Anfang an, in Palästina die Grundlagen für einen künftigen jüdischen Staat zu schaffen. Das betrifft die Kolonialisierung des Landes, aber auch den Aufbau einer effizienten militärischen Organisation, der 1920 gegründeten Hagana. Mehr noch, britische Offiziere trugen aktiv zu deren Professionalisierung bei. Vor allem Orde Charles Wingate (1903–1944), ein christlicher Zionist, tat sich nach 1936 darin hervor, die Hagana in wirkungsvollen Kampftechniken und Vergeltungsmaßnahmen zu schulen. Dem notorischen Araberhasser Wingate gelang es sogar, zur Aufstandsbekämpfung Teile der Hagana in die britischen Streitkräfte zu integrieren.[69] Als eine Hagana-Einheit und eine britische Kompanie 1938 gemeinsam ein palästinensisches Dorf an der libanesischen Grenze angriffen, zeigte Wingate ihnen, wie sie gegen wehrlose Dorfbewohner vorgehen sollten: »Ich glaube, ihr (von der Hagana, ML) habt alle keine Ahnung, weil ihr nicht mal ansatzweise wisst, wie man Bajonette benutzt, wenn man dreckige Araber angreift!«[70]

Auch im Zweiten Weltkrieg sammelten Kämpfer der Hagana militärische Erfahrung auf Seiten der Briten. Im Zuge der israelischen Staatswerdung 1947/48 waren sie folglich gut gerüstet und geschult, um gemeinsam mit Irgun und Lechi die militärische

Eroberung von 78 Prozent des Mandatsgebietes Palästina und dessen ethnische Säuberung zu gewährleisten.

Mehr noch als die nationalsozialistische Judenverfolgung bewirkte die Niederschlagung der arabischen Revolte bis 1939 eine politische Verhärtung auf der zionistischen Führungsebene. Mochten sich etwa Ben-Gurion oder Weizmann nach außen hin bislang diplomatisch gegeben und die »Transfer«-Lösung gegenüber Dritten nicht forciert haben, änderte sich das mit der »Biltmore«-Konferenz in New York im Mai 1942 grundsätzlich. Benannt nach dem Tagungshotel verabschiedeten 600 Delegierte aus 18 Ländern, dominiert von US-Vertretern, das sogenannte »Biltmore-Programm«. Darin erheben sie einen jüdischen Anspruch auf das gesamte Palästina. Der israelischen Historikerin Anita Shapira zufolge markiert dieses Programm einen Wendepunkt: Von nun an bestand unter maßgeblichen Entscheidern Konsens darüber, dass der Konflikt zwischen Juden und Arabern ausschließlich militärisch gelöst werden könne, mit Feuer und Schwert.[71]

Der Weg war also gewiesen, wie auch die folgenden Ausführungen Hannah Arendts unterstreichen. Sie sind ihrer umfangreichen, scharfsinnigen Textsammlung *Zionism Reconsidered* von 1944 entnommen und lesen sich prophetisch.[72] Auf Biltmore folgte Atlantic City: »Den Endpunkt von fünfzig Jahren zionistischer Politik offenbart die kürzlich verabschiedete Resolution der größten und einflussreichsten Sektion innerhalb der World Zionist Organisation. Amerikanische Zionisten von links bis rechts haben auf ihrem vorigen Jahrestreffen in Atlantic City, im Oktober 1944, ein ›freies und demokratisches jüdisches Commonwealth gefordert‹ … welches ›das gesamte Palästina umfassen soll, ungeteilt und ohne Abstriche‹. Das ist ein Wendepunkt in der Geschichte des Zionismus, denn die Forderung bedeutet nichts anderes, als dass sich das Programm der Revisionisten, lange mit Entschiedenheit zurückgewiesen, nunmehr durchgesetzt hat. Die Resolution von Atlantic City geht noch einen Schritt weiter als das Biltmore-Programm von 1942, in dem die jüdische Minderheit der arabischen Mehrheit immerhin noch Minderheitenrechte zugestanden hatte. Dieses Mal wurden die Araber nicht einmal mehr erwähnt, was ihnen offenkundig nur die Wahl lässt, entweder freiwillig auszuwandern oder aber Bürger zweiter Klasse zu sein. Es ist der Eindruck nicht von der Hand zu weisen, dass allein Opportunitätserwägungen die zionistische Bewegung bis dato davon abgehalten hatten, ihre wahren Ziele zu benennen. Diese Ziele sind offenbar vollkommen identisch mit denen der Extremisten. Es ist ein tödlicher Schlag für jene jüdischen Gruppierungen in Palästina, die unermüdlich die Notwendigkeit eines Miteinanders zwischen Arabern und Juden gepredigt haben.« Hannah Arendt meint die Binationalisten und Kulturzionisten, zu denen auch sie selbst zählte. In der Folge werde »die Mehrheit unter der Führung Ben-Gurions gestärkt, die, unter dem Druck vieler Ungerechtigkeiten in Palästina und der furchtbaren Katastrophen in Europa, noch nationalistischer geworden ist als bisher schon«.

Hellsichtig erkannte Hannah Arendt bereits 1944, dass die Juden selbst im Fall einer vollständigen Vertreibung der Palästinenser, wie es die Revisionisten verlangten, nur zwei Möglichkeiten hätten. Sich entweder mit den arabischen Nachbarn ins Benehmen zu setzen – oder aber dauerhaft auf die Unterstützung »einer äußeren Macht« angewiesen zu sein. »Wenn die Zionisten weiterhin die mediterranen Völker ignorieren und sich auf äußere, weit entfernte Mächte verlassen, wird das zu einer neuen Welle des Judenhasses führen.« Eine Nation, die im Geist Theodor Herzls in erster Linie »durch einen äußeren Feind« zusammengehalten werde, folge einer »absurden Doktrin«. Sollte es einen jüdischen Staat geben, dann infolge »des politischen Einflusses amerikanischer Juden«. Mit der Folge, dass dieser Staat »für lange Zeit« auf die Unterstützung der USA angewiesen bliebe und riskiere, in der

Region als »Lobbyist der Mächtigen«, als »Agent ausländischer Interessen« wahrgenommen zu werden. »Wie also, so möchte man fragen, soll die künftige zionistische Politik im Umgang mit den Großmächten aussehen? Und welches Programm haben die Zionisten anzubieten, um den arabisch-jüdischen Konflikt zu lösen?«

Kein Platz für zwei Völker

Eine ungeschönte Analyse, die achtzig Jahre später aus der Perspektive deutscher »Staatsräson« zweifelsohne in die Kategorie »israelbezogener Antisemitismus« und/oder »jüdischer Selbsthass« fiele. Samantha Hill, US-Autorin und Arendt-Biografin, merkte mit Blick auf die Kontroverse rund um die Verleihung des Hannah-Arendt-Preises an die US-Philosophin Masha Gessen 2023 ironisch an, Hannah Arendt hätte heute in Deutschland selbst keine Chance mehr, den nach ihr benannten Preis zu erhalten.[73]

Wie wir gesehen haben, gab es den »Transfer«-Gedanken bereits seit den Anfängen der zionistischen Bewegung. Allerdings reiften die konkreten Pläne zur Vertreibung der Palästinenser erst in den 1930er Jahren heran, im Kontext der sich verändernden politischen Gegebenheiten. Zunehmend unverhohlen bekannten sich zionistische Anführer zu ihren Absichten, womit sie zunächst den legitimatorischen, später den organisatorischen Rahmen für die Nakba schufen, mit Zwischenhalt in Biltmore und Atlantic City. So erklärte Ben-Gurion im Juni 1938: »Ich bin für den obligatorischen Transfer … Es gibt zwei zentrale Aufgaben: Souveränität und die Reduzierung der Zahl der Araber im jüdischen Staat … Jene, die sich nicht anpassen können, werden das Land verlassen müssen …«

Joseph Weitz, Direktor des Jüdischen Nationalfonds von 1932 bis 1948 und in den ersten Jahren nach Gründung des Staates Israel, war einer der radikalsten Verfechter der »Transfer«-Pläne und maßgeblicher Stratege der Nakba. Im Dezember 1940 hielt er in seinem Tagebuch fest: »Unter uns muss klar sein, dass es in diesem Land keinen Platz für zwei Völker gibt … Gemeinsam mit den Arabern werden wir nicht zu unserem Ziel gelangen, ein selbstständiges Volk in diesem kleinen Land zu werden. Die einzige Lösung ist Palästina, zumindest Westpalästina ohne Araber …« Ihm zufolge gehörte also auch Transjordanien, in seiner Logik Ostpalästina, zur angestrebten »Heimstätte«, ganz im Geist der Revisionisten. »Und es gibt keinen anderen Weg, als die Araber von hier in die Nachbarländer zu überführen; alle zu überführen; es darf kein Dorf, kein Stamm zurückbleiben … Nur durch diese Überführung wird dieses Land Millionen unserer Brüder aufnehmen können.«[74]

Die Richtung also war gewiesen. Um die »Überführung« zu gewährleisten, bedurfte es allerdings einer systematischen Planung. Eine wesentliche Rolle spielte dabei die vom Jüdischen Nationalfonds betriebene Erstellung sogenannter »Dorfdossiers«. Topografen und Orientalisten erstellten bis Ende der 1930er Jahre ein fast vollständiges Register der palästinensischen Dörfer. Es enthielt, in den Worten des israelischen Historikers Ilan Pappe, »präzise Angaben über die topografische Lage eines jeden Dorfes, über Zufahrtsstraßen, Bodenqualität, Wasservorkommen, Haupteinkommensquellen, soziopolitische Zusammensetzung, Religionszugehörigkeit, Namen der Muchtars (Ortsvorsteher), die Beziehungen zu anderen Dörfern, das Alter der männlichen Einwohner (zwischen 16 und 50) und vieles mehr. Eine wichtige Kategorie war ein Index der ›Feindseligkeit‹ (gegen das zionistische Projekt), gemessen am Beteiligungsgrad des Dorfes an der Revolte von 1936. Es gab eine Liste mit den Namen aller, die sich an der Revolte beteiligt hatten, und sämtlicher Familien, die im Kampf gegen die Briten einen Angehörigen verloren hatten. Besonderes Augenmerk richtete sich auf Personen, die angeblich Juden getötet hatten.«[75]

Als Ergebnis dieser Recherchen wusste die zionistische Militärführung, wie und auf welchen Wegen die einzelnen Dörfer am besten anzugreifen waren – und vor allem konnte sie nunmehr gewiss sein, dass von den Palästinensern in den Schicksalsjahren 1947 bis 1949, mangels Waffen und einer effizienten militärischen Führung, kein nennenswerter Widerstand zu erwarten war. Besagte Informationen über potenzielle »Feindseligkeit« gegenüber dem zionistischen Projekt sollten, Pappe zufolge, im Zuge der Nakba die »schlimmsten Gräueltaten in den Dörfern« sowie »Massenhinrichtungen und Folterungen« zur Folge haben.

Sobald die Gefahr einer Invasion Palästinas durch die Wehrmacht nicht länger bestand, die deutschen Truppen unter dem Kommando Erwin Rommels im Juni 1942 bei El-Alamein in Ägypten ihre entscheidende Niederlage erlitten hatten, gewannen die politischen wie militärischen Entscheider auf jüdischer Seite den Eindruck, dass nur noch die Anwesenheit der Briten in Palästina der Verwirklichung ihres Staatsprojektes im Wege stand. Das erklärt, warum die revisionistischen Milizen Irgun und Lechi, teilweise auch Hagana-Milizionäre, in der Folgezeit dazu übergingen, verstärkt Anschläge auf zivile wie militärische Einrichtungen der Briten zu verüben. Um den Bogen nicht zu überspannen und Großbritannien nicht über Gebühr zu provozieren, versammelten sich Ben-Gurion und die zionistische Führung im August 1946 im Pariser Hotel Royal Monceau und verständigten sich auf einen »Kompromiss«: Sie beanspruchten nicht länger das gesamte Palästina für sich, wie im Biltmore-Programm vorgesehen und in Atlantic City postuliert, sondern lediglich einen noch zu bestimmenden Teil des Landes. Einige Monate später legte die Jewish Agency eine Landkarte vor, auf der die Gebietsansprüche der Zionisten festgehalten wurden: Sie entsprachen exakt den Grenzen des künftigen Israels von 1948 bis zum Sechstagekrieg 1967.[76]

Zwar gehörte Großbritannien zu den Siegermächten des Zweiten Weltkrieges, doch hatte sich die Ära des Kolonialismus überlebt. Angesichts der Unabhängigkeitsbestrebungen auf dem indischen Subkontinent, leerer Staatskassen und des fehlenden Willens, unter Berücksichtigung der Interessen beider Seiten eine für Palästina konstruktive Lösung zu erwirken, legte London die Palästinafrage im April 1947 den gerade erst (im Oktober 1945) gegründeten Vereinten Nationen in New York vor. Mit anderen Worten: London entledigte sich des Palästina-Mandats wie einer lästigen Pflicht und verließ Palästina im Jahr darauf in aller Eile – ohne sich je kritisch mit der eigenen Verantwortung für die dortige Tragödie auseinandergesetzt zu haben.

Ganz im Gegenteil erklärte etwa der britische Außenminister Boris Johnson noch anlässlich des 100. Jahrestags der Balfour-Erklärung im Oktober 2017, er sei »stolz« auf sie, auch wenn »die Rechte der Araber … nicht vollständig verwirklicht worden« seien.[77] Schon die Bezeichnung »Palästinenser« gilt in diesen Kreisen offenbar nicht als opportun. Vom generellen Zynismus der Kommentierung Johnsons ganz zu schweigen. Wirklich überraschend ist das nicht, denn imperiales Denken ist in der Politik Großbritanniens heute nicht weniger präsent als damals, wenngleich unter anderen Vorzeichen und seit den 1950er Jahren in der Rolle eines verlässlichen Juniorpartners der USA.

Palästina teilen?

Ben-Gurion war sich bereits 1946 darüber im Klaren, dass die Briten abziehen würden, und begann mit seinen Beratern eine Generalstrategie zu entwerfen, um die Vertreibung der Palästinenser zu gewährleisten. Diese Strategie sah Vergeltungsmaßnahmen für die befürchteten Angriffe auf Juden oder jüdische Einrichtungen vor und sollte die palästinensische Bevölkerung in erster Linie »abschrecken«.

Gebündelt im Plan C oder Gimel auf Hebräisch beinhaltete

Ben-Gurions Strategie die folgenden Strafmaßnahmen: Ermordung politischer Anführer unter den Palästinensern, von Unruhestiftern und deren finanziellen Unterstützern; Töten von Palästinensern, die gegen Juden vorgehen; Töten hoher palästinensischer Beamter und Bediensteter in der Mandatsverwaltung; Zerstörung palästinensischer Transportmittel, ebenso lebenswichtiger Einrichtungen wie etwa Brunnen oder Mühlen; Angriffe auf palästinensische Dörfer, die künftige Angriffe unterstützen könnten; Angriffe auf palästinensische Klubs, Kaffeehäuser, Treffpunkte etc.[78]

Doch im März 1948 entstand ein noch weiter gefasster Plan: Plan D oder Dalet, der Masterplan für die systematische und umfassende Vertreibung der Palästinenser aus ihrer Heimat. Unabhängig davon, ob die Vertriebenen sich friedlich verhielten oder nicht. Kurzum: die Blaupause für die Nakba.

Unterdessen hatten die Vereinten Nationen eine Sonderkommission gebildet, die »United Nations Special Commission on Palestine« (UNSCOP). Sie schlug die Teilung Palästinas in einen jüdischen und einen arabischen Teil vor, wobei Jerusalem internationale Zone werden sollte. Am 29. November 1947 befürwortete die UN-Generalversammlung in ihrer Resolution 181 diesen Teilungsplan mit mehr als zwei Dritteln der Stimmen, einschließlich der USA und der UdSSR. Das britische Palästina-Mandat sollte demzufolge am 1. August 1948 auslaufen, spätestens zwei Monate darauf, zum 1. Oktober sollten der palästinensische Staat und der Staat Israel entstehen. Doch es sollte anders kommen.

Ähnlich wie die Balfour-Erklärung ignorierte auch der Teilungsplan die ethnische Zusammensetzung Palästinas. Wäre die Gebietsaufteilung gemäß der gegebenen Demografie erfolgt, hätte der jüdische Staat Anrecht auf nicht mehr als sechs Prozent der Fläche Palästinas gehabt. Doch übernahmen die Vereinten Nationen wie zuvor schon die Briten die sehr viel weitergehenden nationalistischen Ansprüche der zionistischen Seite. Zusätzlich beflügelt durch den Willen, die Juden für den Holocaust zu »entschädigen«.

Nicht zuletzt war die Resolution 181 einer damals wie heute überaus wirkmächtigen Lobbyarbeit geschuldet: Ihrer Verabschiedung ging eine zuvor nicht da gewesene Kampagne jüdisch-amerikanischer Interessensvertreter voraus. In den Worten von US-Präsident Harry S. Truman (1945–1953): »Nicht allein die Vereinten Nationen sahen sich einem unvergleichlichen Druck ausgesetzt, auch das Weiße Haus geriet ins Visier. Ich glaube nicht, dass ich im Weißen Haus jemals so viel Druck und Propaganda erlebt habe wie in diesem Kontext. Das unablässige Beharren einiger extremistischer zionistischer Führer – aus politischen Gründen und in Gestalt politischer Drohungen – haben mich gleichermaßen irritiert und verärgert.«[79]

Die arabische wie auch die palästinensische Seite lehnte die Teilung Palästinas wie schon 1937 ab und boykottierte die Arbeit der UNSCOP ebenso wie die anschließenden Beratungen über die Umsetzung der Resolution 181. Diese Lücke füllte dankbar die zionistische Seite, die den Vereinten Nationen jenen Teilungsplan nahelegte, den die Jewish Agency bereits im Anschluss an die Konferenz im Pariser Hotel Royal Monceau im August 1946 entworfen hatte und die den Grenzen Israels bis zum Sechstagekrieg 1967 entsprach. So weit mochte die UNSCOP allerdings nicht gehen und überließ den Juden »lediglich« etwas mehr als die Hälfte Palästinas. Gleichwohl akzeptierte die zionistische Führung diesen Teilungsplan wie auch schon jenen der Peel-Kommission 1937 allein aus taktischen Gründen. Das eigentliche Ziel war ein anderes, nämlich »die Schlüssel zu Haifa und Lydda in die Hand zu bekommen«, wie die spätere Ministerpräsidentin Golda Meir rückblickend offen zugab – sie meinte jene Gebiete, die laut Teilungsplan an die Palästinenser gefallen wären.[80]

In Lydda (heute Lod) und der Nachbarstadt Ramle, eigentlich vorgesehen für den Staat Palästina, kam es im Juli 1948 zur größten singulären Vertreibungsaktion von Palästinensern. Nach heftigen Kämpfen, begleitet von einem Massaker in der Dahmash-Moschee von Lydda, wo 176 Schutzsuchende von israelischen Soldaten mit Maschinengewehren und Handgranaten umgebracht worden waren, zwang die Armee 70 000 Palästinenser zur Flucht – fast ein Zehntel aller Vertriebenen der Nakba. In der vom Kommandeur der Operation, Jitzchak Rabin, unterzeichneten Vertreibungsorder heißt es: »Die Einwohner müssen schnell und ohne Rücksicht auf das Alter … vertrieben werden.« Bis zu 500 Palästinenser starben auf ihrer erzwungenen Flucht an Wassermangel oder Erschöpfung.[81]

Die Ungerechtigkeit des UN-Teilungsplans ist kaum zu übersehen. Die Juden stellten nicht mehr als ein Drittel der Gesamtbevölkerung, und ihnen gehörten lediglich sechs Prozent der Fläche Palästinas, sie sollten aber den Großteil des Landes erhalten. Konkret: Palästina sollte in drei Teile untergliedert werden. Auf 42 Prozent der Fläche würden die 818 000 Palästinenser ihren Staat erhalten, in dem gleichzeitig 10 000 Juden lebten. Fast 56 Prozent Palästinas sollte dagegen an den jüdischen Staat fallen, den sich 498 000 Juden mit 438 000 Palästinensern teilen würden. Der dritte Teil, Jerusalem, sollte von den Vereinten Nationen treuhänderisch verwaltet werden. Dort hätten 200 000 Menschen gelebt, zu gleichen Teilen Juden und Palästinenser.

Aus zionistischer Sicht wäre allerdings die demografische Zusammensetzung des eigenen Staates eine Katastrophe gewesen – hätte es doch nahezu eine Parität zwischen Juden und Arabern gegeben. Aus diesem Grund, so Ilan Pappe, überzeugte Ben-Gurion die übrigen zionistischen Führer davon, die UN-Teilungsresolution 181 nach außen hin zu akzeptieren, sie aber gleichzeitig zu ignorieren. Schon im Oktober 1947, einen Monat vor deren Verabschiedung, erklärte er gegenüber seinen Mitstreitern, wenn die Grenzziehung nicht letztendlich zufriedenstellend für die eigene Seite ausfiele, wäre der jüdische Staat auch nicht verpflichtet, sie zu akzeptieren. Sein Ziel war es, bestenfalls eine kleine Zahl an Palästinensern im eigenen Staat zu dulden und dem künftigen Israel Jerusalem einzuverleiben. Für Ben-Gurion war die Grenzziehung sekundär – Wiedervorlage später. Entscheidend war für ihn vielmehr die internationale Anerkennung des jüdischen Anspruchs auf Palästina. Angesichts der arabischen und palästinensischen Ablehnung des Teilungsplans würden die endgültigen Grenzen ohnehin »durch Gewalt entschieden, nicht durch die Teilungsresolution«, so Ben-Gurion. Das betraf auch das Schicksal der Palästinenser.[82]

Die offizielle israelische und israelaffine Sichtweise in westlichen Ländern verweist gerne darauf, dass die Juden den Teilungsplan anerkannt, also Kompromissbereitschaft gezeigt hätten, Palästinenser und Araber hingegen auf Maximalforderungen bestanden und lieber auf Krieg und Konfrontation setzten – selbst schuld also, wenn sie am Ende die Quittung für ihre von Judenhass getriebene Verweigerungshaltung zahlen mussten. Oder, in den geflügelten Worten des späteren israelischen Außenministers Abba Eban: »Die Palästinenser haben nie eine Gelegenheit ausgelassen, eine für sie vorteilhafte Gelegenheit auszulassen.« (»The Palestinians never missed a chance to miss a chance.«) Wie wir noch sehen werden, gilt das jedoch eher für die israelische Seite.

Die Katastrophe nimmt ihren Lauf

Richtig ist, dass zionistische Entscheider die besseren Taktiker und Strategen waren, die ein gutes Gespür dafür hatten, wann sie besser das eine sagten, um später das andere zu tun. Vor allem aber: Warum hätten Palästinenser und Araber in der beginnenden Ära des Antikolonialismus in die Inbesitznahme ihres Landes durch eine siedlerkoloniale Bewegung einwilligen sollen? Es war ihr Land, nicht das der Einwanderer, die 2000 Jahre zurückliegende Besitzansprüche geltend machten.

Und weshalb sollten sie den Preis für den Holocaust zahlen, mit dem sie nichts zu tun hatten? Seit der Balfour-Erklärung 1917 hatten die Araber die Teilung Palästinas stets abgelehnt. Warum auch die Heimat mit Einwanderern und Kolonialisten teilen, die mehrheitlich kein Miteinander anstrebten, sondern den »Transfer«?

Ob die arabische Verweigerungshaltung machtpolitisch klug war, ist eine ganz andere Frage. Dennoch konnte sie kaum überraschen. In den Worten von Walid Khalidi, dem Doyen palästinensischer Historiker: Die Resolution 181 war »ein vorschneller Akt«, um »die Hälfte Palästinas einer ideologischen Bewegung zuzusprechen, die schon in den 1930er Jahren unverhohlen ihren Wunsch erklärt hatte, Palästina zu entarabisieren«.[83]

Und hinsichtlich dieses Wunsches hegten die Palästinenser längst keine Illusionen mehr. George Antonius, ein christlicher Palästinenser, ist der Autor der ersten umfassenden Darstellung des arabischen Nationalismus, erschienen 1938 in London: *The Arab Awakening*. Der Binationalist Antonius, der sich stets für ein gleichberechtigtes Miteinander von Juden und Arabern in einem gemeinsamen Staat ausgesprochen hat, beschließt sein Buch mit diesen Worten: »Die Erlösung aus jüdischer Heimsuchung kann nicht erfolgen, indem eine unschuldige und friedliche Bevölkerung ihrerseits einer weiteren Heimsuchung ausgesetzt wird ... Die Faktenlage ist erdrückend. Sie unterstreicht, dass es in Palästina keinen Raum für eine zweite Nation geben kann, ohne die alteingesessene Nation zu entwurzeln.«

Die »Spielregeln« rund um die Verabschiedung der Resolution 181 setzen sich bis in die Gegenwart fort. Die zionistische, später die israelische Seite ist geübt darin, sich mit den jeweiligen Entscheidern frühzeitig ins Benehmen zu setzen, namentlich in Washington, um ihre Maximalforderungen bereits im Vorfeld zu vermitteln oder ungestraft Fakten zu schaffen. Die Palästinenser hingegen, die über diese Privilegien nicht verfügen, werden vor vollendete Tatsachen gestellt. Akzeptieren sie diese nicht oder verweigern sich der »Mitarbeit«, gelten sie als Extremisten oder als friedensunwillig. Leisten sie gar Widerstand, sind sie Terroristen. In beiden Fällen ist ihnen eines gewiss: wenig Verständnis und eine negative Presse in westlichen Ländern.

Den Urhebern der Resolution 181 ist vor allem eines vorzuwerfen: Sie haben keinerlei Vorkehrungen getroffen, um die absehbare ethnische Säuberung zu verhindern. Die Palästinenser vor Ort traf der Teilungsbeschluss wie ein Schlag – der Großteil der Bevölkerung erfuhr davon erst am 29. November 1947 durch die Nachrichtensendungen im Radio. Vor allem in den gemischten Städten wie Haifa, Jaffa/Tel Aviv oder Jerusalem war die Lage in den Monaten zuvor von Anspannung und Sorge geprägt gewesen. Jetzt aber brach nackte Panik auf Seiten der Palästinenser aus, die vielfach geahnt oder befürchtet haben mochten, was sie erwartete. Das Chaos und die Gewalt, die nun folgten, führten zum ersten israelisch-arabischen Krieg und der systematischen Vertreibung der Palästinenser aus ihrer Heimat.

Bereits Anfang Dezember 1947 begannen nach Bekanntwerden der Teilungserklärung die ersten »Säuberungsaktionen« – zunächst im Zuge von Vergeltungsmaßnahmen für palästinensische Angriffe auf jüdische Einrichtungen. Bis zum 10. März 1948, als die zionistische Führung unter der Regie David Ben-Gurions den Plan Dalet beschloss und die Vertreibung der Palästinenser nicht länger sporadisch, sondern generalstabsmäßig betrieb, waren bereits 75 000 Palästinenser entwurzelt worden oder geflüchtet: aus Angst vor oder infolge von Terror und Gewalt.

Das vorrangige Ziel des Plans Dalet war die Einnahme aller Städte in den Grenzen Israels bis zum Sechstagekrieg 1967, also auch über jene Gebiete hinaus, die laut Teilungsplan für den jüdischen Staat vorgesehen waren. Diese Phase, die bis zur Proklamation Israels am 14. Mai 1948 andauerte, war begleitet von mehreren Massakern. Das schlimmste ereignete sich, wie dargelegt, in Deir Yassin. Innerhalb von nur wenigen Wochen wurden noch einmal 250 000 Palästinenser gewaltsam vertrieben.

US-Präsident Truman suchte das Blutvergießen und die eskalierenden Feindseligkeiten zu verhindern und schlug für fünf Jahre eine Treuhandverwaltung und einen dreimonatigen Waffenstillstand vor. Beide Vorschläge lehnten Ben-Gurion und seine Mitstreiter ab. Die bereits in den »Dorfdossiers« vorweggenommene Einschätzung, dass mit einem nennenswerten Widerstand nicht zu rechnen sei, erwies sich als richtig: Weder politisch noch militärisch verfügten die Palästinenser über einen ernstzunehmenden Machtapparat. In der arabischen Welt herrschte zunehmend Unruhe und Verwirrung über die eskalierende Lage in Palästina und die internationale Unterstützung für den jüdischen Staat. Ben-Gurion und seine Mitstreiter waren sich einig, dass es dieses Momentum zu nutzen und Fakten zu schaffen galt. Und sie wussten, dass der Angriff der arabischen Nachbarn, der unmittelbar nach der Proklamation Israels erfolgte, den neuen Staat nicht existenziell bedrohte – auch wenn die Propaganda ein anderes Bild zeichnete. Ben-Gurion warnte gar vor einem »zweiten Holocaust«. Die Gefechtslage aber war eine ganz andere.

Wie erwähnt, vermochten sich die Palästinenser von der Zerschlagung ihres Militärpotenzials bis 1939 nicht zu erholen. Zwei arabisch-palästinensische Milizen kämpften gleichwohl bis zur Proklamation Israels in Palästina: Zum einen die von der im März 1945 gegründeten Arabischen Liga aufgestellte »Arabische Befreiungsarmee« unter dem Kommando des gebürtigen Libanesen Fawzi al-Qawuqji, der bereits seit den 1920er Jahren gegen Briten und Franzosen im Irak und in Syrien gekämpft hatte. Diese Armee umfasste 3000 bis 4000 Mann, darunter 1500 Palästinenser.[84] Zum anderen gab es rund 5000 Mann rein palästinensischer Truppenverbände unter dem Kommando von Abd al-Qadir al-Husseini aus Jerusalem, der aber am 8. April 1948 im Gefecht mit der Hagana ums Leben kam, woraufhin sich die Verbände weitgehend auflösten.[85]

Die Zionisten dagegen hatten 27 000 Mann unter Waffen, ganz zu schweigen von knapp 100 000 Reservisten und ihrer deutlich besseren militärischen Ausstattung.[86]

Parallel erfolgte auch weiterhin die Vertreibung der Palästinenser im Rahmen des Plans Dalet, wobei Deir Yassin am 9. April 1948 das entscheidende Fanal setzte. Zwar behaupten Vertreter des Mainstreams gerne, das Massaker gehe auf eine »Außenseitergruppe« zurück – so etwa Josef Burg, der langjährige Innenminister Israels.[87] Allerdings wurde es im Nachhinein »weithin von der Jüdischen Agentur gebilligt«.[88] Drei Tage später begab sich die Irgun unter Hagana-Kommando, zwölf Tage darauf griffen beide gemeinsam Haifa an.[89] Innerhalb kürzester Zeit verbreitete sich die Nachricht über die Gräueltat im ganzen Land, panikartig ergriffen Palästinenser die Flucht, aus Furcht vor erneuten Terrorakten. Geschickt nährten zionistische Kommandeure bestehende Ängste. So ließ Jigal Allon, Kommandeur der Hagana-Elitetruppe Palmach und später Außenminister Israels, das Gerücht verbreiten, dass alle arabischen Dörfer niedergebrannt würden und die Bewohner fliehen sollten, solange dazu noch Zeit bliebe.[90]

»Die Juden ins Meer treiben«

»Die Psychologie und Sitten der Bauern waren (von zionistischer Seite, ML) ebenso sorgfältig studiert worden wie die Bande und Beziehungen innerhalb der und unter den Dörfern. Terroristische Taten wurden vorsätzlich verübt. Nicht nur, um Panik zu erzeugen, sondern auch um sicherzustellen, dass jedermann sich primär mit der Sicherheit seiner eigenen Familie befasst. Massentötung und Vergewaltigung wurden selektiv angewendet, um eine Atmosphäre zu schaffen, in der die Männer gezwungen sein würden, die Ehre ihres weiblichen Anhangs und das Leben ihrer Kinder über ihren Patriotismus zu stellen,« so die britische Historikerin Rosemary Sayyigh. Die psychologische Kriegsführung bewirkte, dass »Zehntausende von Arabern flohen, ohne direkt den Kriegsereignissen ausgesetzt gewesen zu sein«.[91]

Am Tag nach der Unabhängigkeitserklärung Israels am 14. Mai 1948 griffen die Armeen der arabischen Nachbarn den jüdischen Staat an. Damit wollten sie die Umsetzung der UN-Teilungsresolution verhindern, mehr noch aber sicherstellen, dass der Expansionsdrang Israels nicht ihre Landesgrenzen bedrohte. Ihre Agenda war weniger »Palästina« als vielmehr die Wahrung eigener Interessen. Das erklärt, warum die meisten Kampfhandlungen auf jenem Territorium stattfanden, das laut Teilungsbeschluss an den Staat Palästina gefallen wäre. Allerdings verfügten die arabischen Armeen über kein gemeinsames Oberkommando, waren schlecht ausgestattet, und ihre Militärführung erwies sich als unfähig zur Kooperation. Dieser Krieg, in Israel Unabhängigkeitskrieg genannt, auf arabischer Seite Palästinakrieg, sollte zehn Monate dauern, war entgegen offizieller israelischer oder israelaffiner Darstellung aber keineswegs ein Feldzug, um »die Juden ins Meer zu treiben« – auch wenn es an martialischer Rhetorik nicht fehlte.

Da diese Aussage bis heute propagandistisch überaus wirkmächtig ist, lohnt die Frage nach ihrem Ursprung. Ihr *Big Bang* dürfte David Ben-Gurions Auftritt in der Knesset am 11. Oktober 1961 gewesen sein. Dort erklärte der damalige israelische Ministerpräsident: »Der Weggang der Araber aus Palästina … erfolgte unmittelbar nach der UN-Teilungsresolution. Aus den Gebieten, die für den jüdischen Staat vorgesehen waren. Uns liegen Dokumente vor, aus denen unmissverständlich hervorgeht, dass sie Palästina verlassen haben, weil sie entsprechende Anweisungen von den arabischen Führern erhielten, allen voran dem Großmufti.

Sie hatten geglaubt, dass die Invasion der arabischen Armeen … den jüdischen Staat zerstören und sie die Juden ins Meer treiben könnten, tot oder lebendig.«[92] Allerdings hat Ben-Gurion besagte »Dokumente« nie vorgelegt. Ebenso wenig andere israelische Politiker oder Historiker. Es gibt, bislang jedenfalls, keinerlei Belege für die Richtigkeit dieser Behauptung. Ganz im Gegenteil haben arabische Führer versucht, die durch Terror und psychologische Kriegsführung ausgelöste Fluchtbewegung der Palästinenser aufzuhalten – ohne Erfolg.[93] Das ändert allerdings nichts an der fortwirkenden Wirkmacht der Darstellung Ben-Gurions – weil sie den Holocaust assoziiert. Auch Politikern wie dem ägyptischen Präsidenten Gamal Abdel Nasser oder Jassir Arafat wurde unterstellt, sie wollten »die Juden ins Meer treiben«.[94]

Und selbst für den Fall, dass arabische Machthaber tatsächlich versucht gewesen sein sollten, genau das zu tun, konnte ihnen das unmöglich gelingen. Mit Beginn des Krieges am 15. Mai 1948 verfügte die israelische Armee, bis dato noch die parallel operierenden Milizen aus Hagana, Irgun und Lechi, über etwa 50 000 Mann, eine kleine Luftwaffe wie auch Marine. Im Juni erhielt sie eine umfangreiche Lieferung schwerer Waffen aus der Tschechoslowakei, sprich: der Sowjetunion. Im Sommer 1948 war deren Zahl bereits auf 80 000 Soldaten angewachsen. Die angreifenden arabischen Armeen verfügten, Pappe zufolge, über 50 000 Soldaten. Doch neben allen anderen Problemen, insbesondere ihrer militärischen wie politischen Disparität, erhielten sie keine Waffen mehr von ihrem bisherigen Hauptlieferanten Großbritannien.[95] Der französische Historiker Henry Laurens beziffert die Zahl arabischer Soldaten sogar deutlich geringer, auf lediglich 12 000 Mann.[96]

Offizieller (pro-)israelischer Geschichtsschreibung zufolge stand eine schlecht ausgestattete, kleine jüdische Armee einer zahlenmäßig weit größeren und in jeder Hinsicht überlegenen militärischen Übermacht aus fünf angreifenden Staaten gegenüber: Ägypten, Transjordanien, Libanon, Syrien, Irak. Dem widersprechen die Erkenntnisse der »Neuen Geschichtsschreibung« in Israel. So hat Amitzur Ilan, Historiker an der Hebräischen Universität Jerusalem, in seiner militärhistorischen Studie detailliert nachgewiesen, dass die jüdischen Streitkräfte weit davon entfernt waren, einer Niederlage entgegenzusehen. Sie waren besser ausgebildet, zahlenmäßig stärker und verfügten über die schlagkräftigeren Waffen. In der Endphase des Krieges lag das Kräfteverhältnis von israelischen zu arabischen Soldaten bei zwei zu eins.[97] Dennoch hält sich hartnäckig der Mythos vom David Israel, der mit dem arabischen Goliath um sein Überleben kämpfte. Denn diese Erzählung ist propagandistisch wirkmächtig und gleichbedeutend mit politischem Kapital: Israels Existenz stand und steht immerwährend auf dem Spiel, was nach Waffen bis hin zur Atombombe verlangt – und nach der uneingeschränkten Solidarität westlicher Staaten.

Jenseits aller militärischen Fragen spielte König Abdallah von Transjordanien ein doppeltes Spiel, das die arabische Niederlage besiegelte. Wir erinnern uns: Er war der Sohn des Scherifen Hussein im Hedschas, dem die Briten im Ersten Weltkrieg als Gegenleistung für einen arabischen Aufstand gegen die Türken Unterstützung für das von ihm angestrebte arabische Großreich versprochen hatten. Stattdessen ließen sie ihn nach dem Krieg fallen, das geplante Großsyrien teilten Frankreich und Großbritannien unter sich auf. Als Trostpreis erhielt der Scherifen-Sohn Abdallah 1923 Transjordanien: ein Königreich von Londons Gnaden. Dieser Landstrich war damals dünn besiedelt, die Hauptstadt Amman zählte zu Beginn seiner Regentschaft keine 10 000 Einwohner. Wirtschaftlich war sie vor allem als Haltepunkt der Hedschas-Bahn von Bedeutung, jener Eisenbahnlinie, die seit 1903 Istanbul mit Mekka verband. Beduinenstämme machten die Mehrheit der Bevölkerung Transjordaniens aus, die städtische Elite stellten vornehmlich Tscherkessen und Dagestaner, beide Angehörige muslimischer Kaukasus-Völker. Sie waren in der zweiten Hälfte des 19. Jahrhunderts in großer Zahl vor den zaristischen Eroberungszügen ins Osmanische Reich geflüchtet, wo man ihnen bevorzugt Transjordanien und Amman als Siedlungsort zuwies.

Der König macht einen Deal

Abdallah allerdings fühlte sich zu Größerem berufen – sicher im Nachgang geplatzter Großsyrienträume. Das mag erklären, warum Transjordanien zum bevorzugten Rückzugsort für syrische Araber wurde, die das französische Mandatsregime in Damaskus bekämpften. Und es dürfte der Grund sein, neben zusätzlicher Ermunterung aus London, weshalb der König seit den frühen 1930er Jahren regelmäßige Kontakte zur Jewish Agency unterhielt. Zum einen hatte er Sorge, der wachsende Einfluss des Großmuftis und der bewaffnete Widerstand in Palästina könnten eines Tages auch ihm gefährlich werden. Zum anderen hatte er ein Auge auf die fruchtbaren und wasserreichen Gebiete im Westjordanland geworfen, die sich wohltuend von seinem kargen Wüstenreich abhoben. Bereits auf den Teilungsplan der Peel-Kommission von 1937 reagierte er positiv und schlug den Briten wie auch den Zionisten vor, die palästinensischen Gebiete mit Transjordanien zu vereinen. Auf Seiten Letzterer entstand daraufhin ein bitterer Disput, ob man sich auf den Vorschlag einlassen sollte oder nicht. Beide Ufer des Jordan – dieses gehört uns, das andere auch, so lautete ja die bevorzugte Devise.

Dennoch signalisierte die Jewish Agency Abdallah im November 1947, wohlweislich mündlich, dass sie mit der von ihm geplanten Annexion größerer Teile des Westjordanlandes im Grundsatz einverstanden sei. Sicher schweren Herzens, doch fehlte es an einer ausreichenden Zahl jüdischer Siedler für Gesamtpalästina

Und aufgehoben bedeutete in diesem Fall wenig mehr als aufgeschoben – bis zum nächsten Krieg 1967. Mit anderen Worten: Schon vor Kriegsbeginn 1948 und ungeachtet des UN-Teilungsplans hatten sich beide Seiten darauf verständigt, dass es einen palästinensischen Staat nicht geben wird. Die Frage war nur: Wo genau würde die Grenze zwischen dem jüdischen und dem großjordanischen Staat verlaufen?

Um diese und andere Fragen zu erörtern, trafen sich Golda Meir und ein weiterer hochrangiger Funktionär am 10. Mai 1948 in Amman mit König Abdallah. Wenige Tage vor Kriegsbeginn also. Im Vordergrund stand ein angestrebter Deal. Die Arabische Legion, die transjordanische Armee, von den Briten ausgebildet und unter dem Kommando Abdallahs, war die schlagkräftigste auf arabischer Seite. Hätte sie auf breiter Front angegriffen, hätten die zionistischen Milizen nicht unbedingt ihrer Niederlage entgegengesehen, wohl aber verlustreiche Kämpfe riskiert. Zwar hatte Abdallah gar nicht die Absicht, sie anzugreifen – nach außen hin musste er sich seinen Landsleuten aber als Verteidiger der palästinensischen und arabischen Sache präsentieren. Die »Arabische Legion« musste kämpfen, wollte Abdallah keinen Putsch riskieren. Doch wie eine Eskalation vermeiden? Der König verlangte von Meir, auf die Ausrufung des jüdischen Staates zu verzichten, was sie ablehnte. Stattdessen drohte sie ihm, »den Krieg so zu führen, wie man einen Krieg führt«.[98] Zionistische Repräsentanten suchten vor allem eines zu verhindern: ein Großsyrien unter Führung Abdallahs.

Auch ohne formelles Arrangement geschah, was beiden Seiten nutzte. Die Arabische Legion griff den laut Teilungsplan jüdischen Teil Palästinas nicht an, sondern kämpfte vornehmlich dort, wo zionistische Verbände auf die übrigen Gebiete vorzustoßen suchten. Mit begrenztem Erfolg, doch ermöglichte dieses Vorgehen, dass sich Transjordanien, seit Mai 1946 unabhängig, im April 1950 Ostjerusalem und das Westjordanland einverleiben und mit den östlichen Landesteilen zum »Haschemitischen Königreich Jordanien« vereinigen konnte. Damit allerdings verlor Abdallah »die Kontrolle über sein Königreich«, so der israelische Historiker Itamar Rabinovich.[99] Denn das Land hatte die meisten palästinensischen Vertriebenen aufgenommen, rund 350 000, und gewährte ihnen die jordanische Staatsangehörigkeit, was die soziale und demografische Zusammensetzung ebenso veränderte wie die politische Ausrichtung des Landes.

Im Juli 1951 wurde Abdallah von einem neunzehnjährigen Palästinenser erschossen, als er nach einem Gebet die Al-Aqsa-Moschee verließ. Seine Ermordung galt nicht allein in Israel als Ausdruck fehlenden Friedenswillens auf arabischer Seite. Umso mehr, als der Attentäter im Krieg einer Miliz angehörte, die dem Großmufti nahestand. Tatsächlich aber ist Abdallah eher ein Sinnbild für den arabischen »Verrat« an den Palästinensern. Arabische Potentaten neigen dazu, »Palästina« rhetorisch zu unterstützen, während sie in Wirklichkeit ganz andere Ziele verfolgen – angefangen bereits mit Abdallah.

Am 14. Mai 1948 also proklamierte Ben-Gurion in Tel Aviv den Staat Israel. Die reichlich mit biblischen Anleihen versehene Unabhängigkeitserklärung erwähnt mit keinem Wort die Grenzen Israels. Denn, so Ben-Gurion: »Nichts verpflichtet uns, sie festzulegen. Eine Nation, die ihre Unabhängigkeit proklamiert, muss ihre Grenzen nicht definieren. Wir sollten nichts über sie sagen, weil wir nicht wissen, wo sie verlaufen werden.«[100] Dieser »Pragmatismus« erklärt wesentlich, warum es in Israel bis heute keine Verfassung gibt. Denn in dem Fall stellte sich die Frage: Wo würde sie gelten, wo nicht? Am Tag darauf jedenfalls, am 15. Mai 1948, erklärte London seine Kolonialzeit in Palästina für beendet und zog übereilt seine Truppen ab – fast drei Monate vor dem Termin, den der UN-Teilungsplan für Palästina vorgesehen hatte. Da die Briten auch in dieser letzten Phase ihrer Präsenz nichts unternahmen, um die Vertreibung der Palästinenser zu unterbinden, setzte sich die Nakba ungehindert fort und erlebte in den Folgemonaten ihren Höhepunkt. Gleichzeitig wurde mit Beginn des ersten israelisch-arabischen Krieges, ebenfalls am 15. Mai, aus dem Konflikt in Palästina der Nahostkonflikt, der bekanntlich bis heute andauert.

Mit diesem Krieg verschwand Palästina von der Landkarte. Israel brachte 78 Prozent des Landes zwischen Mittelmeer und Jordanfluss unter seine Kontrolle. Nur das Westjordanland, Ostjerusalem und den Gazastreifen nicht. Da Letzterer nicht Teil des Deals mit König Abdallah war, hätten ihn die Israelis durchaus annektieren können. Weniger die ägyptische Armee als vielmehr die große Zahl an palästinensischen Flüchtlingen dort dürfte sie davon abgehalten haben. Der Krieg endete in der ersten Hälfte des Jahres 1949 mit einer Reihe von Waffenstillstandsabkommen. Der Gazastreifen kam unter ägyptische Verwaltung, ohne jedoch Teil Ägyptens zu werden. Am 25. Mai 1950 erkannten Großbritannien, Frankreich und die USA, der künftige Hegemon in der Region, den neu geschaffenen Status quo an und billigten so die Liquidierung des palästinensischen Staates durch Israel und (Trans-)Jordanien – auch in der Hoffnung, auf diese Weise die Sowjetunion aus dem Nahen Osten fernzuhalten.

Der neue Staat Israel verdankt seine Gründung der rücksichtslosen Vertreibung und Enteignung der Palästinenser, mit Wissen und Billigung Londons wie auch Washingtons. Und ebenso Ammans, doch war König Abdallah eher der Trittbrettfahrer. Angesichts des NS-Völkermordes an den Juden wird dieser Aspekt gerade in Deutschland mit Nachdruck verdrängt. Was aber nichts daran ändert, dass Israel auf Kosten der Palästinenser entstand, mithin »der Opfer der Opfer«, in den Worten des Literaturtheoretikers Edward Said, bis zu seinem Tod 2003 einer der führenden palästinensischen Intellektuellen.

Avraham Schalom, von 1981 bis 1986 Leiter des israelischen Inlandsgeheimdienstes Shin Bet, sagte mit Blick auf das Vorgehen israelischer Besatzungstruppen im Westjordanland und dem Gazastreifen nach 1967: »Einerseits will unsere Armee volksnah und moralisch sein, andererseits ist sie eine brutale Besatzungsarmee geworden, die der deutschen Wehrmacht im Zweiten Weltkrieg ähnelt. Ähnelt. Nicht dasselbe ist. Ich spreche jetzt nicht von dem Verhalten der Nazis den Juden gegenüber, das war eine Ausnahmeerscheinung … Ich spreche vom Verhalten der deutschen Soldaten den Polen, den Belgiern, den Holländern, den Tschechen usw. gegenüber. Wir werden nach und nach zu professionellen Besatzern, und darin liegt eine große Gefahr, denn diese Verhaltensweisen nisten sich im Herzen unserer Gesellschaft ein. Irgendwann werden sie zu einem Teil unseres Charakters. Das erschreckt mich.«[101]

Das Massaker von Tantura

Die von Schalom angesprochene Brutalität der Besatzer nach 1967 ist keineswegs aus dem Nichts heraus entstanden. Sie ist die logische Konsequenz und Fortführung jener systematischen und vorsätzlichen Gewalt, wie sie mit der ethnischen Säuberung Palästinas 1947 bis 1949 ihren Anfang genommen hatte. In der ersten Phase der Nakba, die etwa von Dezember 1947 bis Anfang April 1948 dauerte, versuchten zionistische Milizen die sukzessive von der britischen Armee geräumten Stellungen, Dörfer und Städte einzunehmen, was ihnen weitgehend gelang. Die zweite Phase war geprägt vom Plan Dalet, bis zur Proklamation Israels am 14. Mai 1948. In jenen Wochen stießen jüdische Milizionäre auf solche Teile Palästinas vor, die laut Teilungsplan arabisch werden sollten, stattdessen aber Israel oder Transjordanien einverleibt wurden.

Beide Phasen gingen einher mit der systematischen Vertreibung von Palästinensern, bis Kriegsbeginn waren es etwa 325 000.

Nach der Staatsgründung Israels beschleunigte sich deren Exodus. Bis zum Jahresende 1948 wurden noch einmal circa 425 000 Palästinenser vertrieben, auch 1949 wurden noch Dörfer zerstört und ihre Bewohner verjagt, ohne dass es Kämpfe oder Widerstand gegeben hätte. Abgeschlossen war die Nakba erst in den frühen 1950er Jahren. Insgesamt verloren rund 750 000 Palästinenser ihre Heimat, mehr als die Hälfte der Bevölkerung.

Dieser letzte Teil der palästinensischen Tragödie war der blutigste und brutalste. Es ist das Verdienst des »neuen Historikers« Ilan Pappe, anhand von hebräischen, arabischen und englischen Quellentexten, insbesondere unter Verwendung des Militärarchivs in Tel Aviv, das Vorgehen der israelischen Armee einschließlich der zionistischen Milizen sowie der politischen Führung minutiös nachgezeichnet zu haben, ebenso die Etappen der palästinensischen Vertreibung. Vor allem in seinem Buch *Die ethnische Säuberung Palästinas*, das 2006 in London erschien. Eine deutsche Übersetzung folgte 2007 in einem Nischenverlag, lange war das Buch vergriffen. Erst 2019 wurde es in einem größeren Verlag neu aufgelegt, was angesichts der in Deutschland vorherrschenden, meist unkritischen Wahrnehmung Israels nicht selbstverständlich ist.

Dieses Standardwerk »dekonstruiert« zwangsläufig bestehende Gewissheiten und liest sich erschütternd, vor allem für die Zeit nach der Proklamation Israels. Pappe erzählt von Massakern, der Zerstörung von Dörfern, Plünderungen, Terroranschlägen, Diebstahl, Enteignung und prägt einen neuen Begriff, den »Urbanizid«. Damit meint er die systematische De-Orientalisierung städtischer Architektur, die Sprengung arabischer oder osmanischer Wahrzeichen, die Entweihung religiöser Stätten, die Zerstörung des historisch gewachsenen Ambientes ganzer Stadtviertel, was er, unter anderem, am Beispiel seiner Heimatstadt Haifa aufzeigt.

Und noch einen Begriff führt Pappe ein, den »Memorizid«, die systematische Geschichtsverdrängung und Gewaltverleugnung auf jüdisch-israelischer Seite. Diesen Memorizid illustriert Pappe anschaulich anhand des Umgangs mit dem Massaker in Tantura: »Als eines der größten Dörfer an der Küste war Tantura für die vordringende Brigade störend wie ›eine Gräte im Hals‹, wie das offizielle Kriegsbuch der Alexandroni-Brigade es formulierte.« Diese Brigade war damals eine Sondereinheit der Hagana, die wesentlich mit der Eroberung und Zerstörung palästinensischer Dörfer befasst war. Heute ist sie eine Reserveeinheit der israelischen Armee.

Eine Vielzahl der im Zuge der Nakba dem Erdboden gleichgemachten Dörfer, insgesamt 531, befanden sich am Mittelmeer. »Tanturas Stunde«, so Ilan Pappe, »schlug am 22. Mai 1948. Das alte palästinensische Dorf an der Mittelmeerküste war für damalige Verhältnisse groß. Seine 1500 Einwohner lebten von Landwirtschaft, Fischfang und Hilfsarbeiten im nahen Haifa.« Tantura lag etwa dreißig Kilometer südlich. Der Angriff auf das Dorf begann nachts, »von allen vier Seiten. Das war ungewöhnlich, denn in der Regel schloss die Brigade ein Dorf von drei Seiten ein und schuf taktisch an der vierten Seite ein ›offenes Tor‹, durch das sie die Bevölkerung hinaustreiben konnte … Die jüdischen Truppen trieben die gefangenen Einwohner von Tantura mit Waffengewalt an den Strand, trennten die Männer von den Frauen und Kindern, die sie (in ein Nachbardorf, ML) vertrieben … Den Hunderten am Strand versammelten Männern befahlen sie, sich zu setzen und auf die Ankunft des israelischen Geheimdienstoffiziers, Shimshon Mashvitz, zu warten, der in der nahen Siedlung Givat Ada lebte und zu dessen ›Bezirk‹ das Dorf gehörte.

Mashvitz kam mit einem örtlichen Kollaborateur, der … maskiert war, suchte einzelne Männer (›Männer‹ waren in den Augen der israelischen Armee alle männlichen Einwohner im Alter von 10 bis 50 Jahren) heraus und brachte sie in kleinen Gruppen etwas beiseite, wo sie hingerichtet wurden. Die Auswahl der Männer erfolgte nach einer vorbereiteten Liste aus dem Dorfdossier für

Tantura, auf der alle standen, die sich an der Revolte 1936 und an Angriffen auf jüdischen Verkehr beteiligt hatten, die Kontakte zum Mufti unterhielten oder ein ›Verbrechen‹ begangen hatten, das sie unweigerlich verurteilte …

Die meisten Erschießungen erfolgten am Strand. Einige der Opfer wurden vorher verhört und nach einem ›riesigen Waffenversteck‹ befragt, das sich angeblich im Dorf befinden sollte. Da sie keine Angaben dazu machen konnten – es gab kein solches Waffenlager –, wurden sie an Ort und Stelle erschossen … Was in Tantura geschah, war also die systematische Exekution wehrfähiger junger Männer durch jüdische Soldaten und Geheimdienstoffiziere …«

Ein Augenzeuge, Abu Mashaykh, »erlebte mit, wie vor seinen Augen 85 junge Männer aus Tantura in Zehnergruppen abgeführt und auf dem Friedhof oder in der nahen Moschee hingerichtet wurden. Nach seiner Ansicht wurden noch mehr Männer exekutiert, die Gesamtzahl schätzte er auf 110. Es sah, dass Shimshon Mashwitz die ganze Operation leitete: ›Er hatte eine ›Sten‹ (Maschinenpistole) und tötete sie.‹ Später fügte er hinzu: ›Sie standen an der Wand, alle mit dem Gesicht zur Wand. Er kam von hinten und schoss ihnen in den Kopf, allen.‹ Außerdem bezeugte er noch, dass jüdische Soldaten den Exekutionen mit offensichtlicher Genugtuung zugeschaut hatten.«[102]

Damit aber endet die Geschichte nicht. Selbstverständlich wurde das Dorf vollständig zerstört, jahrzehntelang der Mantel des Schweigens über dieses wie auch die übrigen, mehr als siebzig an Palästinensern verübten Massaker mit über 15 000 Toten gebreitet.[103]

Doch dann kam Teddy Katz. Der Kibbuznik und Student der Universität Haifa reichte 1998 seine Masterarbeit zum Thema »Der Exodus der Araber aus den Dörfern am Fuße des südlichen Berges Karmel« ein, wofür er die Bestnote erhielt. Seine Untersuchung befasste sich mit fünf Dörfern, wobei Tantura einen

Schwerpunkt bildete. Auf der Grundlage von sechzig Stunden aufgezeichneter Gespräche mit Überlebenden des Massakers wie auch mit Tätern und weiteren Dokumenten konnte Katz den Nachweis führen, dass etwa zweihundert Dorfbewohner entweder kaltblütig erschossen oder aber von wütenden Soldaten in einem Amoklauf umgebracht wurden, aus Rache für den Tod von acht Kameraden bei einem anderen Einsatz. Aufgrund dieser Aussagen konnte auch ein Massengrab ausfindig gemacht werden, auf dem sich heute ein Parkplatz in Nahsholim befindet, jenes Kibbuz und Badeorts, das auf den Ruinen Tanturas entstand.

Die Erinnerung begraben

Am 21. Januar 2000 veröffentlichte die israelische Zeitung *Maariv* auf Grundlage dieser Masterarbeit einen langen Beitrag über das Massaker von Tantura. »Für Teddy Katz begann daraufhin die Hölle auf Erden. Als Reaktion auf den Artikel verklagten ihn dieselben Veteranen der Alexandroni-Brigade, die er zuvor interviewt hatte und die ihre Täterschaft eingeräumt hatten, wegen Verleumdung und widerriefen ihre Aussagen. Außerdem verlangten sie von ihm eine Million Schekel Schadensersatz, damals etwa 200 000 Euro.

Auf Druck seiner Familie und angesichts »erschütternder Erfahrungen am ersten Gerichtstag ließ sich Katz darauf ein, ein Geständnis im stalinistischen Stil abzugeben«, demzufolge er das, was er über Tantura behaupte, willkürlich »fabriziert« habe. Was er wenige Stunden später bereits wieder bereute, doch zu spät. Zwar wurde das Verfahren eingestellt, aber er musste alle Kosten tragen. Katz ging in Revision, allerdings sah das Oberste Gericht keine Veranlassung, das Verfahren wieder aufzunehmen oder gar palästinensische Augenzeugen zu laden. Die Universität Haifa ließ seine Masterarbeit von fünf externen Prüfern erneut bewerten, die drei zu zwei »nicht bestanden« urteilten. Katz erhielt daraufhin einen »nicht forschungsbezogenen« Master-Abschluss der Universität Haifa, was dem Ende seiner wissenschaftlichen Laufbahn gleichkam. »In seinem Kibbuz wurde er zum Außenseiter … und seine Forschungsarbeit wurde aus der Universitätsbibliothek entfernt. Es verwundert nicht, dass er in all dem Stress zwei Herzinfarkte erlitt, dass dieser einst energiegeladene Mann heute im Rollstuhl sitzt«, resümiert der Historiker Ilan Pappe.[104]

Der israelische Regisseur Alon Schwarz hat in seinem Dokumentarfilm *Tantura* (2022) die Forschungen von Teddy Katz aufgegriffen und die letzten noch lebenden Zeitzeugen befragt. Die einen bestätigen, dass die Soldaten der Alexandroni-Brigade unbewaffnete Männer erschossen und in Massengräbern verscharrt hätten. Andere bestreiten auch weiterhin mit Nachdruck, dass ein solches Massaker überhaupt stattgefunden habe. Eine forensische Untersuchung der Architektur Tanturas im Auftrag der israelisch-palästinensischen NGO Adalah, durchgeführt von der Londoner Goldsmiths-Universität, erstellte 2023 ein 3D-Modell der verschwundenen Ortschaft. Mit dessen Hilfe konnten zwei weitere Massengräber lokalisiert werden, im beliebten Strandresort des besagten Kibbuz Nahsholim.[105]

Warum fällt es Israel, aber auch der jüdischen Diaspora so schwer, historische Fakten und somit die Nakba anzuerkennen? Die Antwort liegt auf der Hand: weil sie das eigene Selbstbild infrage stellen. Demzufolge ist die israelische Armee »die moralischste der Welt«. Wollen die Araber »die Juden ins Meer treiben«, nicht Juden Palästinenser ins Exil. Sind Israelis grundsätzlich Opfer von Terror und Gewalt, nicht etwa Palästinenser. Kann »die einzige Demokratie im Nahen Osten« schwerlich Massentötungen begehen. Und falls doch, handelt es sich um legitime Selbstverteidigung. Im Zweifel genügt der Verweis auf den Holocaust, auch sich selbst gegenüber, um jede Kritik oder kritische

Selbstbefragung zu vermeiden. Wer mag schon eingestehen, dass die eigene Staatswerdung mit Mord und Totschlag und der Entwurzelung eines ganzen Volkes einhergegangen ist?

»Tantura, wie Sie gerade festgestellt haben, offenbart die Mechanismen des Verschweigens und Auslöschens, wie sie dem zionistischen Narrativ der Geschichte dienlich sind. Alle Informationen liegen in den Archiven begraben – so wie auch die Palästinenser begraben wurden, ohne dass jemand auch nur von deren Existenz wusste«, heißt es in einer Besprechung des Films *Tantura* in der israelischen Zeitung *Haaretz*.[106]

Infolge seiner Veröffentlichungen rund um die Nakba, seiner Unterstützung für Teddy Katz, insbesondere aber aufgrund seines Buches *Die ethnische Säuberung Palästinas* sah sich Ilan Pappe seinerseits einer massiven Diffamierungskampagne und Rufschädigung ausgesetzt. Sie veranlasste ihn 2007, seine Professur an der Universität Haifa aufzugeben und an die Universität Exeter in Großbritannien zu wechseln.

Wie sehr das »zionistische Narrativ« die akademische Freiheit und generell die Meinungsfreiheit in Israel bedroht, hat Pappe in einem weiteren, sehr lesenswerten Buch beschrieben.[107] Und er ist mitnichten der einzige Betroffene. Die »neuen Historiker«, die verstärkt seit den 1980er Jahren ebenjenes Narrativ infrage stellen[108], sahen sich oft genug veranlasst, Israel den Rücken zu kehren und ihre wissenschaftlichen Karrieren ins Ausland zu verlegen, vorzugsweise in die USA oder nach Großbritannien. Zwei Forschungsbereiche erweisen sich dabei als besonders heikel, weil sie wesentliche Gründungsmythen Israels infrage stellen und somit der vermeintlichen »Delegitimierung« des jüdischen Staates Vorschub leisten.

Zum einen das Umfeld der Nakba und allgemein die seither andauernde Entrechtung der Palästinenser. Zum anderen der von Rassismus geprägte Umgang mit den Mizrachim, den jüdischen Einwanderern aus arabischen Ländern, die ihrer Herkunft und arabischen Identität regelrecht abschwören mussten. Ähnliche Erfahrungen machten später jüdische Neuankömmlinge aus Äthiopien. Ungeachtet solcher »Häutungen« gelten die Mizrachim in Israel bis heute vielfach als Juden zweiter Klasse. Jüdischer Rassismus aber widerspricht dem Leuchtbild einer »jüdischen Heimstätte«.

Die Causa Mizrachim wirft darüber hinaus ein weiteres Licht auf die Gewaltaffinität zionistischer Ideologie. Die größte und gleichzeitig älteste jüdische Gemeinschaft in der arabisch-islamischen Welt gab es in Bagdad, jeder dritte Bewohner der irakischen Hauptstadt war Jude. Zwischen Juni 1950 und Juni 1951 verließen allerdings 110 000 von 135 000 der dort ansässigen Juden fluchtartig das Land in Richtung Israel. Generell hatte sich das Verhältnis von Juden und Arabern von Marokko bis hinüber in den Irak und den Jemen infolge der israelischen Staatsgründung verschlechtert. Einerseits wegen der Nakba, die in der arabischen Öffentlichkeit große Empörung auslöste, andererseits weil Israel vielen als ein Außenposten des kolonialen und imperialen Westens galt – inmitten eigener Unabhängigkeitsbestrebungen. In den arabischen Ländern wurden Juden zunehmend als Vertreter oder gar Agenten Israels gesehen, eines Feindstaates. Demzufolge wuchsen die Spannungen – weniger im Maghreb (Marokko bis Libyen), deutlich mehr im Mashrek, im östlichen Teil des arabischen Orients.

Was richtig ist und was falsch

In Bagdad kam es im genannten Zeitraum zu fünf Bombenanschlägen, einer auf eine Synagoge. Wie der israelische Historiker Avi Shlaim 2023 nachgewiesen hat, waren drei von ihnen unzweideutig das Werk zionistischer Agenten[109] – mit dem Ziel eine Massenflucht auszulösen. Denn Israel brauchte Einwanderer, um den demografischen Anteil an Juden zu erhöhen. Offizielle Stellen in Israel haben stets bestritten, dass sie im Irak »nachgeholfen« hätten, der Verdacht aber bestand seit langem schon.

Ähnliche Versuche, durch Anschläge die Ausreisewilligkeit von arabischen Juden zu erhöhen und darüber hinaus Ägypten zu destabilisieren, wiederholten sich 1954 in Kairo. Allerdings wurden die Täter dort gefasst: zwei Israelis begingen im Gefängnis Selbstmord, die übrigen verbüßten langjährige Haftstrafen. In die Annalen eingegangen ist der Vorgang als »Lavon-Affäre«, weil der israelische Verteidigungsminister Pinhas Lavon infolge der gescheiterten Mission zurücktreten musste.

Avi Shlaim hat in Großbritannien promoviert und ist dortgeblieben, erhielt eine Professur in Oxford. Eine gute Wahl, denn er hat auch über die Geheimverhandlungen zwischen König Abdallah und den Zionisten oder über das Verhältnis Israels zu seinen Nachbarn mit ähnlich kritischem Ansatz wie etwa Pappe geforscht – keine Karriereempfehlung in Israel.

Auch Ella Shohats Eltern sind Juden aus Bagdad. Shohat beschreibt ihre eigene Erfahrung und die ihrer Schulkameraden so: Man habe ihnen nahegelegt, Hebräisch zu sprechen, kein Arabisch. »Wir waren unwissend Ziele einer mentalen Kolonisation … Von uns wurde erwartet, dass wir die Vergangenheit an der Grenze ablegen, ebenso die innerlich mitgenommenen Bagdads, Kairos oder Rabats unserer früheren Heimatorte und Wohnviertel.«[110] Shohat, die es früh in die USA zog, lehrt heute an der New York University, wo sie über Eurozentrismus, Orientalismus oder Diaspora-Kulturen forscht – ebenfalls keine solide Grundlage für eine akademische Laufbahn in Israel. Nicht mit dieser Einstellung.

Einerseits sollten also jüdische Einwanderer aus arabischen Ländern den demografischen Anteil jüdischer Israelis erhöhen. Andererseits waren sie jedoch gehalten oder wurden genötigt, ihre arabische Identität abzulegen, wie auch Avi Shlaim in seinem

Buch *Three Worlds. Memoirs of an Arab-Jew* (2023) ausführlich beschreibt. Letztendlich aus rassistischen Motiven, denn nach Auffassung der jahrzehntelang aschkenasisch geprägten, überwiegend westlichen Machtelite in Israel kann ein Jude kein Araber sein und ein Araber kein Jude. Man ist entweder Araber oder Jude. Nicht aber jüdischer Araber oder arabischer Jude. Das geht nicht. Oder besser gesagt: Das soll aus ideologischen Gründen nicht sein. Auf hiesige Verhältnisse übertragen: Man ist entweder Deutscher oder Jude. Oder umgekehrt. Deutsche Juden oder jüdische Deutsche hingegen – falsches Bewusstsein.

Seit den 1990er Jahren sind israelische Regierungen damit befasst, Dokumente aus Staatsarchiven als geheim einzustufen, sie zu zensieren und folglich der Öffentlichkeit, namentlich kritischen Historikern, zu entziehen. So unterzeichnete Premier Netanjahu am 21. Januar 2019 eine Ergänzung zum »Archiv-Gesetz«, wodurch historisch relevante Quellen für weitere siebzig bis neunzig Jahre unter Verschluss gehalten werden. Das betrifft die Archive der Armee, des Inlandsgeheimdienstes Shin Bet, des Auslandsgeheimdienstes Mossad, der Kommission für Atomenergie, des Instituts für biologische Forschung und eine Vielzahl militärischer Einrichtungen. Dort geht es insbesondere um »Rohmaterialien von geheimdienstlicher Bedeutung«. Was genau das bezeichnet, ist unklar, ebenso welche Einrichtungen konkret gemeint sind – auch das fällt unter Geheimhaltung. »Ein führender Spitzenbeamter des Verteidigungsministeriums bekannte freimütig, es gehe bei diesen Maßnahmen darum, Historiker zu diskreditieren. Denn der Staat erhalte dadurch die Möglichkeit, bei umstrittenen Themen zu behaupten, die Historiker hätten Dokumente gefälscht.«[111]

Nicht ohne Grund untersteht das israelische Nationalarchiv dem Büro des Ministerpräsidenten. Dessen Chefarchivar Yaacov Lozowick erklärte im Januar 2018, dass die Frage, welche Dokumente zur Einsicht freigegeben werden, auch eine politische sei.

Es gehe darum, »Teile der historischen Wahrheit zu verbergen, um ein gefälligeres Narrativ zu erhalten«. Vor allem dann, wenn die entsprechenden »Materialien … als israelische Kriegsverbrechen gedeutet werden könnten«.[112]

Im Juli 2019 veröffentlichte die Zeitung *Haaretz* eine umfangreiche Dokumentation über den staatlichen Versuch, systematisch Beweise für die Vertreibung der Palästinenser 1948 unter Verschluss zu nehmen. Federführend sei dabei »Malmab«, ein hebräisches Akronym für »Sicherheitsdirektor des Verteidigungs-Establishments«, das heißt: die Sicherheitsabteilung des Verteidigungsministeriums, dessen Aktivitäten wie auch Finanzierung geheim sind. Bekannt ist jedoch, dass Malmab bestehende Archive durchforstet und daraus bereits Hunderte Dokumente entfernt hat. Gleichzeitig bemühen sich die professionellen Geschichtsfälscher, als militärisch relevant eingestufte Unterlagen, die in »nichtoffiziellen« Archiven lagern, etwa denen der Kibbuz-Bewegung, ausfindig zu machen und sie zu beschlagnahmen, teilweise ohne rechtliche Grundlage. Yehiel Horev, bis 2007 zwei Jahrzehnte lang Chef von Malmab, bestätigte der Zeitung, dass er dieses Projekt ins Leben gerufen habe und es kontinuierlich fortgeführt werde. Es sei sinnvoll, die »Ereignisse« von 1948 zu »verbergen«, denn belege man sie anhand von Dokumenten, könne dies »Unruhe unter der arabischen Bevölkerung« auslösen. Außerdem erschwere das Vorgehen den »Forschern« die Arbeit: Eine »Beschuldigung« auf der Grundlage eines offiziellen Dokuments sei etwas anderes als eine, die weder belegt noch widerlegt werden könne.

Die Nakba ist der »Geburtsfehler« Israels, der sich zwingend aus der »Transfer«-Ideologie ableitet. Dies einzugestehen würde die vermeintlich moralischen Grundfeste Israels bis ins Mark erschüttern. Deswegen muss die eigene Geschichte eingehegt, am besten entsorgt werden. Der israelische Historiker Benny Morris hatte bereits in seinem Buch *The Birth of the Palestinian Refugee Problem 1947–1949* (1987) die folgenden Tagebuchaufzeichnungen Joseph Nachmanis vom November 1948 dokumentiert, eines Kommandeurs der Hagana. Nachmani schreibt: Kämpfer der Hagana »betraten das Dorf Safsaf (bei Safad, ML), dessen Einwohner die weiße Fahne aufgezogen hatten. Sie trennten Männer und Frauen, banden 50 bis 60 Bauern die Hände und erschossen sie am Rande eines Massengrabs. Sie vergewaltigten auch viele Frauen«, darunter eine Vierzehnjährige. Einem Toten wurde der Finger abgeschnitten, um an den Ring zu gelangen. »In Salha, das ebenfalls die weiße Fahne gehisst hatte, begingen sie ein weiteres Massaker und töteten Männer wie Frauen, insgesamt 60 bis 70 Personen. Woher nahmen sie ein solches Maß an Grausamkeit, das dem der Nazis gleichkam? Sie haben von ihnen gelernt.«

Die Dokumentation von *Haaretz* zeigt am Beispiel dieses Tagebucheintrags von Nachmani, wie und mit welchen Mitteln Malmab bemüht ist, solche unerfreulichen Quellen aus den Archiven zu entfernen. Was insoweit erstaunt, als sie vielfach andernorts bereits dokumentiert sind. Brisant ist auch eine von Malmab aus dem Verkehr gezogene, der Zeitung aber gleichwohl vorliegende Studie vom Juni 1948. Federführend war hier die Vorläuferorganisation des Inlandsgeheimdienstes Shin Bet. Unter der Überschrift »Die Emigration der Araber Palästinas« heißt es dort, dass 70 Prozent der »Araber«, also der vertriebenen oder geflüchteten Palästinenser, infolge der jüdischen Militäroperationen »gegangen« seien.[113] Das ist quasi der offizielle Beleg, der Ben-Gurion Lügen straft: Die arabischen Führer hätten die Palästinenser zur Flucht ermutigt, um anschließend »die Juden ins Meer zu treiben«.

Hier die »Jüd*innen«, dort die Antisemiten

Solche Dokumente sind Dynamit, sie gehen an die Substanz. Man täusche sich nicht: Die Wurzeln jener furchtbaren Gewalt, mit der die Hamas am 7. Oktober 2023 in Südisrael gewütet hat, sind das

Spiegelbild der Nakba – die damalige Katastrophe setzt sich seitenverkehrt in der Gegenwart fort. Diese Einsicht aber ist tabu. Deswegen darf der 7. Oktober auch keine Vorgeschichte haben. Deswegen sind Palästinenser grundsätzlich Terroristen, wenn sie Gewalt anwenden, während die israelische Seite grundsätzlich von ihrem »legitimen Recht auf Selbstverteidigung« Gebrauch macht, selbst wenn dabei Zehntausende sterben. Ganz unabhängig davon, dass diejenigen, die sich wie die Hamas auf der richtigen Seite der Geschichte wähnen, immer auch als Massenmörder enden können.

Neben der Nakba stehen die folgenden Themen im Visier der Geschichtsfahnder: der israelisch-arabische Krieg 1948/49, die Militärverwaltung, unter der die in Israel verbliebenen Palästinenser bis 1966 standen (was für sie unter anderem Ausgangssperren, Entrechtung und vielfach ein haftähnliches Leben hinter Stacheldraht bedeutete), ferner die Besatzungspolitik nach 1967 und das »Engagement« israelischer Sicherheitsdienste, um Unruhen und Proteste der Mizrachim einzudämmen. Die Mizrachim gelten, nebenbei bemerkt, als eine Untergruppe der Sephardim, wenngleich die Begriffe nicht scharf voneinander getrennt sind.

Entsprechend groß ist der Druck auf israelische Dissidenten und »Nestbeschmutzer«, wie auch das Beispiel Benny Morris zeigt. Dieser Historiker und Publizist zählte ursprünglich ebenfalls zu den »neuen Historikern« und ging insbesondere in seinem bereits erwähnten Buch über den Verlauf der Nakba nicht weniger unmissverständlich mit israelischen Geschichtslügen ins Gericht wie Ilan Pappe. Doch widerrief Morris einige Jahre später seine eigenen Recherchen und Analysen, machte eine vollkommene Kehrtwende und erfand sich als Revisionist neu. So erklärte er in einem Interview 2004: »Ben-Gurion hatte recht. Wenn er nicht getan hätte, was er getan hat, wäre kein jüdischer Staat entstanden … Ich glaube nicht, dass die Vertreibungen von 1948 Kriegsverbrechen waren. Wo gehobelt wird, da fliegen nun mal Späne. Man muss sich die Hände dreckig machen.«[114] In anderen Interviews bedauerte er, dass nicht alle Palästinenser vertrieben wurden, und bezeichnete die palästinensische Minderheit in Israel als »Zeitbombe« und »Serienmörder«, empfahl den Bau von Käfigen, um diese Minderheit, »das wilde Tier«, dort zu bändigen.[115] Auch einen atomaren Präventivschlag gegen Teheran wusste Morris zu preisen.[116]

Über die Gründe dieses Abdriftens ins ultrarechte Lager lässt sich nur spekulieren. Fühlte er sich unter Druck gesetzt oder ausgegrenzt? Wollte er nicht enden wie Teddy Katz? Leute wie Morris jedenfalls haben eines nicht zu befürchten, weder in Israel noch im Ausland: die Einschränkung ihrer Meinungsfreiheit.

Anders als etwa Ilan Pappe. Im Oktober 2009 ließ die Münchner Stadtverwaltung ihn in den Räumen des Pädagogischen Instituts der Stadt München, wo Pappe über die ethnische Säuberung Palästinas referieren wollte, nicht auftreten. Stattdessen fand der Vortrag an anderer Stelle statt. Das kurzfristig ausgesprochene Verbot verdankte sich offenbar einer Intervention der Deutsch-Israelischen Gesellschaft beim damaligen Oberbürgermeister Christian Ude (SPD).[117] Denn, wie die Internetseite *hagalil.com Jüdisches Leben online* nicht ohne Genugtuung kommentierte: Ilan Pappes »radikales Verhältnis zu Fakten, nämlich aus wenigen Fakten (immer einseitige) Interpretation abzuleiten (sic!, ML), hat ihn schon für die Universität Haifa schwer tragbar gemacht. Man legte Ilan Pappe den Rücktritt nahe«.[118]

Im November 2023 drohte sich der Vorgang zu wiederholen. Pappe war geladen, aus Anlass des Großangriffs der Hamas einen Vortrag über die Lage in Israel/Palästina zu halten, ebenfalls in München. Doch der Sohn deutscher Eltern, die in den 1930er Jahren nach Palästina flüchteten, ist ein rotes Tuch für diejenigen, die den Nahostkonflikt aus der Perspektive deutscher »Staatsräson« zu sehen gewohnt sind. Kurz vor der geplanten Veranstaltung wurde dem Trägerverein des Kulturzentrums »Neuhauser

Trafo«, das maßgeblich von der Stadt München finanziert wird, der Raumnutzungsvertrag gekündigt. Es bestehe die Befürchtung, dass »der Vortragende oder Teilnehmer zum Hass gegen die jüdische Bevölkerung aufstacheln werden«.[119] Das angerufene Amtsgericht hob allerdings in einer Eilentscheidung die Kündigung wieder auf – die Meinungsfreiheit könne nicht auf der Grundlage einer Mutmaßung eingeschränkt werden.

Der Vortrag konnte also wie geplant stattfinden. Die Stadtverwaltung ließ es sich dennoch nicht nehmen, am Tag der Veranstaltung am Ort des Geschehens ein offizielles Schreiben der Stadt München auszuhängen. Man werde nicht dulden, heißt es dort, dass Hass gegen »Jüd*innen« in »städtischen Räumen geschürt wird. Hetze, die zu Straftaten aufwiegelt oder diese billigend in Kauf nimmt, darf hier keinen Platz haben. Wir bedauern, dass wir aufgrund der Rechtslage gezwungen sind, die Veranstaltung … in den Räumlichkeiten des Kulturzentrums Trafo stattfinden zu lassen. Zugleich appellieren wir abermals nachdrücklich an den Bund und den Freistaat, nichts unversucht zu lassen, um eine rechtliche Grundlage zu schaffen, damit Kommunen für antisemitische Akteur*innen und Äußerungen keine städtischen Räume mehr zur Verfügung stellen müssen.«

Anders gesagt: Wer sich kritisch mit der Politik Israels auseinandersetzt oder gar die Nakba thematisiert, schürt Hass und Hetze gegen »Jüd*innen« und ist Antisemit – auch wenn er selbst Jude und ein international anerkannter Wissenschaftler ist. »Tantura« auch nur zu benennen, wäre demzufolge wohl eine judenfeindliche Aussage, die klare Kante von Bund und Freistaat verlangte. Im Übrigen bedauert die SPD-geführte Stadtverwaltung, anders ist die Aussage nicht zu verstehen, über keine rechtliche Handhabe zur Ausübung einer Zensurmaßnahme zu verfügen. In Deutschland wohlgemerkt, beim Weltmeister der »Erinnerungskultur«.

»Brief aus Gaza«: Jassir Arafat und der Aufstieg der PLO

Doch zurück in die Vergangenheit, die von der Gegenwart stets nur einen Schritt entfernt ist. Die meisten vertriebenen Palästinenser flohen in Richtung Westjordanland (rund 280 000), in den Gazastreifen (rund 200 000), in den Libanon (rund 100 000), nach Syrien (rund 75 000) und nach Transjordanien (rund 70 000). Die Flüchtlingszahlen für Ägypten und den Irak liegen jeweils im vierstelligen Bereich. Je nach Quelle können sich die Zahlenangaben plus/minus um einige Tausend unterscheiden. Hinzu kommen innerhalb Israels zwangsumgesiedelte Palästinenser. Die Gesamtzahl der Vertriebenen dürfte etwa 750 000 betragen, mehr als die Hälfte der ursprünglichen Bevölkerung.

Die Resolution 194 der UN-Vollversammlung bekräftigte zwar am 11. Dezember 1948 das Recht der Flüchtlinge, in ihre Heimat zurückzukehren und Entschädigungen für ihren verlorenen Besitz zu erhalten. Doch die in Israel getroffenen Entscheidungen gingen in eine ganz andere Richtung. Bereits im Juni 1948 hatte die Regierung eine Rückkehr der Vertriebenen kategorisch ausgeschlossen und verhinderte gewaltsam die gelegentlichen Versuche Einzelner, in ihre verlorene Heimat zurückzukehren. Das israelische »Rückkehrgesetz« von 1950 und das »Staatsbürgerschaftsgesetz« von 1952 ermöglichen es Juden aus aller Welt, nach Israel einzuwandern und die Staatsangehörigkeit zu erwerben – beide schlossen aber erneut die Rückkehr palästinensischer Flüchtlinge und deren Erwerb der israelischen Staatsbürgerschaft aus.

1954 verabschiedete Tel Aviv ein »Gesetz zur Verhinderung der Infiltration«, das die rechtliche Grundlage für militärische Vorstöße vor allem in den Gazastreifen und das Westjordanland schuf. Ebenso für die Liquidierung von Palästinensern, die unerlaubt die Grenze überschritten.

Die Folgen sind weitreichend. Denn Gesetze wie diese haben die Saat für ungute Entwicklungen gelegt, insbesondere die allmähliche Wandlung Israels von einer formalen Demokratie in eine faktische Ethnokratie. Die »einzige Demokratie im Nahen Osten« ist eine Demokratie für Juden und für diese eine unbestritten sehr lebendige Demokratie – noch. Solange die Regierung Netanjahu oder ein ähnlich rechtsextrem verortetes Bündnis nicht jene »Justizreform« durchsetzt, gegen die es 2023 monatelang Massenproteste gab. Im Kern geht es darum, die Rechte des Obersten Gerichtes einzuschränken und juristische Anfechtungen von Regierungsentscheidungen auszuhebeln. Da es in Israel keine Verfassung gibt, entfiele dadurch die einzige Kontrollinstanz gegenüber der Exekutive.

Die Großdemonstrationen gegen diese »Reform« ändern aber nichts daran, dass Juden grundsätzlich über Nichtjuden stehen und demzufolge auch über mehr Rechte verfügen. Zwar sichert die israelische Unabhängigkeitserklärung allen Bürgern des Landes gleiche Rechte zu – das aber ist Theorie. Man könnte auch sagen: eine Absichtserklärung. Die Realität war stets eine andere. Angefangen damit, dass Einwanderer alles sind, Vertriebene nichts. Die in Israel verbliebenen Palästinenser sind entsprechend Bürger zweiter Klasse mit eingeschränkten Rechten. Oder dritter Klasse, nach den Mizrachim. In einer Demokratie kann und darf es aber keine Hierarchie der Wertigkeiten geben, Bürger mit mehr oder weniger Rechten, sortiert nach ethnischer Zugehörigkeit, Religion oder sonstiger Gruppenzugehörigkeit. Die israelisch-palästinensische NGO Adalah führt, Stand 2017, mehr als 65 israelische Gesetze an, die unmittelbar oder indirekt palästinensische Bürger Israels und/oder jene der besetzten Gebiete allein deswegen diskriminieren, weil sie keine Juden sind.[120]

Im Juli 2018 verabschiedete das israelische Parlament das »Nationalitätengesetz«, ein jahrelanges Herzensanliegen der Ultrarechten. Es definiert Israel ausdrücklich als jüdischen Nationalstaat. Was zunächst als weißer Schimmel anmutet, bedeutet konkret, dass ausschließlich die jüdischen Bürger Israels das Recht auf Selbstbestimmung haben, einschließlich des ungehinderten Erwerbs von Grund und Boden, nicht aber die palästinensischen – von der Bevölkerung in den besetzten Gebieten ganz zu schweigen. Damit ist der weiteren Entrechtung von Palästinensern mit israelischem Pass, die ein Fünftel der Staatsbürger stellen, Tür und Tor geöffnet. Etwa daran zu ermessen, dass israelische Gemeinden seither befugt sind, Demografie und Zuzug nach eigenem Ermessen zu regeln. Will heißen: Wohnviertel exklusiv für Juden auszuweisen, unter Ausschluss von Nichtjuden.

Darüber hinaus erklärt das »Nationalitätengesetz« Gesamtjerusalem unwiderruflich zur Hauptstadt Israels, schafft Arabisch als zweite Landessprache ab, bekennt sich zum verstärkten Siedlungsbau und dessen zusätzlicher Finanzierung. Mit dem Ziel, das Westjordanland großflächig zu annektieren und der Gesetzgebung Israels zu unterwerfen, ohne jedoch den Palästinensern ein Wahlrecht oder die Staatsbürgerschaft zu gewähren.

Kritiker haben dieses Gesetz mit der Apartheid verglichen. Auch Avi Shlaim, der es als »offen rassistisch« bezeichnet. Wäre es denn tatsächlich etwas anderes als eine angepasste Variante von »Whites only«? Die Dominanz des Ethno-Nationalismus erweist sich zunehmend als explosiv. Denn der Überlegenheitsanspruch der jüdischen Seite gegenüber den Palästinensern, den Nichtauserwählten, den Nichtjuden, darunter selbstverständlich auch Christen, degeneriert infolge der jahrzehntelangen Besatzung und der damit einhergehenden gesellschaftlichen Verrohung zunehmend in Richtung eines gewaltbereiten Fanatismus religiöser und/oder rechtsextremer Färbung. Der längst ebenso, nicht zu vergessen, liberal gesinnte Juden und Israelis bedroht.

The Winner Takes It All

Der Staat Israel verdankt seine internationale Anerkennung und politische Legitimität maßgeblich den Vereinten Nationen – und ignoriert dennoch kontinuierlich deren Beschlüsse, insoweit sie eigenen Interessen zuwiderlaufen. Angefangen mit der Teilungsresolution 181 und der Resolution 194, der Forderung nach einer Rückkehr palästinensischer Flüchtlinge und ihrer Entschädigung. Deren Rückkehr, so heißt es bis heute, würde die »jüdische Identität« Israels infrage stellen. Doch weist eine Identität, die sich dem Unglück anderer verdankt, den Weg in eine gedeihliche Zukunft? Oder schafft sie eine Scheinwirklichkeit, in der sich das Verdrängte wieder und wieder Bahn bricht, auch in Gestalt von Allmachtsfantasien?

Eine Ethnokratie ist immer ultranationalistisch, das ist ihr Daseinszweck. Führt sie in die Freiheit oder in den Totalitarismus?

Darüber auch nur nachzudenken, kommt einem Tabu gleich. Kollektive Identitäten stellen sich nicht selbst infrage. Das Ergebnis ist Verdrängung, eine projektive Wahrnehmung, die ohne Feindbilder nicht auskommt.

Letztendlich kann eine Ethnokratie keine Demokratie sein. Das eine schließt das andere aus. Stattdessen sind weite Teile der israelischen Gesellschaft, aber auch der jüdischen Diaspora nachgerade besessen von der Forderung, andere mögen das »Existenzrecht« Israels anerkennen, allen voran die Palästinenser. Was die PLO 1988 übrigens getan hat – ist deswegen auch nur eine Siedlung weniger gebaut worden?

Kants kategorischer Imperativ besagt, dass jeder gehalten sei, andere so zu behandeln, wie er selbst behandelt werden möchte. Was also spräche dagegen, dass diejenigen, die für sich selbst stets und ständig die Anerkennung ihres »Existenzrechts« durch Dritte einfordern, ihrerseits dasjenige der anderen Seite anerkennen? Doch staatliche Vertreter Israels haben bis heute weder ein »Existenzrecht« Palästinas anerkannt noch eine entsprechende Bereitschaft signalisiert.

Völkerrechtlich bezeichnet das Existenzrecht eines Staates dessen Recht auf Fortbestand innerhalb anerkannter Grenzen inklusive der Ächtung existenzbedrohender Angriffe aller Art. Dieses Recht besitzen gemäß Völkerrecht alle 193 Staaten, die von den Vereinten Nationen als Völkerrechtssubjekte anerkannt sind. Entscheidend: innerhalb anerkannter Grenzen. Seine eigenen zu benennen hat Israel aus den dargelegten Gründen bis heute unterlassen. Insoweit ist die israelische Forderung nach einer Anerkennung des eigenen Existenzrechts durch Dritte, juristisch gesehen, so lange irrelevant, wie der jüdische Staat seinerseits den Verlauf der eigenen Grenzen nicht bekannt gibt.

Jenseits dieser maßgeblichen Einschränkung handelt es sich in der Sache selbst allerdings um einen schwarzen Rappen: Alle 193 als Völkerrechtssubjekte anerkannte Staaten, einschließlich Israels selbstverständlich, besitzen jeweils ihr »Existenzrecht«. Wohlgemerkt und noch einmal: innerhalb anerkannter Grenzen.

Die israelische Obsession mit dem »Existenzrecht«, die Besessenheit einer Atommacht immerhin, ist im Grunde nichts anderes als der Wunsch nach Absolution: Was wir vor oder nach 1948 getan haben und noch immer tun, ist möglicherweise nicht ganz in Ordnung, aber »alternativlos«. Wer diese Wahrheit nicht anerkennt, ist entweder Antisemit oder ein staatlicher Wiedergänger des Großmuftis: das absolut Böse, das Israel zu »vernichten« sucht.

Man könnte annehmen, dass sich die israelische Führung, die eine Rückkehr der Vertriebenen kategorisch ablehnt, wenigstens bereit erklärt, die Palästinenser für ihren verlorenen Besitz zu entschädigen, gemäß der zweiten wesentlichen Forderung der UN-Resolution 194. Doch weit gefehlt, es geschah genau das Gegenteil.

Alles Geld, das die 1,3 Millionen Araber des Mandatsgebietes Palästina in Banken oder Institutionen angelegt hatten, wurde unmittelbar nach der israelischen Staatsgründung, noch im Mai 1948 eingezogen und konfisziert. Also auch das Vermögen jener Palästinenser, die nicht vertrieben wurden.[121] Der Gesamtbetrag belief sich auf 100 Millionen Britische Pfund. Das entspräche heute, gemessen an der Kaufkraft, in Pfund Sterling etwa einem 36-fach höheren Wert, also in etwa vier Milliarden Euro. Gleichzeitig gingen alle Immobilien sowie der Grund und Boden der Vertriebenen in den Besitz des Jüdischen Nationalfonds über, insgesamt 3,5 Millionen Dunam (ein Dunam entspricht 1000 Quadratmetern). Alles entschädigungslos enteignet, was mit Rechtsstaatlichkeit wenig, mit Landraub und Diebstahl dagegen sehr viel zu tun hat.

Den Hunderttausenden palästinensischen Flüchtlingen blieb folglich keine andere Wahl, als ein Leben im Exil anzutreten, meist als Staatenlose in trostlosen Zeltlagern, die im Laufe der Zeit zu eng bebauten Stadtvierteln anwuchsen, eingeschränkt in ihrer Bewegungsfreiheit und Berufswahl. Die Aufnahmeländer waren in erster Linie Agrarstaaten, und landlose Bauern in großer Zahl aufzunehmen, überforderte vielfach die gegebenen Ressourcen. Insbesondere im Libanon, wo die politische Macht an religiösem Proporz gebunden ist, hätte die Integration von 100 000 überwiegend sunnitischen Flüchtlingen das Kräfteverhältnis zugunsten der einheimischen Sunniten verschoben. Was erklärt, warum dort selbst die Nachfahren der Flüchtlinge in der Regel bis heute keine Chance auf einen libanesischen Pass haben. Generell können palästinensische Flüchtlinge in arabischen Ländern bis heute vielfach nur unter Vorbehalt studieren oder reisen. Sie sind in der Wahl ihres Wohnortes eingeschränkt und dürfen zahlreiche Berufe nicht ausüben.

1950 riefen die Vereinten Nationen ihr Hilfswerk für palästinensische Flüchtlinge ins Leben, die »United Nations Relief and Work Agency« (UNRWA). Für Flüchtlingsfragen wäre auf Seiten der UN eigentlich die 1946 gegründete »International Refugee Organisation« (IRO) zuständig gewesen.[122] Diese Organisation aber bemüht sich um eine Rückkehr Vertriebener – für Israel nicht akzeptabel. Entsprechend ist die UNRWA nicht befugt, die Rückkehr der Palästinenser zu betreiben. Außerdem hatte die IRO nach dem Zweiten Weltkrieg jüdischen Flüchtlingen geholfen. Zionistische Organisationen wollten unbedingt vermeiden, dass es zu Vergleichen zwischen jüdischen und palästinensischen Flüchtlingen kommt oder beide in einem Atemzug genannt werden.

Da sich der Flüchtlingsstatus vererbt, beläuft sich die Zahl der registrierten palästinensischen Flüchtlinge heute auf rund sechs Millionen Menschen. Anspruchsberechtigt sind ausschließlich solche Vertriebene der Nakba, die sich innerhalb eines vorgegebenen damaligen Zeitfensters registrieren ließen. Die übrigen zählen nicht dazu, auch nicht jene des Krieges von 1967.

Die UNRWA leistet humanitäre Hilfe, vor allem bietet sie Dienstleistungen in den Bereichen Bildung und Gesundheit an. Gleichzeitig ist sie ein wichtiger Arbeitgeber, weswegen sie einen entscheidenden Beitrag zum Erhalt regionaler Stabilität leistet. Die israelische Seite wirft der UNRWA regelmäßig vor, die Flüchtlingsfrage künstlich am Leben zu erhalten, anstatt die Palästinenser in die Aufnahmeländer zu integrieren. Das aber ist nicht ihre Aufgabe und in Gesellschaften, die stark von Ethnizität, Clan- und Stammesstrukturen geprägt sind, auch nicht unproblematisch.

Einzig Jordanien hat die Vertriebenen eingebürgert, dort stellen sie heute mindestens zwei Drittel der Bevölkerung. Mit allen Folgen, die sich daraus ergeben: So ist die jordanische Armee 1970/71 gewaltsam gegen palästinensische Guerillas vorgegangen, weil sie die Machtprobe mit dem Königshaus gesucht hatten (»Schwarzer September«). Die Führung der PLO musste daraufhin Jordanien verlassen und wechselte nach Beirut.

Die UNRWA im Visier

Aus der Perspektive israelischer Machteliten, welche die Vergangenheit nach Kräften zu entsorgen suchen, ist allein die jahrzehntelange Existenz der UNRWA eine Provokation – eine fortlaufende Erinnerung an das selbst verursachte Unrecht. Entsprechend wurden seit langem schon Antisemitismus-Vorwürfe erhoben. So heißt es etwa, die an den UNRWA-Schulen verwendeten Lehrbücher betrieben die Delegitimierung Israels oder förderten den Judenhass. Das Rückkehrrecht zu thematisieren, sei antisemitisch motiviert und gefährde die Identität Israels als jüdischer Staat.[123] Schon vor dem 7. Oktober 2023 fehlte es nicht an Versuchen, die Finanzierung der UNRWA einzuschränken oder die Agency ganz abzuschaffen. Umso mehr, als bis dato mehr als die Hälfte ihrer Hilfsgelder in den von der Hamas kontrollierten Gazastreifen geflossen waren. Bei den Hauptgeldgebern USA und Deutschland fielen dergleichen Anwürfe auf fruchtbaren Boden, doch scheute man sich zunächst aus gutem Grund vor einem harten Cut – wie denn ginge es danach weiter?

Selbstverständlich leistet Israel selbst keine Zahlungen an die UNRWA. Mit einer Ausnahme: 2010, nach massiven Bombardierungen des Gazastreifens im Jahr zuvor und der umfangreichen Zerstörung von Infrastruktur der UNRWA, darunter zahlreicher Schulen, erklärte sich die Regierung Netanjahu bereit, 10,5 Millionen US-Dollar Entschädigung zu zahlen[124] – *peanuts*, gemessen an den tatsächlich entstandenen Schäden.

Der neueste Trend geht in eine unzweideutige Richtung. Im Dezember 2023 berichtete die *Times of Israel* von einem Geheimplan des israelischen Außenministeriums, die UNRWA schrittweise aus dem Gazastreifen zu entfernen und anderweitig zu ersetzen.[125] Das entspricht den Vorstellungen Netanjahus, die er im Februar 2024 für die Phase nach dem Krieg im Gazastreifen umriss. Im gleichen Sound erklärte Noga Arbell, eine Beraterin der israelischen Armee, am 5. Januar 2024 in der Knesset: »Es ist unmöglich, den Krieg zu gewinnen, ohne dass wir die UNRWA zerstören, und diese Zerstörung muss sofort beginnen.« Parallel nahm eine israelische Parlamentariergruppe ihre Arbeit auf, die im Ausland Lobbyarbeit dafür betreiben soll, die Zahlungen an die UNRWA einzustellen, so die israelische Zeitung *Hayom*.[126]

Am 25. Januar 2024 legte die israelische Regierung den Vereinten Nationen unter Berufung auf Geheimdienstinformationen ein Dossier mit angeblichen Belegen vor, denen zufolge zwölf Mitarbeiter der UNRWA am Angriff des 7. Oktober 2023 beteiligt gewesen sein sollen. Andere Vorwürfe kamen hinzu. Auf der Münchner Sicherheitskonferenz im Februar 2024 bezeichnete Außenminister Israel Katz die UNRWA als »Frontorganisation der Hamas«, die nach dem Krieg »definitiv nicht« in Gaza bleiben könne.

UN-Generalsekretär António Guterres reagierte umgehend und entließ die Beschuldigten, soweit sie noch lebten, bereits am 26. Januar. Dessen ungeachtet stellten sechzehn westliche Staaten, darunter die USA und Deutschland, ihre Zahlungen an die UNRWA ein. Nach einer ersten Untersuchung der UN und einem Zwischenbericht, die beide jeweils die Anwürfe entkräfteten, nahmen die meisten Länder ihre Zahlungen am 29. Februar wieder auf – nicht aber die USA und Deutschland. Die Amerikaner beabsichtigen offenbar, sie dauerhaft zu streichen. Berlin beendete seinen Boykott erst Ende April 2024, nachdem auch ein weiterer UN-Bericht keine Belege für die israelische Behauptung einer »Terrorunterstützung« durch die URWA erbracht hatte.

Dessen ungeachtet wurde die ohnehin völlig unzureichende Versorgung der Palästinenser im Gazastreifen mit Lebensmitteln, Medikamenten und selbst Trinkwasser durch die Zahlungsausfälle weiter reduziert – ein zusätzlicher Grund für die dortige Hungersnot. Die eigentliche Ursache für das Elend ist und bleibt jedoch die israelische Blockade der Grenzübergänge.

Grundsätzlich ist die UNRWA mit ihren 13 000 Mitarbeitern in der Küstenenklave nicht zu ersetzen. Keine andere Organisation verfügt über ihre Infrastruktur und Expertise. Alle anderen dort tätigen UN-Organisationen zusammengenommen verfügen über gerade einmal 200 Mitarbeiter.

Im Fall der UNRWA gilt bis zum rechtskräftigen Urteil nicht etwa die Unschuldsvermutung. Dass die israelische Armee bis zum 25. Januar 2024 ihrerseits 151 Mitarbeiter der UNRWA im Gazastreifen getötet hat (und weiterhin tötet), spielt in dem Zusammenhang nicht die geringste Rolle. Ein von israelischer Seite geäußerter Verdacht, die bloße Behauptung genügt, und das Urteil lautet auf »schuldig«. Mit dem Ergebnis einer weiteren kollektiven Bestrafung von mehr als zwei Millionen Menschen. Worauf das Spiel hinausläuft, liegt auf der Hand: Israel hat den Druck zugunsten der angestrebten »Transfer«-Lösung der Gaza-Bewohner in Richtung Sinai erfolgreich erhöht.

Der »National Intelligence Council« (NIC), der Dachverband der US-Geheimdienste, erklärte am 20. Februar 2024, man habe nur »geringes Vertrauen« in die israelischen Behauptungen, denen zufolge ein Dutzend Angestellte der UNRWA an den Angriffen beteiligt gewesen sei. Zwar seien diese Vorwürfe »plausibel«, könnten aber »nicht unabhängig bestätigt werden«. Ebenso wenig wie der israelische Vorwurf, zehn Prozent der UNRWA-Mitarbeiter unterhielten Verbindungen zur Hamas.[127]

UNRWA-Chef Philippe Lazzarini erklärte am 22. Februar 2024: »Obwohl wir mehrfach unsere Bereitschaft zur Kooperation erklärt haben, haben die Vereinten Nationen in dieser Angelegenheit zu keinem Zeitpunkt, *never, never, ever,* irgendwelche Unterlagen vonseiten israelischer Behörden erhalten.«[128]

Belege für deren Beschuldigungen fehlen also. War man in Israel möglicherweise anderweitig beschäftigt?

Im März jedenfalls legte die UNRWA eine umfangreiche Dokumentation vor, aus der hervorgeht, dass die israelische Armee im Gazastreifen bis dato mehr als 4000 Palästinenser, Männer wie Frauen, willkürlich verhaftet und tage- bis wochenlang in israelischen Gefängnissen gefoltert hatte, darunter mehrere UNRWA-Mitarbeiter und deren Familienangehörige. Letztere sollten gestehen, am 7. Oktober 2023 Israel angegriffen zu haben. Zu den angewandten Foltermethoden gehörten schwere Schläge, auch mit Nagelkeulen, Konfrontation mit abgerichteten Hunden, Waterboarding, Gewaltandrohung, Erniedrigung, Morddrohungen, Vergewaltigungen, Stromschläge, das Einführen von Gegenständen in den Anus. Des Weiteren wurden Gefangene gezwungen, sich nackt auszuziehen und fotografieren zu lassen.[129] Mindestens 27 Palästinenser sollen infolge dieser Folterungen bis März 2024 in israelischen Gefängnissen gestorben sein.[130]

Am 5. August 2024 entließ UN-Generalsekretär António Guterres weitere neun Angestellte der UNRWA im Gazastreifen, weil sie »möglicherweise« am Angriff des 7. Oktober beteiligt waren. Das Schlüsselwort ist hier »möglicherweise«, denn dem UN-»Office of Internal Oversight Services« (OIOS) lagen keine stichhaltigen Beweise für Israels Anschuldigungen vor. Dass die Mitarbeiter dennoch entlassen wurden, ist ein Hinweis auf den großen politischen Druck, den es in dieser Angelegenheit offenbar hinter den Kulissen gegeben hat. Guterres hat angeordnet, den OIOS-Abschlussbericht nicht zu veröffentlichen. Offiziell aus »rechtlichen Gründen«, um niemanden zu gefährden. Doch nimmt diese Entscheidung auch jeder gegen die UNRWA gerichteten Propaganda den Wind aus den Segeln. Bis dato waren bereits mehr als 200 UNRWA-Mitarbeiter im Gazastreifen von israelischer Seite getötet worden – welche westliche Regierung hätte sich deswegen empört? Oder gar interveniert?

Die israelische Entscheidung, die UNRWA um jeden Preis aus dem Gazastreifen zu vertreiben, fiel also spätestens im Dezember 2023. Es bedurfte lediglich eines passenden Timings für die moralisierende Anklage. Der 25. Januar 2024 bot sich an, denn für den Tag darauf, den 26. Januar, war die Vorabentscheidung des Internationalen Gerichtshofes in Den Haag zur Klage Südafrikas gegen Israel wegen Völkermordes vorgesehen. Ein Ablenkungsmanöver also.

Im Mai 2024 leitete die israelische Regierung ein Gesetzgebungsverfahren ein, das die UNRWA zur »ausländischen Terrororganisation« erklärt und jeden Kontakt zu ihr unter Strafe stellt. Generell wird dieses Label von israelischer Seite großzügig verteilt – so bezeichnete Israels UN-Botschafter die Vereinten Nationen am 25. Mai 2024 ebenfalls als »Terrororganisation«[131]. Auch das Verbot des Nachrichtensenders *Al Jazeera* in Israel, dito im Mai, die Schließung von dessen Büros in Jerusalem, einschließlich der Beschlagnahme allen technischen Gerätes, sowie die Abschaltung von deren Internetseiten in Israel und den besetzten Gebieten erfolgte unter Verweis auf die vom Sender angeblich betriebene »Terrorpropaganda«.

Doch im Fall der UNRWA geht es nicht lediglich um Rhetorik, sondern um die angestrebte Vertreibung der Palästinenser aus dem Gazastreifen. Sollte die UNRWA ihre Arbeit aufgrund des Terror-Labels einstellen müssen, auf Druck Israels und mit Wissen und Billigung der USA wie auch der EU, bleibt den Palästinensern nur noch die Wahl zwischen Hungertod oder Exodus. Vor diesem Hintergrund verwundert es nicht, dass die israelische Luftwaffe das Hauptquartier der UNRWA in Gaza am 15. Juli 2024 in Schutt und Asche gelegt hat. Am 28. Oktober 2024 erklärte die Knesset die UNRWA offiziell zur »Terrororganisation« und ordnete an, dass sie zum 1. Januar 2025 ihre Aktivitäten in Israel und den besetzten Gebieten einzustellen habe. Ein klares Votum zugunsten eines staatlich forcierten Völkermordes.

Eine neue Ära

Doch ist die Causa Palästina weder mit Gewalt, noch mit Propaganda oder Geschichtsvergessenheit aus der Welt zu schaffen. Ebenso wenig die Nationalbewegung der Palästinenser. Beide waren nach 1948 zunächst eingebettet in einen neuen Zeitgeist, die Ära des arabischen Nationalismus – eine Reaktion auch auf die Staatsgründung Israels. Zunächst herrschte in weiten Teilen der arabischen Welt ein Gefühl der kulturellen Minderwertigkeit, des Versagens, ja, die eigene Gesellschaft und Kultur schlechthin wurden infrage gestellt, da es nicht gelungen war, den Siegeszug des Zionismus aufzuhalten. »Israel wurde für die Araber zum Symbol: ein Implantat des Imperialismus und Kolonialismus, das die Herrschaft der Kolonialmächte zu verewigen schien; ein Symbol für jene Effizienz des Westens, der man seit anderthalb Jahrhunderten wenig entgegenzusetzen hatte und die nicht nur zu wirtschaftlicher Marginalisierung, sondern auch zu kultureller Abhängigkeit und Entfremdung geführt hatte; und ein Symbol schließlich für jene Doppelzüngigkeit des Westens, die zugleich aller Welt Fortschritt und Freiheit versprach, die Verwirklichung dieses Versprechens aber eigenen Interessen unterordnete.« So der langjährige Direktor des Hamburger Orient-Instituts, Udo Steinbach.[132]

Die alte politische Führung der Araber aus Notabeln und Monarchen hatte durch ihr Versagen 1947/48 zusätzlich an Glaubwürdigkeit verloren. 1952 wurde die Monarchie in Ägypten gestürzt, 1958 die im Irak. Die Unter- und Mittelschichten drängten an die Macht, was ihnen mit Hilfe von Militärputschen auch gelang – sie stellten die größten sozialen Gruppen innerhalb der Armee. Die Umstürze in Syrien (Zaim, 1949), Ägypten (Nasser, 1952), Irak (Qasim, 1958) und zahlreiche weitere Staatsstreiche, Gegencoups und Befreiungskriege in der arabischen Welt bezogen einen nicht unerheblichen Teil ihrer Legitimität aus ihrer antiimperialen und antizionistischen Rhetorik. Wohlgemerkt Rhetorik, denn in ihrer

Realpolitik suchten auch sie, nicht anders als König Abdallah, hinter den Kulissen den Ausgleich mit Israel.

Die alles überragende Führungsfigur dieser neuen Ära des arabischen Nationalismus, des Glaubens an die Einheit der Araber und des Aufbruchs der »Dritten Welt« jenseits von Blockdenken, war der ägyptische Offizier Gamal Abdel Nasser, der sich 1952 an die Macht putschte. Der gut aussehende Revolutionär, als welcher er zunächst angetreten war, erwies sich als glänzender Redner, dessen wöchentliche Radioansprachen vom Kairoer Sender »Sawt al-Arab« (Stimme der Araber) die Menschen von Marokko bis in den Irak in den Bann zogen. Erkennungszeichen des Senders war eine vor den Nachrichtensendungen eingespielte Marschmusik-Fanfare, erstaunlicherweise mit der Melodie des deutschen Trinklieds »Prost, Prost Kamerad«. Nassers Reden sind Legende, sie verliehen der Hoffnung von Millionen Menschen nach Aufbruch, Gerechtigkeit und einem besseren Leben eine wirkmächtige Stimme. Ihre emotionale Wucht haben selbst die Archivaufnahmen bis heute nicht eingebüßt.

Die Gefechtslage in der Region war geprägt vom Übergang der Kolonialära in den Kalten Krieg. Um die Industrialisierung Ägyptens voranzutreiben und die Armut zu bekämpfen, beschloss die Regierung Nasser 1954 den Bau des Assuan-Staudamms. Die USA zogen aber ihre maßgebliche Teilfinanzierungszusage im Juli 1956 zurück, nachdem Kairo diplomatische Beziehungen zur Volksrepublik China aufgenommen hatte. Außerdem missfiel Washington die ägyptische Neutralitätspolitik. Als Reaktion verstaatlichte Nasser noch im selben Monat den Suezkanal, um die Finanzierung zu gewährleisten, die später zu erheblichen Teilen von der Sowjetunion übernommen wurde. Da britische Aktionäre und die Regierung in London zu den Haupteignern des Suezkanals gehörten und die Ägypter aktiv die Unabhängigkeitsbewegung FLN in Frankreichs Kolonie Algerien unterstützten, stilisierten die Regierungen Großbritanniens und Frankreichs Nasser zum

»neuen Hitler« und suchten den Schulterschluss mit Israel. Am 29. Oktober 1956 griffen die drei Verbündeten Ägypten an, bis März 1957 sollte dieser letzte klassische Kolonialkrieg andauern. In dessen Verlauf eroberte Israel den Gazastreifen und den Sinai, zerstörten britische und französische Bomber die ägyptischen Städte entlang des Suezkanals.

Beendet wurde der Suezkrieg durch Vermittlung der Vereinten Nationen, begleitet von Drohungen aus Moskau, vor allem aber durch ein Machtwort von US-Präsident Dwight D. Eisenhower. Die drei Regionalmächte hatten ihren Angriffskrieg ohne Rücksprache mit den USA geführt, was der neue Hegemon als Affront wertete. Israel musste sich daraufhin ohne Gegenleistung aus dem Sinai und dem Gazastreifen zurückziehen. Es war das erste und bislang letzte Mal, dass Washington Israel zwang, gegen dessen erklärten Willen zu handeln.

Zwei Gründe bewogen den jüdischen Staat zum Kriegseintritt. Zum einen das Charisma Nassers und das Erstarken des aus israelischer Sicht bedrohlichen arabischen Nationalismus. Zum anderen wiederholte Grenzscharmützel mit Palästinensern, die vom Gazastreifen aus Israel angriffen oder in ihre alte Heimat zurückzukehren versuchten. Dieser schmale Küstenstreifen, flächenmäßig kleiner als die Stadt Bremen, wurde schnell zum Epizentrum des palästinensischen Widerstands gegen Vertreibung und Entrechtung. Noch im Sommer 1950, mehr als zwei Jahre nach der Staatsgründung also, hatte die israelische Armee 2500 Palästinenser aus der Region Aschkelon in Südisrael dorthin abgeschoben. Die Lebensverhältnisse in der von Wasserknappheit geprägten Küstenregion waren damals schon schwierig: 200 000 Vertriebene trafen auf 80 000 alteingesessene Palästinenser.

In seiner 1956 verfassten Kurzgeschichte »Brief aus Gaza« beschreibt der politische Aktivist und Schriftsteller Ghassan Kanafani die Stadt »als dichter gedrängt denn die Welt eines Schlafenden in einem furchterregenden Albtraum, mit ihren engen Gassen, die einen ganz eigenen Geruch verströmten, den Geruch von Niederlage und Armut«. Der Protagonist der Geschichte, ein Palästinenser, der jahrelang als Lehrer in Kuwait gearbeitet hat, kehrt nach einem israelischen Luftangriff auf Gaza in seine Heimatstadt zurück. Als seine Nichte ihn umarmt, stellt er fest, dass ihr ein Bein amputiert worden ist. Sie hat es bei einem israelischen Luftangriff verloren, als sie versuchte, ihre Geschwister vor den Bomben zu schützen.

Kanafani, das darf nicht unerwähnt bleiben, starb 1972 im Alter von 36 Jahren mit seiner siebzehnjährigen Nichte in Beirut, durch einen in seinem Auto angebrachten Sprengsatz. Es gibt keine gerichtsfesten Beweise, aber fast alles spricht dafür, dass der Mossad hinter dem Anschlag stand. Palästinensische Intellektuelle, Wortführer oder Politiker im Exil sind regelmäßig israelischer Staatsgewalt zum Opfer gefallen: Weil sie Epigonen des Widerstands oder öffentlichkeitswirksame Stimmen waren/sind, die der Erinnerung an die Nakba Ausdruck verleihen.[133] Aus israelischer Mainstream-Sicht sind sie wenig mehr als Terroristen. Kanafani, dessen Familie aus der Küstenstadt Akko vertrieben wurde, hat Verhandlungen mit Israel stets abgelehnt: Zwischen einer Halsschlagader und einem Messer gäbe es nichts zu verhandeln.

Die von Kanafani thematisierte Bombardierung ist keine erzählerische Erfindung. Vor allem 1952 und 1953 flog die israelische Luftwaffe wiederholt Angriffe auf den Gazastreifen. Im Oktober 1951 war eine neue Stufe der Eskalation erreicht, als israelische Truppen erstmals dort eindrangen – über die bisherigen, gelegentlichen Grenzscharmützel hinaus. Sie töteten Dutzende Palästinenser und Ägypter, sprengten Häuser und Brunnen. Am 28. Februar 1955 griff eine israelische Kommandoeinheit das ägyptische Militärhauptquartier in Gaza an. Dabei trat ein damals noch unbekannter junger Offizier durch besondere Brutalität hervor: Ariel Scharon, später Ministerpräsident (2001 – 2006) und Ikone der Siedlerbewegung. Sechsunddreißig ägyptische Soldaten kamen bei dem Einsatz ums Leben, zwei palästinensische Zivilisten und acht Angreifer. Im Grunde ein Casus Belli: Die israelische Führung hatte Kairo mit dieser Aktion indirekt den Krieg erklärt. Wohl wissend, dass Nasser kaum Gleiches mit Gleichem vergelten würde. Alle Beteiligten kannten die militärischen Kräfteverhältnisse.

Menschliche Tiere bekämpfen

Doch musste der ägyptische Präsident, der bis dato Provokationen Israels zu vermeiden gesucht hatte, auf diesen Angriff reagieren. Nach Massenprotesten in Kairo und dem Gazastreifen gab er dem Druck der öffentlichen Meinung nach und ließ den Palästinensern dort mehr Spielraum für den Aufbau bewaffneter Gruppen. Im August 1955 erfolgte der Gegenschlag: Eine Gruppe palästinensischer »Fedajin« (wörtlich: »Die sich selbst Opfernden«) drang mehr als vierzig Kilometer auf israelisches Gebiet vor, lockte Soldaten in einen Hinterhalt, legte Minen, attackierte Fahrzeuge und Gebäude. Fünf israelische Soldaten und zehn Zivilisten starben. Eine große Blamage für die israelische Armee – damals wie heute. Die Parallele zum 7. Oktober 2023 ist kaum zu übersehen, wenngleich das heutige Ausmaß an Tod, Zerstörung und Leid ungleich dramatischer ist.

Im Grunde haben sich die Spielregeln nie geändert. Der Kern des Problems ist die Nakba. Da die israelische Seite das Thema Palästina nach Kräften verdrängt und militärisch aus der Welt zu schaffen sucht, territoriale Kompromisse dagegen ablehnt, geht sie gewaltsam gegen Palästinenser wie auch gegen regionale Akteure vor, die aus israelischer Sicht eigene Machtansprüche herausfordern – selbst für den Fall, dass diese Widersacher aus Gründen der Staatsräson oder der Selbstverteidigung handeln. Wie damals Nasser.

Gleichwohl ist die israelische Selbstwahrnehmung wie auch die westliche Lesart eine ganz andere. Demzufolge habe Israel seit seiner Staatsgründung unermüdlich nach einer Friedenslösung mit den Nachbarstaaten gesucht, sei aber stets auf eine Wand an Unversöhnlichkeit gestoßen. Das Gegenteil ist richtig, wie die Forschung der »neuen Historiker« umfassend dokumentiert. Vor allem zwei Autoren sind hier hervorzuheben, Itamar Rabinovich und Avi Shlaim.

Rabinovich, ehemals Präsident der Universität Tel Aviv, in den frühen 1990er Jahren israelischer Botschafter in Washington, wo er Geheimverhandlungen mit Syrien führte, weist in seinem Grundlagenwerk *The Road Not Taken. Early Arab-Israeli Negotiations* (1991), nach, dass *alle* arabischen Nachbarn Israels zu einem Friedensschluss bis hin zur Anerkennung Israels bereit waren. Oberst Husni Zaim beispielsweise, der sich im März 1949 in Syrien an die Macht geputscht hatte, schlug geringfügige Grenzkorrekturen am See Genezareth vor. Im Gegenzug wollte er diplomatische Beziehungen zu Israel aufnehmen und 300 000 palästinensische Flüchtlinge integrieren. Zwar wurde Zaim vier Monate später wieder gestürzt, doch sandte Damaskus auch weiterhin Signale in Richtung eines Arrangements mit Israel.

Avi Shlaim betont in seinem Buch *The Iron Wall: Israel and the Arab World* (1999), dass »die Akten« des israelischen Außenministeriums »aus den Nähten platzten« angesichts der zahlreichen Dokumente, die arabische Friedensavancen belegten.

Ministerpräsident David Ben-Gurion aber, der starke Mann Israels, zeigte sich unwillig zu verhandeln. Er wusste nur zu gut, dass ein dauerhafter Frieden allein um den Preis territorialer Zugeständnisse und der Rückkehr eines nennenswerten Anteils palästinensischer Vertriebener zu haben sein würde. Und diesen Preis war und ist das politische Establishment in Israel nicht bereit zu zahlen.

Am 28. Oktober 2023 erklärte sein Amtsnachfolger Benjamin Netanjahu als Reaktion auf den Großangriff der Hamas im isra elischen Fernsehen: »Ihr müsst euch daran erinnern, was Amalek euch angetan hat, heißt es in unserer heiligen Bibel. Und wir erinnern uns daran.« Er nahm damit Bezug auf das Erste Buch Samuel, in dem Gott König Saul befiehlt, jeden in Amalek zu töten, einem den Israeliten feindlich gesinnten Land: »Geh jetzt, greife die Amalekiter an und zerstöre alles, was ihnen gehört. Lass keine Gnade walten, töte Männer und Frauen, Kinder und Säuglinge, Vieh und Schafe, Kamele und Esel.« Diese Anspielung Netanjahus legitimiert de facto die Zerstörung des Gazastreifens, des heutigen Amalek, ohne Gnade. Jeder in Israel versteht die Anspielung, israelische Soldaten dürften sie als Freibrief deuten.

Netanjahus dunkles Raunen reiht sich ein in vergleichbare Aussagen, etwa jener des israelischen Präsidenten Jitzchak Herzog, es gäbe keine unschuldigen Palästinenser: »Wir werden kämpfen, bis wir ihnen das Rückgrat gebrochen haben.« Oder der von Verteidigungsminister Yoav Galant: »Wir kämpfen gegen menschliche Tiere und handeln entsprechend.« Oder der des vormaligen Nationalen Sicherheitsberaters Gora Eiland, der dem Ausbruch von Seuchen das Wort redete: »Schließlich werden schwere Epidemien im Süden des Gazastreifens den Sieg näherbringen.«

Amalek ist im Verständnis der Ultrarechten und Großisrael-Ideologen eine Art Absolution für den enthemmten Einsatz von Gewalt vor allem gegen Palästinenser, für deren Liquidierung und Vertreibung. Auch der Rechtsextremist Baruch Goldstein berief sich auf »Amalek«, bevor er am 25. Februar 1994 in der Abrahams-Moschee in Hebron 29 betende Muslime erschoss.[134] Bezeichnenderweise verwendete Premier Netanjahu die »Amalek«-Metapher erstmals im Januar 2010, ausgerechnet am Jahrestag der Befreiung von Auschwitz. In der dortigen Gedenkstätte erklärte er: »Ein neues Amalek ist im Entstehen und droht einmal mehr die Juden zu vernichten.«[135] Gemeint war der Iran.

Man kann es nicht oft genug betonen: Das Gestern und das Heute sind in Israel/Palästina nicht voneinander zu trennen.

Anstatt den Ausgleich mit den arabischen Nachbarn zu suchen, wozu diese ja bereit waren, schlug Ben-Gurion jenen Weg ein, den Netanjahu heute fortsetzt. Er war es, der säkulare Ben-Gurion, der die religiöse Metapher »Amalek« in die israelische Politik eingeführt hat. Am Vorabend des israelischen Angriffs auf Ägypten und den Gazastreifen im Suezkrieg 1956 verkündete er, »die Heerscharen von Amalek« stünden erneut im Begriff, »den Staat Israel und das Volk Israels zu vernichten«.[136]

Auf dergleichen Worte folgten die entsprechenden Taten. Wenige Tage nach Kriegsbeginn, am 2. November 1956, bombardierten die Israelis Khan Yunis, die zweitgrößte Stadt im Gazastreifen, wobei zahlreiche Menschen ums Leben kamen. Am nächsten Tag rollten Panzer durch die Stadt: Israelische Soldaten machten Jagd auf tatsächliche oder vermeintliche Widerstandskämpfer, die an Ort und Stelle oder in ihren Behausungen erschossen wurden. Im nahegelegenen Flüchtlingslager wurden Männer und Jugendliche, die älter als fünfzehn Jahre waren, auf den Straßen aufgegriffen und zum Marktplatz geführt, wo sie im Kugelhagel von Maschinengewehren starben. 300 bis 500 Menschen kamen an jenem 3. November ums Leben, die meisten von ihnen Zivilisten. In einem Massengrab fanden sich später 40 Leichen von Männern, die durch einen Schuss in den Hinterkopf getötet worden waren. Am 12. November 1956 folgte ein weiteres israelisches Massaker in Rafah an der Grenze zu Ägypten mit 110 Toten. Bis zu ihrem Abzug aus dem Gazastreifen im März 1957 töteten die Besatzer 900 bis 1200 Palästinenser.[137]

Die Palästinenser gehen ihren eigenen Weg

Abd al-Aziz ar-Rantisi, 1987 ein Mitbegründer der Hamas und einer ihrer führenden Köpfe, sah als Neunjähriger mit eigenen Augen, wie israelische Soldaten seinen Onkel in Khan Yunis erschossen, was seinen weiteren Lebensweg eigenen Angaben zufolge maßgeblich geprägt habe.[138] Er selbst wurde 2004 durch einen israelischen Raketenangriff »gezielt getötet«, ein vor allem in Israel und den USA beliebter Euphemismus für ermordet. Alles hängt mit allem zusammen: Bei den israelischen Vergeltungsangriffen für das Hamas-Massaker am 7. Oktober 2023 gerieten Khan Yunis und Rafah erneut ins Visier, dieses Mal mit Abertausenden Toten – »Amalekiter« wohl.

Ägypten hatte den Suezkrieg 1956 militärisch verloren, aber politisch gewonnen. Nasser und mit ihm der arabische Nationalismus erlebten den – kurzlebigen – Höhepunkt ihrer Macht. Der ägyptische Präsident spielte eine wichtige Rolle in der »Bewegung der Blockfreien«, die im April 1955 im indonesischen Bandung erstmals tagte und 1961 in Belgrad formal gegründet wurde. Noch während des Suezkrieges erhielt Ägypten erstmals Waffenlieferungen aus der Tschechoslowakei. Damit war die Sowjetunion nach Großbritannien und den USA zum wichtigsten Waffenexporteur im Nahen Osten aufgerückt: Der Kalte Krieg fand nicht länger allein in Europa statt.

1958 schlossen sich Ägypten und Syrien zur »Vereinigten Arabischen Republik« zusammen, doch wurde dieses Bündnis 1961 bereits wieder aufgelöst. Bei aller Euphorie über die Einheit der Araber und den »arabischen Nationalismus«: In erster Linie war er ein Ideal, politisch hingegen stand er stets auf tönernen Füßen. Regionale, vor allem ägyptische Machtansprüche erwiesen sich als stärker denn jede brüderliche Rhetorik, weswegen der Zusammenschluss von Kairo und Damaskus scheitern musste. Hinzu kommen jenseits der gemeinsamen Hochsprache und der Religion erhebliche kulturelle und historische Differenzen: Algerien und der Libanon beispielsweise haben ebenso viel oder wenig gemein wie etwa Irland und Griechenland.

Vor allem aber erweisen sich die sozialen und gesellschaftlichen Verhältnisse in arabischen Ländern als Hemmschuh für

Modernisierung und Demokratisierung. Das Nebeneinander von feudalstaatlichen und staatsbürokratischen Strukturen hat die Industrialisierung wie auch das Entstehen einer funktionierenden Marktwirtschaft erheblich verlangsamt und behindert. Das Sozialgefüge in arabischen Ländern ähnelt einer Pyramide: Eine zahlenmäßig kleine Elite aus Militärs, Großgrundbesitzern, Unternehmern oder Funktionären kontrolliert den Staat, häufig entlang clanbezogener oder ethnischer Bruchlinien. Die Mittelschichten sind schwach ausgeprägt und stets vom sozialen Absturz bedroht, das Gros der Bevölkerung lebt in Armut und ist bis heute vielfach analphabetisch.

Desillusioniert von der »arabischen Einheit« wandte sich Nasser in den 1960er Jahren verstärkt einem Staatskapitalismus zu, der unter anderem jedem Hochschulabgänger einen meist sinnlosen und schlecht bezahlten Job in der ausufernden Bürokratie sicherte. Die Vergesellschaftung von Großunternehmen, insbesondere ausländischer, führte jedoch nicht zu mehr Verteilungsgerechtigkeit, sondern förderte Korruption, Vetternwirtschaft und den wirtschaftlichen Niedergang.

Mit anderen Worten: Dem arabischen Nationalismus fehlte ein solides ökonomisches Fundament, eingekeilt irgendwo zwischen Feudalismus und Kapitalismus. Das gilt auch für Syrien und den Irak, wo sich 1962 (Damaskus) und 1968 (Bagdad) die Baath-(Wiedergeburts-)Partei an die Macht putschte, auf der Grundlage einer weiteren Spielart des arabischen Nationalismus – eben des Baathismus, der sich bald schon überlebte und Clandiktaturen den Weg bereitete, derjenigen der Assads in Syrien und Saddam Husseins im Irak. Es liegt auf der Hand, dass diese Gegner für das wirtschaftlich deutlich solider aufgestellte, militärisch hochgerüstete und in den westlichen Machtzentren bestens vernetzte Israel keine ernsthafte Konkurrenz, geschweige denn existenzielle Bedrohung bedeuteten, wie die verheerende arabische Niederlage im Junikrieg 1967 bezeugt.

Lange hatten die Palästinenser auf die arabische Einheit und den Panarabismus gehofft. Der Weg zur Befreiung Palästinas führt über die arabischen Hauptstädte, so die damalige Devise. Viele Aktivisten engagierten sich daher in panarabischen Gruppierungen, wobei ausgerechnet der Amerikanischen Universität in Beirut eine besondere Bedeutung zukam. Sie wurde Anfang der 1950er Jahre zur Hochburg radikaler Studenten, die auf Umsturz und Revolte setzten. Aus deren Reihen entstand 1958 schließlich die »Bewegung arabischer Nationalisten« unter Vorsitz von George Habash (1926–2008), aus der nach dem Krieg 1967 wiederum die marxistisch orientierte »Volksfront zur Befreiung Palästinas« (PFLP) hervorging. Der gelernte Kinderarzt Habash war neben Arafat der bekannteste Kopf des säkularen palästinensischen Widerstands. Er stammte aus einer griechisch-orthodoxen Familie, die wie so viele im Juli 1948 aus Lydda vertrieben worden war, was ihn eigenen Angaben zufolge politisiert und seine Überzeugungen maßgeblich geprägt hatte.

Doch ungeachtet aller Solidaritätsbekundungen wurden die Palästinenser von der Arabischen Liga wie auch den arabischen Regierungen an der kurzen Leine gehalten, auch seitens Nasser. Die maßgeblichen Entscheider verhinderten den Aufbau einer schlagkräftigen palästinensischen Armee ebenso wie die Schaffung autonomer palästinensischer Strukturen. Eine 1948 in Gaza unter Führung des Großmuftis ausgerufene »Regierung von Gesamtpalästina« erhielt keine Unterstützung. Nach dem Suezkrieg unterband Kairo die erst 1955 gewährte Bewegungsfreiheit palästinensischer Guerilleros im Gazastreifen – zu groß erschien das Risiko eines weiteren Waffengangs mit Israel.

Um das Thema Palästina politisch in den Griff zu bekommen, wurde auf der arabischen Gipfelkonferenz in Kairo im Januar 1964 die »Palestine Liberation Organization« (PLO) ins Leben gerufen, maßgeblich auf Betreiben Nassers. Sie war zunächst nur eine von mehreren palästinensischen Gruppierungen und führte jahrelang ein Schattendasein als Juniorpartner Ägyptens – bis die Fatah im Februar 1969 an die Spitze der PLO trat und Jassir Arafat (1929–2004) deren Vorsitz übernahm, den er bis zu seinem Tod beibehalten sollte.

Die Fatah wurde im Oktober 1959 von palästinensischen Arbeitsmigranten in Kuwait gegründet. »Fatah« ist das arabische Akronym für »Bewegung zur Befreiung Palästinas«, gleichzeitig bedeutet Fatah Eroberung, Öffnung, Sieg. Die neue Partei, inspiriert von den nationalen Widerstandsbewegungen in Algerien, Kuba und Vietnam setzte nicht länger auf die arabische Einheit zur Befreiung Palästinas, sondern auf die »Befreiung aus eigener Kraft«, wie deren Wahlspruch lautet. Ihr führender Kopf war von Anfang an Arafat, dessen Geburtsname unterschiedlich angegeben wird: Die häufigste Variante lautet auf Abd ar-Ra'uf Arafat al-Qudwa al-Husseini. Sein Vater war ein erfolgreicher Textilhändler in Gaza, seine Mutter stammte aus dem einflussreichen Jerusalemer Husseini-Clan.

Nachdem Arafat am Krieg 1948/49 als Waffenschmuggler im Einsatz gewesen war, studierte er in Kairo Ingenieurswesen. Dort schloss er sich der Union palästinensischer Studenten an, deren Vorsitzender er von 1952 bis 1956 war. Am Suezkrieg 1956 nahm er als Offizier der ägyptischen Reservearmee teil. Von Nasser zeigte er sich desillusioniert und war zunehmend überzeugt, dass die Palästinenser ihr Schicksal selbst in die Hand nehmen müssten. Nach seinem Studium ließ sich Arafat zunächst in Kuwait nieder, wo er ein erfolgreicher Bauunternehmer wurde.

Selbstkritik nach der Niederlage

Die Mitbegründer der Fatah kannten sich allesamt aus ihrer gemeinsamen Studienzeit in Kairo. Dazu gehörten neben Arafat (Kampfname: Abu Ammar) insbesondere Salah Khalaf (Abu

Iyad), Khalil al-Wazir (Abu Dschihad), Faruq al-Qaddumi (Abu Lutf) und Mahmud Abbas (Abu Mazen), der nach Arafats Tod den Vorsitz der PLO wie auch der Nationalbehörde in Ramallah übernahm. Al-Qaddumi wirkte jahrelang als diplomatischer Kopf und »Außenminister« der PLO. Abu Dschihad war stellvertretender Vorsitzender der PLO und ihr führender Militärplaner. Am 16. April 1988 wurden er, zwei Leibwächter und ein Gärtner von einem 26-köpfigen israelischen Kommando in Tunis ermordet. Dessen Einsatzleiter war Ehud Barak, von 1999 bis 2001 Ministerpräsident Israels.[139] Im April 1973 hatte Barak bereits eine Kommandoaktion in Beirut geleitet, bei der drei führende PLO-Vertreter »gezielt getötet« worden waren.[140]

Auch Abu Iyad war ein Stellvertreter Arafats. Er starb am 14. Januar 1991, ebenfalls in Tunis – umgebracht von einem Angehörigen der »Abu-Nidal-Organisation«. Dabei handelt es sich um eine radikale Fatah-Abspaltung, die zwischen 1973 und 1991 mehr als hundert Terroranschläge in mehreren Staaten verübte und in ihrer Schlussphase maßgeblich vom Irak Saddam Husseins unterstützt wurde. Es fehlt nicht an Gerüchten und Hinweisen, dass auch der Mossad mit den Abu-Nidal-Leuten kooperierte, um die PLO und die »palästinensische Sache« durch Anschläge zu diskreditieren.[141] Abu Iyad hatte bei der Zerschlagung der Organisation eng mit der CIA kooperiert und maßgeblichen Anteil an der Neuorientierung der PLO in den 1980er Jahren in Richtung Verhandlungen mit Israel.

Das Scheitern der ägyptisch-syrischen Union (1958–1961) führte zu einer ersten großen Desillusionierung hinsichtlich der »Einheit der Araber« und des arabischen Nationalismus, der sich nach dem verlorenen Sechstagekrieg 1967 endgültig überlebt hatte. Der Wind begann sich zu drehen. Für die Fatah wurde nunmehr der algerische Befreiungskampf zum Vorbild, der Frankreich 1962 zwang, Algerien in die Unabhängigkeit zu entlassen. 1963 besuchte Arafat Algier, wo im Jahr darauf die erste Auslandsvertretung der

Fatah eröffnet wurde. 1965 erhielt sie die ersten Waffenlieferungen aus Algerien, auch Syrien, Kuwait und Saudi-Arabien unterstützten nunmehr die Fatah, als Gegengewicht zur Nasser-orientierten PLO. Das erklärte Ziel der Fatah war die Befreiung ganz Palästinas und die Errichtung eines demokratischen, säkularen Staates mit gleichen Rechten für alle Religionsgruppen. Aus israelischer Sicht folglich die »Vernichtung« Israels.

Am 1. Januar 1965 nahm der militärische Zweig der Fatah, »Al-Asifa« (»Der Wirbelsturm«), den bewaffneten Kampf auf. Die ersten Angriffe richteten sich gegen ein im Bau befindliches Bewässerungssystem vom See Genezareth nach Zentralisrael, wodurch der Zufluss des Jordan erheblich verringert wurde, zum Schaden des Westjordanlandes und Jordaniens. (Heute ist der Fluss maßgeblich infolge dieser Wasserentnahme nur noch ein Rinnsal.) Die Aktion war eher von psychologischer als militärischer Bedeutung, doch machte sie die Fatah bekannt, die gleichzeitig erste politische Kontakte nach Europa knüpfte und soziale Einrichtungen in Jordanien und im Libanon unterhielt.

Dennoch hielt sich der Zulauf zur Fatah zunächst in Grenzen – bis 1968. Die verheerende Niederlage im Junikrieg 1967 empfanden die meisten Araber als eine weitere tiefe Demütigung, woraufhin sich die politischen Verhältnisse grundsätzlich neu sortierten und der Fatah der Durchbruch gelang. Der Panarabismus wurde von jetzt auf gleich Geschichte, und eine neue Ideologie, besser gesagt: ein neuer Bezugsrahmen kollektiver Identitäten, hielt in kürzester Zeit Einzug in der arabisch-islamischen Welt – der politische Islam, auch Islamismus oder islamischer Fundamentalismus genannt.

Tatsächlich war die Geschwindigkeit des Kurswechsels atemberaubend, selbst Nasser suchte rhetorisch Zuflucht im Islam. Die Niederlage sei Gottes Wille gewesen, hieß es etwa. Und er habe die Araber gestraft, weil sie vom rechten Weg des Glaubens abgekommen seien.

Dieses fehlende Innehalten und den Mangel an Selbstreflexion prangerte der syrische Philosoph Sadik al-Azm in seinem Buch *Selbstkritik nach der Niederlage* an, 1968 in Beirut erschienen und eines der einflussreichsten arabischen Sachbücher in der zweiten Hälfte des vorigen Jahrhunderts. Zwar wurde es in vielen Ländern der Region verboten, al-Azm selbst konnte jahrelang nicht nach Syrien zurückkehren, doch hatte das Werk eine ähnliche Wirkung auf das Geistesleben in der arabischen Welt wie Rudi Dutschke auf die Studentenrevolte in Deutschland, wenn der Vergleich gestattet ist.

Mit Nachdruck kritisiert der Autor die fehlende Bereitschaft der arabischen Gesellschaften wie auch ihrer politischen Führungen, sich einer kritischen Selbstbefragung über die Ursachen der Niederlage gegen Israel zu unterziehen. Anstatt innezuhalten, nachzudenken, sich selbst zu prüfen, hätten die Regime, insbesondere Nasser selbst, die Legitimationskrise, mit der sie sich konfrontiert sahen, durch Aktionismus überspielt, namentlich mit Hilfe der Flucht in die Religion. Mit deutlichen Worten geißelt al-Azm die Neigung vieler Araber, nicht etwa selbst Verantwortung für das eigene Tun zu übernehmen, sondern lieber andere für eigenes Scheitern oder eigene Fehler verantwortlich zu machen. Nicht weniger klarsichtig benennt er die Illusion, und das auszusprechen erforderte großen Mut, eine donnernde Rhetorik oder hochtrabende politische Parolen rund um die »arabische Einheit« könnten Pragmatismus und Realitätssinn ersetzen.

Auch der folgende kleine Exkurs passt ins Bild: Kairo ist das Hollywood der arabischen Welt, und in den bis 1967 entstandenen Kinofilmen tragen nur Bäuerinnen Kopftuch und lange schwarze Gewänder, während emanzipiert auftretende Protagonistinnen in der Stadt nicht anders gekleidet sind als damals in Italien oder Frankreich, bis hin zum Petticoat. Es dauerte keine drei, vier Jahre, bis das Bild ein völlig anderes war, im Kino wie auf den Straßen: Seither dominiert außerhalb der Reichenviertel die züchtig gekleidete Frau in Schwarz. Der verlorene Junikrieg 1967 war eine historische Zäsur, deren politische, gesellschaftliche und kulturelle Folgewirkungen gar nicht hoch genug eingeschätzt werden können. Das Schlüsselwort heißt hier Demütigung, und gedemütigte Menschen folgen ihrer eigenen Logik. Im hiesigen Bewusstsein ist von diesem Krieg bestenfalls noch Israels Verteidigungsminister Moshe Dayan mit seiner Augenklappe in Erinnerung, plus einmal mehr das vage, in der Sache falsche und dennoch wirkmächtige Bild vom David Israel, der dem arabischen Goliath die Stirn geboten habe. Plakativ gesagt hatte 6/67 für die Araber eine ähnlich einschneidende Bedeutung wie 9/11 für die USA und den Westen generell.

Vor diesem Hintergrund ist nachzuvollziehen, welche Bedeutung der Schlacht von Karameh zukam, als es der Fatah und Al-Asifa am 21. März 1968 gelang, der israelischen Armee eine empfindliche Niederlage zu bereiten. Damit widerlegten sie den Mythos israelischer Unbesiegbarkeit und schufen einen neuen: den der siegreich kämpfenden Freiheitskämpfer, eben der Fedajin. Karameh ist der Name einer Ortschaft im östlichen Jordantal, eines Flüchtlingslagers auf jordanischer Seite, bedeutet gleichzeitig aber auch Würde, Ehre – eine perfekte Entsprechung. Die arabische Welt war begeistert: endlich ein Sieg!

Natürlich war die Realität deutlich profaner. Die israelische Armee wollte gegen Militärbasen der Fatah vorgehen, hatte aber die Entschlossenheit der palästinensischen Kämpfer unterschätzt. Ohne jordanische Artillerie und eine erhebliche Portion Glück hätte das Ergebnis ganz anders ausfallen können, denn die Fedajin stellten sich wider jede Guerilla-Taktik den israelischen Panzern in offener Schlacht entgegen, fügten den Angreifern damit aber überraschenderweise erhebliche Verluste zu. Die Israelis verzeichneten 28 Tote und 70 Verletzte sowie zahlreiche ausgebrannte Panzer. Auf palästinensischer Seite starben deutlich mehr Menschen, über hundert, doch das interessierte angesichts des Gesamtbildes niemanden mehr. Die Palästinenser jubelten, selbst König Hussein von Jordanien, der in ihnen zunehmend eine Bedrohung seiner eigenen Herrschaft sah, eilte nach Karameh und verkündete: »Der Tag mag kommen, da wir alle Fedajin sind.«[142]

In den Worten Abu Iyads: »Die palästinensischen Volksmassen tobten vor Begeisterung. Seit Jahrzehnten hatte man sie verhöhnt und gedemütigt, der Sieg von Karameh aber, der für sie ein erster Schritt zur Befreiung war, erfüllte sie mit Stolz ...«[143]

Dieser Sieg verschaffte der Fatah Respekt unter den arabischen Regierungen und verlieh ihr eine enorme Anziehungskraft unter kampfbereiten Palästinensern, die zahlreich in deren Rekrutierungsbüros strömten. Die Fatah war damit zur treibenden Kraft innerhalb der palästinensischen Nationalbewegung geworden und übernahm im Februar 1969 die Führung innerhalb der PLO. Diese konnte sich von Nassers Einfluss lösen und wurde nunmehr zum Dachverband mehrerer palästinensischer Gruppen und Bewegungen, mit der Fatah als dominanter Kraft. Die Herzkammern der PLO – der Palästinensische Nationalrat, der Zentralrat und das Exekutivkomitee – wurden entsprechend der (ausgehandelten) Stärke der jeweiligen Fraktionen besetzt, aber auch mit respektierten Einzelpersonen, die meist der Fatah nahestanden. Der bewaffnete Kampf galt nunmehr »als einziger Weg zur Befreiung Palästinas«.

Das Land gehört uns: Kriege, Siedler und Sadats Reise nach Jerusalem

Der dritte Nahostkrieg, der am 5. Juni 1967 mit einem Überraschungsangriff Israels auf Ägypten, Jordanien und Syrien begann, sechs Tage dauerte und die Saat für weitere Gewalt legte, insbesondere in Gestalt eines bis heute andauernden Besatzungsregimes, war ein weiterer *War of Choice* des jüdischen Staates, wie schon 1956. Im Kern stellte und stellt sich für die politische Führung Israels die Frage: Wollen wir mit unseren Nachbarn in Frieden leben, auf der Grundlage eines Interessensausgleichs aus Geben und Nehmen? Oder wollen wir ihnen unseren Willen gewaltsam aufzwingen, offiziell im Namen israelischer Sicherheit, inoffiziell um ein Großisrael zu verwirklichen, das vom Mittelmeer bis zum Jordanfluss reicht? Auf Kosten der Palästinenser und auf Kosten des Friedens in der Region?

Die nicht allein in Deutschland von Politik und Medien verinnerlichte Haltung, Israel habe stets den Frieden gesucht, worauf die arabischen Staaten mit Terror und Gewalt geantwortet hätten, ist in erster Linie Ausdruck wirkmächtiger Propaganda, wie wir auch weiterhin sehen werden. Wer dieser Sichtweise folgt, macht hierzulande gleichwohl nichts falsch. Hat man damit doch die richtigen Lehren aus der jüngeren deutschen Vergangenheit gezogen. Doch die sakrosankte, uneingeschränkte Solidarität mit Israel bis hin zur »Staatsräson« blendet aus, dass es Frieden ohne Gerechtigkeit, ohne den Wunsch nach Ausgleich und Versöhnung, ohne Augenmaß nicht geben kann. Erschwerend kommt hinzu, dass die Politik Israels längst mit den imperialen Interessen der USA in der Region verschmolzen ist, wie seit dem Sechstagekrieg 1967 unschwer festzustellen.

Doch der Reihe nach. Bereits vor dem Suezkrieg 1956 gab es mehrere diplomatische Vorstöße Nassers zu einer Friedenslösung mit Israel. Weniger den Palästinensern zuliebe denn aus Eigennutz. Der als Taube geltende Moshe Sharett, Ministerpräsident zwischen zwei Amtszeiten Ben-Gurions von 1953 bis 1955 und parallel Außenminister (1948–1956), zeigte sich empfänglich für ägyptische Vorschläge einer Landverbindung zwischen dem Sinai und Jordanien durch den israelischen Negev, was zwangsläufig mit einer Normalisierung der Beziehungen einhergegangen wäre. Doch Ben-Gurion war daran nicht interessiert: In dem Fall wäre auch die Flüchtlingsfrage wieder in den Vordergrund gerückt, hätten Kompromisse angestanden. Über seine Kontakte zur Armee sabotierte er die Gespräche, indem er, wie beschrieben, wiederholte Angriffe auf den Gazastreifen veranlasste. Dass die Lage eskalieren würde, bis hin zu einem regelrechten Guerillakrieg, lag auf der Hand und war von Ben-Gurion offenbar »eingepreist« – ohne anhaltende Grenzgewalt wäre die nächste Stufe der Konfrontation, »Amalekiter« und Suezkrieg, innenpolitisch weniger leicht durchzusetzen gewesen.

Mit Ben-Gurions erneuter Machtübernahme 1956 hatten sich Nassers Avancen zunächst erledigt. Der ägyptische Präsident befand sich folglich in einer wenig beneidenswerten Lage. Seine Friedenssignale hatte die israelische Seite mit Krieg beantwortet. Was also tun? Wie mit dieser Bedrohung umgehen? Ein weiterer Waffengang wäre riskant gewesen, wenngleich die ägyptische Führung solche Überlegungen anstellte. Stattdessen erhöhte sie ihren Einsatz, um die eigene Position zu stärken. 1960, nachdem die Lage an der israelisch-syrischen Grenze zunehmend eskaliert war, entsandte Nasser Truppenkontingente in den Sinai, laut

Waffenstillstandsvereinbarung aber eine entmilitarisierte Zone. Die israelische Regierung signalisierte UN-Generalsekretär Dag Hammarskjöld, man beabsichtige angesichts der eher symbolischen Kontingente im Sinai nicht, einen Krieg zu führen. Dennoch bereitete sich die israelische Armee im Februar und März 1960 auf die »Operation Rotem« vor, einen Überraschungsangriff auf Ägypten und Syrien. Hammarskjöld erreichte jedoch, dass die Ägypter ihre Soldaten wieder abzogen und stattdessen die 1957 eingerichtete »United Nations Emergency Force« zur Überwachung der israelisch-ägyptischen Grenze verstärkt wurde. Diese Krise, wenngleich nur eine Fußnote im Nahostkonflikt, gilt allgemein als Vorspiel zum Junikrieg 1967. Israel hatte sich damit erstmals auf einen Zweifrontenkrieg vorbereitet.

1958 ereigneten sich drei regionale Zäsuren: das Zusammengehen Ägyptens und Syriens zur »Vereinigten Arabischen Republik«, der Sturz der irakischen Monarchie und die Unruhen im Libanon, ausgelöst durch Zusammenstöße zwischen prowestlichen Kräften um Präsident Camille Chamoun und einer starken Nasser-orientierten Opposition. Mit Hilfe ihrer ersten militärischen Intervention in der Region entschieden die USA den Konflikt zugunsten Chamouns. Obwohl Washington die arabischen Nationalisten für Parteigänger Moskaus hielt, gingen die Amerikaner auf Avancen Israels, die gemeinsamen Gegner auch gemeinsam zu bekämpfen, zunächst nicht ein. Noch misstrauten US-Entscheider den Absichten Tel Avivs.

Die Spannungen zwischen Israel und Syrien verschärften sich, als sich dort die Baath-Partei 1962 an die Macht putschte und ihrerseits Führungsansprüche geltend machte. Entlang der syrisch-israelischen Grenze am See Genezareth war es bereits seit den frühen 1950er Jahren regelmäßig zu Scharmützeln gekommen, die nun an Heftigkeit zunahmen. Die israelische Regierung hatte die dortigen Kibbuz-Farmer ermuntert, das Niemandsland entlang der entmilitarisierten Zone zu beackern. Das war eine vorsätzliche Provokation, zumal israelische Soldaten oder Siedler mit Vorliebe syrische Bauern beschossen. Die Gegenseite antwortete mit Gewehrfeuer oder Artilleriebeschuss von den angrenzenden syrischen Golanhöhen. Immer häufiger führte die Eskalation zu gegenseitigen Artillerieduellen und gelegentlichen beiderseitigen Luftangriffen.

Bereits Ende der 1950er Jahre war der 1949 geschlossene Waffenstillstand zwischen Israel und Syrien extrem brüchig, beide Seiten verletzten ihn regelmäßig. Die israelische Presse war ausgesprochen antisyrisch eingestellt und stellte Damaskus als antiisraelische Hochburg dar, von der nur das Schlimmste zu erwarten sei. Nur wenige »Aufrechte«, darunter Martin Buber, wiesen darauf hin, dass ein Großteil der Spannungen auf israelische Provokationen zurückzuführen war.

Die unruhige Lage an der Grenze hatte auch einen geopolitischen Hintergrund. Als Gegenleistung für die israelische Beteiligung am Suezkrieg 1956 hatte Frankreich Tel Aviv umfangreiche Waffenlieferungen zugesagt, einschließlich der erforderlichen Infrastruktur zum Bau israelischer Atombomben. Paris hielt Wort und lieferte 1957 die erforderlichen Bauteile für Israels Nuklearanlagen im Negev, in Dimona – kofinanziert von Adenauer-Deutschland, eine wichtige Tranche der »Wiedergutmachung«. Frankreichs Motiv war wesentlich ein imperiales: Damaskus unterstützte wie Kairo aktiv den algerischen Unabhängigkeitskampf. Mit dem Ergebnis, dass die israelische Führung angesichts der Waffenlieferungen und der nuklearen Aufrüstung vor lauter Kraft kaum laufen konnte. Wer sollte diesem Land noch etwas anhaben können? Warum Kompromisse eingehen?

Dennoch erkannte Ben-Gurion richtig, dass Israel perspektivisch einer Allianz mit den USA bedurfte, der maßgeblichen Großmacht. In seinen Worten: »Die beliebtesten Leute in Israel sind jetzt die Franzosen. Aber das reicht nicht. Wir brauchen die Amerikaner. Auf Großbritannien können wir uns nicht verlassen, denn anders als in den Vereinigten Staaten haben die Juden dort keinen politischen Einfluss. Die britische Labour-Partei zum Beispiel besteht ausschließlich aus Gojim«, also aus Nichtjuden.[144]

Israel soll größer werden

Aus Anlass des 40. Jahrestages des Junikrieges 1967 erklärte der holländische Oberst Jan Mühren, der 1966 und 1967 zum Kontingent der UN-Beobachter auf den Golanhöhen und im Westjordanland gehörte, dass Israel die meisten Grenzzwischenfälle mit Syrien provoziert habe – und zwar als Teil der Strategie, mehr Land zu annektieren.[145]

Ganz ähnlich hat es auch Moshe Dayan beschrieben. Der zur Legende stilisierte »Kriegsheld« war in den 1950er Jahren Generalstabschef und Oberkommandierender der israelischen Armee, auch im Suezkrieg. Anschließend ging der Vertraute Ben-Gurions in die Politik und wurde kurz vor Beginn des Sechstagekrieges am 1. Juni 1967 Verteidigungsminister, der er bis 1974 blieb. Dayan räumte in einem Interview mit der *New York Times* am 11. Mai 1967, also noch vor Kriegsbeginn, freimütig ein, dass die israelische Politik gegenüber Syrien in jener Zeit »provokativ« war und vor allem die Absicht verfolgte, den jüdischen Siedlern an der syrischen Grenze gefällig zu sein. Diese Siedler hätten bereits seit 1949 verlangt, dass Israel die Golanhöhen besetze. »Viele der Grenzscharmützel«, so Dayan, »wurden absichtlich von Israel provoziert, auf Druck der Kibbuz-Bewohner.« Ihnen sei es dabei weniger um zusätzlichen Schutz vor syrischer Artillerie gegangen, vielmehr habe sie der Appetit auf mehr Farmland umgetrieben. Dayan: »Sie haben nicht einmal versucht, ihre Gier auf dieses Land zu verbergen.«

Dieser Appetit auf fremdes Land beschränkte sich nicht auf Palästina und Syrien. Auch Jordanien geriet zunehmend ins

Visier. Ein maßgeblicher Vordenker großisraelischer Ambitionen war der vormalige General Jigal Allon, einer »der führenden ethnischen Säuberer Palästinas« 1947/48, so der Historiker Ilan Pappe. Zwischen 1961 und 1977 diente der ewige Rivale Dayans in verschiedenen Ministerämtern, zuletzt als Außenminister. In seiner 1960 auf Hebräisch erschienenen Autobiografie *Ein Vorhang im Sand* beschreibt Allon die damals erwogenen Vorwände für einen Angriff auf Jordanien: ein Sturz der dortigen Monarchie mit anschließender Machtübernahme radikaler Kräfte; aggressive Handlungen, etwa die Sperrung des Golfes von Akaba für israelische Schiffe, oder ein Krieg mit Ägypten und Syrien. Die Allianz mit König Abdallah gelte nicht länger für dessen Enkel, König Hussein. Allerdings lieferte dieser keinen Vorwand für einen Angriff, und antiwestlich oder radikal war er auch nicht.

Allon und seinesgleichen in Politik und Militär hielten die Grenzen Israels von 1948 für vollkommen inakzeptabel. Aus ihrer Sicht war es ein großer Fehler, nicht das gesamte Land zwischen Mittelmeer und Jordanfluss vereinnahmt zu haben. Ben-Gurion hatte solchen Plänen eine Absage erteilt, weil dafür jüdische Einwanderer in ausreichender Zahl fehlten und noch mehr Palästinenser hätten vertrieben werden müssen. Damit wäre der Bogen vermutlich überspannt gewesen.

Ilan Pappe zufolge hat die militärische und politische Elite Israels spätestens seit dem Suezkrieg 1956 konkrete Überlegungen angestellt, sich das Westjordanland und somit auch Ostjerusalem einzuverleiben. Dafür bedurfte es allerdings des richtigen Augenblicks und einer günstigen Gelegenheit. Die »Operation Rotem« hätte 1960 einen guten Anlass geboten, doch war König Hussein am damaligen Säbelrasseln nicht beteiligt.

Unter Leitung von Mishael Shacham, des Militärgouverneurs der palästinensischen Gebiete innerhalb Israels (bis 1966 lebten die israelischen Palästinenser unter Militärherrschaft), entstand der sogenannte »Shacham-Plan«, an dessen Ausarbeitung Militärs, Wissenschaftler der Hebräischen Universität und Vertreter des Innenministeriums beteiligt waren. Am 1. Mai 1963 wurde dieser Plan dem Generalstab präsentiert. Er unterteilte das Westjordanland in acht Bezirke, um eine geordnete Einführung der Militärherrschaft zu gewährleisten. Darüber hinaus enthielt er ein ausgefeiltes juristisches Regelwerk, das der geplanten Besatzung den Anschein von Legalität verleihen sollte. Der Plan ging so weit, bereits die künftigen Führungsposten des ins Auge gefassten Besatzungsregimes auszuloben. 1963 wohlgemerkt – vier Jahre vor dem Junikrieg.

Anschließend übernahm ein Team der militärischen Staatsanwaltschaft die weitere Planung, entwickelte ihn unter dem Codenamen »Granit« fort und legte im Mai 1967 ein bis ins Detail geregeltes Organigramm der Besatzung sowohl des Westjordanlandes wie auch des Gazastreifens vor. Nicht zu vergessen eine Region, die als »Syrien« bezeichnet wird.[146]

Es ist wichtig, diese Zusammenhänge zu benennen. Nach der in westlichen Ländern und insbesondere in Deutschland vorherrschenden Auffassung ist Israel ein ewig in seiner Existenz bedrohter Staat, der immer wieder verzweifelt um sein Überleben ringen muss, stets und ständig bedroht von »Vernichtung«. Die Realität ist aber eine ganz andere. Sowohl den Suezkrieg 1956 wie auch den Junikrieg 1967 hat Israel beide aus eigenem Willen und freiem Entschluss geführt. Als Aggressor wohlgemerkt.

An arabischen Friedensangeboten hatte es seit 1948 nicht gefehlt. Doch nachfolgende israelische Regierungen haben nicht den Frieden gewählt, sondern die Konfrontation. Maßgeblich aus zwei Gründen, die einander ergänzen und bedingen. Erstens: »Haaretz shelanu«, das gesamte Land zwischen Mittelmeer und Jordanfluss, das biblische Erez Israel, gehört uns. Dieser Slogan ist nicht den Rechtsextremen oder fanatisierten Siedlern vorbehalten, er war und ist Mainstream – gleichermaßen geteilt von säkularen wie religiösen Kräften. Daraus folgt, zweitens: Kein

Staat in der Region darf den hegemonialen Anspruch und angestrebten Großmachtstatus Israels infrage stellen, denn allein diese Vorherrschaft garantiert die Durchsetzung und Beibehaltung des Projektes Großisrael in seinen heutigen Grenzen. Die Palästinenser sind vor diesem Hintergrund wenig mehr als eine *surplus population*, eine überschüssige Bevölkerung, die es zu vertreiben oder zu unterdrücken gilt – sofern es nicht gelingt, im Wissen um »Amalek«, ihre Zahl merklich zu reduzieren.

Häuser sprengen

In den 1960er Jahren eskalierte die Lage entlang der Grenze zu Syrien und Jordanien zunehmend. Zum einen aufgrund des von Moshe Dayan angesprochenen »Appetits auf mehr Farmland« jenseits der syrischen Grenze. Zum anderen wegen des 1964 begonnenen Baus des »National Water Carrier«, der erhebliche Wassermengen vom See Genezareth nach Zentralisrael umleitete, was die Wasserversorgung des Westjordanlandes und Jordaniens bis heute gefährdet. Wir erinnern uns: Dieses Bewässerungssystem war am 1. Januar 1965 Ziel der ersten bewaffneten Aktion der Fatah.

Zum anderen kam es wiederholt zu Vorstößen der Fatah vom Westjordanland aus in Richtung Israel mit dem Ziel, in die verlorene Heimat zurückzukehren. Die Grenze zwischen Militäraktion und Infiltrationsversuch war dabei fließend. Im November 1966 reagierte die israelische Armee, indem sie mehrere palästinensische Städte und Dörfer im Westjordanland überfiel, Dutzende Menschen tötete, Hunderte verletzte und reihenweise Häuser und Wohnungen zerstörte. Aus Gründen der Abschreckung, mittels kollektiver Bestrafung. Diese Methode hatten die Briten während des »Großen Arabischen Aufstands« von 1936 bis 1939 eingeführt. Die Israelis haben sie 1947/48 übernommen und stetig verfeinert – bis heute ist die kollektive Bestrafung insbesondere in Gestalt von Häusersprengungen und Ausgangssperren ein bevorzugtes Instrument der Besatzung.

Offiziell wurden die Zerstörungen im November 1966 mit Guerilla-Aktionen der Fatah begründet, tatsächlich aber »ist die vorsätzliche Brutalität derselben Führer und Generäle nicht zu übersehen, die bereits die ethnische Säuberung 1948 betrieben haben. Sie nahmen unschuldige Bewohner des Westjordanlandes ins Visier, die sehr wenig mit der Fatah zu tun hatten – ein beunruhigender Vorlauf der institutionalisierten und routinemäßig verhängten Kollektivstrafen auch nach 1967«, so Ilan Pappe.[147] Der Höhepunkt erfolgte am 13. November 1966, als die israelische Armee eine Kollektivbestrafung im Dorf Samu mit seinen 5000 Einwohnern durchführte, bei dem fast alle Häuser zerstört wurden. Jordanische Soldaten versuchten, den Angriff zurückzuschlagen. Ohne Erfolg, zwölf von ihnen verloren dabei ihr Leben.

In der ersten Hälfte 1967 eskalierte die Lage nahezu wöchentlich. Maßgeblich deswegen, weil die israelische Luftwaffe bei ihren Flugübungen und Manövern regelmäßig syrischen Luftraum verletzte, wobei es wiederholt zu Kämpfen mit ihrem syrischen Pendant kam. Der schwerste Zwischenfall ereignete sich am 7. April 1967, als die Israelis sechs syrische Kampfjets abschossen – am Jahrestag der Gründung der syrischen Baath-Partei. Eine schwerwiegende Provokation mit der Absicht, den Gegner zu demütigen.

Das wachsende israelische Selbstbewusstsein, um nicht zu sagen: die aus Arroganz geborene Missachtung geltender Völkerrechtsnormen, verdankte sich auch einem Kurswechsel Washingtons. US-Präsident Lyndon B. Johnson, der sich außenpolitisch dem Kampf gegen den Kommunismus und dem Vietnamkrieg verschrieben hatte, sah in Israel einen wichtigen strategischen Verbündeten wider Moskau. Da die Regierungen in Kairo und Damaskus als sowjetische Satelliten galten – was sie, am Rande notiert, keineswegs waren –, ließ Johnson die Israelis gewähren. Mehr noch, unter seiner Präsidentschaft (1963–1969) begann die enge strategische Zusammenarbeit zwischen den USA und Israel, die bis heute ungebrochen fortdauert. Auch daran zu ermessen, dass zivile wie militärische Gelder aus dem US-Haushalt nach Israel zu fließen begannen und das israelische Militär die jeweils neuesten amerikanischen Waffen erhielt. Darunter modernste Kampfjets, die es Israel erlaubten, fast die gesamte ägyptische und Teile der syrischen Luftwaffe schon am ersten Kriegstag zu zerstören, überwiegend noch am Boden, womit der Sechstagekrieg im Juni 1967 im Grunde bereits entschieden war. Die Bezeichnung ist übrigens eine propagandistische, denn die Vorgeschichte des Krieges erstreckt sich, wie ausgeführt, über rund zehn Jahre. Nicht lediglich auf sechs Tage. Da sich der Begriff aber eingebürgert hat und den meisten geläufig ist, wird er auch hier verwendet.

Die militärische Überlegenheit Israels war bemerkenswert und nicht ansatzweise zu vergleichen mit dem Arsenal des Krieges 1948, auch nicht mit jenem der Krisenjahre 1958 und 1960. Israel führte den Krieg 1967 mit Hunderten Kampfjets, mehr als tausend Panzern und einer Viertelmillion Mann unter Waffen. Militärisch traf die israelische Champions League auf die arabische Regionalliga.

In Ägypten zeigte sich Nasser angesichts der Konfrontation zwischen Israel und Syrien überzeugt, dass auch sein Land erneut ins Visier geraten würde. Er wiederholte im Vorfeld des Krieges sein Drehbuch von 1960: Ließ Soldaten im entmilitarisierten Sinai aufmarschieren, forderte die Vereinten Nationen auf, ihre Blauhelme von dort abzuziehen, und drohte Israel mit Kampfhandlungen. Nicht um Krieg zu führen, sondern um Druck für Verhandlungen aufzubauen. Am 19. Mai 1967 berief Israel seine Reservisten ein, drei Tage später reagierte Nasser mit der Schließung des Golfs von Akaba für Schiffe mit Fahrtziel in die israelische Hafenstadt Eilat. Am 21. Mai erklärte Generalstabschef

Jitzchak Rabin gegenüber der israelischen Regierung, er sehe in Kairos Expedierung lediglich »einen propagandistischen und noch keinen aggressiven Schachzug«, da die Ägypter »keine Panzer in den Sinai« entsandt hätten.[148] Am 28. Februar 1968 führte Rabin gegenüber der französischen Zeitung *Le Monde* aus: »Ich glaube nicht, dass Nasser Krieg wollte. Die zwei Divisionen, die er in den Sinai schickte, wären nicht ausreichend gewesen, um einen Angriffskrieg zu führen. Er wusste das, und wir wussten das auch.« Darüber hinaus hatte Washington Israels Premier Levi Eshkol signalisiert, dass man eine länger anhaltende Schließung der Wasserstraße nicht akzeptieren werde.

Mit anderen Worten: Die angespannte Lage hätte durchaus diplomatisch entschärft werden können. Doch die israelische Generalität und Politik waren entschlossen, diesen Krieg zu führen. Der israelische Angriff auf Ägypten, Jordanien und Syrien am 5. Juni 1967 erfolgte mitnichten aus den offiziell genannten Gründen: Es handele sich um einen »Präventivkrieg« angesichts feindseliger arabischer Rhetorik und der Sperrung des Golfs von Akaba; die arabische Seite verstünde allein die Sprache der Stärke; das Land sei in seiner Existenz bedroht, es drohe ein »zweiter Holocaust«.

Nüchtern betrachtet waren mit Ausnahme des Krieges 1973 die militärischen Handlungen der arabischen Nachbarn gegenüber Israel zu jener Zeit *Reaktionen* auf israelische Provokationen. Die maßgeblichen Entscheider unter den Politikern und Generälen in Tel Aviv verfolgten eine aggressive Linie mit dem Ziel, sich große Gebiete der benachbarten Länder einzuverleiben, allen voran das Westjordanland, Ostjerusalem und den Gazastreifen, nicht zu vergessen die Golanhöhen. Oder, wie es Moshe Dayan am 25. Mai 1969 gegenüber der britischen Zeitung *The Times* formulierte: »Unsere Väter hatten die Grenzen erreicht, wie sie im UN-Teilungsplan von 1947 anerkannt wurden.« Das entspricht 56 Prozent Palästinas. »Unsere Generation hat die Grenzen von

1948 erreicht.« 78 Prozent Palästinas. »Nun ist es der Sechstage-Generation (von 1967, ML) gelungen, Suez zu erreichen, den Jordan und die Golanhöhen. Und das ist nicht das Ende.« 100 Prozent Palästinas plus …

Auf ewig vereint

Israel eroberte im Juni 1967 Ostjerusalem und das Westjordanland, die syrischen Golanhöhen, den Gazastreifen und den ägyptischen Sinai. Damit kontrollierten die Besetzer und nachfolgenden Besatzer eine Fläche, die dreieinhalb mal größer war als das bisherige Staatsgebiet Israels. Vor allem im Westjordanland ging die israelische Armee mit außerordentlicher Brutalität vor, zerstörte im Verlauf der Kampfhandlungen zahlreiche Dörfer und Flüchtlingslager, setzte unter anderem Napalm ein, was König Hussein von Jordanien in seiner Rede vor den Vereinten Nationen am 26. Juni 1967 wortstark anprangerte. Ziel war es, eine erneute palästinensische Fluchtbewegung auszulösen, vor allem aus dem Westjordanland in Richtung Ostjordanien, Syrien und des Gazastreifens.

Nach Angaben der Vereinten Nationen wurden 350 000 Palästinenser vertrieben, die Hälfte von ihnen zum zweiten Mal nach 1947/48. Hinzu kamen Zehntausende weitere Palästinenser, die sich während der Kampfhandlungen außerhalb des Westjordanlandes oder des Gazastreifens aufgehalten hatten und nicht mehr zurückkehren durften. Dabei handelte es sich vorwiegend um Arbeitsmigranten. Auch sie wurden, von späteren symbolischen Rückkehrgenehmigungen abgesehen, heimatlos. Wie schon im Zuge der Nakba erprobt, wurde im Westjordanland bereits unmittelbar nach der Eroberung zunächst das öffentliche, vormals jordanische Staatsland, in der Folgezeit dann auch sukzessive privates Land entschädigungslos enteignet und zu israelischem Staatsland, zu Militärzonen oder »Naturschutzgebieten« erklärt. Den größten Teil des de facto geraubten Territoriums erhielten in der Folgezeit jüdische Siedler. Die Wasserressourcen kamen unter Militärverwaltung und dienen seither vorrangig der Versorgung Israels und der jüdischen Siedlungen.

Doch nicht nur Palästinenser wurden vertrieben, auch Syrer. 1966 lebten knapp 150 000 Menschen auf den Golanhöhen, die Israel zu 70 Prozent eroberte. Die Golanhöhen sind strategisch wichtig, von deren Höhenzügen sind es Luftlinie keine sechzig Kilometer mehr bis nach Damaskus. Gleichzeitig befinden sich dort die Zuflüsse des Jordan: Die Golanhöhen sind neben dem See Genezareth, der sein Wasser aus dem Golan bezieht, der wichtigste Wasserspeicher im Umfeld Israels. Aus den nun von ihnen kontrollierten Teilen der Golanhöhen vertrieben die Besatzer 110 000 Bewohner in Richtung Syrien. Alle verlassenen Dörfer (mehr als 120) und Gehöfte (mehr als 80) wurden bis Mitte 1968 geschleift, das Land anschließend jüdischen Siedlern übereignet. Die erste Siedlung entstand bereits im Juli 1967.

Lediglich rund 13 000 syrische Drusen in einigen wenigen Dörfern am Fuße des Berges Hermon durften bleiben. Nicht aus Nächstenliebe, sondern aus Kalkül. Die Drusen, eine religiöse Minderheit hauptsächlich im Libanon und in Syrien, leben auch im nordisraelischen Galiläa. Sie sind loyale Untertanen, gelten aus israelischer Sicht nicht als Palästinenser oder Araber (teile und herrsche) und dienen in der israelischen Armee. Wären die syrischen Drusen vertrieben worden, hätte das unter ihren israelischen Glaubensbrüdern ohne Zweifel erheblichen Unmut ausgelöst. Die Drusen aber sind nützlich: Da sie angeblich keine Palästinenser sind, Arabisch jedoch ihre Muttersprache ist, eignen sie sich gut zum Einsatz in besetzten Gebieten.

Der Vollständigkeit halber sei erwähnt, dass die Golanhöhen im Oktoberkrieg 1973 hart umkämpft waren und sich die Grenzlinien im Truppenentflechtungsabkommen 1974 zuungunsten Israels verschoben. So mussten die Besatzer die einzige Stadt der Golanhöhen räumen, das 1967 eroberte und seither entvölkerte Quneitra, das einige Steinwürfe entfernt von der heutigen Demarkationslinie liegt. Vor ihrem Abzug zerstörten israelische Soldaten die Stadt vollständig, einschließlich des Friedhofes. Heute ist Quneitra eine Geisterstadt. Die Generalversammlung der Vereinten Nationen verurteilte diese Zerstörung am 29. November 1974 mit deutlichen Worten, ebenso die übrigen zahlreichen Verstöße gegen das humanitäre Völkerrecht in den von Israel besetzten Gebieten.[149] Allein, es ficht kaum jemanden in Israel an, damals wie heute nicht. Stattdessen lautet der Vorwurf auf »Parteilichkeit« der UN, die Israel öfter als jedes andere Land verurteilen würden. Wer nun einwendet, dass es dafür auch Gründe gäbe, riskiert den Vorwurf des Antisemitismus.

Die israelischen Kriegsgewinner verloren keine Zeit, ihre längst geplanten Vorhaben zu verwirklichen. Bereits am 8. Juni 1967, noch während der Kampfhandlungen, erklärte Israels Premier Levi Eshkol, das nunmehr vereinte Jerusalem werde auf ewig die Hauptstadt Israels bleiben. In der Nacht zum 11. Juni, kaum war der Krieg beendet und der letzte Kanonenschuss abgefeuert, wurde das Mughrabi-Viertel, das marokkanische Viertel aus dem 12. Jahrhundert, welches an die Klagemauer grenzte, vollständig abgerissen. 135 Häuser wurden zerstört, auch zwei Moscheen, die 650 Bewohner vertrieben, nachdem man ihnen maximal drei Stunden Zeit eingeräumt hatte, ihre Habseligkeiten zu bergen. Ein klarer Bruch des Völkerrechts, der Vierten Genfer Konvention über den Schutz von Zivilisten in Kriegsgebieten. In den Worten von Israels damaligem Justizminister Jaacov Shapira: »Die Zerstörungen sind illegal, aber es ist trotzdem gut, dass sie geschehen sind.«[150] Mit dem Abriss sollte Platz für jüdische Betende vor der Klagemauer geschaffen werden, wofür sich Chaim Weizmann bereits 1918 bei Lord Balfour verwendet hatte – wenngleich damals ohne Erfolg.[151]

Fakten schaffen ohne Rücksicht auf Verluste ist eine Konstante israelischen Wirkens. Im Juni und Juli 1967 bereits wurden die politischen und organisatorischen Bausteine der Besatzung gelegt, wie sie 1963 und in den Folgejahren vorbereitet worden waren und bis heute gültig sind. Im Zentrum der Planungen stand die Frage, was mit den Bewohnern des Westjordanlandes (damals eine Million Palästinenser) und den 400 000 Palästinensern im Gazastreifen geschehen sollte. Sie sämtlich zu vertreiben wäre, wie schon 1947/48, nicht möglich gewesen. Denn auch wer Unrecht in historischem Ausmaß begeht, muss ungeschriebene Gesetze beachten, ein Gefühl für das rechte Maß und Timing besitzen.

Die damaligen Entscheider waren durchweg Aschkenasim, säkular und mehrheitlich »sozialdemokratisch« orientiert. Mit dem religiös-zionistischen Messianismus, der auf Erlösungsgedanken beruht und nach dem Wahlsieg des Likud unter Menachem Begin 1977 in Gestalt einer gewaltbereiten Siedlerbewegung seinen politischen Siegeszug antrat, hatten sie weltanschaulich wenig gemein. Doch auch die säkularen Vertreter des Siedlungskolonialismus waren entschlossen, sich das gesamte Palästina einzuverleiben. Dabei stand das Westjordanland im Vordergrund, im Windschatten der kleine, übervölkerte und wenig anheimelnde Gazastreifen, wenngleich auch dort Siedlungen entstanden.

Über die allmählich verfestigten Mechanismen der Besatzung nach 1967 hat der Historiker Ilan Pappe erneut ein maßgebliches Werk verfasst: *The Biggest Prison on Earth* (2017). Darin belegt er, dass die israelische Regierung bereits am 19. Juni 1967 einstimmig beschloss, das Westjordanland und den Gazastreifen von künftigen Friedensverhandlungen auszuschließen. Da man dies den westlichen Unterstützern Israels so nicht hätte vermitteln können, lautet die offizielle Sprachregelung bis heute, dass über die Zukunft der besetzten Gebiete erst dann abschließend verhandelt werde, wenn eine umfassende Friedenslösung gefunden sei

Fast wortgleich hat es Israels Präsident Jitzchak Herzog auf der Münchner Sicherheitskonferenz im Februar 2024 formuliert.

Wie aber mit den Palästinensern verfahren? Pappe zufolge gab es konkrete Überlegungen, sie wenigstens aus dem Gazastreifen teilweise in Richtung Sinai »freiwillig umzusiedeln«, doch wurden dergleichen Pläne damals nicht weiterverfolgt – anders als heute. Stattdessen lautete die Schlussfolgerung, man müsse die besetzten palästinensischen Gebiete, insbesondere das Westjordanland, zweiteilen – hier die Israelis, dort die Palästinenser –, also eine räumliche Trennung herbeiführen. Sukzessive wurden die überwiegenden Teile des Westjordanlandes für jüdische Besiedlung freigegeben. Abgesehen von Teilen des Mittelgebirges (Judäisches Bergland), das sich durch das Westjordanland zieht und in dem sich die großen Städte befinden: Dschenin, Nablus, Hebron. Den Sonderfall Jerusalem nicht zu vergessen.

Gegenüber den westlichen Sponsoren Israels wurde der einsetzende Siedlungsbau mit »Sicherheitsnotwendigkeiten« begründet. Wie sich aber im Oktoberkrieg 1973 herausstellen sollte, dienen die jüdischen Siedlungen keineswegs der Sicherheit Israels, vielmehr bieten sie Angriffsflächen. Deswegen mussten die auf den Golanhöhen im nächsten Krieg in Windeseile evakuiert werden.

Von der Humanität zur Bestialität

Das Westjordanland und den Gazastreifen zu annektieren, wenngleich immer wieder ein Thema, erweist sich dagegen als problematisch. Denn in diesem Fall würden die dortigen Palästinenser zwangsläufig Staatsbürger Israels – undenkbar. Aus formaljuristischen Gründen war es besser, ein militärisches Besatzungsregime einzuführen und dauerhaft beizubehalten. Ein solches Regime erlaubt es, etwa Zwangsmaßnahmen wie Kollektivbestrafungen oder Inhaftierungen auf unbestimmte Zeit nach außen hin zu »legitimieren«. Unbeschadet des Nachteils, dass eine militärische Besatzung der Vierten Genfer Konvention unterliegt, die beispielsweise den Siedlungsbau oder die Vertreibung, Enteignung, Entrechtung der Bevölkerung nicht erlaubt, auch kein Besatzungsregime über Jahrzehnte und mittlerweile zwei Generationen hinweg. Das Statut des Internationalen Strafgerichtshofes in Den Haag von 1998 klassifiziert die Besiedlung besetzter Gebiete sogar als Kriegsverbrechen.

Doch die israelische Seite, selten um eine gute Begründung verlegen, argumentiert mit »Gefahrenabwehr« oder »Terrorbekämpfung« und ignoriert das Völkerrecht wo immer nötig. Oder fasst es neu: Die besetzten Gebiete, so die offizielle Lesart, seien gar nicht besetzt, sondern herrenlos oder Eigentum des jüdischen Volkes. Dessen ungeachtet ist jede israelische Siedlung und jedes Haus, das jüdische Siedler in den besetzten Gebieten errichten, nach Maßgabe internationalen Rechts illegal. Ebenso die Annexion Ostjerusalems 1980 und die der Golanhöhen 1981. Doch welche westliche Regierung hätte sich daran je gestört?

Bereits im September 1967 entstand die erste Siedlung im Westjordanland, der erste Baustein eines ganzen Siedlungsblocks, Gusch Etzion, der heute 40 000 Einwohner zählt, auf halber Strecke zwischen Jerusalem und Hebron gelegen. Um die Palästinenser unter Kontrolle zu behalten und später die Gründung eines palästinensischen Staates unmöglich zu machen – Oslo 1993 hin oder her –, geschah zweierlei.

Zum einen wurde insbesondere das Westjordanland unter strategischen Gesichtspunkten besiedelt. Konkret wurden die Siedlungen so angelegt, dass sie sich wie Ringe um palästinensische Ortschaften legen oder wie Keile tief in palästinensisches Land einschneiden. Damit können die betroffenen Ortschaften kaum mehr expandieren. Die Siedlungen ihrerseits, die Siedlungsblöcke, reichen weit ins Westjordanland hinein und teilen es mehrfach, trennen faktisch den Norden vom Süden: Teile und herrsche. Später wurden eigene Siedlerstraßen angelegt, die nur von Juden benutzt werden dürfen und das Land der Palästinenser zusätzlich parzellieren.

Wie das Westjordanland judaisieren und gleichzeitig die Palästinenser auf Abstand halten? Dieser Frage widmete sich mit Nachdruck der bereits eingeführte, langjährige Minister Jigal Allon. Der nach ihm benannte »Allon-Plan«, im Juli 1967 in einer ersten Fassung vorgestellt, zielte darauf ab, den größten Teil des Westjordanlandes de facto zu annektieren, die Gebiete mit einer hohen palästinensischen Bevölkerungsdichte, insbesondere die Städte, jedoch Jordanien zu überlassen. König Hussein lehnte dies allerdings dankend ab und verwies auf die UN-Resolution 242 vom 22. November 1967, die Israels Abzug aus den besetzten Gebieten insgesamt verlangt. Spätestens 1970 war damit das ganze Westjordanland für Israels Regierende zur jüdischen Besiedlung freigegeben.

Die Blaupause des Allon-Plans, der offiziell nie verabschiedet wurde, bis heute aber als Richtschnur gilt, ist in der kurz nach dem Junikrieg 1967 geschaffenen Metropolregion »Groß-Jerusalem« zu besichtigen. Nach der »Wiedervereinigung« der Stadt wurde eine um rund 250 Quadratkilometer erweiterte Zone in einem Ring hauptsächlich um Ostjerusalem ausgewiesen. Dieser Siedlungsring zieht sich um bereits bestehende palästinensische Stadtteile und angrenzende Ortschaften und schnürt sie ein. Mit der Folge, dass diese Gemeinden nicht mehr wachsen oder Stadtplanung betreiben können. Wenn man sich vor Augen hält, dass es für Palästinenser in dieser Zone nahezu unmöglich ist, eine Baugenehmigung zu erhalten, und Palästinenser aus dem Westjordanland seit Juni 1967 nur noch mit Zustimmung israelischer Stellen, die selten bis gar nicht erteilt wird, zuziehen dürfen, wird klar, wohin die Reise geht. Heute reichen Groß-Jerusalem und die sich östlich anschließenden jüdischen Siedlungsblöcke so weit ins

Westjordanland hinein, dass Palästinenser, die von Nord nach Süd oder umgekehrt reisen, große Umwege bis fast an den Jordanfluss in Kauf nehmen müssen. Jerusalem dürfen sie nur mit Sondergenehmigung betreten oder passieren.

Zum anderen wurden Vorkehrungen getroffen, um das Westjordanland und den Gazastreifen in »das größte Gefängnis auf Erden« zu verwandeln, so Ilan Pappe. Mit anderen Worten: Die Bewohner wurden in jeder Hinsicht entrechtet, ihre Bewegungsfreiheit eingeschränkt, die besetzten Gebiete mit Checkpoints überzogen, sodass der Alltag der Palästinenser sich in einen Hindernislauf aus Bürokratie und Bevormundung verwandelte. Das Leben eines jeden Palästinensers unter israelischer Besatzung wird durch Militärverordnungen umfassend reguliert. Der Schikane und der Willkür sind auf diese Weise Tür und Tor geöffnet. Grundlegende Bürger- und Menschenrechte können jederzeit missachtet werden, sowohl von der Armee wie auch von den Siedlern, die berechtigt sind, Waffen zu tragen. An der Tagesordnung sind »ungesetzliche Bestrafungen, Ausgangssperren, Stadt- und Hausarrest, Misshandlungen und auch immer wiederkehrende Fälle von Folter, Versiegeln und Sprengen von Häusern, Einschränkung der Gedanken- und Redefreiheit sowie des Rechtes auf Erziehung und Bildung«, so die Politologin Helga Baumgarten.[152]

Im Laufe der Zeit wurden die Modalitäten der Besatzung zunehmend enthemmter, bis hin zu systematischer Brutalität und »gezielten Tötungen«. Nicht zu vergessen das Verbot jedweder politischer Betätigung. Politische Versammlungen sind untersagt, die Zensur ist allgegenwärtig. Palästinenser, die im Ausland studieren oder arbeiten, müssen regelmäßig in ihre Heimat zurückkehren, da sie andernfalls riskieren, gar nicht mehr einreisen zu dürfen. Einmal zu Hause angekommen, benötigen sie eine Ausreisegenehmigung der israelischen Behörden – diese zu erhalten, oder auch nicht, kann Monate dauern. Mit allen Folgen, die sich daraus etwa für Studenten oder Arbeitsmigranten ergeben.

Doch damit nicht genug: Die meisten Palästinenser sind staatenlos. Ihre Ersatzpapiere erhalten sie von den Militärbehörden, die seit 1981 *Orwell-like* als »Zivilverwaltung« firmieren. Dabei kommt es oft zu Erpressungsversuchen, etwa der erzwungenen Mitarbeit als Spitzel. Das Ziel der allgemeinen Repression und Entrechtung ist offenkundig: Das Leben der Palästinenser unerträglich zu gestalten, damit so viele wie nur möglich den Weg ins Exil antreten. Noch wesentlich schlimmer als im Westjordanland gestaltet sich seit 1967 die Lage im Gazastreifen – dazu später mehr.

Vermeintlich linke Regierungen haben die böse Saat eines Besatzungsregimes gelegt, die nach 1977, beginnend mit dem Wahlsieg Begins, von den (Ultra-)Rechten geerntet wurde. Mit dem Ergebnis, dass der jüdische Staat langsam, aber sicher von fanatisierten Gotteskriegern und rechtsextremen bis faschistoiden Ideologen aus dem Umfeld der Siedlerbewegung gekapert wurde – so der Stand heute. Kluge israelische Köpfe, darunter Politiker, Schriftsteller, Intellektuelle, zeigten sich schon in den ersten Monaten nach dem Junikrieg 1967 besorgt über die weitere Entwicklung.[153] Damals fast 1,5 Millionen Palästinenser (heute sind es mehr als fünf Millionen) dauerhaft zu entrechten und gewaltsam zu unterdrücken – welche Gesellschaft hält das auf Dauer aus, ohne selbst Schaden zu nehmen und zu verrohen?

Einer der bedeutendsten jüdischen und israelischen Philosophen des vorigen Jahrhunderts, Jeschajahu Leibowitz (1903–1994), zählte zu den ersten und schärfsten Kritikern der Besatzung, wenngleich seine Warnungen wie auch die ähnlich Denkender ungehört blieben. Sehr klarsichtig sah er voraus, was da auf die israelische Gesellschaft zukam. »Der Weg der neuen Bildung geht von Humanität durch Nationalität zur Bestialität«, zitiert er den Wiener Schriftsteller des 19. Jahrhunderts, Franz Grillparzer. »Das ist der Weg, den das deutsche Volk bis ans Ende ging, und wir haben ihn nach dem Sechstagekrieg ebenfalls betreten«, mahnt

Leibowitz. Denn »der Staat Israel verwandelte sich in den Apparat brutaler jüdischer Herrschaft über ein anderes Volk. Seitdem hat unser Staat keinen anderen Zweck mehr als die Aufrechterhaltung dieser Herrschaft. Diesem Zweck werden alle Kräfte gewidmet, die materiellen als auch die geistigen: All die politischen Interessen, all die Probleme, all die Sorgen und Gedanken richten sich auf diesen Zweck. Völlig ignoriert werden dabei die Anliegen des gesamten jüdischen Volkes und der Bewohner des israelischen Staates, Fragen der Erziehung, der interreligiösen Beziehungen, sogar der öffentlichen Gesundheit, weil alle Kräfte, auch die geistigen, sich der Vision eines Großisrael verschrieben haben.«[154]

Der Autor des vorliegenden Buches hat seinen Zivildienst bei der »Aktion Sühnezeichen« in Israel geleistet. Regelmäßig waren in diesem Rahmen Gäste geladen, die über ausgewählte Themen referierten. Zu ihnen zählte auch Leibowitz, der 1980 bei seinem Vortrag in Jerusalem erklärte, Israel werde sich infolge seines Vorgehens in den besetzten Gebieten zwangsläufig in einen faschistischen Staat verwandeln. Erst wenn dieser Zustand überwunden sei, werde Israel eine wahrhafte Demokratie sein können. Ein Prophet?

Wo sollen die Grenzen verlaufen?

Der im Westen vorherrschenden Lesart zufolge hat Israel auch nach dem Sechstagekrieg 1967 weiterhin den Frieden gesucht, stieß aber erneut auf eine Mauer aus Feindschaft. Abzulesen etwa an den berühmten »drei Neins« der arabischen Gipfelkonferenz in der sudanesischen Hauptstadt Khartum vom 1. September 1967: kein Frieden mit Israel, keine Verhandlungen mit Israel, keine Anerkennung Israels. Obgleich doch das israelische Kabinett bereits am 19. Juni vorgeschlagen hatte (in einer knappen 11 : 10-Abstimmung), sich mit Syrien und Ägypten auf die

Grenzen von vor dem Krieg zu verständigen. Jordanien und das Westjordanland wurden dabei ausgeklammert. Das aber war eine Momentaufnahme. Wenig später änderte die Regierung ihre Haltung und betonte, die fortgesetzte Präsenz israelischer Truppen auf dem Golan und im Sinai seien für Israels Sicherheit unerlässlich. Dem norwegischen General Odd Bull zufolge, damals Stabschef der UN-Truppen im Nahen Osten, waren die »drei Neins« eine Antwort auf Israels offen bekundete Annexionsbestrebungen. Die Araber hätten sofort nach dem Junikrieg den »aufrichtigen Wunsch« geäußert, eine »Lösung für den arabisch-israelischen Konflikt zu finden«. Indem aber »sich Israel unnachgiebig zeigte, ermutigte es die Araber dazu, eine ähnliche Haltung einzunehmen«.[155]

Der internationale Konsens für eine Friedenslösung spiegelt sich in der UN-Resolution 242 vom 22. November 1967. Im Grundsatz verlangt sie Israels Abzug aus den besetzten Gebieten im Gegenzug für einen Friedensschluss mit den arabischen Nachbarn. Land gegen Frieden, mit anderen Worten. Die israelische Haltung lautete, kurz gefasst: Frieden ja, aber keine Aufgabe der besetzten Gebiete, abgesehen von kleineren Korrekturen. Die offizielle Rhetorik war meist anderslautend, wie bereits dargelegt, und genau darin zeigt sich eine große »Flexibilität« israelischer Politik, die sich auch als Verlogenheit oder Zynismus bezeichnen ließe. Gerne gibt sie sich kompromissbereit, was im Westen gut ankommt, schafft gleichzeitig aber Fakten, die meist in eine ganz andere Richtung weisen. Das wird dann gerne übersehen. Parolen wie die trotzig wirkenden »drei Neins« erleichtern zudem die Übernahme israelischer Positionen in der hiesigen Politik und Öffentlichkeit.

Der US-Politologe Norman G. Finkelstein hat detailliert nachgezeichnet, wie Israel die Vermittlungspläne des 1967 eingesetzten UN-Sondergesandten für den Nahen Osten, des schwedischen Diplomaten Gunnar Jarring, bis 1971 sämtlich ins Leere laufen ließ.[156] Dessen Aufgabe war es, die Umsetzung der Resolution 242 voranzutreiben. Ungeachtet der öffentlich bekundeten Bereitschaft Ägyptens und Jordaniens, das, so wörtlich, »Existenzrecht« Israels anzuerkennen. Syrien wartete erst einmal ab.

Im April 1969 erklärte König Hussein namens der jordanischen und der ägyptischen Regierung, beide seien zu einer Konfliktlösung mit Israel bereit: »Unsere einzige Forderung gegenüber Israel (besteht, ML) im Rückzug der israelischen Streitkräfte aus allen Gebieten, die im Junikrieg 1967 besetzt wurden, und der Umsetzung aller anderen Forderungen der Resolution (242, ML) des Weltsicherheitsrats.« Die »Herausforderung« bestehe darin, so König Hussein, Israel davon zu überzeugen, dass es entweder »Frieden oder Land – aber niemals beides« haben könne. Israel aber verwarf die Friedensofferte. Sie enthalte »nichts Neues« und »man sei nicht in der Lage, die Forderung nach einem vollständigen Rückzug ernsthaft in Erwägung zu ziehen«.[157]

Die USA unterstützten Jarrings Vermittlungsbemühungen eher halbherzig. 1971 waren sie endgültig gescheitert. Dafür machte US-Außenminister William Rogers ausdrücklich Israel verantwortlich. Im März 1971 erklärte er: »Ägyptens Haltung ist positiv, Israels negativ.« Und er stellte klar: »Die Grenze zwischen Israel und Ägypten sollte die Grenze von 1967 sein.« Doch als der Sicherheitsrat der Vereinten Nationen im Begriff stand, Israel für seine Blockadehaltung zu verurteilen, übte Washington auf Geheiß Henry Kissingers sein Vetorecht aus.

Die israelische Eigenwahrnehmung ist selbstverständlich eine ganz andere. In seinen im Westen hochgelobten Memoiren hält Abba Eban fest, zu jener Zeit Außenminister: »Die Araber hätten sich zwischen 1967 und 1973 den gesamten Sinai, die Golanhöhen, einen Großteil des Westjordanlandes und des Gazastreifens auch ohne Krieg zurückholen können. Sie hätten mit Israel lediglich über Grenzen und Sicherheitsabsprachen verhandeln müssen.«[158]

Da alle Möglichkeiten für eine diplomatische Konfliktlösung

ausgeschöpft waren, standen die Zeichen erneut auf Krieg. Vor allem Ägypten sah sich zum Handeln genötigt. Seit dem Junikrieg 1967 war der Suezkanal gesperrt, beutete Israel die Erdölfelder auf der Sinai-Halbinsel aus, beides für Kairo wichtige Einnahmequellen. Die wenig erfreuliche Alternative für die ägyptische Führung lautete bedingungslose Kapitulation – oder aber Krieg. Ägypten bereitete unter Präsident Nasser, nach dessen Tod im September 1970 dann unter seinem Nachfolger Anwar as-Sadat, gemeinsam mit Syrien einen begrenzten Waffengang gegen Israel vor. Dabei ging es nicht um »Vernichtung«, was angesichts der militärisch-technologischen Überlegenheit Israels auch kaum möglich gewesen wäre. Vielmehr sollte der Widersacher an den Verhandlungstisch gezwungen werden.[159] Ironisch merkt Finkelstein an, dass »wohl für keinen Krieg in der Geschichte vorab so viel Reklame gemacht wurde wie für den ›Überraschungs‹-Angriff vom Oktober 1973. Sadat warnte wiederholt, wenn Israel sich stur zeige, bleibe Ägypten keine andere Wahl als anzugreifen.«[160]

Unterm Strich gesehen war der entscheidende Grund für den Oktoberkrieg 1973 Israels Weigerung, den Sinai zu räumen – die Golanhöhen und die palästinensischen Gebiete waren zwischenzeitlich in den Hintergrund der Friedensbemühungen gerückt. Doch ungeachtet der »Reklame« wurde Israel vom ägyptisch-syrischen Angriff im Sinai und auf den Golanhöhen am 6. Oktober 1973 kalt erwischt – wie auch von dem der Hamas fast auf den Tag genau fünfzig Jahre später, was mit Blick auf den gewählten Zeitpunkt selbstverständlich kein Zufall ist. In beiden Fällen ist der Grund für die Überrumpelung Israels wesentlich Hybris, ein kulturalistisches Überlegenheitsdenken. Stellvertretend sei Jitzchak Rabin zitiert, damals Botschafter Israels in Washington, der im Juli 1973 erklärte: »Es ist nicht nötig, jedes Mal, wenn wir eine arabische Drohung hören, unsere Streitkräfte mobil zu machen … Die Araber sind kaum in der Lage, militärisches und politisches Handeln zu koordinieren … Israels militärische Stärke reicht aus, um die andere Seite davon abzuhalten, irgendein militärisches Ziel zu erreichen.«[161]

In Israel und im Westen wird der Oktoberkrieg meist Jom-Kippur-Krieg genannt, weil er am höchsten jüdischen Feiertag begann. In der Vorstellungswelt der Rechtgläubigen zeigt sich darin Judenhass, doch dürfte militärisch eher das Überraschungsmoment ausschlaggebend gewesen sein. Wer feiert, muss erst einmal aufsitzen. Die Araber bezeichnen ihn als Ramadan-Krieg, weil er im Fastenmonat erfolgte. Er dauerte drei Wochen, und trotz massiver militärischer Unterstützung aus den USA und Westeuropa, darunter auch Westdeutschland, geriet Israel zeitweise in schwere Bedrängnis. Der Oktoberkrieg 1973 hat das Überlegenheitsgefühl der meisten Israelis zutiefst erschüttert und ihnen erstmals vor Augen geführt, dass ihre heile »Uns kann niemand was«-Welt hochgradig fragil ist. Umso mehr, als dieser Krieg, an dem sich Jordanien nicht beteiligte, infolge des Ölembargos globale Auswirkungen hatte.

Als Reaktion auf die militärische Unterstützung des Westens für Israel reduzierten die arabischen Mitgliedsstaaten des 1960 gegründeten Erdöl-Kartells OPEC unter Federführung Saudi-Arabiens ihre Fördermengen um fünf Prozent. Daraufhin stieg der Ölpreis mit Beginn des Embargos am 17. Oktober an einem Tag von drei auf fünf US-Dollar pro Barrel. Aus heutiger Sicht geradezu geschenkt, damals aber ein Schock, denn die Preise stiegen innerhalb der nächsten Monate auf bis zu zwölf US-Dollar. Immer noch *peanuts*, gemessen an heutigen Preisen, doch ausreichend für eine schwere Rezession in den Industrieländern. Als Reaktion wurde etwa in Westdeutschland an vier Sonntagen, beginnend am 25. November 1973, ein Sonntagsfahrverbot verhängt, um Energie zu sparen.

Camp David und die Folgen

Avi Shlaim zufolge hat der Oktoberkrieg »das gesamte politische und psychologische Kräftegleichgewicht zum Nachteil Israels« verschoben.[162] In einem Interview fragte Ägyptens einflussreichster Journalist, der Sadat-Vertraute Mohammed Hassanain Haikal, Außenminister Henry Kissinger, warum die USA erst nach dem Krieg 1973 und nicht schon nach dem von 1967 begonnen hätten, auf die Umsetzung der UN-Resolution 242 zu dringen. Haikal zufolge antwortete Kissinger, »dass offen gestanden die absolute militärische Überlegenheit Israels der Grund gewesen sei. ›Die Schwachen‹, sagte er, ›verhandeln nicht.‹ Die Araber waren schwach gewesen, aber nun waren sie stark. Sie hatten mehr erreicht, als irgendjemand, sie selbst eingeschlossen, für möglich gehalten hätte.« Politik, so Kissinger weiter, »ist in unserer Zeit keine Frage der Gefühle. Sie ist eine Frage der Macht.«[163]

Entgegen der Ausführung Kissingers sind es jedoch keineswegs die Schwachen, die nicht verhandeln. Es sind die Starken, die den Schwachen ihren Willen aufzwingen. Anders gesagt: Wer unter Bedingungen wie diesen grundlegende Veränderungen zu erreichen sucht, setzt besser nicht auf Diplomatie, sondern auf Gewalt. Eine Einsicht, der offenbar auch die Hamas am 7. Oktober 2023 gefolgt ist. Jenseits aller moralischer Erwägungen hat sie ihrerseits die Verhältnisse in der Region noch stärker verändert als ein halbes Jahrhundert zuvor der Oktoberkrieg.

Auf diesen Krieg folgte die Reise des ägyptischen Präsidenten Anwar as-Sadat nach Jerusalem im November 1977 und seine Rede vor der Knesset. Zweifelsohne ein historisches Ereignis, das nicht allein in deutschen Medien sprachliche Ekstasen entlang alt- und neutestamentarischer Vergleiche auslöste. Der Vorlauf zu Sadats Besuch ist allerdings deutlich weniger von brennenden Dornbüschen geprägt als vielmehr von handfesten Interessen. Angefangen damit, dass Sadat die Politik Ägyptens nach dem Tod

Nassers völlig neu ausrichtete: Weg von Moskau, hin zu Washington. Gleichzeitig brach er mit dem bisherigen Staatskapitalismus und reprivatisierte die Wirtschaft, sehr zum Nutzen einer fortbestehenden Machtelite aus Militärs, Großinvestoren und Superreichen, in Ägypten »fette Katzen« genannt, in der Soziologie Rentierkapitalisten. Unternehmer also, die auf schnelle Gewinne in spekulativen Bereichen setzen, etwa Immobilien oder Tourismus. Diese Oberschicht war der innenpolitische Motor für den neuen Kurs, für die Westorientierung Kairos.

Diese wiederum fügte sich bestens in die machtpolitischen Erwägungen amerikanischer wie israelischer Strategen. Ägypten, nicht Syrien, nicht Jordanien und schon gar nicht die Palästinenser, war der Schlüssel zum Frieden. Diese Einsicht gewann schnell Oberhand, nachdem sich israelische Entscheider vom Schock des Oktoberkriegs erholt hatten. Dabei ging es nicht um einen Frieden auf der Grundlage von Ausgleich und Gerechtigkeit, sondern um eine Befriedung der Region mit dem Ziel, Israels Vorherrschaft wiederherzustellen und zu festigen.

Ohne Ägypten, ohne die mit weitem Abstand stärkste arabische Armee, war ein erneuter Waffengang arabischer Staaten mit Israel ausgeschlossen. Auf Sadats »biblische Mission«, so *Der Spiegel*, folgte im September 1978 das Camp-David-Abkommen, benannt nach dem Tagungsort in den USA. Im März 1979 unterzeichneten Israel und Ägypten in Washington den ersten Friedensvertrag zwischen einem arabischen und dem jüdischen Staat, wie in Camp David vereinbart. 7500 jüdische Siedler aus 18 Siedlungen mussten den Sinai bis zur letzten Phase der stufenweise erfolgenden Rückgabe im März 1982 verlassen.

Sadat wäre mit Sicherheit nicht nach Jerusalem gereist, hätte Israel nicht zuvor eingewilligt, den Sinai zu räumen und an Ägypten zurückzugeben.[164] Damit entsprach die israelische Regierung exakt jenen Forderungen Kairos, die sie bis 1971 kategorisch zurückgewiesen hatte. Es brauchte erst einen Krieg und eine veränderte Großwetterlage, bis Tel Aviv sich zum Handeln veranlasst sah.

Die naheliegende Lehre, die daraus zu ziehen ist: Israel geht keine Kompromisse ein, wenn es seinen Gegner für schwach hält oder sich keinem Druck ausgesetzt sieht. Das ewige Mantra nicht allein deutscher Politiker, es müsse eine Zweistaatenlösung geben, ein israelisches Sparta hier und einen palästinensischen Rumpfstaat dort, wird so lange niemanden in Israel beeindrucken, wie den mahnenden Worten keine Taten folgen.

Laut Camp David sollte in den besetzten palästinensischen Gebieten eine fünfjährige Übergangsphase mit dem Ziel einer Autonomieregelung, nicht aber die Unabhängigkeit gelten. In nicht näher bezeichneten »bestimmten Gebieten« würde Israel weiterhin militärisch präsent bleiben. Doch Sadats Hoffnung, auf der Grundlage von Camp David auch eine für die Palästinenser akzeptable Regelung zu finden, erwies sich als Trugschluss. Die israelische Seite hatte nicht ernsthaft die Absicht, den Palästinensern Autonomie zu gewähren – dagegen stand ihr Projekt Großisrael. Für Henry Kissinger wiederum, den maßgeblichen Strippenzieher jener Zeit im Nahen Osten, waren die Palästinenser kein Thema. In seinen Vorstellungen einer Pax Americana spielten sie schlichtweg keine Rolle. Entsprechend hatten die Israelis auch keinen Anlass, ihnen entgegenzukommen.

Die meisten arabischen Staaten wie auch die PLO lehnten Camp David als »Separatfrieden« ab. Die Arabische Liga bestrafte Ägypten von 1979 bis 1989 mit Ausschluss und verlagerte ihren Sitz von Kairo nach Tunis. Dessen ungeachtet erhielt der vormalige Topterrorist Menachem Begin 1978 den Friedensnobelpreis, ebenso Sadat, der aber lediglich einen Stellvertreter nach Oslo entsandte. Doch avancierte Ägypten nach Israel nunmehr zum zweitgrößten Empfänger US-amerikanischer Finanz- und Militärhilfe. Seit 1979 erhält Kairo jährlich 1,6 Milliarden US-Dollar aus Washington, die vor allem ins Militär fließen und somit größtenteils wieder zurück an US-Rüstungsschmieden. Hinzu kommen weitere zivile Hilfsgelder in unterschiedlicher Höhe, von denen allerdings in der breiten Bevölkerung wenig bis gar nichts ankommt. Die meisten Ägypter lehnen bis heute eine Aussöhnung mit Israel ab, maßgeblich infolge der anhaltenden Entrechtung der Palästinenser.

Wie erwähnt, wurde die arabische Niederlage im Junikrieg 1967 zum Urknall für den Siegeszug des islamischen Fundamentalismus oder auch Islamismus in der Region. Allerdings keineswegs aus dem Nichts heraus: So entstand die Muslimbruderschaft bereits 1928. Sie ist die älteste aller islamistischen Bewegungen und wurde von dem Dorfschullehrer Hassan al-Banna zusammen mit einigen Mitstreitern in der am Suezkanal gelegenen Stadt Ismailiya begründet. Im Namen der Religion hatte sie der Korruption der Machteliten wie auch dem Kolonialismus den Kampf angesagt. Doch hatten die ägyptischen Behörden die vor allem wegen ihrer Sozialleistungen in der Bevölkerung beliebten Muslimbrüder stets im Griff, die im Laufe der Jahrzehnte überdies zunehmend staatstreu wurden.

Die rasant anwachsende Armut, die Westorientierung unter Sadat, von der im Wesentlichen die städtische Oberschicht profitierte, und schließlich Camp David schufen den Nährboden für einen gewaltbereiten Islamismus, wie er sich in den 1970er Jahren vor allem im perspektivlosen Oberägypten formierte. Zu nennen ist insbesondere die »Al-Gama'at al-Islamiyya« (»Die islamische Vereinigung«) unter Führung des gelernten Chirurgen Aiman az-Zawahiri, des späteren Stellvertreters von Osama bin Laden. Und die Gruppe »Ägyptischer Dschihad«, der Khalid al-Islambuli angehörte. Er war Stabsoffizier der Armee und jener Attentäter, der Sadat am 6. Oktober 1981 anlässlich der »Siegesfeier« zum Oktoberkrieg auf einer Militärtribüne in Kairo erschoss. Als Motiv nannte er vor Gericht an erster Stelle Camp David.

Sadats Nachfolge trat dessen Stellvertreter Husni Mubarak an, der dreißig Jahre lang Ägyptens Präsident bleiben sollte, bis er 2011 im Zuge des »Arabischen Frühlings« gestürzt wurde.

Gewalt statt Diplomatie: Neue Fronten von Beirut bis Teheran

Nach dem Wegfall Ägyptens als militärischer Gegner hatte Israel nunmehr freie Hand, gegen Syrien und die PLO im Libanon vorzugehen. Das Timing spricht für sich: Keine drei Monate nach dem Abzug des letzten israelischen Soldaten aus dem Sinai marschierte die israelische Armee am 6. Juni 1982 im Libanon ein und rückte bis nach Westbeirut vor. Seit 1975 befand sich das Land im Bürgerkrieg. Beirut war eine geteilte Stadt: Im Osten hatten christliche, meist ultranationalistische Milizen das Sagen, im Westen prosyrische, muslimische, drusische Kräfte, die sich überwiegend als »links« und »revolutionär« verstanden, sowie die PLO. Die Palästinenser kontrollierten Teile des Libanon, vor allem im Süden, von wo aus es immer wieder zu Grenzscharmützeln gekommen war. 1978 bereits hatte Israel eine »Sicherheitszone« bis zum dreißig Kilometer nördlich der Grenze verlaufenden Litani-Fluss eingerichtet, mit Hilfe der »Südlibanesischen Armee«, einer christlichen Miliz im Sold Israels. Wenn auch ohne nennenswerten Erfolg.

Allein dieser erste Vorstoß 1978 kostete etwa zweitausend Libanesen das Leben, Zehntausende flohen in Richtung Norden. Das weiß hierzulande kaum jemand, es interessiert auch niemanden – damals wie heute nicht. Natürlich verbietet es sich, Tote gegeneinander aufzurechnen. Doch ist die Diskrepanz der westlichen Wahrnehmung, vergleicht man sie mit jener nach dem 7. Oktober 2023, durchaus bezeichnend.

Die PLO aus dem Libanon vertreiben, die syrischen Truppen dort zurückdrängen und einer proisraelischen Regierung unter Führung von Baschir Gemayel in Beirut an die Macht zu verhelfen – das waren die Kriegsziele Israels unter dem Kommando von Verteidigungsminister Ariel Scharon. Gemayel war ein einflussreicher christlich-maronitischer Milizenführer, dessen Gruppierung, die »Falangisten«, in den 1930er Jahren nach dem Vorbild der spanischen Faschisten entstanden war. Seit 1976 war er Chef der »Forces Libanaises«, eines Zusammenschlusses diverser christlicher Milizen. Kurzum: Aus israelischer Sicht genau der richtige Verbündete. Denn es galt unbedingt zu verhindern, dass ein zusammenhängendes Territorium palästinensischer Herrschaft entsteht, wie es im Libanon beinahe der Fall war. Einmal von dort vertrieben, wäre die PLO geschwächt, und mit ihr die palästinensische Nationalbewegung in den besetzten Gebieten – so das israelische Kalkül.

Wie aber waren Jassir Arafat und die PLO in den Libanon gelangt? Die Antwort findet sich in Jordanien 1970. Es war den Palästinensern nicht gelungen, eine Widerstandsbewegung in den besetzten Gebieten aufzubauen. Stattdessen wurde Jordanien zur Basis der PLO. In Amman entstand ihr Hauptquartier, wo palästinensische Kämpfer, darunter zunehmend auch Frauen, ganze Stadtviertel zu kontrollieren begannen. Zur Erinnerung: Mehr als zwei Drittel der Jordanier sind ehemalige Vertriebene der Nakba und des Sechstagekrieges 1967 oder deren heutige Nachkommen.

Zunehmend wurde die PLO zu einem Staat im Staate. Vor allem die marxistisch orientierte »Volksfront zur Befreiung Palästinas« (PFLP) unter Führung von George Habash und die »Demokratische Front zur Befreiung Palästinas« (DFLP) unter Nayef Hawatmeh, die sich im Februar 1969 von der PFLP abgespalten hatte, verrannten sich in Illusionen und träumten von einem »arabischen Hanoi« in Amman. Damit suchten sie die Machtprobe mit König Hussein und der jordanischen Armee. Arafat und die Fatah lehnten diesen Ansatz ab, vermochten allerdings nicht, den linken und linksradikalen Strömungen Einhalt zu gebieten.

Die Lage eskalierte, als die PFLP im September 1970 innerhalb einer Woche vier Linienflugzeuge entführte und zur Landung in Jordanien zwang, wo sie anschließend gesprengt wurden. Daraufhin verhängte König Hussein das Kriegsrecht und ging gewaltsam gegen die palästinensischen Kämpfer vor – aufgrund der dabei angewendeten Brutalität ging der Einsatz als »Schwarzer September« in die Geschichte ein. Die jordanische Armee tötete mehr als 3500 PLO-Kämpfer und Hunderte palästinensische Zivilisten. Arafat gelang nur knapp die Flucht nach Syrien, die Kämpfe setzten sich bis zum Juli 1971 fort. König Hussein erzwang den vollständigen Abzug aller 15 000 bis 20 000 Fedajin aus Jordanien, noch einmal so viele Palästinenser landeten im Gefängnis.

Für die PLO ein schwerer Schlag. Es dauerte Jahre, bis sie in Beirut erneut Fuß fassen konnte – begünstigt allerdings durch die politische Instabilität im Libanon und das Kalkül der syrischen Führung nach dem Oktoberkrieg 1973, nämlich, die PLO von den Golanhöhen fernzuhalten, mit ihrer Hilfe aber über den Umweg Südlibanons militärischen Druck auf Israel auszuüben. Bis 2008 betrachtete Damaskus den Libanon faktisch als syrische Provinz.

Innerhalb der PLO galt es derweil, den Kurs zu bestimmen. Arafat gelang es, die meisten linken Hardliner durch Patronage oder Machtbeteiligung einzubinden. Doch eine Minderheit glaubte, das Thema Palästina der internationalen Politik auch weiterhin mit Hilfe von Terroranschlägen aufzwingen zu können. Eine Fatah-Abspaltung gab sich den Namen »Schwarzer September«, ermordete im November 1971 den jordanischen Ministerpräsidenten Wasfi at-Tall, entführte bis 1974 weiterhin Flugzeuge und überfiel 1972 die israelische Olympiamannschaft in München. Elf Sportler und ein Polizist starben beim wenig professionellen Vorgehen deutscher Sicherheitskräfte zur Befreiung der Geiseln.

Dergleichen Gewaltexzesse führten offenkundig nicht dazu, dass sich die westliche Öffentlichkeit wohlwollend der Palästinenser und ihrer Anliegen annahm. Arafat distanzierte sich mit Nachdruck vom internationalen Terrorismus und setzte auf Diplomatie. Mit Erfolg, denn in den wichtigsten europäischen Hauptstädten konnte die PLO nach 1974 politische Vertretungen eröffnen, in Bonn, London, Brüssel, Paris und Rom. Mit Ausnahme von Abdallah Frangi in Bonn wurden deren Vertreter jedoch alle in den Folgejahren entweder vom Mossad oder der »Abu-Nidal-Organisation« ermordet.

Arafat suchte die internationale Anerkennung der PLO. Nur auf diesem Weg war seiner Ansicht nach das Selbstbestimmungsrecht der Palästinenser zu verwirklichen. Im Oktoberkrieg 1973 hatte die PLO vom Südlibanon aus eine weitere Front gegen Israel eröffnet und auf Seiten Ägyptens wie auch Syriens gekämpft. Das ebnete ihr den Weg, im Oktober 1974 von der Arabischen Liga als einzig legitime Vertretung des palästinensischen Volkes anerkannt zu werden. Gegen den Widerstand zahlreicher Splittergruppen verabschiedete die PLO 1974 ihren »Zehn-Punkte-Plan«, der indirekt für einen palästinensischen Staat an der Seite Israels eintrat und nicht länger für die »Befreiung ganz Palästinas«. Dieser Pragmatismus Arafats verdankte sich wesentlich seiner Sorge, die arabischen Staaten könnten einen Frieden mit Israel unter Ausschluss der Palästinenser schließen – was dann ja auch geschah, angefangen mit Ägypten.

Die Israelis belagern Westbeirut

Dennoch war das Jahr 1974 eine Hochzeit für die PLO. Auf die Anerkennung der Arabischen Liga folgte am 13. November 1974 Arafats Rede vor der Generalversammlung der Vereinten Nationen. Dort unterstrich er, die PLO sei zum Frieden und zur

Koexistenz mit Israel bereit, werde nötigenfalls aber den bewaffneten Kampf fortführen. Die Generalversammlung erkannte die PLO mit großer Mehrheit als nationale Befreiungsbewegung der Palästinenser an und verlieh ihr einen Beobachterstatus. Bis zum Beginn des Gaza-Krieges 2023 waren 138 von 193 UN-Mitgliedsstaaten dieser Anerkennung gefolgt, darunter der gesamte Globale Süden, jedoch nicht die USA, Kanada, Australien, Neuseeland und Japan, in Europa lediglich die ehemaligen Ostblockstaaten plus Schweden.

Doch zurück in den Libanon. Dort weitete die PLO sukzessive ihre Kontrolle über mehrere Stadtteile Westbeiruts, die palästinensischen Flüchtlingslager und den Süden aus. Vor allem der Beiruter Bezirk Fakhani mit der Cola Bridge, einer Hauptverkehrsader in Richtung Süden und zum Flughafen, war fest in der Hand der PLO. 1982 wurde er von der israelischen Armee großflächig zerstört. Zwar hatten die PLO und die libanesische Regierung im November 1969 ein Abkommen geschlossen, das den Palästinensern eine militärische Präsenz im Land sowie die Kontrolle über die Flüchtlingslager einräumte und Angriffe auf Israel zuließ. Dennoch entwickelte sich die PLO ein weiteres Mal zum Staat im Staate und schlug sich, als 1975 der Bürgerkrieg ausbrach, auf die Seite der »progressiven« Kräfte. Im Wesentlichen waren das die nichtchristlichen Parteien und Milizen. Dabei ging es allerdings nicht, wie man annehmen könnte, um einen Religionskrieg. Vielmehr verfügten die Christen in ihren Hochburgen in Ostbeirut und nördlich davon, in der Region um Jounieh, über die stärkste Machtbasis im Land, auf Kosten insbesondere von Schiiten, Sunniten und Drusen.

1976 fiel die syrische Armee im Libanon ein, zunächst in Gebiete entlang der Grenze. Anfangs verbündete sie sich mit den Falangisten, doch endete die Allianz sehr bald aufgrund der engen Kontakte des Milizenführers Baschir Gemayel mit Israel. Damaskus unterstützte daraufhin die Gegenseite, die »Progressiven«.

Wie erwähnt, marschierte die israelische Armee im Juni 1982 im Libanon ein und rückte bis Westbeirut vor. Anschließend belagerten die Truppen Ariel Scharons neun Wochen lang den Westteil der Hauptstadt. Mehr als eine halbe Million libanesischer und palästinensischer Zivilisten waren eingekesselt, ebenso Tausende Fedajin. Unentwegt bombardierten und beschossen die Israelis Westbeirut, doch niemand kam den Eingeschlossenen zu Hilfe, weder die Araber noch die Sowjetunion. Von den westlichen Staaten ganz zu schweigen. Rund 20 000 Libanesen und Palästinenser starben, doch machten die Israelis dafür die PLO verantwortlich, mit einem hinlänglich vertrauten »Argument«: Die Terroristen hätten ihre Büros und Hauptquartiere bewusst in dicht besiedelten Wohnvierteln eingerichtet und die Zivilbevölkerung als Geiseln genommen.

Schließlich arrangierte Washington einen Deal: Ende August 1982 gingen etwa 15 000 PLO-Funktionäre und Kämpfer an Bord bereitgestellter Schiffe und wurden auf verschiedene arabische Länder verteilt. Neues Hauptquartier der PLO wurde Tunis, doch ließ Tunesien jenseits eines symbolischen Kontingents Fedajin nicht ins Land.

Am 14. September 1982 fiel der erst wenige Wochen amtierende Präsident des Libanon, Milizenführer Baschir Gemayel, einem Anschlag prosyrischer Kräfte zum Opfer. Daraufhin besetzten israelische Truppen entgegen bestehenden Absprachen mit den USA Westbeirut und riegelten die beiden größten palästinensischen Flüchtlingslager im Süden der Stadt, Sabra und Schatila, von der Außenwelt ab. Gerüchten zufolge hatten Palästinenser Gemayel ermordet. Die Falangisten und ihre Verbündeten, die schon 1976 mehrere Massaker in palästinensischen Flüchtlingslagern mit Tausenden Toten verübt hatten, rückten nun unter den Augen der Israelis, die alle Fluchtwege versperrt hatten, in Sabra und Schatila ein. Dort folterten, massakrierten und vergewaltigten libanesische Christen *tagelang* in beiden Lagern, am Ende waren bis zu 3000 schutzlose Zivilisten, überwiegend Frauen, Alte und Kinder, tot.[165] Die Täter fuhren quasi morgens zum Tatort, kehrten nach verrichtetem Werk abends zurück zu ihren Familien, um die Mordorgie tags darauf fortzusetzen. Unter den Augen, wie gesagt, der Besatzer, die niemanden hinein- oder hinausließen, abgesehen von der Soldateska, und die das Massaker jederzeit hätten beenden können.

Daraufhin richtete die israelische Regierung am 28. September 1982 die Kahan-Kommission ein. Mit dem Auftrag, ganz im Stil der famosen britischen Kommissionen vor 1948, die Hintergründe des Massakers aufzuklären. Sie kam zu dem Ergebnis, dass Ariel Scharon dafür »persönliche Verantwortung« trage. Die Kommission empfahl, ihn als Verteidigungsminister zu entlassen. Außerdem dürfe er keine verantwortungsvolle Position in einer künftigen Regierung mehr bekleiden. Da aber das Töten von Palästinensern keinem israelischen Politiker jemals zum Nachteil gereichte, trat Scharon als Verteidigungsminister zurück und wurde anschließend Minister ohne Geschäftsbereich. Und 2001 schließlich Ministerpräsident.

Nicht zu vergessen: Die Vollversammlung der Vereinten Nationen stufte das Massaker in Sabra und Schatila am 16. Dezember 1982 als »einen Akt des Genozids« ein, mit 123 Jastimmen und keiner einzigen Neinstimme, bei 22 Enthaltungen: Letztere fast durchweg westliche Staaten, einschließlich der Bundesrepublik sowie Israel.

Warum aber musste Sabra und Schatila sein? Zum einen war es wohl eine Art »Triebabfuhr«. Der Tod Gemayels hatte Israels Pläne zunichtegemacht, einen Statthalter von eigenen Gnaden in Beirut einzusetzen. Zum anderen dürfte das Massaker auch eine Botschaft Scharons an die Palästinenser im Westjordanland und im Gazastreifen enthalten haben: Kommt besser nicht auf dumme Gedanken. Aus israelischer Sicht hatten sich die PLO und der palästinensische Widerstand erledigt, waren beide mit diesem

Krieg 1982 ein für alle Mal besiegt, die Fedajin getötet oder in alle Himmelsrichtungen zerstreut.

Die »Partei Gottes« macht mobil

Hybris ist allerdings selten ein guter Ratgeber. Nicht allein, dass sich die Palästinenser 1987 mit der ersten Intifada und 1993 in Oslo zurückmeldeten. Aus Sicht Israels und des Westens sollte es noch viel schlimmer kommen.

Was, wenn man so will, auch mit der Chaostheorie zu tun hat: Chaotische dynamische Systeme sind nichtlinear. Ein Verkehrsstau beispielsweise kann wie aus dem Nichts entstehen und sich ebenso unergründlich wieder auflösen, ungeachtet aller Verkehrsleitsysteme. Das bedeutet, auf (geo-)politische Verhältnisse übertragen, dass auf die Handlung A nicht notwendigerweise die Konsequenz B folgen muss. Sondern möglicherweise andere, neue Verhältnisse entstehen, mit denen zuvor niemand gerechnet hatte und die in eine ganz andere Richtung weisen. Mit gänzlich neuen Spielregeln und Akteuren.

Und genau das ist im Zuge des israelischen Angriffskrieges im Libanon 1982 geschehen. Als die Israelis einmarschierten, stand die überwiegend schiitische Bevölkerung im Südlibanon der Besatzung zunächst abwartend gegenüber. Die Vertreibung der PLO war auch in ihrem Sinn, um nicht ständig in deren Grenzgefechte mit Israel hineingezogen zu werden. Doch die israelischen Militärs gingen, aus welchen Gründen auch immer, möglicherweise nicht zuletzt Gewohnheit, gewaltsam gegen schiitische Zivilisten vor, nicht anders als schon 1978. Sie verminten Ackerland, schossen Bauern von ihren Traktoren, verhafteten Verdächtige oder zerstörten Dörfer. Erneut sahen sich Zehntausende Schiiten zur Flucht nach Beirut veranlasst, wo sie sich in einem neu entstehenden Stadtviertel unweit des Flughafens niederließen, das den schlichten Namen »Dahiyeh« trägt (»Vorort«). Heute ist dieser Bezirk die Hochburg der Hisbollah, der »Partei Gottes«.

Was angesichts des israelischen Vorgehens im Südlibanon geschehen würde, war abzusehen. Es formierte sich eine vielschichtige Widerstandsbewegung, aus der zwei, drei Jahre später die Hisbollah als stärkste Kraft hervorging. Zwar zog sich die israelische Armee nach der Evakuierung der PLO aus Beirut zurück, blieb aber weiterhin im Südlibanon präsent, zunächst bis in Höhe der Stadt Sidon. Nach verlustreichen Kämpfen sah sie sich jedoch veranlasst, eine neue »Kontaktlinie« weiter südlich einzurichten, in Höhe des Litani-Flusses. Das Gebiet von hier bis zur israelischen Grenze, dreißig Kilometer breit, hielten die Israelis, mit Hilfe der bereits erwähnten christlichen »Südlibanesischen Armee«, einer Söldnermiliz, auch weiterhin besetzt. Keine gute Idee, denn die Hisbollah erwies sich als äußerst ernstzunehmender militärischer Gegner. Nach achtzehn Jahren Guerilla-Kampf gegen die Besatzer, darunter auch der Einsatz von Selbstmordattentätern, zwang die Schiitenmiliz die Israelis schließlich im Jahr 2000 zum bedingungslosen Abzug aus dem Südlibanon – die längst vierstelligen Opferzahlen unter den Soldaten waren der israelischen Öffentlichkeit nicht länger zu vermitteln.

Die Israelis hatten zwar die PLO aus dem Libanon vertrieben, doch war ihr im nächsten Schritt mit der Hisbollah ein Gegner erwachsen, dessen Schlagkraft die der Palästinenser um ein Vielfaches übertrifft. Mehr noch, die stärkste Militärmacht der Region hatte einen Krieg nicht etwa gegen einen arabischen Staat, sondern gegen eine hochmotivierte und ebenbürtige *Miliz* verloren. Überspitzt gesagt: gegen gut gerüstete Sandalenkrieger. Größer hätte die Blamage kaum sein können. Parallel stieg der Nimbus der Hisbollah nicht allein im Libanon, sondern in weiten Teilen der arabisch-islamischen Welt ins Unermessliche. Gerade vor diesem Hintergrund war der Angriff auf den Libanon 1982 mit anschließender jahrelanger Besatzung des Südens für Tel Aviv kein strategischer Gewinn, sondern Ausdruck politischer Verblendung, die überdies Abertausende Libanesen, Palästinenser und Israelis das Leben gekostet hat.

Die Libanon-Episode unterstreicht, dass die dominante Großisrael-Ideologie weder ihren Urhebern noch deren Nachbarn Frieden bringen kann und wird. Eine imperiale Macht kann anderen Staaten, ethnischen oder religiösen Gruppen vorübergehend oder auch für längere Zeit ihren Willen aufzwingen, aber niemals dauerhaft. Jedenfalls fehlen dafür die historischen Beispiele.

Nach offizieller israelischer und westlicher Lesart ist die Hisbollah wenig mehr als eine Stellvertretermiliz des Iran. Doch greift diese Sichtweise zu kurz. Die »Partei Gottes« ist eine originär libanesisch-schiitische Bewegung, die großen Rückhalt in der einheimischen Bevölkerung genießt. Auch wenn sie Geburtshilfe aus Teheran erhielt, von dort Waffen und Geld bezieht und dem iranischen Revolutionsführer huldigt, ist sie keineswegs eine iranische Marionette oder fünfte Kolonne. Das ist auch daran zu ermessen, dass ihr politischer Flügel, der »Loyalität zum Widerstand-Block«, eine der stärksten Parteien im libanesischen Parlament ist.

Der Sieg der Hisbollah war eine historische Zäsur. Nicht mehr säkulare Fedajin standen den Israelis gegenüber, sondern Dschihadisten – eine neue Qualität. Und nicht mehr staatliche Akteure allein bedrohten israelische oder westliche Interessen, vielmehr entstanden auf dem Bodensatz zerfallender politischer Ordnungen ethnische Bewegungen islamistischer Couleur, die Staaten ganz oder teilweise unter ihre Kontrolle bringen können, wie etwa die Taliban Afghanistan, die Huthis den Jemen oder eben die Hisbollah den Südlibanon.

In den USA, Großbritannien und Deutschland gilt die »Partei Gottes« als Terrororganisation. Die EU bezeichnet lediglich ihren militärischen Arm als terroristisch, nicht den politischen. Dergleichen Zuschreibungen übersehen oder ignorieren allerdings, dass die Hisbollah *als Reaktion* auf die israelische Besatzung entstanden ist. Was im Übrigen auch für die Hamas gilt, wie wir noch sehen werden. Es ist nicht ohne Ironie, dass die Führung Israels ihre beiden größten Widersacher selbst erschaffen hat. Beide sind eine politische wie militärische Antwort auf langjährige israelische Besatzungsregime. Solche Einsichten sind schmerzhaft und daher selbstverständlich nicht erwünscht.

Um klarzustellen, wer in der Region das Sagen hat, versuchte das israelische Militär 2006 die Hisbollah mit zerstörerischen Bombenangriffen auf die Dahiyeh und mit Panzervorstößen in die Schranken zu weisen – offiziell als Antwort auf deren Gefangennahme zweier israelischer Soldaten (Entführung, aus israelischer Sicht). Mehr als zweitausend Libanesen, die meisten von ihnen Zivilisten, bezahlten diesen Blitzkrieg mit dem Leben. Doch die Hisbollah schlug zurück und beschoss Nordisrael einschließlich Haifa mit Raketen. Zehntausende Israelis flohen in Richtung Süden – weder politisch noch militärisch ein Ruhmesblatt für die israelische Führung. Auch hier gab es im Nachgang eine parlamentarische Untersuchung in Gestalt der Winograd-Kommission. Deren Quintessenz: Es habe »eine Schwäche im strategischen Denken« gegeben. Wohl wahr, doch sollte dies kein israelisches Regierungsmitglied das Amt kosten.

Diesen Hintergrund muss man kennen, um zu verstehen, warum der Iran sukzessive zum Feindbild Nummer eins für Israel geworden ist. Nicht allein in Tel Aviv, auch in Washington reiften Überlegungen, den Nahen und Mittleren Osten so umzugestalten, dass rivalisierende Machtzentren kleingehalten oder ausgeschaltet werden. Israel agiert daher nicht im luftleeren Raum, sondern darf der Unterstützung durch die USA gewiss sein. Das kann durchaus böse enden – auch für die Amerikaner. Um den Abzug der PLO aus Beirut zu gewährleisten, schufen sie im August 1982 eine spezielle Einsatztruppe unter ihrer Führung, ergänzt durch Kontingente aus Großbritannien, Frankreich und

Italien. Diese »Multinational Force in Lebanon« zog anschließend aber nicht wieder ab, sondern verstärkte ihre Truppenpräsenz noch. Vor allem die USA, aber auch Frankreich bezogen im libanesischen Bürgerkrieg zunehmend Stellung zugunsten der christlich dominierten Zentralregierung und suchten den Einfluss Syriens im Libanon zurückzudrängen.

Zweimal Satan

Die Folgen waren schwerwiegend: Am 18. April 1983 steuerte ein Selbstmordattentäter seinen mit Sprengstoff beladenen Geländewagen auf das Gelände der US-Botschaft in Beirut. Die Explosion tötete 63 Menschen, darunter acht Angehörige der CIA. Der nächste Anschlag erfolgte am 23. Oktober 1983: Ein mit mehr als 5000 Kilo Sprengstoff beladener Lkw raste in das Hauptquartier der US-Truppen in Beirut: 241 Marines starben – die höchste Zahl an einem Tag getöteter US-Soldaten seit dem Kampf um die japanische Insel Iwo Jima im Zweiten Weltkrieg 1945. Minuten später folgte der nächste Selbstmordanschlag auf die französische Garnison: 58 Tote. Bis Februar 1984 hatten daraufhin alle westlichen Militärs Beirut wieder verlassen. Für die Anschläge machten die Amerikaner schiitische Milizen verantwortlich, namentlich die Hisbollah.

Diese Episode illustriert *in a nutshell* die bis heute bestehenden Konfliktlinien. Die USA und ihr engster Verbündeter Israel, geeint in ihrer imperialen Weltsicht, sorgten sich weniger um Moskaus überschaubaren Einfluss in der Region als vielmehr um die Folgewirkungen der iranischen Revolution, die 1979 den Schah gestürzt und Ayatollah Khomeini an die Macht gebracht hatte. Um die Islamische Republik zu schwächen, hatte Washington Saddam Hussein grünes Licht für dessen Angriff auf den Iran gegeben. Dieser Erste Golfkrieg dauerte acht Jahre (1980–1988) und war für die Amerikaner überaus profitabel: Sie verkauften Waffen an beide Seiten.

Die neue Führung in Teheran aber hatte verstanden, dass ihre beiden großen Widersacher, der »große Satan« USA und der »kleine Satan« Israel, zuvor maßgebliche Unterstützer der Schah-Herrschaft, den Iran ins Visier genommen hatten. Die iranische Gegenstrategie war keineswegs dumm. Es galt, einen eventuellen künftigen Krieg gegen den Iran zwecks Regimewechsel nicht erneut überwiegend auf iranischem Boden auszutragen. Und den Preis für jeden Angreifer so hoch wie möglich zu treiben, insbesondere für Israel. So entstand die Idee, mit Hilfe von verbündeten Milizen Sicherungsringe anzulegen, die im Verteidigungsfall zusätzliche Fronten eröffneten. Das erklärt die Waffenbruderschaft zwischen Teheran und der Hisbollah, dem ersten und wichtigsten Bollwerk. Sollte Israel jemals den Iran oder die »Partei Gottes« angreifen, würde die Hisbollah mit ihren heute geschätzt mehr als 150 000 hochpräzisen und schlagkräftigen Raketen den südlichen Nachbarn großflächig zerstören. Bevor anschließend der Libanon in die Luft fliegt – aber das ist dann eine andere Geschichte.

In der Absicht, die sunnitisch dominierte Minderheitenregierung unter Saddam Hussein zu stürzen, hatten die USA und ihre Verbündeten 2003 völkerrechtswidrig den Irak angegriffen. Staatszerfall und politisches Chaos schufen daraufhin den Nährboden für den »Islamischen Staat«, in Konkurrenz zu Al-Qaida – beide ebenfalls sunnitisch. Da der Irak aber mehrheitlich schiitisch ist, sind die dortigen Regierungen seither im Grundsatz proiranisch, mindestens jedoch um gute Beziehungen zu Teheran bemüht. Der Iran ist das schiitische Machtzentrum. Die sunnitischen Extremisten wurden weitgehend aufgerieben, auch mit Hilfe schiitischer irakischer Milizen – heute enge Verbündete Teherans.

Der Versuch der USA sowie der arabischen Golfstaaten, im Zuge des Krieges in Syrien nach 2011 das Assad-Regime zu stürzen, misslang. Syrien ist traditionell der verlässlichste Verbündete Irans, geeint durch die gemeinsame Feindschaft zu Saddam Hussein und westliche Pläne für einen Regimewechsel in beiden Ländern. Syrien ist heute ein wichtiges Aufmarschgebiet proiranischer Milizen. Später kamen noch die Hamas und die Huthi-Rebellen im Jemen als »Weggefährten« Teherans hinzu. Fazit: Militärische und politische Fehlplanungen der USA wie auch Israels haben den Einfluss Irans in der Region erheblich gestärkt.

Solche Einsichten sind nicht nur in Deutschland, sondern im Westen allgemein weitgehend verpönt, weil sie unbequem sind und nicht dem Hohelied vermeintlicher Werteorientierung entsprechen, die sich westliche Akteure gerne selbst zuschreiben. Griffiger und propagandistisch wirkmächtiger ist die moralisierende Anklage: Der Iran wolle Israel »vernichten« oder greife die »regelbasierte Ordnung« an. Mit dem Ziel, die »fanatischen Mullahs« respektive das »Mullah-Regime« einzuhegen, werden im Dauerkonflikt um das iranische Atomprogramm schließlich seit den 2000er Jahren zusätzliche Wirtschaftssanktionen verhängt. Um den Bogen nicht zu weit zu spannen, soll dieses Thema hier aber nicht ausgeführt werden – das hat der Autor des vorliegenden Buches an anderer Stelle bereits getan.[166]

Wer nun aber im Verhältnis zwischen den USA und Israel der Koch ist und wer der Kellner, darüber lässt sich trefflich streiten. Schon in den 1990er Jahren drängten israelische Politiker und ihre Unterstützer in Washington die Regierung Clinton mit Hilfe des Kongresses, die Konfrontation mit Teheran zu suchen. Mit Erfolg, denn bereits 1993 verkündete Präsident Bill Clinton eine neue außenpolitische Doktrin, die des »Dual Containment«, der zweifachen Eingrenzung von Irak und Iran. Beide Länder sollten gemäß dieser Doktrin mit Hilfe von Sanktionen geschwächt werden, in der Hoffnung auf einen Regimewechsel. (Der langjährige Verbündete Saddam Hussein war in Ungnade gefallen, als irakische Truppen 1990 in Kuwait einmarschierten.) Die Doktrin beruht maßgeblich auf israelischen Vorschlägen[167] und ist von proisraelischen Lobbyverbänden in Washington, namentlich dem »American Israel Public Affairs Committee« (AIPAC), forciert worden.

Das 1963 gegründete Komitee gilt seit den 1980er Jahren als eine der wirkmächtigsten Lobbygruppen in den USA. »Seinen Erfolg verdankt das AIPAC weitgehend der Fähigkeit, Abgeordnete und Kongresskandidaten zu belohnen, die die eigene Zielsetzung unterstützen, und jene abzustrafen, die dies nicht tun, da das AIPAC über einen großen Einfluss auf die Verteilung von Wahlkampfspenden verfügt. Geld ist entscheidend für US-Wahlen, die immer teurer werden, und das AIPAC sorgt dafür, dass politische Freunde unterstützt werden, solange sie nicht von der AIPAC-Linie abweichen«, schreiben die beiden US-Politologen John J. Mearsheimer und Stephen M. Walt, deren Buch *Die Israel-Lobby* (2007) das Standardwerk zum Thema ist.[168]

Die AIPAC-Linie beruht auf der Unterstützung Israels, genauer gesagt: der dortigen Großisrael-Vertreter und nicht etwa der Friedensbewegung, ohne Wenn und Aber. In den Worten des vormaligen US-Präsidenten Jimmy Carter vom Februar 2007: »Ich sehe gegenwärtig keine Aussichten dafür, dass irgendein Mitglied des US-Kongresses, des Repräsentantenhauses beziehungsweise des Senats, sagen würde: ›Wir sollten eine ausgewogene Position zwischen Israel und den Palästinensern einnehmen und ein Friedensabkommen aushandeln.‹ … Für ein Mitglied des Kongresses, das wiedergewählt werden will, ist es fast politischer Selbstmord, eine Position zu vertreten, die als Gegenkurs zur konservativen israelischen Regierung ausgelegt werden kann.«[169] An dieser Einschätzung hat sich bis heute kaum etwas geändert. Nicht zuletzt daran abzulesen, dass Joe Biden zwischen 1990 und 2023 der Nummer-eins-Empfänger von Wahlkampfspenden AIPACs war.[170]

Im ersten Band seiner präsidialen Memoiren *Ein verheiße-*

nes Land (2020) beleuchtet Barack Obama den Beginn seiner ersten Amtszeit als US-Präsident 2009 und äußert sich seinerseits kritisch über AIPAC: »Mitglieder beider Parteien sind besorgt, AIPAC in die Quere zu kommen«, denn »diejenigen, die Israel zu laut kritisieren, riskieren, als ›antiisraelisch‹ (oder gar antisemitisch) gebrandmarkt zu werden und bei den nächsten Wahlen einem finanziell sehr gut ausgestattetem Widersacher gegenüberzustehen.«[171]

Damit nicht genug. Beginnend in den 1950er Jahren haben israelische Regierungen stets große Anstrengungen unternommen, kritische jüdische Stimmen in den USA zum Schweigen zu bringen – dann vor allem, wenn sie sich für einen Ausgleich mit den Palästinensern einsetzten. Die bevorzugte Methode war dabei der Rufmord, betrieben maßgeblich vom AIPAC respektive dessen Vorläuferorganisation. Obwohl nach dem Sechstagekrieg 1967 die jüdisch-amerikanische Unterstützung für Israel noch einmal deutlich zugenommen hatte, nahmen Tel Aviv und das AIPAC verstärkt den »liberalen Zionismus« ins Visier. Stets mit dem Ziel, Kritik an der offiziellen Regierungslinie ebenso zu unterbinden wie Friedensinitiativen. Jüdische Gruppierungen, die sich hier engagierten, galten als »antiisraelisch«, »pro-PLO« oder als »jüdische Selbsthasser«. Sie würden jenen Kräften in die Hände spielen, deren Ziel die »Zerstörung Israels« sei.[172]

Aufgrund seiner Finanzstärke ist das AIPAC das wesentliche Bindeglied, um die proisraelische Agenda in Washington voranzutreiben. Mit dem Ergebnis, dass nicht allein tragbare Kompromisse zwischen Israelis und Palästinensern in weite Ferne rück(t)en. Das AIPAC hat auch maßgeblich dazu beigetragen, den US-geführten Angriff auf den Irak 2003 zum Sturz Saddam Husseins politisch und medial einzuläuten, wie von Mearsheimer und Walt ausführlich dargelegt.[173] Beinahe hätten Israel und Syrien im Jahr 2000 einen Friedensvertrag geschlossen, inklusive einer Rückgabe der Golanhöhen – doch scheiterte das Vorhaben am fehlenden Rückgrat von Israels Premier Ehud Barak und am AIPAC, mit anderen Worten: an den Ideologen in Tel Aviv und Washington.[174]

Miteinander reden? Besser nicht

Auch zwischen dem Westen im Allgemeinen und den USA sowie Israel im Besonderen könnte das Verhältnis zu Teheran ein ganz anderes sein, wäre es denn politisch gewollt. Der Iran stellte in den 1990er Jahren, als Präsident Clinton auf Konfrontationskurs ging, keine militärische Bedrohung dar – allein deswegen nicht, weil das Land noch von dem achtjährigen Krieg gegen den Irak gezeichnet war. Akbar Haschemi Rafsandschani, iranischer Präsident von 1989 bis 1997, suchte als Erster die Beziehungen zu den USA zu verbessern. Doch die Regierung Clinton verhängte 1995 die bislang schärfsten Wirtschaftssanktionen gegen Teheran. Als Begründung galt damals schon das angebliche iranische Streben nach Atomwaffen. Denn der Iran bemühte sich in Fortsetzung des unter dem Schah von den USA geförderten, nunmehr aber boykottierten Atomprogramms um Reaktor- und Nukleartechnologie aus Russland und China.

Kurz zuvor hatte die iranische Regierung die Lizenz für die Erschließung der Ölfelder vor der Insel Sirri im Persischen Golf an den US-Konzern Conoco vergeben – eine freundliche Geste in Richtung Washington. Doch Clinton ließ das Geschäft platzen und erließ eine Verordnung, die es US-Unternehmen untersagte, in den iranischen Erdölsektor zu investieren. Diese Verordnung führte schließlich zum »Iran Sanctions Act«. Federführend bei der Gesetzesvorlage war erneut AIPAC. Das Gesetz legt eng gefasste Obergrenzen für Investitionen in den iranischen Ölsektor fest – nicht nur für amerikanische, auch für ausländische Firmen, denen bei Zuwiderhandlungen juristische Konsequenzen in den USA drohen. Das Gesetz ist mehrfach erweitert worden und bis heute in Kraft. Clinton war auch der erste US-Präsident, der Geheimdienstaktionen zur Destabilisierung des Iran anordnete (Operation Merlin).

Nicht nur unter Rafsandschani, auch unter seinem Nachfolger, dem Reformer Mohammed Khatami (1997–2005), hat sich die iranische Führung wiederholt an Washington gewandt, um die Beziehungen zwischen beiden Ländern zu verbessern. Im Frühjahr 2003 unterbreitete Teheran der US-Regierung ein umfassendes Verhandlungsangebot, auch als Reaktion auf den Einmarsch im Irak und den von Washington erhobenen Vorwurf, der Iran greife nach der Atombombe. Die Kernpunkte dieser »Roadmap«: volle Transparenz und Garantien, dass der Iran den Besitz von Massenvernichtungswaffen nicht anstrebt; entschiedenes Vorgehen gegen alle Terroristen auf iranischem Boden, allen voran Al-Qaida; umfassende Kooperation und Informationsaustausch in allen terrorbezogenen Fragen; Koordination mit den USA, um den Irak politisch zu stabilisieren und dort ein demokratisches System zu schaffen, das alle religiösen und ethischen Gruppen einbezieht; die Beendigung jedweder »materiellen Unterstützung« für palästinensische Widerstandsgruppen (Hamas, Islamischer Dschihad etc.), insoweit sie von iranischem Boden aus operieren; Druck auf diese Gruppen, keine Anschläge auf Zivilisten in Israel innerhalb der Grenzen von 1967 zu verüben; Anerkennung der Zweistaatenlösung im Konflikt zwischen Israel und den Palästinensern; Transformation der Hisbollah in eine rein politische und soziale Organisation.[175] Im Gegenzug verlangten die Iraner ein Ende aller Sanktionen, das Recht auf friedliche Nutzung der Atomenergie, die Anerkennung ihrer legitimen Sicherheitsinteressen sowie die Beendigung aller amerikanischen Versuche, den Iran zu destabilisieren.

Man halte einen Augenblick inne und stelle sich vor, Washington wäre auf diesen konstruktiven Vorschlag eingegangen, was selbstverständlich nicht der Fall war. Bestünde ernsthaft Zweifel, dass die Region in diesem Fall heute eine weitaus bessere, friedlichere wäre?

Hunderttausende Menschen im Irak, in Syrien, im Libanon, in Israel und den von Israel besetzten Gebieten wären wahrscheinlich noch am Leben. Doch israelische Politiker, AIPAC und andere proisraelische Lobbygruppen setzten alle Hebel in Bewegung, »um sowohl die Regierung Clinton als auch die Regierung Bush von Verhandlungen mit dem Iran abzuhalten, und sie setzten sich in fast allen Fällen durch«.[176]

Bis heute hat sich an dieser Linie nichts geändert, doch haben sich seither die Spannungen zwischen den USA/Israel auf der einen und dem Iran auf der anderen Seite erheblich verschärft. Der Wahlsieg des Hardliners Mahmud Ahmadinedschad, Präsident von 2005 bis 2013, in Erinnerung geblieben vor allem durch seine antiisraelischen Ausfälle, verdankte sich wesentlich dem Ausbleiben einer »Friedensdividende«. Die Aufkündigung des 2015 geschlossen Atomabkommens mit dem Iran durch Präsident Trump 2018 schwächte die moderaten Kräfte unter Präsident Hassan Rohani (2013–2021) weiter und begünstigte den Wahlsieg von Präsident Ebrahim Raisi 2021, der bis zu seinem Tod bei einem Hubschrauberabsturz im Mai 2024 mit Nachdruck die Abwendung Irans vom Westen hin zu Russland und China betrieb.

»Rasenmähen«:

Warum der Frieden in Israel/ Palästina scheitern musste

Die israelische Politik gegenüber den Palästinensern lässt sich auf einen Begriff bringen: Entrechtung. Ungeachtet anderslautender Rhetorik ist das Ziel klar – es kann und wird keinen palästinensischen Staat an der Seite Israels geben. »Haaretz shelanu«: Das gesamte, vermeintlich biblisch verheißene Land zwischen Mittelmeer und Jordanfluss gehört uns. Die Palästinenser müssen folglich eingehegt und idealerweise vertrieben werden.

Nach außen hin, gegenüber den westlichen Förderern Tel Avivs, wird der Schwerpunkt aus naheliegenden Gründen anders gesetzt. Hier gilt der Verweis auf Israels sakrosankte »Sicherheit«, stets und ständig bedroht von finsteren Mächten, die den jüdischen Staat zu »vernichten« trachten. Diese Gleichung hat in der Vergangenheit stets gut funktioniert, doch stößt sich der israelische Allmachtsanspruch immer wieder an geopolitischen Realitäten. Angefangen damit, dass die Palästinenser nicht aufhören zu existieren, auch nicht im Fall eines »Transfers«, wie die Entwicklung seit der Nakba bezeugt. Stattdessen begann sich ein Karussell zu drehen, das vor ständig neuer und zunehmend gefährlicher Kulisse wieder und wieder Gewalt hervorbringt.

Im Exil in Tunis hatte die PLO keine Möglichkeit mehr, den Kampf gegen Israel militärisch fortzuführen. Stattdessen setzte sie in den nachfolgenden Jahren, im Einklang mit der Arabischen Liga, auf Diplomatie. Bereits auf ihrem Gipfel im September 1982 im marokkanischen Fes forderte die Arabische Liga Israels Rückzug aus allen besetzten Gebieten, einschließlich Ostjerusalems, und die Gründung eines palästinensischen Staates unter Führung der PLO – im Gegenzug für die Normalisierung der Beziehungen zu Israel. 2002 und 2007 unternahm die Arabische Liga ebenfalls vergleichbare Vorstöße. Auch sie wurden von israelischer Seite zurückgewiesen, nicht einmal kommentiert. Vielmehr suchten die Besatzer in den 1980er Jahren eine begrenzte palästinensische Autonomie im Westjordanland und im Gazastreifen einzuführen, unter Ausschluss der PLO, mit Hilfe von Quislingen. Das konnte nicht gutgehen, früher oder später musste es zur Explosion kommen. Was dann auch geschah: 1987 im Zuge der ersten »Intifada« (deutsch: »Abschütteln«), die sich, wie viele Aufstände oder Aufstandsbewegungen in anderen Teilen der Welt auch, an der einen Demütigung zu viel entzündete, an jenem berühmten Tropfen, der das Fass zum Überlaufen bringt. So geschehen am 8. Dezember 1987, als es beim Zusammenstoß eines israelischen Militärfahrzeuges mit einem Taxi in Gaza vier palästinensische Tote gab.

Es folgte ein Volksaufstand gegen Unterdrückung und Entrechtung, wie es ihn in Palästina seit dem »Großen Arabischen Aufstand« in den 1930er Jahren nicht mehr gegeben hatte. Er sollte sechs Jahre andauern, bis zur Vereinbarung von Oslo 1993. In dieser Zeit erschossen die Israelis mehr als tausend Palästinenser, über 120 000 wurden inhaftiert, viele von ihnen Jugendliche und Kinder unter sechzehn Jahren. Zum Sinnbild dieser ersten Intifada wurden Steine werfende Palästinenser, Hochburg des Aufstands war der Gazastreifen – weil dort das Ausmaß an Unterdrückung und Perspektivlosigkeit am größten war und ist.[177]

Nach 1967 wurde die palästinensische Wirtschaft weitgehend stranguliert. Israel agiert in den besetzten Gebieten wie eine klassische Kolonialmacht. Zum einen sind diese Gebiete ein nahezu konkurrenzloser Absatzmarkt für israelische Waren oder Dienstleistungen. Der palästinensische Handel mit Ägypten und Jordanien findet nur eingeschränkt statt und ist zahlreichen Beschränkungen unterworfen. Zum anderen dienen die Palästinenser als billiges Arbeitskräftereservoir: Sie werden deutlich schlechter bezahlt als Israelis, sind häufig Tagelöhner, verfügen über keinerlei Arbeitnehmerrechte und sind bevorzugt in der Bauwirtschaft anzutreffen. Oft genug errichten sie jüdische Siedlungen, die auf jenem Land entstehen, das ihnen zuvor geraubt wurde. Berufliche Alternativen haben vor allem die Ungelernten oder weniger gut Ausgebildeten kaum.

Ungeachtet der Steinewerfer war die erste Intifada vor allem Ausdruck eines fortwährenden Ungehorsams der palästinensischen Zivilgesellschaft, eines basisdemokratischen Aufstands, wenn man so will. Das ist auch daran zu ermessen, dass die PLO im fernen Tunis von den Ereignissen vor Ort überrascht wurde und zunächst Mühe hatte, sie mitzugestalten. Die politische und militärische Elite Israels reagierte auf den Aufstand zunächst verärgert, stellte er doch ihr »Geschäftsmodell« infrage, die besetzten Gebiete mit Zuckerbrot und Peitsche unter Kontrolle zu behalten. Anschließend antwortete sie mit exzessiver Gewalt, um den Geist der Revolte zurück in die Flasche zu zwingen.

Die Richtung gab Verteidigungsminister Jitzchak Rabin vor, zusammengefasst in seinem berühmt gewordenen Diktum »Brecht ihnen die Knochen«. Anlässlich der Inspektion eines Flüchtlingslagers unweit von Ramallah erklärte er kurz nach Ausbruch der Intifada: »Die absolute Priorität der Sicherheitskräfte ist es, gewalttätige Demonstrationen mit Macht, Entschlossenheit und harten Schlägen zu verhindern … Wir werden klarstellen, wer in den Gebieten das Sagen hat.«[178] Die besetzten Gebiete werden in Israel als »Gebiete« bezeichnet, das Westjordanland als »Judäa und Samaria«, um die biblisch begründeten Eigenansprüche zu unterstreichen.

Zu den von israelischer Seite angewendeten Methoden der Aufstandsbekämpfung gehörten Massentötungen, Raketen- und

Artilleriebeschuss. Ein Bericht des US-Außenministerium von 1988 hält fest: »Soldaten eröffnen selbst dann das Feuer, wenn sie keiner tödlichen Gefahr ausgesetzt sind … Israelische Truppen benutzen Schlagstöcke, um Knochen zu brechen und auch solche Palästinenser zu schlagen, die nicht unmittelbar an Unruhen beteiligt waren oder bei ihrer Verhaftung keinen Widerstand geleistet haben … Mindestens 13 Palästinenser sind an den Schlägen gestorben.«[179]

Wie die »moralischste Armee der Welt« agiert, hat unter anderem auch die größte unabhängige Kinderrechtsorganisation »Save the Children« dokumentiert. Ihr zufolge mussten in den beiden ersten Jahren der Intifada bis zu 29 900 Kinder medizinisch versorgt werden – aufgrund von Verletzungen, die durch Schläge herbeigeführt worden waren. Ein Drittel dieser Kinder war jünger als zehn Jahre.[180]

Die Charta der Hamas

Die Vereinten Nationen haben 1988 und danach mehrere Resolutionen verabschiedet, die das brutale israelische Vorgehen verurteilten, doch darf sich Israel die Freiheit nehmen, dergleichen Voten seit Jahrzehnten zu ignorieren – dank Rückendeckung aus den USA und seitens der Europäer. Und ähnlich wie die israelische Besatzung Südlibanons zum Geburtshelfer der Hisbollah wurde, formierte sich bereits eine Woche nach Beginn der Intifada, noch im Dezember 1987, die Hamas im Gazastreifen, ebenfalls als Reaktion auf die unerträgliche Besatzung. Hamas ist die arabische Abkürzung für »Bewegung des islamischen Widerstandes«, bedeutet gleichzeitig aber auch Entschlossenheit, Eifer, Engagement. Hervorgegangen ist die Hamas aus den Reihen der ägyptischen Muslimbruderschaft, konkret ihres Ablegers im Gazastreifen. Seit ihren Anfängen ist sie nicht lediglich eine Partei, sondern eine Graswurzelbewegung, tief verankert in der dortigen Bevölkerung und in deren sozialer Struktur.

Warum dort? Weil sich die Lebensverhältnisse im Küstengebiet noch schwieriger gestalteten als im Westjordanland. Für die Gaza-Bewohner gab es *grosso modo* nur einen Arbeitsmarkt: Als Arbeiter in den untersten und somit schlechtbezahltesten Sektoren der israelischen Wirtschaft. Meistens, wie erwähnt, als Bauarbeiter. Eine eigenständige Ökonomie gab es im Gazastreifen noch weniger als im Westjordanland. Der landwirtschaftliche Sektor war nur schwach entwickelt, vor allem infolge der israelischen Siedler: insgesamt 9000 in 21 Siedlungen, die drei Viertel des knappen, für Landwirtschaft geeigneten Bodens für sich beanspruchten. Ebenso einen Großteil des Wassers. Die Industrie war rudimentär, die Infrastruktur in jeder Hinsicht unterentwickelt, die damals rund 1,5 Millionen Palästinenser vollkommen rechtlos und kaltgestellt – die Besatzer erlaubten keine politische Betätigung. Allein karitative oder nachbarschaftliche Hilfsprojekte ließen sie durchgehen. Und genau in diesem Bereich waren die Muslimbrüder aktiv.

Hinzu kamen die täglichen Schikanen und Demütigungen, willkürliche Verhaftungen und nicht zuletzt die umfangreiche Zerstörung von Häusern. Die Besatzer schlugen ganze Schneisen in die dicht an dicht stehenden Häuserzeilen, um ihren Panzern freie Fahrt zu verschaffen. Vor diesem Hintergrund verwundert es nicht, dass die Hamas zum Motor der Intifada im Gazastreifen wurde, nicht aber im Westjordanland – dort hatte die PLO ihre Hochburgen. Ihre Vorstellungen und Ziele formulierte die Hamas im August 1988 in ihrer berüchtigten Charta.

Der Zeitpunkt war nicht zufällig gewählt, denn am 31. Juli 1988 hatte König Hussein von Jordanien in einer tränenreichen Ansprache seinen Verzicht auf alle territorialen Ansprüche westlich des Jordanflusses erklärt und das Westjordanland einschließlich Ostjerusalems symbolisch an die Palästinenser und die PLO abgetreten. Mit ihrer Charta präsentierte sich die islamistische Hamas der Öffentlichkeit und etablierte sich gleichzeitig als zweiter palästinensischer Machtfaktor neben der säkularen PLO.

Darin stellte sie sich als islamische Bewegung dar, die mit Hilfe des bewaffneten Kampfes ganz Palästina zu befreien sucht. Den nationalen Widerstand gegen die Besatzung begründet die Hamas religiös, desgleichen propagiert sie die Islamisierung der Gesellschaft. Gleichzeitig bedient sich die Hamas »eines Arsenals von … Stereotypen, die direkt aus dem christlich-europäischen Antisemitismus übernommen wurden und an Vulgarität nicht zu übertreffen sind«, so die Politikwissenschaftlerin und Palästina-Expertin Helga Baumgarten. »Zwischen Israel, Zionismus und Judentum wird kaum differenziert, die Juden wollten von Palästina aus ›einen Staat vom Nil bis zum Euphrat‹ errichten und schließlich die gesamte Welt beherrschen, wie das in den *Protokollen der Weisen von Zion* nachzulesen sei, die in nicht mehr zu übertreffender Naivität als historisches Dokument angeführt werden.«[181]

Die Charta dient bis heute als Beleg für die Entschlossenheit der Hamas, Israel zu »vernichten«, weswegen sie kein Verhandlungspartner sein könne. Doch hat sie 2017 ihre Charta neu gefasst und eine Zweistaatenlösung indirekt anerkannt – und somit auch das »Existenzrecht« Israels. Wie wir noch sehen werden, hat sich die Hamas in ihrer Programmatik, ähnlich wie die PLO, von ihren ursprünglichen Maximalforderungen längst entfernt und wiederholt Avancen in Richtung Israel gemacht – ohne Erfolg.

Die israelischen Besatzungsbehörden ließen die Hamas zunächst gewähren. Offenbar in der Hoffnung, mit ihrer Hilfe die PLO zu schwächen. Angesichts der immer brutaleren Bekämpfung der Intifada radikalisierte sich die Hamas jedoch und ging zunehmend gewaltsam gegen israelische Soldaten vor, zunächst in Form von Messerangriffen. Im Herbst 1988 reagierten die Besatzer mit einer ersten Verhaftungswelle. Daraufhin entführten Hamas-Anhänger israelische Soldaten, um die Freilassung der Inhaftierten zu erzwingen: ein klassisches Muster der Eskalation, bis hin zur gezielten Ermordung des geistigen Oberhauptes der Hamas, Scheich Ahmad Jassin (1936–2004).

Jassins Familie stammte aus der Region Aschkelon im heutigen Südisrael und wurde 1948 in Richtung Gaza vertrieben, wo sie in einem Flüchtlingslager lebte. Als Jugendlicher bei einem Sportunfall schwer verletzt, war er hinfort auf den Rollstuhl angewiesen. Während seines Studiums an der Al-Azhar-Universität in Kairo schloss er sich den Muslimbrüdern an. Zurück in Gaza wirkte er als Prediger und engagierte sich in sozialen Belangen, wie in der Bruderschaft üblich. 1989 wurde Jassin erstmals verhaftet: gewissermaßen der Auftakt israelischer Versuche, die Hamas zu zerschlagen. Man warf ihm vor, hinter der Entführung zweier israelischer Soldaten zu stehen, die später getötet wurden. Dafür wurde er 1991 zu lebenslanger Haft verurteilt. 1997 kam er im Rahmen eines Abkommens zwischen Jordanien und Israel wieder frei und wandelte sich zum Realpolitiker. Er stellte sich hinter die »Palästinensische Nationalbehörde« (PN) unter Führung der PLO und schlug Israel erneut einen langfristigen Waffenstillstand vor, sollte es sich aus den besetzten Gebieten zurückziehen.

Wesentlich für die Chronologie der Gewaltentwicklung war das bereits erwähnte Attentat eines jüdischen Siedlers, der am 25. Februar 1994 29 Betende in der Abrahams-Moschee in Hebron erschoss. Daraufhin forderte die Hamas Israel zu einem Deal auf: Israel greift keine palästinensischen Zivilisten mehr an, im Gegenzug verzichten die Islamisten ihrerseits auf Gewalt gegen israelische Zivilisten. Die israelische Seite reagierte mit Verachtung und setzte ihre Angriffe fort. Daraufhin kam es zur ersten großen Welle von Hamas-Selbstmordattentaten in Israel, die erst mit der Haftentlassung Yassins 1997 endete.

Im August 1997 hatte Hamas-Chef Khaled Mashal dem verfeindeten Nachbarn einen dreißigjährigen Waffenstillstand angeboten. Die israelische Antwort erfolgte am 25. September 1997, als Mossad-Agenten Mashal in Amman zu ermorden versuchten – auf direkten Befehl Netanjahus. Der Anschlag misslang, wenngleich die Agenten, die als Touristen auftraten, ihm über das Ohr ein toxisches Gift verabreichen konnten. Mashal fiel ins Koma, kam ins Krankenhaus, die Agenten wurden verhaftet. König Hussein drohte Netanjahu mit dem Abbruch der diplomatischen Beziehungen, sollte der nicht das Gegengift zur Rettung Mashals liefern. Das geschah und Mashal überlebte. Da sich sechs weitere mit dem Mordversuch befasste Agenten in die israelische Botschaft geflüchtet hatten, kam es zu einem Tausch: Sie durften ausreisen, im Gegenzug wurde auch Ahmad Jassin aus dem Gefängnis entlassen.

Die Amerikaner machen Druck

Während der zweiten Intifada beteiligte sich Jassin 2003/04 an Gesprächen mit israelischen Vertretern über eine Waffenruhe. Dessen ungeachtet befürwortete er, wie auch die übrige Führung der Hamas, eine Serie blutiger Anschläge in Israel mit Dutzenden Toten. Diesen Widerspruch hatte Jassin bereits 1997 zu erklären versucht: »Wir bekämpfen Juden nicht, weil sie Juden sind. Wir bekämpfen sie, weil sie uns angegriffen haben, uns getötet haben, uns unser Land genommen haben … Warum sollen wir nicht kämpfen? Wir haben das Recht, uns zu verteidigen.«[182]

Der Vollständigkeit halber sei erwähnt, dass die Hamas ihr erstes Selbstmordattentat im Verlauf der zweiten Intifada erst fünf Monate nach deren Beginn verübte, im März 2001. Bis dato hatte die israelische Armee eine Million Schuss Munition verfeuert, waren Hunderte Palästinenser erschossen worden, lag die »Quote« getöteter Palästinenser zu getöteten Israelis bei zwanzig zu eins.

1999 bot Jassin Israel einen weiteren Waffenstillstand an: »Wir müssen realistisch sein. Wir reden über eine Heimat, die uns 1948 und 1967 gestohlen worden ist. Meine Generation sagt den Israelis heute: Lasst uns dieses Problem auf der Grundlage der Grenzen von 1967 lösen. Lasst uns diesen Konflikt durch einen temporären Waffenstillstand beenden. Alles Weitere mögen künftige Generationen klären und entscheiden«, auf der Grundlage demokratisch getroffener Beschlüsse.[183]

Jassin hat seinen Vorschlag mehrfach wiederholt, zuletzt unmittelbar vor seiner »gezielten Tötung« am 22. März 2004 durch eine israelische Hellfire-Rakete, die elf weitere Personen umbrachte, darunter zwei seiner Söhne. UN-Generalsekretär Kofi Annan verurteilte den Mord, ebenso der UN-Menschenrechtsrat plus führende Staaten des Globalen Südens, darunter China, Indien, Südafrika, die Afrikanische Union, die Arabische Liga.

Wen aber interessiert das in Israel und im werteorientierten Westen? Dort nimmt man allein den 7. Oktober 2023 wahr. Der aber hat eine Vorgeschichte. Und aus der geht unmissverständlich hervor: Es hätte alles auch ganz anders kommen können.

Doch zurück zur ersten Intifada – wie sie beenden? Der jahrelange Versuch Israels, das Problem mit exzessiver Gewalt zu lösen, den westlichen Verbündeten gegenüber als »Terrorbekämpfung« dargestellt, erwies sich als Sackgasse. Jedenfalls nahm der Aufstand kein Ende. Zum Schaden der israelischen Seite, deren Nimbus als ewiger David zu verblassen begann. Langsam, sehr langsam entdeckten Teile der westlichen Öffentlichkeit, unter welchen Bedingungen die Palästinenser ihr Dasein fristeten. Die erste Intifada ging einher mit einem tiefen Riss in der geschönten westlichen Wahrnehmung Israels.

Gleichzeitig veränderten sich einmal mehr die Rahmenbedingungen. Angefangen mit der PLO. Wie erwähnt hatte König Hussein im Juli 1988 alle Gebietsansprüche westlich des Jordanflusses symbolisch an die Palästinenser abgetreten. Im Folgemonat hatte die Hamas ihre Charta vorgestellt und bekam aufgrund ihres religiösen Profils viel Zuspruch aus der islamischen und arabischen Welt – einschließlich finanzieller Zuwendungen, die auf Kosten der säkularen PLO gingen. Am 15. Oktober 1988 tagte in Algier der Palästinensische Nationalrat, das legislative Organ der PLO, und erklärte Palästina in einem symbolischen Akt für unabhängig. Gleichzeitig erkannte er auch – im Gegensatz zu Israel – die UN-Resolution 242 von 1967 an, in der die »Souveränität, territoriale Unversehrtheit und politische Unabhängigkeit eines jeden Staates in der Region« garantiert wird. Indirekt hatte die PLO damit das Ultima Thule, das »Existenzrecht« Israels anerkannt.

Im August 1990 begann der Zweite Golfkrieg mit der irakischen Invasion Kuwaits, auf den die USA mit dem größten militärischen Einsatz in der Region seit ihrem Debakel in Beirut 1983 reagierten. Die irakischen Truppen wurden vertrieben, und im April 1991 endete der Krieg im Rahmen eines von den Vereinten Nationen vermittelten Waffenstillstandsabkommens. Im Verlauf der Kampfhandlungen feuerte die irakische Armee im Januar 1991 mehrere Scud-Raketen auf Israel, die überwiegend in Tel Aviv und Haifa einschlugen. Größere Schäden richteten sie nicht an, doch war die psychologische Wirkung in Israel beträchtlich.

Um die arabischen Bedenken über ihre massive Militärpräsenz im Persischen Golf zu zerstreuen, versprachen die Amerikaner den arabischen Staaten eine nahöstliche Friedensinitiative. Das Ergebnis war die Konferenz von Madrid im Oktober 1991. Erstmals trafen sich auf einer Nahostkonferenz Vertreter Israels, Syriens, des Libanon und Jordaniens in einem Raum. Die PLO war formal nicht zugegen, ihre Delegierten gehörten aber der jordanischen Delegation an. Doch war die PLO geschwächt, weil sich Jassir Arafat im Zweiten Golfkrieg auf die Seite Saddam Husseins gestellt hatte – eine überaus unkluge Entscheidung. Kuwait und andere Golfstaaten hatten daraufhin mehr als 400 000 palästinensische Arbeitsmigranten ausgewiesen. Der Grund für Arafats

Entscheidung: Bagdad war zum wichtigsten Finanzier der PLO geworden. Die israelische Regierung unter Jitzchak Schamir (Likud) hatte wenig bis gar kein Interesse an dieser Friedenskonferenz, mochte aber die Amerikaner nicht brüskieren.

Aus gutem Grund nicht. US-Präsident George H. W. Bush und sein Außenminister James Baker, die beide die Konferenz initiiert hatten, waren ungewohnt kritisch gegenüber Tel Aviv. Wiederholt hatten sie klargestellt, dass Israel die Siedlungspolitik zugunsten einer Zweistaatenlösung aufzugeben habe. Mehr noch, Madrid war der wohl erste Versuch einer US-Regierung, den Abzug der israelischen Besatzer zu erwirken. Auch daran zu ermessen, dass Baker öffentlich damit drohte, die US-Militärhilfen für Israel zu reduzieren. Um das zu verhindern und gleichzeitig den arabischen Gipfelteilnehmern den Wind aus den Segeln zu nehmen, verlagerte die israelische Seite die Palästinafrage auf die Ebene inoffizieller Gespräche zwischen Israelis und Palästinensern. Geführt wurden sie mit Hilfe der gewerkschaftsnahen norwegischen Stiftung und Forschungseinrichtung Fafo über Monate hinweg in Oslo. Richtig in Fahrt kamen sie nach dem Wahlsieg von Labour im Juni 1992 unter dem neuen Ministerpräsidenten Jitzchak Rabin. Die israelischen Verhandlungsführer gehörten durchweg dem Friedenslager an, nicht der Siedlerbewegung. Ideale Voraussetzungen also für einen diplomatischen Durchbruch.

Sollte man denken. Unter US-Vermittlung kam es schließlich zur »Declaration of Principles«, der Prinzipienerklärung, auch »Oslo-I-Abkommen« genannt, am 13. September 1993 feierlich auf dem Rasen des Weißen Hauses in Washington unterzeichnet. Das dazugehörige Bild ist ikonisch: Präsident Bill Clinton, der schützend beide Arme ausbreitet. Links aus Sicht des Betrachters steht Jitzchak Rabin mit sichtbar angewidertem Gesichtsausdruck. Er reicht Jassir Arafat, der einen olivgrünen Anzug im Mao-Design trägt, seine Kampfmontur, und die Kufiyeh, das schwarz-weiß gemusterte »Palästinensertuch«, zur Rechten die Hand. Wie schon bei Sadats Besuch in Jerusalem 1977 überschlugen sich westliche Politiker und Meinungsmacher mit Bibel-Vergleichen, um die Einzigartigkeit dieser unvergleichlichen Zäsur zu unterstreichen – als wäre Moses persönlich ein weiteres Mal vom Berg Sinai herabgestiegen, statt der Gesetzestafeln nun einen Friedensvertrag in Händen. Kaum verwunderlich, dass Rabin, sein Außenminister Schimon Peres und Arafat im Jahr darauf, 1994, den Friedensnobelpreis erhielten.

Oslo und die Folgen

Allein, es kam ganz anders – der Weg führte nicht in Richtung Frieden, sondern unmittelbar in die zweite Intifada. In der »Prinzipien-Erklärung« erkannte die PLO ein weiteres Mal nach 1988 das »Existenzrecht« Israels an, dieses Mal nicht indirekt, sondern im Klartext. Tel Aviv wiederum erkannte die PLO als einzige legitime Vertretung der Palästinenser an. Israel sollte nach und nach Territorium und politische Verantwortung an die neu zu gründende, Fatah-dominierte Palästinensische Nationalbehörde (PN) abtreten. Doch die Vereinbarungen von Oslo waren keine, die auf Augenhöhe getroffen wurden. Die Spielregeln bestimmte allein die israelische Seite. Das ist auch und vor allem daran abzulesen, dass alle den Palästinensern wichtige Themen als sogenannte »Endstatusfragen« erst nach einer fünfjährigen »Übergangsphase« zu klären seien. Dazu rechnen der Status Jerusalems, die Zukunft der jüdischen Siedlungen, die Grenzziehung zwischen Israel und den palästinensischen Gebieten und die Frage nach einer Rückkehr oder Entschädigung der Palästinenser, die im Zuge der Nakba wie auch des Krieges von 1967 vertrieben wurden.

Diese fünfjährige »Übergangsphase«, festgehalten im Gaza-

Jericho-Abkommen vom Mai 1994, sollte offiziell der »Vertrauensbildung« dienen. Dieses Abkommen regelte auch die Zuständigkeiten der Palästinensischen Nationalbehörde und ermöglichte Jassir Arafat und der PLO nach Jahren des Exils in Tunis im Juli 1994 die Rückkehr nach Palästina, nach Gaza. Zuvor aber, im April 1994, musste die PLO das »Pariser Protokoll« unterzeichnen. Es unterstreicht ein weiteres Mal, dass die Beziehungen zwischen Israel und den Palästinensern nicht von Gleichwertigkeit getragen sind. Vielmehr mussten Letztere sich einem Diktat beugen: Freiwillig würde niemand bei Verstand ein solches Dokument unterzeichnen.

Das Pariser Protokoll hält fest, dass Israel in allen Fragen der palästinensischen Wirtschaft das Sagen behält. Israel kontrolliert weiterhin alle Außengrenzen, alle für die besetzten Gebiete bestimmten Waren und Dienstleistungen, den Export sämtlicher palästinensischer Güter; Tel Aviv entscheidet allein über Währungsfragen und vor allem kassiert die israelische Seite alle Steuern, Sozialabgaben und Zölle in den besetzten Gebieten, die erst im nächsten Schritt an die PN weitergeleitet werden – oder auch nicht. Das entspricht einer Militarisierung der Wirtschaftsbeziehungen, denn diese Regelung öffnet der politischen Erpressung Tür und Tor. Und davon haben alle israelischen Regierungen als Strafmaßnahme gegenüber der PN auch umfassend Gebrauch gemacht, bis heute.

Doch erschien nicht der Weg zum Frieden unaufhaltsam? Im Oktober 1994 unterzeichnete Jordanien als zweiter arabischer Staat ein Friedensabkommen mit Israel, im September 1995 verständigten sich Israel und die PLO auf das sogenannte »Interims-« oder »Oslo-II-Abkommen«, ebenfalls mit Pomp und Gloria unterzeichnet, dieses Mal im ägyptischen Taba auf dem Sinai. Im Anschluss zog die PN von Gaza nach Ramallah um. Doch die darin festgehaltenen Bestimmungen nahmen das Scheitern des Interims-Abkommen vorweg – und zwar unabhängig davon, dass

Premier Jitzchak Rabin am 4. November 1995 von einem rechtsextremen jüdischen Siedler erschossen wurde.

Mit Rabins Tod endete die jahrzehntelange Dominanz der »Sozialdemokratie« in der Politik Israels. Heute füllen deren letzte verbliebenen Reste wenig mehr als eine unbedeutende Nische. Abgesehen von einem kurzen Intermezzo zwischen 1999 und 2001 unter dem Labour-Premier Ehud Barak, ist die Macht in Israel seither fest in Händen der Ultrarechten, der Siedler und der religiösen Zeloten. Auch aus demografischen Gründen: Die ursprünglich aschkenasische Machtelite aus eingewanderten Mitteleuropäern erlebte seit den 1980er Jahren (auch zahlenmäßig) ihren Niedergang in Politik und Gesellschaft. Stattdessen traten religiöse und rechtsnationale Parteien in den Vordergrund, in denen überwiegend Sephardim das Sagen haben, ihrerseits meist Angehörige der (unteren) Mittelschichten. Dort fanden aber auch die geburtenstarken Orthodoxen und nach 1990 die mehr als eine Million Einwanderer aus dem Gebiet der ehemaligen Sowjetunion ihre politische Heimat. Der russische Neuankömmling, der in »Judäa und Samaria« eine Siedlung bezieht und in gebrochenem Hebräisch oder der Einfachheit halber auf Russisch erklärt, warum das Land ihm gehört und nicht etwa den Palästinensern, ist fast schon ein *Running Gag*. Deutlich ideologisierter und gefährlicher kommen die nach Tausenden zählenden Siedler aus Brooklyn daher, dem größten jüdischen Viertel in New York: jung, messianisch aufgeladen, gewaltbereit.

Obwohl also von »Oslo« eine Friedensbotschaft ausging, ist das Projekt krachend gescheitert. Um die Ursachen zu verstehen, gilt es einmal mehr, sich das Credo des (Mainstream-)Zionismus vor Augen zu führen: Das gesamte Land zwischen Mittelmeer und Jordanfluss gehört uns. Das Ergebnis war ein bezeichnender Doublebind unter dem »ethnischen Säuberer« und »Knochenbrecher« Rabin. Frieden ja – aber dafür Land hergeben?

Auch den *Peaceniks* in seiner Regierung, den linksliberalen

Verhandlungsführern mit den Palästinensern, ging es erkennbar nicht um eine Zweistaatenlösung. Vielmehr suchten sie ein politisches Arrangement, eine Art dauerhafte Zwischenlösung, mit der PLO als Subunternehmer oder Hilfssheriff der Besatzung. Warum denn sollte die israelische Armee gegen die Hamas oder andere Guerilleros respektive Terroristen vorgehen, wenn das genauso gut auch die PLO in Gestalt der Palästinensischen Nationalbehörde erledigen konnte? Verwunderlich ist diese Haltung nicht, sie ist seit 1967 im Grundsatz unverändert geblieben: Es gilt, den Konflikt zu managen, nicht ihn zu lösen.

Alle Bestimmungen von Oslo I wie II folgten ausschließlich dem Drehbuch und den Interessen Israels. Arafat blieb wenig mehr als die Wahl, sich entweder den Regieanweisungen der Besatzer zu beugen – oder eben nicht. Kaum war die Tinte unter den vermeintlichen Friedensvereinbarungen getrocknet, begann der größte Bauboom in Ostjerusalem und den besetzten Gebieten seit 1967: unter Rabin bereits, nicht erst unter seinem Nachfolger Netanjahu. Neue Siedlungen durften laut Oslo II nicht gebaut, wohl aber durften bereits bestehende »erweitert« werden; eine scheunentorgroße Hintertür. In der Praxis spielte das Verbot ohnehin keine Rolle.

Unter Netanjahu wurde zusätzlich der folgende Trick eingeführt: Siedler gründen einen »illegalen Außenposten«, stehlen also palästinensisches Land ohne formelle Bewilligung des Militärs – was selbst nach israelischem Recht illegal ist. Wie dieses Problem lösen? Etwa durch Abriss? Gott bewahre: Nach einer gewissen Schamfrist wird die »illegale« in eine »legale« Siedlung umgewidmet, die Genehmigung nachträglich erteilt – das Unrecht folglich gesetzeskonform gewandelt. Da es nie Druck auf Israel gegeben hat, sich an Recht und Gesetz zu halten, von Völkerrechtsnormen ganz zu schweigen, sind aus israelischer Sicht Unterschriften unschwer zu leisten.

Die Erwartungen an Arafat hingegen waren von ganz anderem

Kaliber. Die unmissverständliche Ansage lautete, er habe sämtliche Angriffe auf Israelis zu unterbinden, sowohl in Israel selbst wie auch gegen Armeeangehörige und Siedler in den besetzten Gebieten. Diese Haltung liegt der »Vertrauensbildung« zugrunde, von der in der fünfjährigen »Übergangsphase« des Gaza-Jericho-Abkommens vom Mai 1994 die Rede ist. Keineswegs war vorgesehen, nach deren Ablauf 1999 einen Staat »Palästina« auszurufen, wie israelaffine Stimmen gerne behaupten – versehen mit dem Nachsatz, diese Regelung sei an palästinensischem Terror gescheitert. Tatsächlich sollten erst nach diesen fünf Jahren die eigentlichen Verhandlungen über Form und Gestalt einer künftigen palästinensischen »Autonomie« beginnen. Immer unter der Voraussetzung, die Palästinensische Nationalbehörde habe sich bis dahin als zuverlässiger Hilfssheriff bewährt und betrachte Israels »Sicherheit«, nicht etwa gegebene Eigeninteressen, auch weiterhin als maßgebliche Richtschnur eigenen Handelns. »Palästina« war vor diesem Hintergrund bestenfalls eine ferne Vision, keineswegs eine konkrete Option.

Ein perfekter Doublebind

Die folgenreichste Konsequenz von Oslo II war allerdings die Unterteilung des Westjordanlandes in A-, B- und C-Gebiete. Die A-Gebiete, 18 Prozent des Westjordanlandes, unterstehen der Kontrolle der PN. Hier befinden sich die großen und größeren Städte mit Ausnahme Jerusalems, das weiterhin allein als israelisch gilt. B-Gebiete: 22 Prozent, sie unterstehen der gemeinsamen Kontrolle von Israelis und Palästinensern. C-Gebiete: 60 Prozent, ausschließlich israelisch kontrolliert. Theoretisch darf die israelische Armee in die A-Gebiete nur mit Genehmigung der PN einrücken, was in der Praxis aber keine israelische Regierung je interessiert hat. Aus dieser Unterteilung ergibt sich zwangsläufig ein Flickenteppich mit unterschiedlichen Zuständigkeiten, Regelungen und erforderlichen Genehmigungen, hinzu kommen zahlreiche zusätzliche Checkpoints.

Und genau das war von israelischer Seite auch beabsichtigt, *Peaceniks* hin oder her. Die Strategie ist seit dem Teilungsplan der britischen Peel-Kommission für Palästina von 1937 hinlänglich bekannt: Auf dem Papier wird ein territorialer Kompromiss ausgelotet, den die zionistische Seite nach außen hin anerkennt, um ihn anschließend durch Landraub zum eigenen Vorteil neu zu gestalten. Auch ein anderer Vergleich bietet sich an: Der des Allon-Plans von 1967, der räumlichen Trennung von Juden und Arabern auf Kosten Letzterer.

Dieser ABC-Flickenteppich eröffnet unendlich viele neue Möglichkeiten der Schikane im »größten Gefängnis der Welt«. Es entstehen palästinensische Enklaven, die territorial nicht miteinander verbunden sind. Bantustans vergleichbar, den separierten Siedlungen der Schwarzen im Südafrika der Apartheid.

Heute ist das Westjordanland in 200 Flicken unterteilt, in nahezu jedem gelten unterschiedliche Regeln und Gesetze. Teile und herrsche: Die Entfernung von Bethlehem nach Ramallah beispielsweise beträgt auf kürzester Strecke 30 Kilometer – für jüdische Siedler, Israelis oder Ausländer. Palästinenser müssen Groß-Jerusalem östlich umfahren, passieren dabei zahlreiche Kontrollpunkte der Armee – und wissen nie, ob sie für die Fahrt zwei Stunden oder zwei Tage benötigen. Das hängt ab von der Willkür der Soldaten. Der kürzeste Weg über Jerusalem ist ihnen verwehrt: Um die Stadt auch nur zu betreten, benötigen sie weiterhin eine schwer erhältliche Sondergenehmigung. Mit anderen Worten: Am Zustand der Besatzung hat sich rein gar nichts geändert, die Rechtlosigkeit der Palästinenser nahm mit »Oslo« sogar noch zu.

Wie erwähnt, folgten alle Bestimmungen von Oslo I wie II allein israelischen Vorstellungen. Die Palästinenser hatten nicht das geringste Interesse, das Westjordanland noch weiter zu zerstückeln. Doch alle für sie relevanten Fragen sollten erst, wie ausgeführt, zu einem späteren, von israelischer Seite zu bestimmenden Zeitpunkt behandelt werden, wenn überhaupt. Gleichzeitig war »Oslo« ein geschickter israelischer Schachzug gegenüber den westlichen Förderern und Verbündeten. Man sprach von Frieden und meinte fortgesetzte Besatzung. Und wo es Gewalt gab, waren die Palästinenser schuld. Die Nakba war endgültig in die arabischen Geschichtsbücher verbannt. Im westlichen Kontext hatte sie ohnehin nur eine sehr untergeordnete Rolle gespielt. Seit »Oslo« aber geht es nur noch um die Zukunft der 1967 besetzten Gebiete, abzüglich Ostjerusalems und der Golanhöhen. Das ist auch der Grund, warum die Palästinensische Nationalbehörde ausschließlich für die Palästinenser in den besetzten Gebieten zuständig ist – nicht aber für die vertriebenen in den arabischen Nachbarländern.

Entsprechend gibt es im medialen deutschen Sprachraum auch keine »Palästinafrage«. Vielmehr wird sie analog zum israelischen Mainstream in erster Linie als ein unverschuldetes Flüchtlingsproblem gesehen und damit »entisraelisiert«. Die arabische Welt ist doch groß genug, warum haben denn die Ölscheichs die Flüchtlinge nicht längst aufgenommen? Eine nationale, eine territoriale Frage ist dagegen ein ganz anderes Format.

Wird die Palästinensische Nationalbehörde, wie sie im Arabischen und auch im Englischen heißt, aus diesem Grund in Deutschland vorzugsweise »Autonomiebehörde« genannt? Ein autonomes Gebiet ist nicht dasselbe wie eine Nation, es ist deutlich weniger. Wird Mahmud Abbas, der Chef der Nationalbehörde, in hiesigen Medien deswegen nicht als »palästinensischer Präsident« bezeichnet sondern stattdessen als »Palästinenserpräsident«? Damit fällt er eher in die Kategorie eines »Rottenführers« denn eines Staatsoberhauptes. Und stellt, wer »Palästina« sagt, nicht gar das israelische »Existenzrecht« infrage? Entsprechend ist auch für die Zeit vor 1948 verstärkt die Rede vom »britischen

Mandatsgebiet Palästina«, etwa in Biografien. Subtext: Die Gegend war früher mal britisch, heute ist sie eben israelisch. Geblieben ist allein der »Judenhass« von Arabern und Islamisten – steht der nicht schon im Koran?

Zusammengefasst: Rabin und seine *Peaceniks* waren durchaus am Frieden mit den Palästinensern interessiert, doch ausschließlich zu ihren Bedingungen. Will heißen, ohne nennenswerte Gegenleistung. Die Realitäten der Besatzung, des anhaltenden Landraubs und boomenden Siedlungsbaus wurden schlichtweg ausgeblendet. Ein perfekter Doublebind. Auch ohne die Ermordung Rabins hätte Oslo niemals funktioniert. Frieden ja, aber nicht einmal die 22 Prozent der verbliebenen Fläche Palästinas in den seit 1967 besetzten Gebieten sollten die Palästinenser erhalten, sondern bestenfalls zehn, zwölf Prozent, wirtschaftlich nicht lebensfähig und territorial nicht zusammenhängend. Hätte die Regierung Rabin tatsächlich eine umfassende Friedenslösung mit den Palästinensern angestrebt, hätte sie die Machtprobe mit den Siedlern suchen müssen. Damals wäre das noch möglich gewesen, erst recht nach der Ermordung Rabins. Es war aber politisch nicht gewollt: »Haaretz shelanu«.

Die Wahlen 1996 gewann erstmals Benjamin Netanjahu, der Rabin wegen der Vereinbarungen von Oslo mit Hitler verglichen hatte und seine »klammheimliche Freude« über dessen Tod kaum verbergen mochte. Um es kurz zu machen: Mit Netanjahu und anschließend Scharon, dann wieder Netanjahu an der Macht war »Oslo« endgültig tot. (Über Ehud Olmert, Sprachrohr Scharons und von 2006 bis 2008/09 Premier, in den letzten Monaten nur noch geschäftsführend, sei hier hinweggesehen. Er war in zahlreiche Sexskandale und Korruptionsvorwürfe verstrickt und wurde für Letztere rechtskräftig verurteilt.) Zwei Vergleiche mögen zur Illustration genügen: Die Zahl der jüdischen Siedler in Ostjerusalem stieg von 140 000 im Jahr 1993 auf 230 000 im Jahr 2023. Das entspricht einer Steigerung um 64 Prozent. Die der Siedler im Westjordanland stieg von 110 000 (1993) auf 465 000 (2023). Das entspricht einer Steigerung um 332 Prozent innerhalb von jeweils dreißig Jahren.[184]

Radikale Siedler versuchten den »Friedensprozess« zu sabotieren. Von Baruch Goldstein, der im Februar 1994 29 betende Muslime in der Abrahams-Moschee in Hebron erschoss, war bereits die Rede. Die Gewaltakte der Siedler nahmen rapide zu. Die Hamas ihrerseits lehnte »Oslo« ab und verübte zahlreiche Selbstmordanschläge auf Cafés, Restaurants oder Busse in Israel mit Dutzenden Toten, wie erwähnt. Infolge massiven Drucks aus Washington nahmen Premier Ehud Barak, der politisch kurzlebige Wahlsieger von 1999, und »Palästinenserpräsident« Jassir Arafat ihre Verhandlungen im Juli 2000 in Camp David wieder auf, unter Vermittlung von US-Präsident Bill Clinton.

Baraks vollmundig vorgetragenes »letztes Angebot« an die Palästinenser sah einen kleinen palästinensischen Staat ohne näher bezeichnete Grenzen mit der Hauptstadt Abu Dis vor. Abu Dis ist eine Kleinstadt mit 12 000 Einwohnern östlich des Siedlungsrings von Groß-Jerusalem. Allein dieser Vorschlag fällt in die Kategorie *adding insult to injury*: Die Palästinenser haben immer Ostjerusalem als ihre Hauptstadt angesehen. Stattdessen bot ihnen Israel nun einen Marktflecken als Regierungssitz an, mit dem östlichen Siedlungsring immerhin noch in Sichtweite. Analog wäre das Kleinmachnow statt Berlin als Hauptstadt Deutschlands.

Die Siedlungen sollten Barak zufolge bleiben, die größeren Siedlungsblöcke von Israel annektiert werden. Einen substanziellen Gebietsaustausch als Entschädigung lehnte er ab, ebenso alle palästinensischen Ansprüche auf Ostjerusalem. Dazu muss man wissen, dass der östliche Teil Groß-Jerusalems zwischenzeitlich auf ein Drittel der Gesamtfläche des Westjordanlandes angewachsen war und es faktisch zweiteilte. Ebenso wenig zeigte sich der Regierungschef bereit, die alltäglichen Schikanen der Besatzung zu beenden oder wenigstens zurückzufahren.

Vor der Geschichte versagen

Nicht zuletzt verweigerte Barak auch jede Diskussion über ein Rückkehrrecht der vertriebenen Palästinenser. Nüchtern gesehen wurde Arafat in Camp David mit einem weiteren Diktat konfrontiert, auf das sich die USA und Israel bereits vor den Verhandlungen in Camp David verständigt hatten. Dass Arafat diesem »Angebot« nicht zustimmen konnte, liegt auf der Hand. Kein zusammenhängendes Staatsgebiet, kein Fahrplan für die Unabhängigkeit, die vollständige Ausklammerung der Flüchtlingsfrage und als Krönung Abu Dis – es wäre auf die vollständige palästinensische Kapitulation hinausgelaufen.

Nun geschah etwas, das charakteristisch ist für die westliche Wahrnehmung der Palästinafrage, besser gesagt: die hiesige Ausblendung gegebener Realitäten zugunsten israelischer Sichtweisen. Barak wie Clinton beschuldigten beide Arafat, er habe sich einer konstruktiven Friedenslösung verweigert, die den Palästinensern angeblich einen eigenen Staat in fast allen Teilen der besetzten Gebiete abzüglich einiger »Sicherheitskorridore« zugesichert hätte. Das war eine dreiste, aber überaus wirkmächtige Lüge, die in westlichen Medien meist unreflektiert übernommen wurde. Mehr noch, ein Mythos wurde geboren, der bis heute Bestand hat. Demzufolge fehlt Israel auf palästinensischer Seite ein verlässlicher Friedenspartner, der seinerseits bereit sei zu schmerzhaften Kompromissen. Nichts wünsche sich Israel mehr, als in Frieden zu leben – zum Tango aber brauche es zwei.

Vor diesem Hintergrund bleibt Israel folglich kaum eine andere Wahl, als auch weiterhin Siedlungen zu bauen, allein aus Sicherheitsgründen. Mindestens so lange, bis die Palästinenser endlich lernen, Verantwortung zu übernehmen. »The Palestinians never missed a chance to miss a chance«, um Abba Ebans wohlfeile Worte in Erinnerung zu rufen. Wer nun beispielsweise die richtigen Lektionen aus der jüngeren deutschen Geschichte gelernt zu haben glaubt, wird dieser Sichtweise ohne Weiteres folgen können.

Wie intrigant das Spiel in Camp David, davor und danach aber tatsächlich hinter den Kulissen gespielt wurde, haben zwei hochrangige Beteiligte an diesen Verhandlungen in einem langen Artikel für *The New York Review of Books* umfassend dargelegt. Einer der beiden ist Robert Malley, Clintons Sonderberater für arabisch-israelische Angelegenheiten. Das war sicher nicht karriereförderlich, liest sich aber sehr erhellend.[185] Vor allem widerlegen die Autoren unmissverständlich die Behauptung, das zweiwöchige Gipfeltreffen sei an Arafat gescheitert.

Gescheitert ist Camp David vielmehr an Premier Barak. Er hat mit seiner Unnachgiebigkeit die vermutlich letzte Chance auf eine friedliche Lösung der Palästinafrage verspielt. Historiker werden ihm höchstwahrscheinlich bescheinigen, dass er als israelischer Charles de Gaulle in die Geschichte hätte eingehen können. Aber Barak besaß nicht ansatzweise das Format des französischen Präsidenten, der 1962 Algerien in die Unabhängigkeit entließ, gegen den erklärten Willen von rund der Hälfte seiner Landsleute. Doch war diese seine damalige Entscheidung die einzig mögliche, jenseits von Staatszerfall und Bürgerkrieg. Barak aber hat vor der Geschichte versagt und Israelis wie Palästinensern schweren Schaden zugefügt.

Arafat wurde von israelischer wie westlicher Seite nicht allein beschuldigt, sich dem Frieden verweigert zu haben. Mehr noch, ihm wurde unterstellt, im nächsten Schritt die zweite Intifada inszeniert zu haben, um Israel mit Hilfe eines weiteren Terrorfeldzuges seinen Willen aufzuzwingen. Der tatsächliche Auslöser der zweiten Intifada war jedoch die bewusste Provokation von Oppositionsführer Ariel Scharon, der am 28. September 2000 mit einem großen Aufgebot an Journalisten und Sicherheitskräften den Al-Haram ash-Sharif, den Tempelberg in Jerusalem, aufsuchte. Damit wollte er den jüdischen Anspruch auf das Gelände unterstreichen: Stichwort Dritter Tempel, wie ausgeführt.

Der Besuch allein hätte vermutlich nicht ausgereicht, um einen Aufstand auszulösen. Es war auch hier, wie schon bei der ersten Intifada, der eine Tropfen zu viel, der das Fass zum Überlaufen brachte: Zu viel Wut, Enttäuschung und Frustration hatten sich angesichts des Verrats von Oslo in der palästinensischen Bevölkerung aufgestaut. Weder zeichnete sich ein Ende der Besatzung noch der wirtschaftlichen Misere und der Unfreiheit ab.

Mittlerweile sahen die meisten Palästinenser in der Nationalbehörde wenig mehr als eine willfährige Befehlsempfängerin und Handlangerin des israelischen Militärs. Durch Korruption, Vetternwirtschaft und die Machtkonzentration in Händen der ehemaligen Tunis-Fraktion hatte sich die PLO-Führung zusätzlich unbeliebt gemacht. Auch ging die Behörde zunehmend repressiv gegen ihre Kritiker und Andersdenkende vor, einschließlich deren Inhaftierung und Folter.

Die palästinensischen Proteste verliefen zunächst friedlich, wurden aber von der Besatzungsmacht brutal unterdrückt. Wohl auch deswegen, weil die israelische Armee ein »Erfolgserlebnis« brauchte, nachdem sie gerade erst von der Hisbollah aus dem Südlibanon vertrieben worden war.[186] Was dann geschah, war abzusehen. Die zunächst weitgehend friedlichen Massenproteste schlugen um in einen bewaffneten Aufstand verschiedener palästinensischer Gruppen, angeführt von lokalen Akteuren der Fatah im Westjordanland und der Hamas im Gazastreifen. Auf Gewalt folgte Gegengewalt, erneut erlebte Israel zahlreiche Terroranschläge mit weit mehr als hundert Opfern. Nach einem Anschlag in Netanya im April 2002 mit dreißig Toten reagierte die israelische Armee erstmals mit Luftangriffen und Bombardements palästinensischer Städte und Flüchtlingslager im Westjordanland. Eine Kollektivstrafe gegen Unschuldige anstatt der Verfolgung der eigentlichen Täter.

Seit Februar bereits war die »Operation Schutzschild« in vollem Gange. Dabei ging es um die Wiederbesetzung der größeren palästinensischen Städte mit dem Ziel, die zweite Intifada niederzuschlagen, angefangen mit Ramallah, wo der Sitz der Palästinensischen Nationalbehörde belagert und in Trümmer geschossen wurde. Bis zu seinem Tod im November 2004 sollte Arafat dieses Ruinenfeld kaum noch verlassen. Gespräche mit ihm wie auch mit anderen verhandlungsbereiten Palästinensern, die über die erforderliche Autorität verfügten, um die Lage zu beruhigen, lehnte die Regierung Scharon kategorisch ab. Ganz im Gegenteil wurden die meisten von ihnen ermordet. Eine Untersuchung des Leichnams Arafats von 2012, acht Jahre nach seinem Tod, erhärtete den lange schon gehegten Verdacht, dass er an den Folgen einer Vergiftung mit dem radioaktivem Element Polonium 210 starb.[187] Ein gerichtsverwertbarer Beweis steht aus, doch unbestritten ist, dass allein Geheimdienste oder staatliche Stellen Zugriff auf dergleichen Gifte haben.

Der »Sicherheitszaun«

Bis Januar 2005, als Mahmud Abbas die Nachfolge Arafats antrat, nunmehr »Präsident Palästinas«, der gedemütigten Nationalbehörde, waren bereits rund 950 Israelis und über 3200 Palästinenser getötet worden – die meisten von ihnen Zivilisten.[188] Saudi-Arabien hatte Israel im März 2002 namens der Arabischen Liga die Aufnahme diplomatischer Beziehungen angeboten, im Gegenzug für einen israelischen Rückzug aus allen besetzten Gebieten und einer einvernehmlichen Lösung der Vertriebenenfrage, doch ohne Erfolg: »Haaretz shelanu.«

Stattdessen setzte die Regierung Scharon auf einseitige Maßnahmen, angefangen mit dem Bau des »Sicherheitszauns« im Westjordanland 2002, den vollständig fertigzustellen wohl bis Ende der 2020er Jahre dauern wird. Offiziellen Angaben zufolge soll er Selbstmordanschläge verhindern. Tatsächlich ist deren

Anzahl auch zurückgegangen, was aber in erster Linie auf einen Strategiewechsel der Hamas und anderer radikaler Gruppierungen zurückzuführen ist, die zunehmend auf Raketenangriffe als Mittel ihrer Wahl setzten.

Der eigentliche Grund für den Bau des »Sicherheitszauns« ist ein anderer: Damit hatte das »größte Gefängnis der Welt« endlich reguläre Mauern, was angesichts des immer größer werdenden Widerstands gegen die Besatzung die Kontrolle und Kujonierung der Palästinenser erleichtert. Gleichzeitig dient diese Mauer als Trennwand und als Sichtschutz gegen die Eingesperrten – die Realität der Besatzung wird im wahrsten Sinn »ausgeblendet«. In psychologischer Hinsicht ist das ein nicht zu unterschätzender Effekt. Wenn ich etwas nicht sehen kann, existiert es dann überhaupt?

Anstatt Friedensverhandlungen zu führen unterteilten die Besatzer die Bewohner in zwei Kategorien: in gute und böse, in vollwertige und überschüssige. In solche, die über alle Rechte verfügen, und solche, die vollkommen rechtlos sind. Dahinter steht ein zutiefst rassistisches Weltbild, das der Entmenschlichung Vorschub leistet und in letzter Konsequenz einer Ausmerzung oder der endgültigen Vertreibung der Verfemten den Weg bereitet. Entsprechend wurde auch der Gazastreifen nach 2005 komplett abgeriegelt und umfassend »gesichert«, mit Hilfe von Zäunen und Mauern. Erste Absperrmaßnahmen wurden dort bereits 1971 und verstärkt nach 1994 ergriffen – also unmittelbar nach »Oslo«.

Der »Sicherheitszaun« im Westjordanland besteht, anders als es der sprachliche Euphemismus vermuten lässt, aus einer bis zu acht Meter hohen Mauer, die zusätzlich durch Gräben, Stacheldraht und umfassende Elektronik gesichert ist. Diese »Apartheid-Mauer«, wie die Palästinenser sie nennen, verläuft nicht etwa auf israelischem Gebiet, was völkerrechtlich nicht zu beanstanden wäre, sondern *ausschließlich* auf palästinensischem. Teilweise wurde sie Hunderte Meter oder gar mehrere Kilometer weit in das

Westjordanland hineingebaut, sodass die jüdischen Siedlungsblöcke diesseits der Mauer verlaufen. Allein dadurch wurden rund acht Prozent des palästinensischen Gebietes Israel einverleibt und vom übrigen Westjordanland getrennt. Das hat zur Folge, dass Städte wie Qalqilya im Norden fast vollständig eingemauert sind. Von und nach Qalqilya führt nur eine einzige Verbindungsstraße, Orte wie Bethlehem werden faktisch zweigeteilt. Ganz zu schweigen von Bauern, die ihr Land nicht mehr erreichen und dadurch indirekt enteignet worden sind. Andere müssen kilometerweite Umwege fahren, um etwa zur Arbeit oder zur Schule zu gelangen, an zusätzlichen Checkpoints der Armee vorbei.

Damit wird das Westjordanland weiter in kleine Einheiten unterteilt, die Bewegungsfreiheit der Palästinenser zusätzlich eingeschränkt – teile und herrsche. Der Internationale Gerichtshof in Den Haag hat im Juli 2004 festgehalten, dass der Verlauf der Mauer eindeutig rechtswidrig ist. Allein, wie bereits mehrfach hervorgehoben: Wen in Israel interessieren internationale Rechtsnormen?

Als Antwort auf die zweite Intifada und den gescheiterten »Friedensprozess« gründete sich 2002 das »Nahost-Quartett«, bestehend aus den USA, Russland, der EU und den Vereinten Nationen. Im Jahr darauf, 2003, legte dieses von Washington und London dominierte Quartett eine »Roadmap« vor, die sehr allgemeine Vorschläge zur Rückkehr an den Verhandlungstisch machte, mit dem erklärten Fernziel einer »Friedenslösung«. Da Initiativen externer Mächte stets das Risiko bergen, Kompromisse eingehen zu müssen, beschloss die Regierung Scharon, das Quartett ins Leere laufen zu lassen. Nicht anders als bei dem bereits erwähnten Angebot der Arabischen Liga von 2002: Frieden und diplomatische Anerkennung als Gegenleistung für den Rückzug aus den 1967 eroberten Gebieten. Stattdessen setzte Scharon seine Politik der einseitigen Maßnahmen fort. Ohne Absprache mit der Palästinensischen Nationalbehörde beschloss die israelische Regierung im September 2004, sich vollständig aus dem Gazastreifen zurückzuziehen. Die dortigen jüdischen Siedlungen, die drei Viertel der landwirtschaftlich nutzbaren Fläche für sich in Anspruch genommen hatten, wurden gegen den Willen ihrer Bewohner bis September 2005 geräumt. Und den Palästinensern nicht etwa als Geste der Versöhnung zur Nutzung überlassen, sondern zerstört.

Die westlichen Reaktionen auf Scharons Vorgehen fielen durchweg positiv aus, und in der Tat mutet dieser Schritt auf den ersten Blick wie ein Bekenntnis zum Frieden an. Doch weit gefehlt: Das Anliegen war ein ganz anderes. Scharon gab den übervölkerten Gazastreifen auf, biblisch von geringerer Bedeutung als »Judäa und Samaria«. Die Kosten-Nutzen-Rechnung der dortigen Besiedlung stand zudem in keinem vernünftigen Verhältnis zum Ertrag. Stattdessen boomte nach dem Abzug die Neugründung von Siedlungen im Westjordanland. Das zugrunde liegende Kalkül Scharons hat Dov Weissglas, dessen Topberater und Bürochef von 2003 bis 2006, klar benannt. Mit dieser »Friedensgeste« würde der internationale Druck, insbesondere der Washingtons, auf Israel nachlassen. Gleichzeitig werde dadurch »der politische Prozess … eingefroren. Und wenn man diesen Prozess einfriert, verhindert man dadurch gleichzeitig das Entstehen eines palästinensischen Staates.«[189]

Um diese Haltung einordnen zu können, hilft ein Blick auf das Parteiprogramm des Likud von 1977. Dort heißt es: »Zwischen dem Mittelmeer und dem Jordanfluss wird es nur israelische Souveränität geben … Pläne, Teile des westlichen Erez Israel aufzugeben, untergraben unser Recht auf das Land und führen unausweichlich zum Entstehen eines palästinensischen Staates. Sie gefährden die Sicherheit der jüdischen Bevölkerung wie auch die des Staates Israel und erschweren jedwede Friedenslösung.«[190]

Westliches Erez Israel? Wir erinnern uns. Beide Ufer des Jordan – dieses gehört uns, das andere auch. Es ist nicht ohne böse

Ironie, dass sich Demonstranten in Deutschland, die »From the River to the Sea, Palestine will be free« skandieren, strafbar machen. Der Vorwurf lautet auf Antisemitismus. Ersetzt man »Palestine« durch Israel, ergibt das gewissermaßen die dortige Regierungslinie. Die allerdings ist nicht strafbewehrt.

Der israelisch-amerikanische Historiker und Holocaust-Forscher Omer Bartov weist darauf hin, dass die Parole »From the River to the Sea« ursprünglich von der revisionistischen Bewegung Wladimir Jabotinskys aus den 1920er Jahren stammt. Das Likud-Parteiprogramm von 1977 hat sie gewissermaßen »kodifiziert«. In den späten 1960er Jahren hat die PLO den Slogan übernommen, ergänzt um den Zusatz »Palestine will be free«. Gemeint ist ein singulärer Staat von Juden und Palästinensern anstelle Israels.[191] In der Neufassung des Hamas-Grundsatzprogramms von 2017 wird »From the River to the Sea« ebenfalls verwendet, dazu gleich mehr.

Der in Deutschland geläufige Vorwurf, der Slogan sei antisemitisch oder fordere die »Vernichtung« Israels spiegelt die Sichtweise des Likud und israelischer Siedler, ist aber in der Sache selbst unbegründet und Ausdruck purer Heuchelei angesichts des Parteiprogramms der Großisrael-Verfechter. Ihn hierzulande strafrechtlich zu ahnden geht unmissverständlich in Richtung Gesinnungsjustiz. Aus diesem Grund wohl ist er in einigen deutschen Bundesländern verboten, in anderen nicht.

Premier Netanjahu seinerseits hat nach dem 7. Oktober 2023 wiederholt klargestellt, dass es »keinen palästinensischen Staat« geben werde, dafür fehle der »Platz«, ferner müsse Israel »die vollständige Sicherheitskontrolle über das gesamte Gebiet westlich des Jordan« behalten etc. Das entspricht ebenfalls der Linie des Koalitionsvertrags der vom Likud angeführten israelischen Regierung von 2022, die in Teilen als faschistoid zu gelten hat. In seiner Rede vor den Vereinten Nationen am 22. September 2023 zeigte Netanjahu eine Landkarte von Israel in den Grenzen des vormaligen Mandatsgebietes plus Golanhöhen, also ein Großisrael ohne jeden Bezug auf Palästina, ohne den leisesten Hinweis auf besetztes Land. Eine Strafanzeige der Bundesregierung hat es gleichwohl nicht gegeben.

Am 18. Juli 2024 verabschiedete die Knesset die folgende Erklärung: »Die israelische Regierung spricht sich entschieden gegen die Gründung eines palästinensischen Staates westlich des Jordan aus. Die Gründung eines palästinensischen Staates im Herzen des Landes Israel wäre eine existenzielle Bedrohung für Israel und seine Bürger, sie würde den israelisch-palästinensischen Konflikt verewigen und die Region destabilisieren.« Soviel zum Thema Zweistaatenlösung.

Keine Kompromisse

Seit ihrem Abzug 2005 behauptet die israelische Seite, der Gazastreifen sei nicht länger israelisch besetzt. Tel Aviv betrachtet ihn seither als »ausländisches Territorium« und bezeichnet die Übergänge zwischen Israel und dem Gazastreifen als »internationale Grenzen«. Diese Selbstwahrnehmung stößt sich allerdings am Völkerrecht.

An der Besatzung hat sich nur insoweit etwas geändert, als dass israelische Panzer nicht länger innerhalb des Gazastreifens stationiert sind, sondern unmittelbar davor. Israel kontrolliert alle Grenzübergänge, indirekt auch den über Rafah nach Ägypten: Kairo gewährt den Israelis Zugriff auf die Daten der Ein- und Ausreisenden. Die Europäische Union engagiert sich hier seit 2005 als Juniorpartner israelischer Sicherheitsinteressen, im Rahmen der »European Union Border Assistance Mission for the Rafah Crossing Point«, kurz EUBAM Rafah. Darüber hinaus bestimmt Israel allein über den See- und Luftzugang zum Gazastreifen. Den maßgeblich von der Europäischen Union finanzierten Flughafen von Gaza hat die israelische Luftwaffe bereits 2001 zerstört. Auf die Idee, Israel diese Zerstörung wie auch die der übrigen von der EU finanzierten Infrastruktur im Gazastreifen im Wert von Hunderten Millionen Euro in Rechnung zu stellen, ist in Brüssel offenbar noch nie jemand gekommen.

Nicht zu vergessen: Jeder Im- und Export, jede Ein- und jede Ausreise bedarf der Genehmigung durch israelische Besatzungsbehörden, der »Zivilverwaltung«. Kein Sack Zement, kein Kugelschreiber, keine Ananas erreicht den Gazastreifen ohne israelische Zustimmung. Was im nächsten Schritt die rege »Tunnel-Ökonomie« in Richtung Sinai erklärt. Hinzu kommt, dass Israel Gaza und Umgebung seit 2005 regelmäßig bombardiert und seine Politik der »gezielten Tötungen« nie aufgegeben hat, Abzug hin oder her.

Völkerrechtlich gilt der Gazastreifen aufgrund der Allmacht der zwar ausgelagerten, doch weiterhin omnipräsenten israelischen Armee sowie der vollständigen Kontrolle Israels über das Leben der Gaza-Bewohner nach wie vor als besetzt – wenngleich dem jüdischen Staat zugeneigte Juristen das abstreiten. Dessen ungeachtet hat der Internationale Gerichtshof am 19. Juli 2024 ausdrücklich bestätigt: Die Besatzung aller palästinensischen Gebiete seit 1967 ist illegal, einschließlich der weiterhin gegebenen indirekten Besatzung des Gazastreifens. Israel wird aufgefordert, die Militärherrschaft zu beenden und abzuziehen; die Palästinenser haben dem Urteil zufolge ein Anrecht auf umfassende Entschädigung für die illegale Landnahme und die langjährige Beraubung ihrer Freiheitsrechte. Natürlich wird die israelische Seite den Gerichtsbeschluss wie üblich ignorieren – doch erhöht sich dadurch der Druck auf Israel. Allein deswegen, weil es Folgeklagen geben wird, etwa mit Blick auf die Höhe der zustehenden Entschädigungen. Auch die dürften Tel Aviv kaum beeindrucken, doch riskiert der jüdische Staat, als Folge seiner Politik zunehmend zum international geächteten Paria zu werden.

Apropos Völkerrecht: Nach westlichem Verständnis übt Israel sein »legitimes Recht auf Selbstverteidigung« aus, wenn es etwa den Gazastreifen als Reaktion auf Raketen der Hamas bombardiert. Das Recht auf Selbstverteidigung bezieht sich jedoch auf Angriffe durch feindliche Staaten, nicht auf die Aufstandsbekämpfung in besetzten Gebieten. Widerstand gegen militärische Besatzung ist völkerrechtlich grundsätzlich legitim. Andernfalls wäre beispielsweise die Ukraine nicht berechtigt, das eigene Land gegen russische Angriffe zu verteidigen. Staaten, die das Territorium anderer für sich beanspruchen, sehen das natürlich anders. Alle vormaligen Kolonialherren haben den gegen sie gerichteten Widerstand stets als »Terrorismus« gebrandmarkt und bekämpft, Frankreich etwa in Algerien.

Das Recht auf Widerstand ist seinerseits an das humanitäre Völkerrecht gebunden und kein Freibrief für terroristische Gewalt. Ein Selbstmordattentäter, der sich in einem Café in Tel Aviv in die Luft sprengt und zahlreiche Unbeteiligte, »Nichtkombattanten«, mit sich in den Tod reißt, oder Angreifer, die wie am 7. Oktober 2023 Zivilisten entführen oder umbringen, gelten nicht als Widerstandskämpfer. Greifen Rebellen dagegen Besatzungssoldaten an, ist das völkerrechtlich legitim.

Umgekehrt ist das Recht auf Selbstverteidigung kein Freibrief, ganze Landstriche in Schutt und Asche zu legen oder nach Belieben Zivilisten zu massakrieren. Auch Juristen werden die Frage, wo genau hier die Grenzen verlaufen, nicht eindeutig klären können (oder wollen) und je nach politischer Orientierung unterschiedlich bewerten. Das Bonmot des Schauspielers Peter Ustinov, demzufolge der Terrorismus der Krieg der Armen sei, der Krieg hingegen der Terrorismus der Reichen, ist im Grundsatz nicht falsch.

In Israel wird das Flächenbombardement ganzer Städte wie im Gazastreifen übrigens als »Dahiyeh-Doktrin« bezeichnet, da sie erstmals 2006 Anwendung fand, beim großflächigen Bombardement des Schiitenviertels Dahiyeh im Süden Beiruts, der Hochburg der Hisbollah. Das beliebte israelische Argument, Terroristen hätten die Bevölkerung zu Geiseln genommen, sich hinter ihnen versteckt, zivile Opfer eigener Angriffe seien demzufolge der Hamas oder der Hisbollah anzulasten, mag propagandistisch wirkmächtig sein, ist aber in rechtlicher Hinsicht Nonsens. Einer der Grundsätze des humanitären Völkerrechtes besagt, dass Zivilisten keine Kriegsziele sein dürfen. Das aber sind sie gemäß der Dahiyeh-Doktrin ausdrücklich, da diese Doktrin vorsätzlich und bewusst Zivilisten ins Visier nimmt. Von Rechts wegen dürfte Israel dicht besiedelte Wohnviertel gar nicht erst bombardieren, auch dann nicht, wenn sich dort tatsächlich »Terroristen« aufhielten. In dem Fall müsste der Angreifer den Unbeteiligten zuvor sichere Fluchtwege aufzeigen – beispielsweise aus dem Gazastreifen in Richtung Negev.

Leider hat das Völkerrecht den Nachteil, in der Regel gegebene Machtverhältnisse widerzuspiegeln und selten oder gar nicht vollstreckt werden zu können – solange das »übergeordnete« Interesse fehlt. Vor diesem Hintergrund wird verständlich, warum etwa die Bundesregierung die Verbrechen der Hamas nach dem 7. Oktober 2023 wortstark gegeißelt und sich uneingeschränkt hinter Israel gestellt hat, gleichzeitig aber den israelischen Vergeltungsmaßnahmen und Kriegsverbrechen im Gazastreifen keinerlei Einhalt geboten, sie nicht einmal nennenswert kritisiert hat – indem beispielsweise die Waffenlieferungen an Israel eingestellt worden wären. Originalton Friedrich Merz (CDU) beim Besuch Israels im Februar 2024 gegenüber Netanjahu: »Sie müssen jetzt wirklich den Terror besiegen.« Zu dem Zeitpunkt war der Gazastreifen bereits zu mehr als der Hälfte zerstört, hatte es mehr als 20 000 Tote gegeben. Ähnlich im Tonfall haben sich auch andere deutsche Politiker geäußert, darunter Robert Habeck. Selbst nach 37 000 Toten und ungeachtet eines drohenden Haftbefehls durch den Internationalen Strafgerichtshof in Den Haag für Premier

Netanjahu ließ Kanzler Olaf Scholz im Juni 2024 über seinen Pressesprecher verlauten: »Israel tut alles, um sich an das Völkerrecht zu halten.«[192]

Grundsätzlich gilt: Man kann nicht glaubwürdig über palästinensische Gewalt oder palästinensischen Terror reden, ohne gleichzeitig die israelische Staatsgewalt beim Namen zu nennen, der seit 1947/48 weitaus mehr Menschen zum Opfer gefallen sind als umgekehrt. Der Begriff Staatsterror ist in diesem Zusammenhang nicht von der Hand zu weisen.

Dessen ungeachtet ist selbstverständlich jeder Tote einer zu viel. Niemand kennt die genaue Zahl der durch israelische Gewalt getöteten Araber, doch dürfte sie mittlerweile im sechsstelligen Bereich liegen. Allen voran Palästinenser und Libanesen. Letztendlich haben sie für die sakrosankte Großisrael-Ideologie mit ihrem Leben bezahlt. Die Ignoranz deutscher Politiker in dem Zusammenhang ist erschütternd, ergibt sich aber nahezu zwingend aus der »Staatsräson«.

Scharons einseitig vollzogener Abzug aus dem Gazastreifen 2005 verfolgte also ein schlichtes Ziel: die Besatzung neu zu strukturieren, den Siedlungsbau im Westjordanland voranzutreiben und sich gleichzeitig jeder kompromissorientierten Friedenslösung mit den Palästinensern zu verweigern, wie im Parteiprogramm des Likud von 1977 festgehalten. Noch einmal Dov Weissglas, Scharons Bürochef: »Der Abzug ist im Grundsatz Formaldehyd«, also ein gesundheitsschädliches, stechend riechendes Gas. Es wird vor allem zur Konservierung im medizinischen Bereich eingesetzt: Alles was darin eingelagert ist, hält ewig. »Er liefert jene Menge an Formaldehyd, die nötig ist, damit es keinen politischen Prozess mit den Palästinensern geben kann.«[193]

Parallel war es der Regierung Scharon nach 9/11 gelungen, westlichen Entscheidern nahezulegen, Hamas wie auch Hisbollah seien wenig mehr als lokale Ableger von Al-Qaida. In der Sache selbst war das einmal mehr Unsinn, doch ein gut gewähltes Ablenkungsmanöver. Damit geriet nicht etwa die israelische Besatzung in den Fokus der Kritik, Geburtshelfer beider Gruppierungen, sondern der gerade unter Werteorientierten beliebte »Islamo-Faschismus«. Der Begriff stammt ursprünglich aus dem Umfeld US-amerikanischer Neokonservativer. Lange galt er hiesigen Transatlantikern in Politik und Medien als rhetorischer Blankoscheck. Da die israelische Armee zusätzlich auch die zweite Intifada blutig, aber erfolgreich niedergeschlagen hatte, lief der Ball aus Sicht Tel Avivs mehr als rund.

Gleichwohl brauchte es ein politisches Placebo, zumal die Palästinensische Nationalbehörde unter Mahmud Abbas, der im Januar 2005 die Nachfolge Jassir Arafats angetreten hatte, in den Augen der meisten Palästinenser diskreditiert und wenig mehr als ein bloßer Erfüllungsgehilfe und Dienstleister israelischer Besatzung war. Nicht zuletzt vor dem Hintergrund des »Krieges gegen den Terror«, der aus Sicht der US-Regierung unter George W. Bush mit einer »Demokratisierung« der Region einherzugehen hatte, verständigten sich Washington und Tel Aviv auf Neuwahlen für die palästinensischen Gebiete – mit dem Ziel, die Nationalbehörde und Abbas aufzuwerten, die Friedensfarce mit neuem Elan fortzuführen.

Die falschen Leute gewinnen

Die Hamas hatte bis dato Wahlen auf der Grundlage von »Oslo« abgelehnt. Sie war nicht gegen Verhandlungen mit Israel, lehnte aber weitere Konzessionen der Palästinenser ohne israelische Gegenleistung ab. Seit 1988 hat sie ungeachtet ihrer Charta, radikaler Rhetorik und blutiger Anschläge, wie ausgeführt, stets auch Verhandlungsbereitschaft gezeigt. So traf sich der Hamas-Mitbegründer Mahmud az-Zahar im Dezember 1988 mit Jitzchak Rabin und Schimon Peres, um ihnen einen Waffenstillstand im

Gegenzug für ein Ende der Besatzung anzubieten – ohne Erfolg. Zwischen 1994 und 2004 wiederholte die Hamas-Führung mehrfach dieses Angebot, obwohl Israel mehrere ihrer Spitzenleute ermordet hatte oder zu ermorden suchte. Im November 1997 erklärten die »Qassam-Brigaden«, der militärische Arm der Hamas, ihre Bereitschaft, alle Angriffe auf israelische Zivilisten einzustellen, wenn Israel seinerseits aufhöre, palästinensische Zivilisten zu töten. 1999 wandte sich die Hamas an europäische Diplomaten und bot an, alle Feindseligkeiten gegenüber Israel einzustellen, im Gegenzug für einen israelischen Rückzug aus den besetzten Gebieten, die Freilassung palästinensischer Gefangener und das Ende der Besiedlung.[194]

Die Hamas-Führer erkannten sehr wohl ihr Dilemma. Ihre Verhandlungsangebote liefen ins Leere, ihre Militär- oder Gewaltstrategie im Zuge der zweiten Intifada war gescheitert. Im Rahmen von Oslo II hatte es 1996 erstmals Wahlen für den Palästinensischen Legislativrat gegeben, die gesetzgebende Versammlung. Der Rat ist nicht zu verwechseln mit der Palästinensischen Nationalbehörde, dem eigentlichen Parlament, dem die gewählten Abgeordneten des Legislativrates automatisch angehören. Die genaue Macht- und Aufgabenaufteilung ist unklar, zumal die israelische Besatzung alle politischen Institutionen der Palästinenser faktisch neutralisiert hat, allein aufgrund der eingeschränkten oder gar nicht gegebenen Bewegungsfreiheit der Abgeordneten. Die Wahlen 1996 hatte die Hamas boykottiert, an den maßgeblich aus Washington angestoßenen zweiten Wahlen zum Legislativrat am 25. Januar 2006 nahm sie dagegen unter dem Namen »Liste für Wandel und Reform« teil.

Wahlbeobachter, die auf Einladung der Palästinensischen Nationalbehörde im Westjordanland wie auch im Gazastreifen im Einsatz waren, mehrheitlich von der EU aus Brüssel entsandt, bezeichneten die Wahlen als frei und geheim, nennenswerte Zwischenfälle habe es nicht gegeben. Der vormalige

US-Präsident Jimmy Carter nannte sie »vollkommen ehrlich und fair«.[195] Allerdings gab es da ein Problem, aus Sicht Israels, der USA und somit auch der Europäischen Union. Natürlich propagiert der Westen gerne Freiheit, Demokratie und Menschenrechte – erst recht freie Wahlen. Allerdings muss das Wahlergebnis auch stimmen, und das war hier eindeutig nicht der Fall. Die Hamas gewann die Wahlen mit 44,45 Prozent der Stimmen und hatte damit 74 Sitze im Legislativrat gewonnen, die Fatah, die stärkste Kraft innerhalb der PLO, errang unter ihrem Frontmann Mahmud Abbas lediglich 45 Sitze. Senatorin Hillary Clinton klagte daraufhin: »Die USA hätten sicherstellen sollen, dass die richtigen Leute gewinnen.«[196]

Mit diesen Wahlen war die Hamas zur stärksten politischen Kraft unter den Palästinensern in den besetzten Gebieten aufgestiegen. Ein Ergebnis, das sich weniger ihrem Islamismus verdankte als den erdrückenden Realitäten der Besatzung. Die meisten Wähler waren offenbar der Meinung, dass sie von Mahmud Abbas wenig zu erwarten hatten. Der zeigte sich den Israelis gegenüber zwar kooperativ, erhielt dafür aber im Gegenzug null Komma nichts an politischen Zugeständnissen.

Es kann jedoch nicht sein, was nicht sein darf: Die Dämonisierung der Hamas ist ein wesentlicher Bestandteil der Strategie erst Scharons, dann Netanjahus, die Verhandlungen mit den Palästinensern ins Leere laufen zu lassen. So erklärte Letzterer im März 2019 gegenüber seinen Likud-Kollegen: »Wer das Entstehen eines palästinensischen Staates zu verhindern sucht, muss die Hamas stärken und ihr Geld zufließen lassen … Das ist Teil unserer Strategie – die Palästinenser in Gaza von den Palästinensern im Westjordanland zu trennen.«[197] Will heißen: die Gemäßigten schwächen und die Radikalen ertüchtigen. Eine israelische Regierung kann ja nicht ernsthaft mit Leuten verhandeln, die den jüdischen Staat zu »vernichten« trachten.

Wie erwähnt, ist die Hamas seit 1988 wiederholt mit substanziellen Angeboten an die israelische Seite herangetreten – ohne Resonanz.[198] Unmittelbar nach ihrem Wahlsieg 2006 bot sie Israel einen zehnjährigen Waffenstillstand an, der sich »automatisch verlängert, wenn sich Israel verpflichtet, die legitimen Rechte des palästinensischen Volkes wiederherzustellen, im Rahmen einer Lösung, die dem entspricht, was die PLO akzeptiert«. Da die PLO Israel in den Grenzen des 4. Juni 1967 anerkannt hat, ergibt sich daraus im Analogieschluss, dass die Hamas dazu ebenfalls bereit ist. Im Jahr darauf, 2007, bekräftigte der Hamas-Vorsitzende Ismail Haniyeh die Forderung nach einem palästinensischen Staat in besagten Grenzen.[199] Im Februar 2006 antwortete er der *Washington Post* auf die Frage, ob die Hamas bereit sei, Israel anzuerkennen: »Wenn Israel erklärt, dass es den Palästinensern einen Staat und ihre Rechte zurückgibt, dann ist auch die Hamas bereit, Israel anzuerkennen.« Im Juni 2006 schrieb Haniyeh einen handschriftlichen Brief an US-Präsident George W. Bush. Darin heißt es: »Wir sind so sehr besorgt über Sicherheit und Stabilität in der Region, dass wir keine Einwände gegen einen palästinensischen Staat in den besetzten Gebieten erheben. Wir sind bereit, uns auf einen langjährigen Waffenstillstand zu verpflichten.«[200]

Die Regierung Bush sah keinen Anlass, auf dieses Schreiben zu antworten. Die israelische Regierung ihrerseits setzte weiterhin auf Gewalt. Allein 2006 wurden 660 Palästinenser im Gazastreifen von israelischen Bomben und Raketen getötet, die meisten davon Zivilisten, ein Drittel Kinder. Dessen ungeachtet hat die Hamas ihre Gesprächsangebote regelmäßig wiederholt und erneuert, 2017 ihre Charta umfassend revidiert.[201]

Der entscheidende Passus findet sich in Artikel 20: »Die Hamas weist jede Alternative zur vollständigen Befreiung Palästinas zurück, *from the river to the sea*. Doch ungeachtet der Ablehnung der zionistischen Entität und ohne Aufgabe palästinensischer Rechte betrachtet die Hamas das Entstehen eines vollständig unabhängigen und souveränen Staates Palästina mit Jerusalem als

Hauptstadt, entlang der Grenzen vom 4. Juni 1967 … als Grundlage des nationalen Konsenses.« Pragmatismus ja, aber keine ausdrückliche Anerkennung Israels – nicht ohne Gegenleistung.

Mit »vollständiger Befreiung« ist die Absage an die siedlerkoloniale Ideologie gemeint, das Fundament der »zionistischen Entität« im Verständnis der Hamas. Sie bevorzugt stattdessen den Begriff »Waffenstillstand«, der ihrer Logik zufolge beliebig zu verlängern wäre. Im Arabischen bezeichnet das hier verwendete »Hudna« mehr als das bloße Schweigen der Waffen. Gemeint ist der grundlegende Verzicht auf feindselige Handlungen und die Anerkennung eines gegebenen Status quo – ohne ihn dadurch jedoch moralisch oder rechtlich gutzuheißen.

»Berg aus Lügen«

Ist diese neu gefasste Charta der Hamas destruktiver oder konstruktiver als jene des Likud? Sind Verhandlungen zwischen der Hamas und der israelischen Regierung nicht zustande gekommen, weil die Hamas die Zerstörung Israels anstrebt? Oder weil Tel Aviv den palästinensischen Widerstand als Bedrohung eigener territorialer Ansprüche auf das gesamte Palästina ansieht?

Als entscheidender Mastermind des Hamas-Angriffs auf Israel am 7. Oktober 2023 gilt ihr führender Kopf Yahya Sinwar. Der hatte Premier Netanjahu im Sommer 2018 auf Hebräisch einen Brief geschrieben und ihm darin vorgeschlagen, ein »kalkulierbares Risiko« einzugehen, nämlich einer langfristigen Waffenstillstandsvereinbarung zuzustimmen. Im Gegenzug für die »Wiederherstellung der Infrastruktur« im Gazastreifen würde die Hamas jeden Raketenbeschuss einstellen.[202] Weder mochte sich die israelische Regierung darauf einlassen, noch sah man in Washington Veranlassung, Netanjahu in die Pflicht zu nehmen.

Dem politischen wie medialen Dauerbrenner, die Hamas wolle

Israel »vernichten« widerspricht die Faktenlage: Jenseits aller berechtigten Kritik an der Regierungsführung der Hamas oder ihrem islamistischen Weltbild hat sie sich seit ihrer Gründung durchaus pragmatisch gezeigt, hat sie ihre fragwürdige, in Teilen antisemitische ursprüngliche Charta überarbeitet und Israel wiederholt und regelmäßig Verhandlungsangebote unterbreitet. Und ist damit regelmäßig ins Leere gelaufen, während gleichzeitig ihre führenden Gründungsmitglieder nacheinander »gezielt getötet« wurden. Wäre es gänzlich auszuschließen, dass die Hamas-Führung im Laufe der Zeit den Eindruck gewinnen musste, die israelische Seite verstehe allein die Sprache der Gewalt?

Der Unterschied zwischen der PLO respektive der Fatah und der Hamas ist weniger die Frage säkular oder nichtsäkular. Die PLO und die Palästinensische Nationalbehörde haben sich auf den Oslo-Prozess eingelassen, die Rolle eines Hilfssheriffs der Besatzung angenommen und im Gegenzug nichts dafür erhalten. Abgesehen von Privilegien für sich selbst. Die Hamas hingegen lehnt zwar den Oslo-Prozess ab, ist gleichwohl jedoch zu Verhandlungen mit Israel bereit – wenn auch nicht um jeden Preis. Der bewaffnete Kampf ist aus ihrer Sicht eine legitime Option, solange die Entrechtung der Palästinenser anhält. Der Weg, den Israel und seine westlichen Unterstützer nach dem Wahlsieg der Hamas 2006 einschlugen, förderte diese Entrechtung allerdings noch.

Die Regierung Scharon weigerte sich, den Wahlsieg der Hamas anzuerkennen und lehnte deren Gesprächsangebote ab. Die USA, die EU und das Nahost-Quartett schlossen sich der israelischen Haltung an und verständigten sich auf eine Strategie, die Hamas zu isolieren und die Dominanz der Fatah, der PLO und der Nationalbehörde wiederherzustellen. Entsprechend landete die Hamas auf der »Terrorliste« Brüssels. Israel setzte vor allem auf eine wirtschaftliche Kriegsführung gegen den Gazastreifen.

2006/07 versuchte die Hamas, die dortige Wahlsiegerin, eine

Technokratenregierung zu bilden – ohne Hamas-Kader, um den westlichen und israelischen Vorbehalten Rechnung zu tragen. In Absprache mit Washington, Brüssel und natürlich Tel Aviv boykottierte aber die Fatah, die den Verwaltungs- und Sicherheitsapparat dominierte, diese Versuche zur Regierungsbildung. Der Westen suchte die Hamas in das Korsett »Oslo« zu zwängen: Anerkennung des »Existenzrechts« Israels und Aufgabe jedweden Widerstandes ohne Gegenleistung, während die Fatah ihrerseits, ähnlich wie Präsident Trump einige Jahre später, ihre Wahlniederlage nicht eingestehen mochte.

Daraufhin kam es zu bewaffneten Zusammenstößen zwischen Hamas und Fatah, vorwiegend im Gazastreifen, mit mehr als 600 Toten, was beinahe zu einem palästinensischen Bürgerkrieg geführt hätte. Im Februar 2007 vermittelte dann Saudi-Arabien einen Waffenstillstand. Beide Kontrahenten verständigten sich nunmehr auf eine Regierung der nationalen Einheit und die Machtaufteilung, wobei die Schlüsselposten Außen-, Innen- und Finanzminister von »Unabhängigen« besetzt werden sollten. Doch nur wenige Monate später, im Juni 2007 unternahmen Fatah-Kämpfer im Gazastreifen einen Putschversuch, der mangels Unterstützung durch die Bevölkerung nicht gelang, ja, nicht gelingen konnte. Aufgrund von geleakten Memos der Verhandlungen zwischen der Palästinensischen Nationalbehörde und Israel wurde bereits 2008 bekannt, dass israelische und US-Spezialkräfte diese Putschisten, Gefolgsleute von Mahmud Abbas, ausgebildet und geschult hatten.[203]

Drei Jahre später, 2011, stellte *Al Jazeera* die »Palestine Papers« ins Netz.[204] Dabei handelt es sich um mehr als 1600 Dokumente, das größte Datenleak in der Geschichte des israelisch-palästinensischen Konflikts. Er betrifft die zehn zurückliegenden Jahre und zeigt detailliert die Beziehungen und Verhandlungen hinter geschlossenen Türen zwischen Israel, der Palästinensischen Nationalbehörde, den USA, der EU und arabischen Staaten. Der Inhalt böte Stoff für gleich mehrere Politthriller und offenbart eine regelrechte Verschwörung mit dem Ziel, die Hamas auszuschalten und Israel jede nur erdenkliche Unterstützung seitens der USA und der EU zukommen zu lassen.

Aus den »Papers« geht auch hervor, dass die Palästinensische Nationalbehörde der israelischen Seite sehr weit entgegenkam, auch in der Jerusalem-Frage. So bot Chefunterhändler Saeb Erekat den Israelis 2008 »das größte Yerushalaym in der jüdischen Geschichte« an, wobei er ausdrücklich die hebräische Bezeichnung der Stadt verwendete. Auch die Frage des Rückkehrrechtes der Vertriebenen und deren Entschädigung hat er demzufolge, sinnbildlich gesprochen, für ein paar Silberlinge verscherbelt. Entsprechend sollte die Grenzziehung im Westjordanland weitgehend entlang des »Sicherheitszaunes« erfolgen. Im Grunde hatte die Palästinensische Nationalbehörde in Ramallah den Israelis ihre Kapitulation angeboten, endgültig die Rolle eines schicksalsergebenen »Onkel Tom« angenommen.

Dennoch mochte sich die israelische Regierung weiterhin auf keine Kompromisse einlassen. Nicht einmal zu einem vorübergehenden Siedlungsstopp war sie bereit. Warum auch, wenn das Parteiprogramm des Likud der Maßstab ist? Man vergleiche diese Realitäten mit der israelischen Propaganda, es fehle auf palästinensischer Seite der verlässliche Friedenspartner.

Dergleichen Enthüllungen haben wesentlich zur Diskreditierung der Nationalbehörde in der palästinensischen Öffentlichkeit und zur Stärkung der Hamas beigetragen. Während Saeb Erekat sie als »Berg aus Lügen« bezeichnete, sah sich die Hamas in ihrer Überzeugung bestärkt, der zufolge die Fatah und die PLO die palästinensische Sache verraten hätten.

Gänzlich unabhängig von den Palestine Papers veröffentlichte WikiLeaks 2010 eine Viertelmillion Depeschen von US-Botschaften seit 1966, darunter auch solche zwischen der US-Botschaft in Tel Aviv und Washington. Einer Depesche vom 3. November

2008 zufolge haben israelische Regierungsvertreter US-Beamten mitgeteilt, dass Israel beabsichtige, die Wirtschaft im Gazastreifen »an den Rand des Zusammenbruchs« zu führen, auf ein Level gerade noch oberhalb einer humanitären Krise.[205]

Schlank werden im Gazastreifen

Als Folge des gescheiterten Putschversuchs der Fatah vom Juni 2007 wurden die besetzten Gebiete faktisch zweigeteilt. Die Nationalbehörde in Ramallah unter Führung von Mahmud Abbas ist, formal zumindest, zuständig für die Palästinenser im Westjordanland. Tatsächlich aber ist sie wenig mehr als eine Erfüllungsgehilfin israelischer Besatzung. Selbst in den nachfolgenden Phasen extremer Gewaltanwendung seitens des Militärs wie auch der Siedler hat sie weitgehend stillgehalten und nie ernsthaft mit der Aufkündigung ihrer Rolle als Juniorpartner gedroht. Auch nicht nach dem 7. Oktober 2023, als Siedler und Militärs im Westjordanland auf Palästinenserjagd gingen und Dörfer wie Städte angriffen und teilweise zerstörten. Stattdessen ließ die Nationalbehörde einmal mehr ihre Kritiker verhaften.

Die Hamas ihrerseits kontrolliert seither den Gazastreifen. Zwischen ihr und der Fatah hat es wiederholt Versöhnungsgespräche gegeben, ohne dauerhaften Erfolg. Dafür sorgte allein schon der Druck von außen. Überregionale palästinensische Wahlen hat es in den besetzten Gebieten seit jener »Schicksalswahl« 2006 nicht mehr gegeben. 2009 wie auch 2021 waren Parlamentswahlen geplant, die Abbas beide Male absagte – alle Umfragen hatten einen haushohen Wahlsieg der Hamas vorhergesagt. Weniger aus Freude der Wähler an einer islamisierten Gesellschaft, sondern in erster Linie infolge der Brutalität der Besatzung und der eigenen Perspektivlosigkeit. Nicht zu vergessen der fragwürdigen Rolle der Nationalbehörde.

Als Reaktion auf den gescheiterten Putschversuch und die Machtübernahme der Hamas im Gazastreifen erklärte Israel die Enklave im September 2007 zum »feindlichen Gebiet«. Damit erneuerten und verschärften die Besatzer ihre bereits seit 2006 bestehende Blockade. Die Reisefreiheit der dortigen Bewohner ist seither massiv eingeschränkt und wird in der Regel nur jenen mit ausländischen Pässen, einigen Hundert Geschäftsleuten oder in medizinischen Notfällen gewährt. Davon unberührt sind die Arbeitsgenehmigungen palästinensischer Arbeiter, die zu Hungerlöhnen in Israel arbeiten konnten – bis zum 7. Oktober 2023.

Konkret wurden 2007 alle fünf Grenzübergänge geschlossen, auch der über Rafah nach Ägypten, mit Ausnahme der genannten Sonderregelungen. Reisen aus dem Gazastreifen ins Westjordanland oder umgekehrt waren nicht länger möglich, die palästinensische Gesellschaft wurde somit zweigeteilt. Auch Ausländer durften nur mit israelischer Genehmigung einreisen. Die Einfuhr lebensnotwendiger Waren und Güter in die Enklave wurde um die Hälfte reduziert, ganz im Sinn des propagierten »Randes des Zusammenbruchs«. Offiziell begründet, wie immer, mit »Sicherheitsnotwendigkeiten«. Diese Reduzierung betraf konkret etwa die Lieferung von Benzin und Diesel, Lebensmittel, Medikamenten, Dünger, Zement, Ersatzteilen für die Infrastruktur, zum Beispiel die Wasserversorgung, aber auch Artikel des täglichen Bedarfs, vom Kugelschreiber über die Gesichtscreme bis zum Mobiltelefon. Was genau eingeführt werden durfte oder nicht, oblag dem wechselhaften Gusto der israelischen Armee.

Bereits im Folgejahr, 2008, kam es zu Versorgungsengpässen und medizinischen Mangellagen, die Armuts- wie auch die Arbeitslosenquote stieg auf über 50 Prozent. Zu den Folgen gehörten anhaltende Stromausfälle von bis zu 16 Stunden am Tag; der Zusammenbruch der rudimentären Industrie, fast alle der 3900 Kleinbetriebe mussten aufgeben; 70 Prozent der landwirtschaftlichen Nutzfläche konnte mangels Strom nicht länger bewässert werden.[206] Das größte Kraftwerk im Norden des Gazastreifens war abhängig von israelischer Stromversorgung, die gewährt wurde – oder eben nicht. (Alle Angaben beziehen sich auf die Zeit vor dem 7. Oktober 2023.)

Diese Blockade des Gazastreifens stellt eine Kollektivbestrafung der palästinensischen Bevölkerung dar und ist völkerrechtswidrig. Doch wen interessiert es? Nach 2010 hat Israel die Einschränkungen hin und wieder gelockert, meist kurzzeitig, doch ändert das nichts daran, dass die israelische Blockade die Wirtschaft im Gazastreifen fast vollständig zerstört hat. Etwa 65 Prozent der dortigen Bevölkerung fielen infolgedessen in die Kategorie *food insecure*, hatten also keinen gesicherten Zugang zu Lebensmitteln. Um noch einmal den Schreibtischtäter Dov Weissglas zu zitieren: »Man muss sich das vorstellen wie bei einer Diät. Wir sorgen dafür, dass sie (gemeint sind die Bewohner des Gazastreifens, ML) dünner werden, aber nicht dünn genug, um zu sterben.«[207] Achtzig Prozent der auf Diät Gesetzten waren angewiesen auf Lebensmittelhilfen seitens internationaler Hilfsorganisationen, allen voran der UNRWA. Angesichts dieser Dimension wird klar, warum Israel das UN-Hilfswerk für palästinensische Flüchtlinge zu schließen sucht, verstärkt seit 2024: In dem Fall würde der Hunger zur ultimativen Waffe, um die angestrebte Vertreibung der Bevölkerung in Richtung Sinai zu gewährleisten.

Der Gazastreifen, historisch ein wichtiger Korridor der Handelsrouten zwischen Afrika und Asien, wurde neu formatiert als Freiluftgefängnis, dessen Schlüssel die Besatzer am liebsten wohl ins Mittelmeer geworfen hätten. Ihr Ziel, durch diese Zwangsmaßnahmen einen Aufstand der Bevölkerung gegen die Hamas herbeizuführen, erreichten sie gleichwohl nicht – ganz im Gegenteil befeuerten sie damit den Widerstand. In der westlichen, Israel stets zugeneigten Wahrnehmung mutierten die Palästinenser im Gazastreifen von einem Volk mit Rechten überwiegend zu einem

Versorgungsfall. Anstatt das zugrunde liegende Unrecht politisch anzugehen, stand nunmehr die Lieferung von mehr Mehl, Trockenmilch oder Windeln im Vordergrund. Die israelische Seite ist damit ihrer Linie treu geblieben, die Palästinafrage nicht etwa zu lösen, sondern sie lediglich zu managen. Das ist ihr einmal mehr gelungen: Die Besatzer selbst, niemand sonst, hatten ein humanitäres Problem künstlich geschaffen. Dieser Umweg erlaubte ihnen, das eigentliche Thema »Palästina« erfolgreich dem Blickfeld westlicher Entscheider wie auch der hiesigen Öffentlichkeit zu entziehen. Nothilferationen statt einer politischen Lösung – von Unabhängigkeit ganz zu schweigen.

Eine überaus wirkmächtige Propagandaformel besagt, der Gazastreifen hätte ein zweites Singapur werden können, wenn die Hamas auf Frieden gesetzt hätte statt auf Terror und Gewalt. Angesichts der Lebenswirklichkeit der Menschen dort ist diese Behauptung an Zynismus kaum zu überbieten. Die israelische Blockade und Abriegelung verwandelten den Gazastreifen in ein dicht besiedeltes, riesiges Gefangenenlager und zwangen deren Bewohnern schon lange vor dem 7. Oktober 2023 ein Leben im ständigen Überlebensmodus auf. Kaum jemand konnte seine Zukunft planen, Träume verwirklichen oder Erfahrungen sammeln, die über einen sehr begrenzten Radius hinausgingen. Wer nach 2006 im Gazastreifen geboren wurde, also die Hälfte der Bevölkerung, hat in aller Regel nie ein Flugzeug aus der Nähe gesehen, einen Zug oder eine U-Bahn bestiegen, die Region verlassen können, einen Wald durchschritten. Und doch wird im Westen allein die »terroristische Hamas« für das dortige Elend verantwortlich gemacht, kaum jemals die israelische Besatzung.

Die Strategie, die Hamas durch eine wirtschaftliche Strangulierung des Gazastreifens in die Kapitulation zu zwingen, ging allerdings nicht auf. Diese Hungerspiele standen am Anfang der »Tunnel Ökonomie« in Richtung Ägypten, mit dem Ziel, sich mit Hilfe von Schmuggelnetzwerken zusätzlich aus dem Sinai zu versorgen. Auch mit Waffen und Munition. Gleichzeitig dienten die verzweigten Tunnelsysteme, die im Laufe der Jahre fast den gesamten Gazastreifen unterhöhlten wie einen Schweizer Käse, als militärischer Rückzugsraum der Hamas und ihres bewaffneten Arms, der »Qassam-Brigaden«.

Neben der Hamas wurde zunehmend auch der »Islamische Dschihad in Palästina« zunächst in Gaza aktiv, der jedoch, anders als die Hamas, bislang nicht mit politischen Initiativen hervorgetreten ist. Deren Kämpfer nennen sich »Al-Quds-Brigaden« (Al-Quds: arabisch für Jerusalem).

Das Recht auf Widerstand

Mit dem Ziel, den anhaltenden Widerstand zu schwächen, entwarf die israelische Armee eine Strategie, die wie aus dem Lehrbuch für Orwell-Neusprech als »Rasenmähen« bezeichnet wird. Gemeint sind unregelmäßig erfolgende Angriffe auf den Gazastreifen, Bombardierungen oder Vorstöße mit Bodentruppen, um die Hamas zu schwächen, sie zu »rasieren«, um im Bild zu bleiben. Diese wiederum suchte, wie auch der Islamische Dschihad, mit wenig treffsicheren, aber psychologisch wirkmächtigen Raketenangriffen auf Israel einen Verhandlungsspielraum zu erzwingen, insbesondere zur Lockerung der Blockade. Dieser Zusammenhang wird im Westen so gut wie nie gesehen, hier wähnt man »Judenhass« oder den aus Teheran gelenkten Wunsch am Werk, Israel zu »vernichten«. Ein Teil der Raketen dürfte aus dem Iran stammen, der größere Teil dagegen aus palästinensischer Eigenproduktion – gesicherte Erkenntnisse gibt es hier nicht. Selten richten die zielungenauen Raketen größere Schäden an, die meisten werden vom Abwehrschild »Iron Dome« abgefangen.

Sehr schnell eskalierten diese »Rasenmäher«-Runden zu regelrechten Kriegen, insgesamt viermal zwischen 2008 und 2021.

Am 27. Dezember 2008 entfesselte Israel seine »Operation Cast Lead« (Gegossenes Blei), die bis zum 18. Januar 2009 andauern sollte und deren Vorgeschichte bezeichnend ist. Fast ein halbes Jahr hatte ein von Ägypten vermittelter Waffenstillstand Bestand, bis Israel am 4. November 2008 mehrere Führer der Hamas tötete, die umgehend mit Raketenbeschuss reagierte. Tags darauf riegelte Israel den Gazastreifen einmal mehr vollständig ab. In den Worten Helga Baumgartens, denen nichts hinzuzufügen ist:

»Die Bevölkerung konnte nicht mehr ausreichend mit Nahrungsmitteln versorgt werden. Die UNRWA … hatte schon im November drei Tage lang nicht mehr genügend Nahrungsmittel zum Verteilen, und am 18. Dezember musste sie alle ihre Aktionen wegen der Blockade stoppen. Am 23. Dezember gab es noch einmal eine von der Hamas initiierte Feuerpause, die wieder von Israel mit der Tötung von drei Hamas-Aktivisten gebrochen wurde. Am 27. Dezember begann schließlich der ›Krieg‹, wie alle ›Kriege‹ zwischen Israel und Gaza kein Krieg zwischen zwei Staaten oder zwei etwa gleich starken Gegnern. Kriege gegen Gaza sind vielmehr immer völlig asymmetrische Kämpfe zwischen der regionalen Großmacht Israel, die über Nuklearwaffen und vor allem über die stärkste und beste Luftwaffe in der Region verfügt, ausgestattet mit den weltweit modernsten Waffensystemen, und den palästinensischen Organisationen im Gazastreifen, an erster Stelle die Hamas … Die Asymmetrie zeigt sich … in der Zahl der Opfer, zuerst und vor allem unter der Zivilbevölkerung. Im Krieg 2008–2009 wurden 1400 Palästinenser getötet, mindestens 80 Prozent davon Zivilisten.

In Israel verloren drei Zivilisten und ein Soldat durch Raketenbeschuss aus Gaza ihr Leben. Bei den Kämpfen in Gaza, nach Beginn der Bodenoffensive der israelischen Armee, starben neun Soldaten, während 240 Militante der palästinensischen Organisationen … getötet wurden. Gleich am ersten Tag der Bombardierung des Gazastreifens durch die israelische Luftwaffe wurden 255 palästinensische Polizisten durch Beschuss aus der Luft getötet, als sie zum Abschluss ihrer Ausbildung in einer feierlichen Zeremonie den Diensteid ablegten.«[208]

Zu den Toten rechneten mehr als 300 Kinder und Jugendliche, die beim Spielen, in Schutzräumen oder zu Hause bombardiert wurden. Ganze Großfamilien verloren ihr Leben. Die israelische Armee beschoss Krankenhäuser und Ambulanzen, mehrere Journalisten wurden erschossen oder verwundet. Von knapp 400 Schulen in Gaza wurden etwa 150 teilweise zerstört, ebenso die Universitäten, mehr als 2000 Häuser wurden vollständig, über 3000 teilweise zerstört, sämtliche Ministerien und Regierungsgebäude beschädigt. Die Versorgung mit Nahrungsmitteln stand im Januar 2009 vor dem Zusammenbruch, fast eine halbe Million Menschen war auf der Flucht. Ein erstes Vorspiel dessen, was sich nach dem 7. Oktober 2023 ereignen sollte.

Ungeachtet des westlichen Freibriefs für den jüdischen Staat war das internationale Entsetzen über das israelische Vorgehen und die damit einhergehenden offenkundigen Kriegsverbrechen groß. Die Vereinten Nationen richteten eine Untersuchungskommission unter Vorsitz des südafrikanischen Richters Richard Goldstone ein. Israel verweigerte jedwede Zusammenarbeit. Die Goldstone-Kommission legte ihren 574 Seiten umfassenden Abschlussbericht am 25. September 2009 vor. Der Hamas wird vorgeworfen, ohne Rücksicht auf Verluste Zuflucht in Wohngebieten gesucht zu haben. Die Vorwürfe gegenüber Israel wiegen ungleich schwerer: Ausführlich werden die Verstöße gegen das humanitäre Völkerrecht aufgelistet, darunter der Einsatz verbotener Waffen wie Weißer Phosphor sowie die umfassende Zerstörung ziviler Infrastruktur und die Tötung unbeteiligter Zivilisten. Auch der Einsatz palästinensischer Gefangener als menschliche Schutzschilde während der israelischen Bodenoffensive wurde angeprangert.

Im Schlussteil des Berichts heißt es: »Das Volk von Palästina hat das Recht, sein eigenes politisches und wirtschaftliches System frei zu wählen, inklusive des Rechts auf Widerstand, wenn ihm das Recht auf Selbstbestimmung sowie das Recht auf Leben in seinem eigenen Staat in Frieden und Freiheit durch Gewalt verweigert wird.« Das ist insoweit bemerkenswert, als in der hiesigen Wahrnehmung gewöhnlich allein Israel das Recht eingeräumt wird, sich zu »verteidigen«. Beide Seiten, Israelis wie Palästinenser, hätten demzufolge Anspruch auf Gerechtigkeit gemäß internationalen Rechtsnormen – ohne damit, so der Bericht, die Besatzungsmacht Israel mit der besetzten palästinensischen Bevölkerung und ihren Repräsentanten gleichsetzen zu wollen. Und weiter: Die israelische Regierung habe diesen Krieg in Gaza langfristig geplant, er stelle einen Angriff auf die Bewohner des Gazastreifens in ihrer Gesamtheit dar und sei keinesfalls bloße Selbstverteidigung gegen Raketenangriffe gewesen. Israel wird aufgefordert, die Grenzen in den Gazastreifen sofort zu öffnen, die Palästinenser sind gehalten, keine Angriffe mehr gegen Zivilisten in Israel durchzuführen.[209]

Die Generalversammlung der Vereinten Nationen nahm den Goldstone-Bericht am 5. November 2009 mit 144 Jastimmen an, 18 Staaten stimmten mit Nein, darunter die USA, Israel, Deutschland und zahlreiche Südseeatolle, Letztere vermutlich mit freundlichen Empfehlungen aus Washington.

Der Historiker Tom Segev hat diesen Krieg, die »Operation Gegossenes Blei« sehr treffend analysiert. (Die Namen aller israelischen Kriege oder Militäroperationen beziehen sich auf Bibelpassagen. Aus Blei werden die Dreidel/Kreisel gegossen, mit denen Kinder an Channuka spielen. Sie sollen an die siegreichen Makkabäer erinnern, die bei ihrer Befreiung Jerusalems 164 v. Chr. den Tempel in Jerusalem wieder einweihten.) Auch Segev betont, der Krieg habe mit israelischer Selbstverteidigung wenig zu tun gehabt. Vielmehr sei er ein Resultat der unmenschlichen Blockade des Gazastreifens gewesen. Im Übrigen sei man in Israel offenbar nicht in der Lage zu erkennen, dass die Hamas keineswegs eine bloße Terrororganisation sei, welche die Menschen im Gazastreifen in Geiselhaft halte. Vielmehr sei sie »eine religiös-nationalistische Bewegung, und die Mehrheit in Gaza unterstützt sie in ihrem Widerstand«. Segevs Fazit: »Seit Beginn der zionistischen Präsenz in Erez Israel hat keine einzige militärische Operation jemals den Dialog mit den Palästinensern gefördert.«[210] Einmal unterstellt, so möchte man ergänzen, ein solcher Dialog wäre tatsächlich angestrebt worden.

Nicht unerwähnt bleiben darf, dass sich Richter Richard Goldstone am 1. April 2011 in der *Washington Post* von dem nach ihm benannten UN-Bericht distanzierte, sehr zur Freude der israelischen Regierung und ihrer Unterstützer in den USA. Insbesondere habe Israel keineswegs wahllos Zivilisten getötet, behauptete er nun. Die drei übrigen Kommissionsmitglieder widersprachen Goldstone und betonten, der Bericht behalte ungeachtet dessen Kehrtwende seine Gültigkeit. Über die Gründe des Goldstone-Widerrufs ist viel spekuliert worden – offenbar sah er sich massivem Druck ausgesetzt, auch vonseiten seiner jüdischen Community in Südafrika.[211] Und wer möchte schon enden wie Teddy Katz?

Bomben und kein Ende

Der nächste Krieg, »Operation Pillar of Defense« (Säule der Verteidigung), erfolgte zwischen dem 14. und dem 21. November 2012. Dieser Krieg unterstreicht einmal mehr, dass israelische Entscheider keinerlei Interesse an einem Kompromiss oder Friedensverhandlungen mit den Palästinensern haben. Der Krieg begann wie schon der 2008/09 mit einer »gezielten Tötung«, dieses Mal des ranghohen Hamas-Kommandeurs Ahmad al-Dscha'abari, dessen Auto eine Rakete zerfetzte. Wie *Haaretz* herausfand, hatte al-Dscha'abari unter ägyptischer Vermittlung den Israelis bereits im Frühjahr 2012 einen umfangreichen Waffenstillstand angeboten. Nach einigem Hin und Her erfolgte mit der Ermordung al-Dscha'abaris die Antwort von Verteidigungsminister Ehud Barak und Premier Netanjahu am 14. November.[212] Der nachfolgende Raketenbeschuss der Hamas dürfte die Entscheider in Israel nicht ernsthaft verwundert haben.

Dieser Krieg erfolgte ohne Bodentruppen, ausschließlich aus der Luft. 167 Menschen starben im Gazastreifen, überwiegend Zivilisten. Wieder wurde massiv Infrastruktur zerstört, darunter Schulen, Regierungsgebäude, Häuser, Fabriken, Brunnen, landwirtschaftliche Anbauflächen. Auf israelischer Seite starb niemand.

Doch die Lage sollte sich nicht beruhigen, das Prinzip »Rasenmähen« wurde fortgesetzt: 29 Palästinenser starben bis zum nächsten Krieg, achtzehn Monate später, bei Gewalteinsätzen im Gazastreifen, der weiterhin hermetisch abgeriegelt blieb, 51 weitere Palästinenser im Westjordanland. US-Außenminister John Kerry hatte sich monatelang bemüht, den »Friedensprozess« wiederzubeleben. Im März 2014 musste er sein Scheitern eingestehen und machte dafür indirekt die israelische Regierung verantwortlich. Die *Times of Israel* zitierte den Presseberater von Premier Netanjahu am 11. Juli 2014 mit den Worten, dieser habe »die Gespräche absichtlich ins Leere laufen lassen«.

Nach Kerrys Rückzug sprangen die eigentlich verfeindeten Fatah und Hamas über ihren Schatten und bildeten im April 2014 eine Regierung der nationalen Einheit aus gemäßigten Technokraten, ohne ein einziges Hamas-Mitglied. Netanjahu griff daraufhin Mahmud Abbas, den Präsidenten der Nationalbehörde in Ramallah, scharf an: »Seine Strategie beweist, dass es keinen Unterschied zwischen ihm und den Terroristen gibt.« Dennoch begrüßten sowohl Brüssel als auch Washington die Bildung der neuen Regierung. Israel blockierte daraufhin die

Überweisungen der Gehälter für 43 000 Beamte der Hamas im Gazastreifen.

Aus israelischer Sicht darf es eine innerpalästinensische Annäherung nicht geben – für Netanjahu ist schließlich die Hamas der Garant, das benötigte Alibi, um nicht ernsthaft mit den Palästinensern verhandeln zu müssen. Auf die Entführung von drei israelischen Jugendlichen im Westjordanland am 12. Juni 2014 reagierte der Premier folglich, indem er umgehend die Hamas-Führung dafür verantwortlich machte. Ohne Beweise und, wie sich im Nachhinein herausstellte, zu Unrecht. Die Täter waren gewöhnliche Kriminelle. Obwohl die israelischen Sicherheitskräfte bereits kurz nach der Entführung wussten, dass die drei Jugendlichen umgebracht worden waren, behielten sie dieses Wissen bis zum 1. Juli für sich. In der Zwischenzeit stürmte die israelische Armee, auf direkten Befehl Netanjahus, Gebäude von politischen Organisationen und Wohlfahrtseinrichtungen der Hamas im Westjordanland und verhaftete Hunderte ihrer Vertreter. Gleichzeitig entlud sich eine Welle antiarabischen Hasses in Israel und unter den Siedlern, der ein fünfzehnjähriger Palästinenser in Ostjerusalem zum Opfer fiel: Er wurde lebendig verbrannt.

Unmittelbar nach dem 12. Juni 2014 begannen auch die israelischen Angriffe auf den Gazastreifen. Die Hamas hat gleichwohl nicht zurückgeschossen, wohl aber andere, radikalere Organisationen wie der Islamische Dschihad. Erst am 7. Juli reagierte die Hamas erstmals auf den Beschuss, nachdem israelische Bomben in der Nacht zuvor sechs Hamas-Funktionäre in Gaza getötet hatten – damit war der im November 2012 geschlossene Waffenstillstand zwischen Israel und der Hamas, der den vorangegangenen Gaza-Krieg beendet hatte, hinfällig.

Im Klartext: Die Hamas hat zwischen November 2012 und Juli 2014 *keine einzige Rakete* auf Israel abgefeuert, wie das israelische »Meir Amit Intelligence and Terrorism Information Center«, ein Thinktank mit engen Kontakten zur IDF, der israelischen Armee, in seiner Wochenchronik für den 2. bis 8. Juli 2014 anmerkt: »Zum ersten Mal seit der ›Operation Säule der Verteidigung‹ hat sich die Hamas am 7. Juli am Raketenbeschuss beteiligt und dafür die Verantwortung übernommen.« Selbst die regierungsnahe *Jerusalem Post* vermeldete bereits im Mai 2013: »Laut IDF-Quelle sucht die Hamas den Raketenbeschuss aus dem Gazastreifen zu unterbinden.«

Da aber nicht sein kann, was nicht sein darf, die Rollen von »gut« und »böse« klar besetzt sind, stellte es die *New York Times* am 23. Juli 2014 wahrheitswidrig anders dar. Unter der Überschrift »Hamas setzt auf Krieg, weil sie in Gaza mit dem Rücken zur Wand steht«, heißt es: »Als die Hamas ganze Batterien von Raketen in Richtung Israel abschoss, führten unterschwellige Feindseligkeiten und wechselseitiges Feuer zum offenen Krieg.«

Der Gaza-Krieg 2014, der vom 8. Juli bis zum 26. August andauerte (»Operation Protective Edge«, Schutzkante), war mit 52 Tagen der bis dato längste, tödlichste und zerstörerischste. Auslöser oder besser Vorwand war die Entführung und Ermordung dreier israelischer Jugendlicher. Tatsächlich aber ging es um das erfolgreiche Ausschalten der palästinensischen Regierung aus Fatah und Hamas. Obwohl die Hamas alle aus Washington und Brüssel gestellten Bedingungen akzeptiert hatte: Verzicht auf Gewalt, Respektierung der Oslo-Verträge und die indirekte Anerkennung Israels. Dennoch ließen Amerikaner wie Europäer die Regierung Netanjahu in ihrem Vorhaben, die palästinensische Einheitsregierung zu torpedieren, gewähren.

UN-Generalsekretär Ban Ki-moon bezeichnete die Zerstörungen im Gazastreifen bei einem Besuch im Oktober 2014 als »jenseits jeglicher Beschreibung«. Etwa 2200 Tote, darunter Hunderte Kinder, mehr als 10 000 Verletzte, ganze Stadtteile dem Erdboden gleichgemacht, 175 Fabriken zerstört – ganz im Sinne der ausdrücklich zur Anwendung gebrachten Dahiyeh-Doktrin. Auf israelischer Seite starben 66 Soldaten und fünf Zivilisten.

Riesige Trümmerberge im Gazastreifen, geschätzte vier Millionen Tonnen Schutt, ohne Chance auf Entsorgung. Ohne Baumaschinen, ohne Platz für Müllkippen. Da die wenigen Kläranlagen zerstört wurden, fließt das Abwasser seither weitgehend ungeklärt ins Meer. Das Grundwasser versalzt zunehmend, der Boden wird unfruchtbar, die meisten Stromanlagen wurden zerstört. Das Gesundheitswesen lag einmal mehr am Boden, fast alle Schulen wurden beschädigt und mussten angesichts von 17 000 zerstörten Wohnungen trotzdem als Notunterkünfte dienen. Zehntausende lebten in Ruinen, jeder vierte Bewohner des Gazastreifens hatte keinen Zugang mehr zu sauberem Wasser, über hundert Einrichtungen der Vereinten Nationen lagen in Trümmern oder waren schwer getroffen.

Der Gaza-Krieg 2014 hat der dortigen Wirtschaft endgültig das Rückgrat gebrochen, die Mittelschicht weitgehend vernichtet und die Menschen auf dem kleinesten gemeinsamen Nenner vereint, der Armut. Das bisherige gesellschaftliche Netzwerk, das qua Solidarität die mittellose Bevölkerung wirtschaftlich am Leben erhalten hatte, wurde zerstört.

Der Aufstand

Ganz zu schweigen von Hunderttausenden traumatisierten Menschen, Kinder vor allem, für die es so gut wie keine psychologische Betreuung gab und gibt.

Und täglich grüßt das Murmeltier: Eine UN-Kommission untersuchte mögliche Kriegsverbrechen, Israel verweigerte deren Mitgliedern die Einreise. Der Abschlussbericht kritisiert die Hamas wegen des Raketenbeschusses auf israelische Wohngebiete, mehr noch aber die von Israel begangenen »Verstöße gegen das Völkerrecht«. Israels Premier Netanjahu kommentierte den Bericht mit den Worten, er sei nichts als »eine Vergewaltigung der Wahrheit«. Während sechs Friedensnobelpreisträger, darunter Desmond Tutu, und mit ihnen Hunderte Intellektuelle aus allen Teilen der Welt sowie Dutzende Kirchen aus den USA und einige jüdische Verbände im Juli 2014 verlangten, als Reaktion auf den Gaza-Krieg jedwede militärische Zusammenarbeit mit Israel zu beenden, ging die Bundesregierung den entgegengesetzten Weg. Sie beschloss im Oktober 2014, Israel zu Vorzugsbedingungen Korvetten und U-Boote zu liefern – die »Staatsräson« verpflichtet.

Unter US-Präsident Donald Trump verschärfte sich die Lage der Palästinenser noch. Trump erwirkte den Umzug der US-Botschaft von Tel Aviv nach Jerusalem, im Mai 2018 – zum 70. Jahrestag der Proklamation des jüdischen Staates. Um sich von dessen allumfassenden Ansprüchen auf Jerusalem zu distanzieren, befinden sich die Botschaften fast aller Staaten seit 1948 in Tel Aviv, nicht in Jerusalem. Zwar hatte der US-Kongress bereits im Oktober 1995 den »Jerusalem Embassy Act« verabschiedet, demzufolge Washington Jerusalem als Hauptstadt Israels anerkennt. Mit dem Argument, es fehle an Geld für den Umzug der US-Botschaft, wurde der jedoch seither von jeder US-Regierung alle halbe Jahre um weitere sechs Monate verschoben. Selbst George W. Bush hatte erkannt, dass die Verlegung für die gesamte Region fatale Folgen haben könnte.

Trump waren solche Überlegungen egal. Er löste mit dem Umzug ein Wahlversprechen gegenüber AIPAC und seinen Großspendern ein, namentlich dem Casino-Tycoon Sheldon Adelson. Gleichzeitig empfahl er sich damit den Evangelikalen, den christlichen Fundamentalisten, einer Stammwählergruppe der Republikaner. Die Kosten für den Bau der neuen US-Botschaft, rund 500 Millionen US-Dollar, übernahm zu großen Teilen Adelson. Trump, mehr noch dessen dubioser Schwiegersohn Jared Kushner[213], fädelte gleichermaßen die sogenannten »Abraham Accords« ein: 2020/21 nahm Israel diplomatische Beziehungen zu Bahrein, den Vereinigten Arabischen Emiraten, Sudan sowie Marokko auf. Diese Vereinbarungen waren der Versuch Washingtons, die Beziehungen zwischen Tel Aviv und den arabischen Staaten zu normalisieren, ohne von Israel Zugeständnisse in der Palästinafrage einzufordern. Diese vermeintliche Normalisierung erfolgte also im Einklang mit willfährigen arabischen Potentaten, denen gute Wirtschaftsbeziehungen zu den USA und Israel, aber auch der damit einhergehende Schulterschluss gegen den Iran wichtiger waren als die leidigen Palästinenser. Gekrönt werden sollten die »Abraham-Vereinbarungen« durch die Aufnahme diplomatischer Beziehungen zwischen Israel und Saudi-Arabien unter Präsident Biden – das aber verhinderte vorerst der 7. Oktober 2023 und dessen politischer Fallout, Zehntausende getöteter Palästinenser.

Trumps Agieren vermittelt einen Vorgeschmack darauf, was die Palästinenser und die Region erwartet, sollte er im Januar 2025 erneut als US-Präsident vereidigt werden.

Natürlich hatten die Ultrarechten in Israel erkannt, was die Stunde geschlagen hatte. Am 6. Mai 2021 eskalierten die Proteste im Ostjerusalemer Stadtteil Sheikh Jarrah. Dort sollten mehrere palästinensische Familien aus ihren Häusern vertrieben werden – ein Herzensanliegen des jüdischen Suprematisten Itamar Ben-Gvir, der den Konflikt über Monate geschürt hatte und seit November 2022 als Minister für Nationale Sicherheit agiert. Parallel kam es zu Zusammenstößen rund um das Gelände der Al-Aqsa-Moschee, wo israelische Rechtsextremisten einen »Flaggenmarsch« abhalten wollten. Am 10. Mai 2021 stellte die Hamas der israelischen Armee das Ultimatum, sich rund um das Moscheegelände ebenso zurückzuziehen wie aus Sheikh Jarrah. Als das nicht geschah, feuerten die Hamas wie auch der Islamische Dschihad zahlreiche Raketen auf Israel.

Same procedure: Die israelische Luftwaffe bombardierte großflächig den Gazastreifen – »Operation Guardian of the Walls«

(Hüter der Mauern). Zwischen dem 10. und dem 21. Mai 2021 starben mindestens 256 Palästinenser, darunter 66 Kinder, ebenso 13 Israelis, darunter zwei Kinder. Rund 500 Häuser zerstörten die Israelis, darunter das Al-Jalaa-Hochhaus, Sitz zahlreicher Medien, auch von *Al Jazeera*.

Auf der einen Seite also eine ultranationalistische Regierung in Israel, die zu keinerlei Zugeständnissen an die Palästinenser bereit ist und deren »Gesprächsbereitschaft« sich auf die Anwendung von immer noch mehr Gewalt beschränkt. Auf der anderen Seite Hamas und Islamischer Dschihad, deren waffentechnisches Knowhow zunimmt. Parallel dazu ein Leben (wenn man es denn noch so nennen kann) im Gazastreifen unter katastrophalen Bedingungen, ohne jede Hoffnung und Perspektive auf Veränderung. Wer ein anderes Volk in die Kapitulation zu zwingen sucht, erntet in der Regel Widerstand. Entsprechend ist die Popularität der Hamas ungebrochen. Bei den für 2021 geplanten, von Mahmud Abbas aber vorsichthalber abgesagten Präsidentschaftswahlen hätte Hamas-Chef Ismail Haniyeh Umfragen zufolge 69 Prozent der Stimmen erhalten, PN-Chef Abbas lediglich 27 Prozent.[214]

Mehr als 4000 Palästinenser hat die israelische Besatzungsmacht allein im Gazastreifen zwischen 2008 und 2021 getötet. Zu allem Überfluss hatten die Vereinten Nationen die Küstenenklave bereits am 24. Oktober 2018 für »unbewohnbar« erklärt – maßgeblich als Folge der israelischen Blockade. Die dortige Wirtschaft befinde sich »im freien Fall«, die Jugendarbeitslosigkeit betrage 70 Prozent, das Gesundheitssystem sei »zusammengebrochen«, das Trinkwasser »weitgehend verseucht«.[215]

Elende Lebensbedingungen also, ein Verbrechen Israels an den Palästinensern. Gleichzeitig hat die Besatzungsmacht alle Möglichkeiten einer friedlichen Konfliktlösung – mit der Palästinensischen Nationalbehörde, der PLO, mit Jassir Arafat, Mahmud Abbas, mit der Hamas – über Jahre hinweg ins Leere laufen lassen und torpediert.

Israelische Entscheider hatten geglaubt, sie könnten die Palästinafrage militärisch unter Kontrolle behalten. Unter Einsatz von Gewalt und Entrechtung. Indem sie die Mauern, die sie bauten, immer höherzogen und die Menschen vor Ort in Auserwählte und Rechtlose unterteilten. Kurz: indem sie das größte Gefängnis auf Erden schufen.

Der brutale Angriff der Hamas am 7. Oktober 2023 ist nicht zu rechtfertigen – vor allem deswegen nicht, weil er Hunderte unschuldiger Zivilisten, in diesem Fall israelische, das Leben gekostet hat. Wer jedoch die Vorgeschichte jenes Tages nicht verdrängt oder ignoriert, wird darin das furchtbare Verbrechen ebenso erkennen wie die vermeidbare Tragödie.

Auf der Suche nach Daddy: Vom 7. Oktober zum Flächenbrand

Am 22. September 2023, zwei Wochen vor dem Angriff der Hamas auf Südisrael, hielt Israels Premier Benjamin Netanjahu eine Rede vor einem weitgehend leeren Plenum der Vereinten Nationen in New York. Dabei zeigte er eine Landkarte des »Neuen Nahen Ostens« mit Israel im Zentrum: einem Land, das sich vom Mittelmeer bis zum Jordanfluss erstreckt. Ohne jeden Hinweis auf besetzte Gebiete, auf den Gazastreifen, auf das Westjordanland, die Golanhöhen. In der Vorstellungswelt Netanjahus, dessen politische Karriere auf Großisrael fußt, gibt es längst kein Palästina mehr. Stattdessen schwelgte er in Visionen über gemeinsame Großprojekte, insbesondere mit Saudi-Arabien. Die Aufnahme diplomatischer Beziehungen zwischen Tel Aviv und dem sunnitischen Machtzentrum wäre die noch ausstehende Krönung der bereits unter US-Präsident Trump eingefädelten Abraham Accords, wie ausgeführt. Also der 2020/21 erfolgte Austausch von Botschaftern mit mehreren arabischen Staaten, unter Ausklammerung der Palästinafrage. Seine wenigen Zuhörer im Auditorium, die zeitgleiche Demonstration gegen seine Regierung vor dem Gebäude der Vereinten Nationen und die monatelangen Dauerproteste Zehntausender Israelis gegen die angestrebte »Justizreform«, de facto eine angestrebte Selbstermächtigung der Ultrarechten für Straffreiheit und Dauerherrschaft – sie unterstrichen, wie unbeliebt und angeschlagen die Regierung Netanjahu war.

So gesehen hat die Hamas das politische Überleben des Premiers erst einmal gesichert. Der Horror des 7. Oktober lieferte Netanjahu jenen Vorwand, den es brauchte, um Israels Palästina-Problem idealerweise ein für alle Mal aus der Welt zu schaffen. In Gestalt eines Vernichtungsfeldzuges im Gazastreifen, einer Strategie der verbrannten Erde, was beides nicht dazu beitrug, israelische Geiseln zu befreien oder das selbst erklärte Ziel zu erreichen, die Hamas zu zerschlagen, wohl aber langfristig den Weg für eine weitere ethnische Säuberung ebnete. Die 105 Geiseln, die im November 2023 freikamen, verdankten ihre Freilassung diplomatischer Vermittlung unter Führung Katars, nicht aber einem militärischen Einsatz. Stattdessen erschossen israelische Soldaten im Folgemonat drei Geiseln, die sich befreien konnten und sich mit erhobenen Armen als Israelis zu erkennen gegeben hatten. Am 8. Juni 2024 befreiten israelische Spezialkräfte vier israelische Geiseln im Flüchtlingslager Nuseirat, unterstützt von US- und britischen Geheimdiensten. Dabei bombardierte die israelische Armee einen belebten Markt und die angrenzenden Gassen ohne jede Vorwarnung. 274 Menschen starben, 800 wurden verletzt. Augenzeugenberichten zufolge handelte es sich dabei um ein regelrechtes Massaker mit Leichenteilen allenthalben.[216]

Unbestritten ist, dass der Inlandsgeheimdienst Shin Bet, Armee und Regierung vom Vorstoß palästinensischer Kämpfer, nicht allein der Hamas, in die Städte und Kibbuzim unweit des Gazastreifens vollkommen überrascht wurden. Das ist umso erstaunlicher, als es an Hinweisen auf einen bevorstehenden Großangriff nicht fehlte. Die *New York Times* berichtete im November 2023, dass der israelischen Regierung bereits ein Jahr zuvor (!) »von geheimdienstlicher Seite« ein vierzigseitiges Hamas-Dokument mit dem Codenamen »Jericho Wall« vorgelegt worden war, das offenbar Rückschlüsse auf geplante, groß angelegte Angriffe erlaubte. Demzufolge verfügte die Hamas über Detailkenntnisse hinsichtlich der Stationierungsorte und Truppenstärke der israelischen Armee, über deren Kommunikationswege und andere relevante Informationen. Netanjahu und sein Umfeld hätten die Hinweise jedoch ignoriert: Zu einer militärischen Operation dieser Größenordnung seien die Palästinenser nicht fähig.[217]

Ebenfalls im November war in *Haaretz* zu lesen, dass der Leiter der militärischen Aufklärung, Amit Saar, bereits im März und Juli 2023 Netanjahu vor einem »perfekten Sturm« gewarnt habe, der sich zusammenbraue – maßgeblich aufgrund der innenpolitischen Krise im Zuge der Justizreform, die bei Israels Widersachern den Eindruck erwecke, das Land sei schwach. Netanjahu aber habe alle Warnungen in den Wind geschlagen und es stattdessen vorgezogen, so der Autor des Beitrags, »Israels Demokratie zu beseitigen, sich dauerhaft als oberster Machthaber festzusetzen und die staatlichen Ressourcen auf die Ultraorthodoxen und die Siedlungen umzuleiten«. Netanjahu sei demzufolge, ungeachtet aller Versäumnisse der Geheimdienste, der Hauptverantwortliche für das Desaster des 7. Oktober. Auch deswegen, weil er bereits in den Jahren zuvor alles getan habe, »um die Palästinenser in Richtung Konfrontation zu treiben«.[218]

Monatelang hatten sogenannte »Spotter«, eine Militäreinheit ausschließlich aus Frauen, vor verdächtigen Entwicklungen im Gazastreifen gewarnt. Diese Spotter waren in Wehranlagen entlang der Grenze stationiert und hatten die Aufgabe, die Bilder von Überwachungskameras auszuwerten. Von ihren männlichen Vorgesetzten wurden deren Warnungen ignoriert, obwohl die Bilder unter anderem Palästinenser beim militärischen Training zeigten. Die etwa zwanzig Spotter, die am 7. Oktober starben, gehörten zu den ersten Toten des Großangriffs.[219]

Nach der letzten Konfrontation im Gazastreifen 2021 war es dort weitgehend ruhig geblieben, stattdessen eskalierte die Gewalt in Ostjerusalem und im Westjordanland, wo 2022 155 Palästinenser starben, im Jahr darauf, bis zum 7. Oktober, weitere 172. Das waren die höchsten Opferzahlen seit der zweiten Intifada, die 2005 endete. Die Fehleinschätzung, die Lage in der Küstenenklave sei unter Kontrolle, veranlasste die Regierung Netanjahu, die meisten Soldaten und einen erheblichen Teil des militärischen Gerätes, darunter gepanzerte Fahrzeuge, von dort abzuziehen und zum Schutz der Siedler im Westjordanland einzusetzen. Zurück blieb im Wesentlichen technisches Personal entlang der Grenzanlagen. Noch am 7. Oktober um drei Uhr morgens, also weniger als drei Stunden vor Beginn des Großangriffs, vermeldete ein ranghoher Mitarbeiter des Geheimdienstes angesichts verdächtiger Aktivitäten im Gazastreifen, dass es sich wahrscheinlich um bloße Militärübungen handele: »Wir gehen nach wie vor davon aus, dass es (Hamas-Führer Yahya, ML) Sinwar nicht auf eine Eskalation abgesehen hat.«[220]

Wer sich also die Frage stellt, wie es der Hamas und anderen gelingen konnte, stundenlang ohne nennenswerten Widerstand innerhalb Südisraels vorzudringen, ungeachtet einer hermetisch abgeriegelten Grenze und trotz aller Überwachungsmaßnahmen und Geheimdienstaktivitäten, findet hier die Antwort: Hybris, Inkompetenz, Staatsversagen – wofür in erster Linie Netanjahu politisch die Verantwortung trägt. Wie bereits erwähnt, wurden offiziellen israelischen Angaben zufolge 846 Zivilisten, 278 Soldaten und 44 Polizisten zwischen dem 7. und dem 9. Oktober getötet. Ein Teil der Opfer geht allerdings nicht auf das Konto der Hamas, sondern ist auf die sogenannte »Hannibal-Direktive« der israelischen Armee von 1986 zurückzuführen. Sie besagt, dass Geiselnahmen von Israelis um jeden Preis zu verhindern sind, nötigenfalls, indem die Geiseln getötet werden. Denn die sind Verhandlungsmasse, wie israelische Regierungen bereits zuvor wiederholt erfahren mussten.

Die »Hannibal-Direktive«

Offiziellen Angaben zufolge hat es eine entsprechende Direktive entweder nie gegeben oder aber entsprechende Überlegungen seien längst verworfen und nie verwirklicht worden. Gleichwohl mehren sich die Hinweise, dass die israelische Armee am 7. Oktober den ausdrücklichen Befehl erhielt, den Vormarsch der Hamas um jeden Preis aufzuhalten, ohne Rücksicht auf israelische Zivilisten in deren Gewalt. Erstmals berichtete *Haaretz* im Juli 2024, dass die »Hannibal-Direktive« am 7. Oktober Anwendung fand – vor allem, um die Gefangennahme von Soldaten zu verhindern.[221]

Ebenfalls laut *Haaretz* sind mehrere Dutzend Fahrzeuge, in denen sich mutmaßlich auch Entführte befanden, von Kampfhubschraubern beschossen worden. Die ausgebrannten Wracks waren auch im deutschen Fernsehen zu sehen, wurden jedoch der Hamas zugeschrieben. Im Kibbuz Be'eri wie auch auf dem Gelände des Nova-Musikfestivals sind ganz offenkundig ebenfalls Festivalbesucher oder Geiseln unter israelischen Beschuss geraten und im Fall des Kibbuz erwiesenermaßen auch wissentlich getötet worden. Vom Nova-Festival wussten die Angreifer demzufolge nicht, dass es stattfand. Das widerspricht der offiziellen Darstellung, sie hätten es bewusst heimgesucht, um gerade an diesem Ort unbeschwerter Lebensfreude zu morden und zu vergewaltigen. Yasmin Porat, eine Überlebende aus dem Kibbuz Be'eri, erklärte gegenüber dem Nachrichtensender *Kan*, die palästinensischen Kämpfer hätten sie und die übrigen Gefangenen »menschlich« behandelt. Ihr Ziel sei es gewesen, die Gruppe »nach Gaza zu entführen, nicht sie zu ermorden«. Zwei Stunden später sei die israelische Polizei erschienen und habe das Feuer eröffnet, anschließend die Armee – mit fatalen Folgen für viele Geiseln.[222] Wie viele Israelis von Hamas-Kämpfern getötet wurden und wie viele durch *friendly fire* starben, wird die Öffentlichkeit vermutlich nie erfahren.

Abgesehen von *Haaretz* und einigen weiteren Medien, überwiegend im Internet, spielte dieses Thema in der Berichterstattung kaum eine Rolle. Es passt nicht recht ins Bild einer ganz anderen Außendarstellung (Hasbara) der israelischen Regierung.

Um Missverständnissen vorzubeugen: Die Hamas hat Grausamkeiten und Kriegsverbrechen in großem Umfang begangen. Diese im Einzelnen wiederzugeben oder zu belegen ist allerdings schwierig, denn Regierung, Militär und Rettungskräfte vor Ort haben nicht etwa Tatorte abgeriegelt, forensische Beweise oder Tatspuren gesichert, Gräueltaten gerichtsverwertbar dokumentiert, sondern umfassend Desinformation betrieben und Falschaussagen darüber verbreitet, was am 7. Oktober geschehen ist. Pointiert gesagt: Es ging den maßgeblichen Stellen oft genug nicht darum, wahrheitsgemäß zu berichten, was die Hamas angerichtet hat, sondern propagandistisch überzeichnet auszumalen, was sie nicht getan hat.

Wie es scheint, aus übergeordneten Gründen. Erkennbar in der Absicht, vom eigenen Versagen abzulenken und die kommende Barbarei im Gazastreifen zu rechtfertigen, stilisierten Netanjahu und sein politisches Umfeld die Konfrontation mit der Hamas zu einer Art Armageddon, einem heilsgeschichtlichen Endzeitkampf zwischen Gut und Böse – selbstverständlich unter Ausklammerung jedweder Vorgeschichte. Nicht weniger als das Schicksal der Menschheit stünde auf dem Spiel, so der Tenor von Netanjahus Ausführungen in seinem ersten Interview nach dem Großangriff, auf CNN: »Es ist eine Schlacht zwischen Zivilisation und Barbarei. Und wenn wir hier nicht gewinnen, zieht der Kelch weiter. Vom Nahen Osten an andere Orte. Wenn der Nahe Osten fällt, ist Europa als Nächstes dran. Ihr werdet die Nächsten sein.«

Unmittelbar nach dem Angriff stand eine Gewissheit sofort im Raum: Mastermind der Operation sei Teheran. Das wusste und verkündete Netanjahu bereits, bevor er auch nur darüber nachdenken konnte, wie der von ihm verantwortete Militär- und Sicherheitsapparat einen derart brachialen Überfall überhaupt hatte zulassen können.[223] Möglicherweise mangels Masse in Sachen Iran schwenkten Israels Entscheider jedoch sehr schnell auf bewährte rhetorische Gleitmittel um: Israels Krieg gegen die Palästinenser zu kritisieren, sei antisemitisch und/oder besorge das Geschäft der Hamas. Die offizielle Darstellung der Ereignisse am 7. Oktober infrage zu stellen komme einer Holocaust-Leugnung gleich.

Nicht ohne Grund haben Politik und Medien regelmäßig hervorgehoben, an jenem Tag seien so viele Juden ermordet worden wie seit dem Holocaust nicht. Das ist sachlich korrekt und dennoch propagandistisch unterlegt. Als Generalabsolution für das, was folgen sollte. Israel habe alles Recht der Welt, sich zu verteidigen, hieß es weiter – wenngleich, wie ausgeführt, eine Besatzungsmacht aus völkerrechtlicher Sicht keinen Verteidigungskrieg gegen das von ihr besetzte Volk führen kann.

Die Hamas zu bekämpfen ist das eine, die vollständige Zerstörung des Gazastreifens etwas ganz anderes. Gleichwohl interessieren sich westliche Wertepartner selten für internationale Rechtsnormen, solange die nicht von geopolitischen Widersachern missachtet werden. Bezeichnenderweise haben die westlichen Unterstützer Kiews den Haftbefehl des Internationalen Strafgerichtshofes gegen Wladimir Putin wegen russischer Kriegsverbrechen in der Ukraine forciert und begrüßt – als aber dasselbe Gericht im Mai 2024 einen Haftbefehl gegen Netanjahu und dessen Verteidigungsminister Yoav Galant wegen israelischer Kriegsverbrechen im Gazastreifen in Aussicht stellte, reagierten dieselben Politiker empört und fassungslos.

Kriege werden bekanntlich nicht allein militärisch entschieden, sondern auch an der Meinungsfront. Dass Israel auf diesen Großangriff reagieren musste, war offenkundig. Das entspricht der Logik von Machtpolitik. Die israelische Antwort ist jedoch über die Maßen zerstörerisch ausgefallen, und zwar von Anfang an, sodass der dahinterliegende, vorsätzliche Vernichtungswille kaum zu übersehen ist. Dabei geht es nicht um einen Krieg gegen die Hamas, sondern um einen Krieg gegen die Palästinenser als

Volk. Ganz offenkundig hat die Regierung Netanjahu das weit verbreitete Bedürfnis nach Rache und Vergeltung genutzt, um ihrer Vision eines ethnisch möglichst homogenen Großisraels näherzukommen: indem die Lebensgrundlagen im Gazastreifen so umfassend zerstört werden, dass der angestrebte Exodus möglichst vieler Palästinenser zunächst in den Sinai fast schon wie ein Akt der Menschlichkeit daherkommt.

Diesen Weg zu beschreiten bedeutet wie in jedem Krieg, den Gegner umfassend zu entmenschlichen, zu dämonisieren und damit zum Abschuss freizugeben. So erklärte Israels Verteidigungsminister Yoav Galant am 9. Oktober 2023: »Wir bekämpfen menschliche Tiere und handeln entsprechend.« Tags darauf legte er nach: »Zurückhaltung gibt es für uns nur noch in Maßen. Wir werden jeden töten, gegen den wir kämpfen, wir setzen alle Mittel ein.« Ein Sprecher der Armee ergänzte: »Der Schwerpunkt liegt auf Zerstörung, nicht auf Genauigkeit.«[224]

Präsident Jitzchak Herzog präzisierte am 13. Oktober, es gäbe keine unschuldigen Palästinenser im Gazastreifen. Sie seien kollektiv verantwortlich für das, was geschehen ist. Er warf ihnen vor, »das böse Regime, das die Macht mit einem Staatsstreich an sich gerissen hat«, nicht bekämpft zu haben.[225] Als er das sagte, hatte die israelische Armee angesichts der bevorstehenden Bodenoffensive gerade erst 1,1 Millionen Palästinenser im Norden des Gazastreifens aufgefordert, in Richtung Süden zu fliehen.

Der stellvertretende Knesset-Sprecher Nissim Vaturi schrieb auf X, die Israelis verfolgten ein gemeinsames Ziel, nämlich »den Gazastreifen vom Antlitz der Erde zu tilgen«. Und der Minister für Kulturelles Erbe, Amichai Elijahu, empfahl Israel, eine Atombombe auf Gaza zu werfen – »unschuldige Zivilisten« gäbe es dort nicht.[226] Im November legte der Generalmajor a. D. und ehemalige Leiter des Nationalen Sicherheitsrates, Giora Eiland, nach und erklärte, die Ausbreitung tödlicher Krankheiten im Gazastreifen helfe Israel, seine Kriegsziele zu erreichen, die gesamte Bevölkerung dort sei ein legitimes Ziel.[227] Landwirtschaftsminister Avi Dichter frohlockte, ebenfalls im November: »Wir sind gerade dabei, in Gaza die Nakba 2023 zu verwirklichen.«[228] Diese und ähnliche Aussagen führender Vertreter des jüdischen Staates fanden später Eingang in die Klage Südafrikas gegen Israel wegen Völkermordes.

In seinem Telefonat mit US-Präsident Joe Biden erklärte Netanjahu am 11. Oktober 2023: »Wir wurden am Samstag von einem Angriff heimgesucht, dessen Bestialität … wir seit dem Holocaust nicht mehr gesehen haben … Sie haben Dutzende Kinder gefesselt, verbrannt und hingerichtet … Solch eine Bestialität haben wir in der Geschichte des Staates (Israel, ML) noch nie gesehen. Sie sind schlimmer als der Islamische Staat, und entsprechend müssen wir mit ihnen umgehen.«[229]

Geköpfte Babys?

Gräuelgeschichten spielten eine wichtige Rolle bei der Legitimierung des nachfolgenden israelischen Massentötens im Gazastreifen. Auf einer ersten Tour mit ausländischen Journalisten an die Orte des Schreckens des 7. Oktober verbreiteten israelische Offiziere das Gerücht, im Kibbuz Kfar Aza seien bis zu vierzig Babys von der Hamas ermordet, einige von ihnen auch geköpft worden. Militärsprecher Jonathan Conricus erklärte: »Kaum zu glauben, dass selbst die Hamas zu einem solch barbarischen Akt fähig ist.« Oberstleutnant Guy Basson gab zu Protokoll, er habe acht Babys gesehen, die im Kibbuz Be'eri erschossen worden seien. Ebenso eine Tote, die eine Überlebende von Auschwitz gewesen sein soll. »Ich sehe die eintätowierte Nummer auf ihrem Arm, und man sagt sich, sie hat den Holocaust in Auschwitz überlebt und musste am Ende im Kibbuz Be'eri sterben.« Ein anderer Soldat teilte mit, dass getötete »Babys und Kinder in Reih und Glied auf einer Wäscheleine aufgehängt worden« seien.

Große Aufmerksamkeit erzielte Eli Beer, ein ultrarechter Siedler und Leiter eines Rettungsdienstes. Vor einer Versammlung der »Republican Jewish Coalition« in Las Vegas sagte er Ende Oktober 2023: »Sie kamen in ihr Haus (das einer Schwangeren, ML), vor ihr die Kinder, schnitten ihren Bauch auf, holten das Baby heraus, dann erdolchten sie das kleine, winzige Baby vor ihr, und dann erschossen sie sie (die Mutter, ML) vor den Augen ihrer Familie, und dann töteten sie die übrigen Kinder.« Beer tourte durch die USA mit seinen Horrorerzählungen, die weltweit von den Medien aufgegriffen wurden: »Diese Bastarde haben Babys in den Ofen gesteckt und den dann angemacht … Ich sah kleine geköpfte Kinder. Wir wussten nicht, welcher Kopf zu welchem Kind gehörte.« Sogar Präsident Biden und Außenminister Antony Blinken empfingen ihn und zeigten sich entsetzt. Der einzige Haken an diesen Geschichten: Sie sind entweder frei erfunden, oder aber es fehlen jedwede Beweise. Weder hat es im Kibbuz Be'eri eine ermordete Auschwitz-Überlebende gegeben noch geköpfte Babys auf der Wäscheleine oder im Backofen. Auch ist keiner Schwangeren der Bauch aufgeschlitzt worden, um den Fötus herauszureißen, wie vor allem israelische Medien nach und nach klarstellten, allen voran *Haaretz*.[230]

Tatsache ist: Im Kibbuz Be'eri starb ein Baby, zehn Monate alt, im Schusswechsel. Schlimm genug, keine Frage, doch könnte die Kluft zwischen der gegebenen Faktenlage und ihrer propagandistischen Überzeichnung größer kaum sein. Noch Tage später wurden ausländischen Besuchern, auch deutschen Politikern, dort Babybetten gezeigt, in denen sich Unaussprechliches abgespielt haben soll.

Wohlgemerkt: Ohne jeden Zweifel hat die Hamas am 7. Oktober furchtbare Verbrechen begangen. Den zitierten Propagandisten ging es aber nicht um Wahrheitsfindung. Sie waren Teil einer Hasbara, mit dem Ziel, kollektive Empörung und Wut auf höchster politischer Ebene zu erzeugen, auch und vor allem im Ausland – als Rechtfertigung für das israelische Vorgehen danach. Zu der Kampagne gehörte auch, dass Netanjahu und andere Regierungsmitglieder ausländischen Amtskollegen drastische Fotos und Videos zeigten, die angeblich Gräueltaten der Hamas bezeugten. Eine ebenso schlichte wie emotional wirksame Methode.

So erklärte Präsident Biden bereits kurz nach dem 7. Oktober gleich mehrfach, er selbst habe Fotos von geköpften Babys gesehen. Zwar räumte das Weiße Haus anschließend ein, dass er solche Fotos nicht gesehen habe (es gibt sie nicht), was Biden aber nicht davon abhielt, es auch weiterhin zu behaupten. Zuletzt am 18. Dezember 2023, zu einem Zeitpunkt also, als diese Frage längst hinlänglich geklärt war. Stattdessen stellte er die hohen Opferzahlen im Gazastreifen infrage: »Ich habe keine Vorstellung davon, ob die Palästinenser die Wahrheit sagen, was die Zahl der Toten betrifft.«[231]

Es gilt allerdings anzumerken, dass auch die Bundesregierung die Todeszahlen lange angezweifelt hat.[232] Die Leitmedien zogen nach. Tenor: Die Gesundheitsbehörde werde ja von der Terrororganisation Hamas geführt. Also kann sie auch nicht glaubwürdig sein – obwohl zahlreiche UN-Organisationen deren Angaben regelmäßig bestätigt haben. Und, zur Erinnerung: Die Hamas allein als Terrororganisation zu framen, mag dem politisch-medial vorherrschenden Meinungsbild entsprechen, greift aber zu kurz. Sie ist keine »Rote-Armee-Fraktion«, sondern eine Massenbewegung und wirkmächtige politische Kraft. Entsprechend stellt sie zahlreiche Behördenvertreter. Nicht aus Freude der Gaza-Bewohner am Islamismus, sondern als Reaktion auf die jahrzehntelange, brutale militärische Besatzung.

Auch US-Außenminister Blinken ließ sich nicht lumpen und gab in einer Anhörung vor dem Senat die folgende, offenkundige Splatter-Story zum Besten: »Ein kleiner Junge und ein Mädchen, sechs und acht Jahre alt, sitzen mit ihren Eltern am Frühstückstisch. (Hamas-Terroristen, ML) reißen dem Vater das Auge heraus, in Gegenwart seiner Kinder. Sie schneiden der Mutter eine ihrer

Brüste ab, trennen dem Mädchen einen Fuß ab und schneiden dem Jungen die Finger ab, bevor sie getötet werden«, so Blinken. »Und dann setzten sich die Henker an den Tisch und schlugen sich den Magen voll. Das ist die Sorte, mit der diese Gesellschaft (gemeint sind die Palästinenser, ML) zu tun hat.«[233] Will heißen: So sind sie, diese kollektiven Bestien. Wie, in Gottes Namen, können oder sollten die Israelis mit solchen Ungeheuern Frieden schließen?

Bemerkenswert ist, dass sich diese und vergleichbare Aussagen einigen wenigen Personen vor Ort verdanken. Neben Eli Beer ist hier vor allem Yossi Landau zu nennen, Angestellter der Rettungsorganisation Zaka, der jenes Splatter-Märchen in die Welt gesetzt hatte, dem auch Blinken aufsaß. Zaka geriet im April 2021 in die Schlagzeilen, nachdem Yehuda Meshi-Zahav, der Chef der Organisation, einen Selbstmordversuch unternommen hatte. Er soll jahrelang Frauen und Kinder sexuell missbraucht und Spendengelder veruntreut haben.[234] Landau ist ein guter Schauspieler, der vor laufender Kamera mit Tränen in den Augen die furchtbarsten Geschichten erzählte. Allerdings deckten *Sky News* und *Al Jazeera* sehr schnell seine Lügen auf. Von einem Fernsehreporter gefragt, was er mit den Leuten zu tun empfehle, die ihn der Falschaussage bezichtigten, empfahl Landau, man möge sie ebenso erschießen wie die Hamas-Terroristen.[235]

Es ist gleichermaßen bemerkenswert und bedenklich, dass selbst führende Politiker ungeprüft auch offensichtlich überzeichnete Behauptungen Dritter übernehmen. Jeder erfahrene Krimiautor hätte Landau geraten, es bei den abgeschnittenen Fingern zu belassen – alles Weitere ist Overkill. Geschadet hat es gleichwohl nicht. Zahlreiche westliche Medien haben Landaus und anderer Gruselpropaganda ungeprüft übernommen, auch in Deutschland. *Bild:* »Israeli (Landau, ML) birgt seit zwei Wochen Leichen. Für seinen Bericht brauchen Sie ganz starke Nerven« (24. Oktober). *T-Online*: »Wie bestialisch die Hamas in Israel wütete, weiß kaum jemand besser als Yossi Landau« (14. Oktober).

Es versteht sich von selbst, dass die USA angesichts solcher Bestialität gar keine andere Wahl hatten, als ihre Waffenexporte nach Israel stetig zu erhöhen, ausdrücklich für den Einsatz im Gaza-Krieg. Allein im Zeitraum zwischen dem 7. Oktober 2023 und dem 7. März 2024 hat es mehr als hundert zusätzliche Waffenlieferungen gegeben. In welchem Wert und Volumen behielten die Amerikaner für sich.[236] Die Spielregeln aber sind klar. In den Worten des israelischen Generals Jitzchak Brick: »All unsere Raketen, die Munition, die Präzisionswaffen, die Flugzeuge, die Bomben, das alles kommt aus den USA. In dem Moment, wo sie den Hahn zudrehen, können wir nicht weiterkämpfen … Jeder weiß, dass wir diesen Krieg ohne die Vereinigten Staaten nicht führen können. Punkt.«[237]

Im Oktober 2024 veröffentlichte die Brown University in Rhode Island (sie zählt zu den US-Elite-Universitäten) eine Studie, der zufolge die USA seit Beginn des Gaza-Krieges Waffen im Wert von 22,76 Milliarden US-Dollar an Israel geliefert haben. Das ist der mit weitem Abstand höchste Betrag, den Washington jemals innerhalb eines Jahres dem nahöstlichen Verbündeten zur Verfügung gestellt hat. Die Studie weist ausdrücklich darauf hin, dass es sich dabei nicht um die »Endsumme« handelt, da die Biden-Administration »beträchtliche Anstrengungen unternimmt, um die tatsächliche Höhe der geleisteten Zahlungen mit Hilfe einer kreativen Buchführung zu verschleiern.«[238]

Schreie ohne Worte

Mehrfach haben wir bereits gesehen, wie meisterhaft es die israelische Seite versteht, politisches und mediales Agenda-Setting zu betreiben. Einen Tag vor dem ersten Votum des Internationalen Gerichtshofes die Klage Südafrikas gegen Israel wegen Völkermordes betreffend lancierte Tel Aviv im Dezember 2023 die Vorwürfe gegen das UN-Hilfswerk für palästinensische Flüchtlinge

UNRWA. Mit allergrößtem Erfolg, denn ohne auch nur einen einzigen Beleg für die erhobenen Beschuldigungen vorzulegen, denen zufolge mehrere Mitarbeiter der UNRWA am Angriff des 7. Oktober beteiligt gewesen sein sollen, stellten unter anderem die beiden wichtigsten Finanziers der UNRWA, die USA und Deutschland, ihre Zahlungen sofort ein, die USA wohl dauerhaft, Deutschland monatelang. Auch das Thema Vergewaltigung geriet nicht ohne Hintersinn in den Fokus der Öffentlichkeit.

Je länger der Krieg andauert, umso schwieriger wird es für Tel Aviv, die Lufthoheit über die medialen Narrative zu behalten. Die massiven Zerstörungen, die anhaltenden Angriffe auf Krankenhäuser, die stetig anwachsende Zahl getöteter Frauen und Kinder, kurzum: Die humanitäre Katastrophe sorgt auch in westlichen Staaten für Empörung und Entsetzen. Die Premierminister von Spanien und Belgien reisten im November von der ägyptischen Seite aus an die Grenze zum Gazastreifen, nach Rafah, und verurteilten die wahllose Tötung palästinensischer Zivilisten. Immer lauter wurden die Forderungen nach einem Ende der Gewalt. Der EU-Außenbeauftragte Josep Borrell verlangte nicht nur die Freilassung der Geiseln, sondern auch einen dauerhaften Waffenstillstand und forderte politische Lösungen. Israels Außenminister zu dem Zeitpunkt, Eli Cohen, verurteilte dergleichen »Unterstützung für den Terrorismus«, und Netanjahu geißelte diese Forderung in einer Regierungserklärung, weil sie nicht allein und ausschließlich »die Hamas für ihre Verbrechen gegen die Menschlichkeit verantwortlich macht«.

Bereits unmittelbar nach dem 7. Oktober 2023 mehrten sich die Hinweise, Hamas Kämpfer hätten Frauen vergewaltigt. Mitte November, parallel zur wachsenden Kritik an Israels Kriegsführung, weiteten sich die Vorwürfe zu einem wahren Hasbara-Blitz aus, demzufolge Hamas-Kämpfer *systematisch* Frauen vergewaltigt hätten. Der israelische Regierungssprecher Eylon Levy sprach in dem Zusammenhang von der »Hamas-Vergewaltigungsmaschine«. Andere Regierungsvertreter wiederholten die Vorwürfe, auch Israels UN-Botschafter.

Sexuelle Gewalt ist eine häufig eingesetzte Kriegswaffe, und die Dementi der Hamas in diesem Zusammenhang wollen nichts bedeuten. Einem UN-Untersuchungsbericht vom März 2024 zufolge kam es am 7. Oktober »wahrscheinlich« zu sexualisierter Gewalt. Es gäbe »vernünftige Gründe für die Annahme« sowie »überzeugende Informationen«, dass während des Hamas-Angriffs Frauen vergewaltigt worden seien.[239] Angesichts der systematisch betriebenen Desinformation von israelischer Seite fehlen aber auch hier die gerichtsverwertbaren Beweise. Nicht ohne Grund lehnte es UN-Generalsekretär António Guterres ab, die Hamas auf eine »Schwarze Liste sexueller Gewalt« zu setzen. Die UN-Kommission sei nicht mandatiert gewesen, »eine vollumfängliche Untersuchung« der Geschehnisse durchzuführen.[240]

Um auch hier Missverständnisse zu vermeiden: Israelische Frauen sind ganz offensichtlich Opfer sexueller Übergriffe geworden, sowohl am Tag des Großangriffs wie auch, sollten die verfügbaren Informationen zutreffen, als Geiseln im Gazastreifen. Aus den genannten Gründen aber ist der UN-Untersuchungsbericht in seiner Urteilsfindung sehr vorsichtig. Festzuhalten bleibt, dass zwischen »wahrscheinlich« und »Vergewaltigungsmaschine« ein weiter Weg liegt. Darauf hinzuweisen, geschieht nicht in der Absicht, die Hamas zu exkulpieren. Doch gilt für diesen wie auch für alle anderen Kriege, dass die Wahrheit als Erstes stirbt.

Am 28. Dezember 2023 veröffentlichte die *New York Times* eine »Investigativ-Reportage«, das wohl meistzitierte, wirkmächtigste Dokument zum Thema: »Schreie ohne Worte: Wie die Hamas am 7. Oktober sexualisierte Gewalt als Waffe einsetzte«.[241] Im Zentrum der Geschichte stehen der Tod und die vermeintliche Vergewaltigung der Israelin Gal Abdush. Allerdings widersprach ihre Familie unmittelbar nach der Veröffentlichung der *Times*-Darstellung, dass sie vergewaltigt worden sei. Ihr Schwager warf den israelischen Reportern vor, sie hätten die Familie unter Vorspiegelung falscher Tatsachen aufgesucht. Ihre Schwester sagte aus, die Reporter hätten sie unter Druck gesetzt, ihnen Fotos und Videomaterial auszuhändigen – »das sei wichtig für die israelische Hasbara«. Eine wesentliche Informationsquelle für den *Times*-Beitrag war ausgerechnet die Rettungsorganisation Zaka, siehe oben.[242]

Wie ausgeführt, war der Gazastreifen bereits seit 2007 einer vollständigen israelischen Blockade ausgesetzt. Ihr Ziel war es, die Palästinenser durch Entbehrung und Deprivation in die Kapitulation zu treiben, in die Rolle eines Volkes, das seine Niederlage eingesteht und den Anordnungen der Besatzer widerstandslos Folge leistet. Diese Strategie ist mit dem 7. Oktober gescheitert. Was auf israelischer Seite aber nicht etwa zur Folge hatte, diese zu überdenken. Vielmehr wurde sie noch verschärft, aus Rachsucht, basierend auf strategischem Kalkül und Vernichtungsfantasien – jetzt erst recht. Am 9. Oktober 2023 verkündete Verteidigungsminister Gallant: »Wir verhängen eine totale Blockade gegen Gaza … Kein Strom, kein Essen, kein Wasser, kein Treibstoff, das alles gibt es nicht mehr.«[243]

Auch diese Aussage fand Eingang in die Völkermord-Klage Südafrikas. Bereits die Verhängung einer Kollektivstrafe ist ein klarer Verstoß gegen internationale Rechtsnormen, konkret der Genfer Konvention zum Schutz von Zivilisten in Kriegsgebieten. Diese wie auch andere vergleichbare Statements hochrangiger Israelis, darunter die bereits zitierten, lassen sich durchaus als Ankündigung eines geplanten Genozids verstehen.

Der durchschnittliche menschliche Kalorienbedarf liegt pro Tag bei 2100 Kalorien. Einen, möglicherweise auch zwei Monate lang kann ein Mensch mit 1200 Kalorien überleben. Laut der humanitären Hilfsorganisation Oxfam, die eng mit den Vereinten Nationen zusammenarbeitet, hatten die 300 000 Palästinenser im Norden des Gazastreifens im April 2024 lediglich 245 Kalorien täglich zur Verfügung. Das entspricht nicht einmal dem Inhalt einer kleineren Dose Bohnen und weniger als zwölf Prozent des täglichen Bedarfs.

Der Oxfam-Bericht vom 3. April 2024 ist unmissverständlich. Demzufolge hat die israelische Regierung der UNRWA Ende März untersagt, Lebensmittelhilfen im Norden des Gazastreifens zu verteilen. Deren Lkw durften ihn seither nicht mehr anfahren. Seit Oktober 2023 müssen die Palästinenser in der Küstenenklave insgesamt mit lediglich 41 Prozent des täglich erforderlichen Kalorienbedarfs auskommen. Gleichzeitig hat die israelische Armee jede Form der Eigenversorgung etwa mit Obst oder Gemüse »faktisch vernichtet«. Der Bericht zitiert eine Mutter aus dem Norden: »Vor dem Krieg waren wir gesund und kräftig. Mittlerweile haben wir sehr viel Gewicht verloren, meine Kinder und ich. Denn wir haben kein normales Essen mehr, wir versuchen zu essen, was immer wir finden, essbare Wildpflanzen oder Kräuter, so etwas, um zu überleben.«

Hungerspiele

Das absolute Minimum an Lkw, derer es täglich bedarf, um die gesamte Bevölkerung mit 2100 Kalorien zu versorgen, liegt bei 221. »Gegenwärtig gelangen im Durchschnitt 105 Lkw in den Gazastreifen.« Der Norden stehe unmittelbar vor einer Hungersnot, die Lebensmittelversorgung von 1,1 Millionen Menschen sei nicht gewährleistet. Kinder stürben mittlerweile an Hunger und Fehlernährung, oft in Verbindung mit Krankheiten. Die ohnehin schon prekäre Lage als Folge des Hungers und seiner Folgen verschärfe sich noch durch »die nahezu vollständige Zerstörung jeder zivilen Infrastruktur, darunter Krankenhäuser, Wasserversorgung, Abwasserentsorgung und lokaler Gesundheitsdienste, was die Menschen zusätzlich für Krankheiten anfällig macht«.

Das Essen ist nicht allein knapp, sondern wenig ausgewogen. Das Wenige, was es noch an Obst oder Gemüse zu kaufen gäbe, sei infolge der Mangellage dermaßen teuer, dass es für die meisten unerschwinglich ist. Babynahrung oder Zusatzprodukte, etwa für fehlernährte Kinder oder für Menschen, die auf eine spezielle Diät angewiesen sind, gäbe es kaum oder gar nicht.

In den Worten des Oxfam-Direktors Amitabh Behar: »Israel hat sich bewusst dafür entschieden, Zivilisten auszuhungern. Es ist schlimm genug, selbst mit 245 Kalorien am Tag auskommen zu müssen. Aber mitanzusehen, dass es den eigenen Kindern oder älteren Verwandten genauso ergeht? Und die Menschen sind Vertriebene, sie haben gar nicht oder kaum Zugang zu sauberem Wasser oder einer Toilette. Sie wissen, dass es so gut wie keine medizinische Versorgung für sie gibt, und sie leben unter der ständigen Gefahr von Drohnen und Bomben. Israel ignoriert sowohl die Anordnung des Internationalen Gerichtshofes, einen Völkermord zu verhindern, wie auch die maßgeblichen UN-Resolutionen.« Gerade erst habe der Gerichtshof festgehalten, dass Hunger im Gazastreifen nicht »droht«, sondern sich »festsetzt«. Behar gelangt zu dem Schluss: »Alle Staaten müssen ihre Waffenlieferungen nach Israel sofort einstellen und alles in ihrer Macht Stehende unternehmen, um einen sofortigen und dauerhaften Waffenstillstand zu erreichen. Nur so ist es möglich, dieses entsetzliche Blutbad unter 2,2 Millionen Menschen zu beenden, die sechs Monate größten Leids ertragen mussten. Israel darf nicht länger Hunger als Waffe einsetzen.«[244]

Israels Premier Netanjahu behauptete dessen ungeachtet im März 2024, dass es im Gazastreifen keinen Hunger gäbe. Allein die Hamas trage die Verantwortung dafür, dass nicht genügend »humanitäre Hilfe« zu den Menschen gelange.[245] Bei dieser Ansicht blieb er auch im April, im Gespräch mit Deutschlands Außenministerin Baerbock.[246] Als Beleg zeigte er ein Video, das entspannt wirkende Menschen am Strand im Gazastreifen zeigte – mit anderen Worten: alles halb so schlimm. Dieses Video ging in Israel viral und löste große Empörung aus, insbesondere unter Siedlern, Politikern und regierungsnahen Journalisten. Denn, so ein Moderator des israelischen TV-Senders *Channel 12*: Die Palästinenser im Gazastreifen verdienten es »zu sterben, einen langsamen, qualvollen Tod zu sterben«, nicht, sich am Strand zu vergnügen. Und weiter: »Es gibt keine unschuldigen Menschen im Gazastreifen, nicht einen einzigen.«[247]

Die Einstellung der Waffenlieferungen forderte am 5. April 2024 auch der Menschenrechtsrat der Vereinten Nationen. Dies sei erforderlich, »um weitere Verletzungen von internationalem humanitären Recht und Menschenrechtsresolutionen zu verhindern«. Die nichtbindende Resolution erhielt 28 Jastimmen, darunter die von Belgien, Finnland und Luxemburg. Dreizehn Staaten enthielten sich der Stimme, sechs stimmten dagegen, darunter die USA, Deutschland und Israel. Ausdrücklich wird in der Resolution der Begriff »Genozid« verwendet. Ihr vorausgegangen war der »Bericht der UN-Sonderberichterstatterin Francesca Albanese über die Lage in den besetzten palästinensischen Gebieten seit 1967« vom 25. März 2024.[248]

Anatomie eines Genozids

In der Kurzzusammenfassung des Berichts heißt es zu Beginn: »Nach fünf Monaten anhaltender militärischer Operationen hat Israel den Gazastreifen zerstört. Mehr als 30 000 Palästinenser sind in dem Zeitraum getötet worden, darunter 13 000 Kinder. Mehr als 12 000 gelten als tot (oder werden vermisst, ML), 71 000 sind verletzt, viele von ihnen verstümmelt und für den Rest ihres Lebens gezeichnet. Siebzig Prozent der Wohnviertel sind zerstört worden. Achtzig Prozent der Bevölkerung wurden gewaltsam vertrieben. Abertausende Familien haben Angehörige verloren oder wurden ausgelöscht. Viele konnten ihre Angehörigen nicht beerdigen oder um sie trauern, stattdessen waren sie gezwungen, deren Leichname in Wohnungen, auf der Straße oder unter dem Schutt verwesen zu lassen. Abertausende wurden inhaftiert und systematisch ebenso unmenschlich wie entwürdigend behandelt. Das gar nicht vollständig zu ermessende kollektive Trauma wird noch über Generationen fortwirken. Durch die Analyse der Gewaltmuster und Israels Regierungsrichtlinien beim Angriff auf den Gazastreifen gelangt dieser Bericht zu dem Schluss, dass es gute Gründe für die Annahme gibt, Israel habe durch sein Vorgehen die Schwelle zum Genozid überschritten. Zu den wichtigsten Einsichten gehört, dass Israels Exekutive und militärische Führung sowie seine Soldaten vorsätzlich die zum Schutz von Zivilisten im Krieg geltenden Regeln missachtet und ihre Schutzfunktionen unterlaufen haben. Mit dem Ziel, genozidale Gewalt gegen das palästinensische Volk zu legitimieren.«

Der Bericht weist darauf hin, dass die israelische Luftwaffe »in den ersten Monaten der Kampagne« mehr als 25 000 Tonnen Sprengstoff im Gazastreifen eingesetzt hat, was der Zerstörungskraft von zwei Hiroshima-Atombomben entspricht. Der Einsatz von Künstlicher Intelligenz (KI) bei der Auswahl von Angriffszielen habe die Zahl der zivilen Toten zusätzlich erhöht. Bemerkenswert ist, dass der Bericht auch die »ethnische Säuberung« 1947/49 und 1967 thematisiert. Die unrechtmäßige Ausübung von Macht diene der »Konsolidierung des ›exklusiven und unanfechtbaren Rechtes des jüdischen Volkes‹ auf das Land von ›Großisrael‹, wie von Premier Netanjahu im Dezember 2022 bekräftigt … Dies ist der historische Hintergrund, vor dem sich die Gräueltaten im Gazastreifen entfalten.« Dieses Netanjahu-Zitat stammt aus dem Koalitionsabkommen der amtierenden israelischen Regierung.

Zwei israelische Onlinemedien, +972 und Local Call, haben im November 2023 eine umfassende Recherche ins Netz gestellt: »›Die Massenmord-Fabrik‹: Eine Innenansicht der kalkulierten Bombenkampagnen im Gazastreifen«. Die für Palästinenser tödlichste

Militärkampagne seit der Nakba unter dem Label »Operation Iron Swords« (Eiserne Schwerter; die Hamas bezeichnet ihren Großangriff als »Al-Aqsa-Flut«) weise insofern eine neue Qualität auf, als die Armee ihre zu bombardierenden Ziele weit über das Militärische hinaus ausgewiesen habe. Zu den neuen ins Visier genommenen *Power Targets,* wie sie in der Militärsprache heißen, gehörten Wohnhäuser, öffentliche Gebäude, Hochhäuser, Infrastruktur allgemein. Mit der ausdrücklichen Absicht, der palästinensischen Zivilgesellschaft zu schaden und »einen Schock herbeizuführen«, der dann dazu führe, dass »Zivilisten Druck auf die Hamas ausüben«. Demzufolge verfügt die israelische Armee über detaillierte Informationen hinsichtlich der meisten potenziellen Angriffsziele, einschließlich privater Wohnungen. Schon vor einem Angriff sei relativ klar, wie viele Zivilisten dabei sterben. In einem Fall habe die militärische Einsatzleitung wissentlich den Tod von Hunderten palästinensischen Zivilisten in Kauf genommen, um einen einzigen Topkommandeur der Hamas zu liquidieren. »Nichts passiert aus Zufall«, erklärt ein Informant. »Wenn ein dreijähriges Mädchen in einer Wohnung in Gaza getötet wird, dann deswegen, weil jemand in der Armee entschieden hatte, dass das kein *big deal* ist. Dann stirbt sie eben. Wir sind nicht die Hamas. Wir reden hier nicht von blind in der Gegend verschossenen Raketen. Wir wissen genau, wie groß der Kollateralschaden in jeder einzelnen Wohnung ist.«

»Das Evangelium«

Ein wesentlicher Grund für die große Zahl an Angriffszielen und die exzessiven Folgeschäden für Zivilisten im Gazastreifen, so der Informant weiter, sei die umfassende Anwendung eines technischen Systems mit Namen »Habsora«, deutsch »das Evangelium«. Dieses System beruht weitgehend auf KI und »generiert« automatisch Ziele in einem Tempo, das bislang unvorstellbar gewesen sei. Einem ehemaligen Geheimdienstoffizier zufolge entstehe dadurch »eine Massenmord-Fabrik«.

Ein anderer Informant erklärt: »Die höheren Ränge in der Armee sind sich über ihr Versagen am 7. Oktober im Klaren und nach Kräften bemüht, der israelischen Öffentlichkeit das Image eines Sieges zu vermitteln, um ihren Ruf zu retten.« Israel schätze die Zahl der Hamas-Kämpfer auf 30 000, die des Islamischen Dschihad auf 7000, die es sämtlich zu liquidieren gelte. Entsprechend unerschöpflich ist das heilsbringende Potenzial nicht allein »des Evangeliums«. Dabei gehe es »um Quantität, nicht Qualität«, so ein Geheimdienstmann.[249]

Dessen ungeachtet war es der israelischen Armee offenbar erstmals am 26. März 2024 gelungen, im Gazastreifen einen ranghohen Kommandanten zu töten: Marwan Issa, den stellvertretenden Chef der »Qassam-Brigaden«, des militärischen Arms der Hamas. Gäbe es weitere »Erfolgsmeldungen«, würden sie der Öffentlichkeit mit Sicherheit nicht vorenthalten. In Beirut fielen bereits im Januar 2024 zwei führende Hamas-Funktionäre israelischen Anschlägen zum Opfer. Einer Recherche der BBC zufolge war das auf fünfhundert Kilometer Länge geschätzte Tunnelsystem auch ein halbes Jahr nach Kriegsbeginn in weiten Teilen intakt, ein Zusammenbruch der militärischen Schlagkraft der Hamas nicht in Sicht.[250]

Wie im April 2024, ebenfalls dank +972 und Local Call, bekannt wurde, bedient sich die israelische Armee einer weiteren KI-basierten Tötungsmaschinerie mit Namen »Lavender« (Lavendel), um die Zielerfassung zu erweitern und mehr Menschen ins Visier zu nehmen. Während »das Evangelium« Gebäude oder generell Infrastruktur identifiziert, aus denen heraus Kämpfer vermeintlich oder tatsächlich operieren, setzt »Lavendel« Menschen auf eine Todesliste und gibt sie zum Abschuss frei. Das geschieht KI-generiert, die Entscheidung über das Todesurteil fällt innerhalb von zwanzig Sekunden. Soldaten intervenieren nur noch, um sicherzustellen, dass möglichst keine Frauen auf die Liste gelangen. Unabhängig davon liegt die »Fehlerquote« bei rund zehn Prozent – weil »Lavendel« auch Unbeteiligte und »Kontaktschuldige« zur Liquidierung auswählt. Die israelische Armee greift die ins Visier genommenen Personen systematisch in ihrem privaten Umfeld und zu Hause an, nicht etwa in Kampfsituationen. »Wir waren nicht daran interessiert, Hamas-Kämpfer allein im Gefecht zu töten … Im Gegenteil, die Armee hat sie ohne Zögern in ihren Wohnungen angegriffen, als erste Option. Es ist viel einfacher, die Wohnung oder das Haus einer Familie zu bombardieren. ›Lavendel‹ ist darauf ausgerichtet, sie in solchen Situationen zu erwischen,« erzählt ein Geheimdienstoffizier. So gesehen ist es eigentlich egal, ob Frauen auf die Liste gesetzt werden oder nicht – letzte moralische Skrupel?

Zusätzliche KI-Unterprogramme, eines trägt den Namen »Where's Daddy?«, besorgen die Feinjustierung und sollen gewährleisten, dass die betreffende Person auch tatsächlich genau in dem Moment getötet wird, in dem sie ihre Wohnung betritt. Mit dem Ergebnis, dass Tausende von Frauen und Kindern oder generell Palästinenser, die an den Kämpfen nicht beteiligt waren, umgebracht worden sind, insbesondere in den ersten Wochen der Kämpfe – einzig auf Grundlage der mechanisch generierten Entscheidungen von KI. Ein erster Vorgeschmack auf die Kriege der Zukunft.[251]

Doch damit der Ruhmestaten der »moralischsten Armee der Welt« nicht genug. Im Dezember 2023 machten weltweit Fotos die Runde, die Dutzende von Palästinensern zeigten, ausgezogen bis auf die Unterhose, auf dem Boden kniend oder sitzend, den Körper nach vorne gebeugt. Aufgenommen in Bait Lahiya, im Norden des Gazastreifens. Die Männer waren gefesselt, anschließend wurden ihnen die Augen verbunden, und man trieb sie wie Vieh auf die Ladefläche eines Militärfahrzeuges. Die meisten der Inhaftierten waren Zivilisten ohne Bezug zur Hamas, wie israelische Sicherheitskreise später bestätigten. Sie und viele andere wurden abtransportiert, überwiegend in israelische Verhörzentren, ohne Möglichkeit, ihre Familien zu benachrichtigen. Einige von ihnen kamen nie zurück.

Eines dieser Fotos zeigt Männer auf Knien, die Hände auf dem

Rücken gefesselt, die Augen verbunden. Mehr als die Unterhose tragen sie nicht, vor ihnen ein ausgehobener Graben. Hinter ihnen israelische Soldaten mit geschulterten Gewehren.

Welche Assoziationen erweckt eine solche Aufnahme?

Erneut ist es das Verdienst von +972 und Local Call, schmutzige Wahrheiten aufgedeckt zu haben. Detailliert zeichnen sie die Leidensgeschichte einiger dieser Männer aus Bait Lahiya und die Folter- und Verhörmethoden der israelischen Armee nach. Die Ergebnisse ihrer Recherche lesen sich dermaßen brutal und erschütternd, dass sie hier nicht im Einzelnen wiedergegeben werden sollen.[252] Tatsache ist, dass Tausende Palästinenser in israelischen Haftanstalten einem Sadismus ausgesetzt waren und sind, der ungute Vergleiche nahelegt. Nicht jeder überlebt diese Tortur.

Im Mai 2024 veröffentlichte der US-Nachrichtensender CNN mit Hilfe von Whistleblowern eine Reportage über das israelische Gefangenenlager und Folterzentrum Sde Teiman in der Negevwüste – das israelische Guantanamo oder Abu Ghraib (ehemaliges US-Folterzentrum im Irak). Die zuvor willkürlich im Gazastreifen Festgenommenen werden in Sde Teiman, einer Militärbasis, entweder in einem stacheldrahtummantelten Käfig festgehalten. Dort müssen sie aufrecht sitzen, dürfen nicht reden, ihre Augen sind verbunden. Bei geringster Missachtung der »Lagerordnung« drohen schwerste Prügel und Körperstrafen, einschließlich Knochenbrüchen und ausgeschlagenen Zähnen.

Oder aber sie gehören zur zweiten Kategorie der Gefangenen, die es noch schlimmer trifft. Sie sind in einem »Feldlazarett« untergebracht, ans Bett gefesselt, die Augen verbunden, bekleidet allein mit einer Windel. Ihre Nahrung beziehen sie über einen Strohhalm. Infolge der eng anliegenden, stunden- und tagelangen Fesselung ans Bett und der damit einhergehenden Durchblutungsstörungen mussten den Gefolterten wiederholt Gliedmaßen amputiert werden. Offenbar ohne Narkose und durchgeführt von »medizinischem Personal« ohne Approbation – »ein Paradies für Praktikanten«, so ein Whistleblower. Soll heißen für Famulanten ohne Skrupel. Die Luft ist laut CNN erfüllt vom Gestank nicht versorgter Wunden, die vor sich hin rotten.[253]

Gefangene, die für medizinische Zwecke missbraucht werden – welche Assoziationen drängen sich hier auf? Und Sde Teiman ist kein Einzelfall. Im Juli 2024 bezeichneten zehn UN-Menschenrechtsexperten dieses Foltergefängnis in einem Gutachten als lediglich »die Spitze eines Eisberges«. Es gebe zahlreiche Belege für »Missbrauch, Folter und Vergewaltigungen« palästinensischer Gefangener, Frauen wie Männer, in israelischen Gefängnissen. Die Experten empfehlen den Druck auf Israel zu erhöhen: »In einem Fall geht es um die Gruppenvergewaltigung eines Palästinensers. Der Vorfall ist allen Ernstes von Vertretern des politischen Establishments wie auch der israelischen Gesellschaft gutgeheißen worden. Es ist dies ein wohl unwiderruflicher Beweis dafur, dass hier jeder moralischer Kompass abhanden gekommen ist.«[254]

Die Auserwählten

Ohne jeden Zweifel hat der 7. Oktober weite Teile der israelischen Öffentlichkeit traumatisiert. Vor solchem Hintergrund brechen sich Rache- und Hassgefühle Bahn, Aufrufe zur Vernunft und Mäßigung verhallen. Dennoch bleibt die Frage, warum es in Israel, aber auch der jüdischen Diaspora angesichts des Massensterbens palästinensischer Zivilisten vergleichsweise wenig Empathie gibt. Die Frage ist hier nicht abschließend zu klären, einige Schlaglichter aber erscheinen geboten. Und sie reichen weit zurück in die Zeit vor dem Großangriff der Hamas.

In einem Vortrag suchte Gideon Levy, Mitherausgeber und Kolumnist von *Haaretz*, zu ergründen, warum sich die Israelis so problemlos mit der jahrzehntelangen Besatzung arrangieren konnten und können. Er nennt dafür drei Gründe:

»Erstens: Die meisten Israelis, vielleicht sogar alle, glauben, wir seien das auserwählte Volk. Und wenn wir das auserwählte Volk sind, dann können wir auch machen, was wir wollen. Zweitens: Es gab in der Geschichte viel brutalere Besatzungsregime … Allerdings gibt es keinen vergleichbaren Fall in der Geschichte, in dem sich der Besatzer als Opfer inszeniert hat. Nicht als irgendein Opfer, sondern als das einzige Opfer überhaupt. Das erlaubt es jedem Israeli, mit sich selbst im Reinen zu sein – weil wir ja die Opfer sind … Drittens: Das ist der wohl entscheidende Punkt … Zur Opferrolle gehört natürlich auch der Holocaust. Wie es Golda Meir einmal so unnachahmlich gesagt hat: Nach dem Holocaust haben die Juden das Recht zu tun, was immer sie wollen … Dieser dritte Punkt ist der gefährlichste. Denn er erlaubt es uns Israelis, die Palästinenser umfassend zu entmenschlichen und damit gut leben zu können. Wenn sie keine Menschen sind wie wir, dann gelten für sie auch keine Menschenrechte … Die wenigsten Israelis betrachten die Palästinenser als Menschen, wie wir es sind. Ich habe mal geschrieben, dass wir sie behandeln wie Tiere. Daraufhin habe ich viele Protestschreiben von Tierschutzorganisationen erhalten … Wie viele Israelis haben jemals versucht, sich in die Rolle eines Palästinensers zu versetzen, und sei es nur für einen Augenblick, für einen Tag? … Einmal habe ich Ehud Barak (Premierminister von 1999 bis 2001, ML) gefragt: Was hätten Sie eigentlich getan, wenn Sie als Palästinenser geboren worden wären? Und er gab mir die einzige ehrliche Antwort, die er mir geben konnte: ›Ich hätte mich einer Terrororganisation angeschlossen.‹«[255]

Und damit steht Barak nicht allein. Ami Ayalon, vormaliger Direktor des Inlandsgeheimdienstes Shin Bet, wurde vom US-Fernsehsender *ABC News* am 11. März 2024 gefragt: »Wenn Sie ein Palästinenser im Westjordanland oder in Gaza wären, wie würden Sie über Israel denken?« Seine Antwort: »Ich würde Israel bekämpfen. Um endlich frei leben zu können.« Auf die Frage, welche Mittel er dafür bereit wäre einzusetzen, erwiderte Ayalon: »Ich würde alles tun, um meine Freiheit zu erlangen. Alles … Man kann niemanden abschrecken, weder einen Einzelnen noch eine Gruppe, wenn die Betroffenen wissen, dass sie nichts mehr zu verlieren haben.«[256]

Überall Hass

Die Ausführungen der deutsch-israelischen Autorin Nirit Sommerfeld gehen in eine ähnliche Richtung wie die Gideon Levys: »Die allermeisten Israelis wissen nicht, was in Gaza derzeit wirklich passiert. Klingt nicht plausibel, ist aber so. Die allermeisten Israelis sehen den ganzen Tag fern oder lesen, wie viele andere Leute auch, die Schlagzeilen in den sozialen Medien, so wie der Algorithmus es ihnen vorgibt. Hier wie dort erfahren sie, dass ganz Gaza bevölkert ist von Terroristen; manche von ihnen würden Zivilisten, Krankenhäuser und UN-Einrichtungen für ihre terroristischen Zwecke missbrauchen. Ihr einziger Lebenszweck sei es, Juden, vor allem israelische, zu vernichten.«

Diese Sichtweise, seit Jahrzehnten genährt durch das Schulwesen, die meist regierungsnahen Medien und die Regierung selbst, beruhe wesentlich darauf, »dass Araber (von Palästinensern ist eigentlich nie die Rede) Juden hassen, wir wiederum sie hassen und dass sich daran niemals etwas ändern werde«. Israelis »lernen, dass Araber ungebildet seien, immer nur Hass und Rache im Schilde führen, keine eigene Kultur kennen und nicht mal ihre Kinder so sehr lieben, wie sie uns hassen …

Der Schock des 7. Oktober hat sämtliche Traumata der jüdischen Israelis aktiviert. Zweifelsohne steckt in uns allen die generationenübergreifende Erinnerung an Vertreibung, Ausgrenzung und Vernichtung. Zweifelsohne gab es darüber hinaus in den vergangenen 75 Jahren seit Staatsgründung für jüdische Israelis dramatische und traumatische Erlebnisse von Gewalt, sei es bei den zahllosen Kriegen und Militäreinsätzen oder bei Terroranschlägen auf zivile Ziele. Dabei haben alle israelischen Regierungen immer dafür gesorgt, dass zwei Grundsätze im israelischen Bewusstsein manifestiert wurden – erstens: Wir sind immer die Opfer, die angegriffen werden. Und zweitens: Es gibt weder einen historischen Kontext noch irgendeine Rechtfertigung für Gewaltausbrüche; sie werden ausschließlich aus Hass gegen uns entfacht.«[257]

Im Windschatten des Gaza-Krieges hat sich auch die Menschenrechtslage für Palästinenser im Westjordanland und in Ostjerusalem dramatisch verschlechtert. Der UN-Bericht des Hochkommissars für Menschenrechte vom 27. Dezember 2023 zeichnet ein düsteres Bild. Demzufolge hat die israelische Armee dort zwischen dem 7. Oktober und dem 27. Dezember 2023 291 Palästinenser erschossen oder anderweitig getötet. Detailliert listet der Report auf: 211 getötete Männer, darunter drei mit Behinderungen, 79 Kinder, eine Frau. 201 dieser Menschen starben, ohne an Kampfhandlungen beteiligt gewesen zu sein. 105 konkret durch Luftangriffe »oder andere Militärtaktiken in Flüchtlingslagern oder anderen dicht besiedelten Gebieten«.

Im gleichen Zeitraum wurden 4000 Palästinenser verhaftet, darunter 255 Kinder, 123 Frauen und 45 Journalisten. Addiert man die vor dem 7. Oktober seit Jahresbeginn 2023 Verhafteten, so befanden sich im Dezember desselben Jahres 7300 Palästinenser in Haft, darunter 2800 in sogenannter »Administrativhaft«, das heißt ohne Anklage oder Verurteilung, teilweise seit Jahren. Darunter auch Kinder und Jugendliche. Schon das Versenden besatzungskritischer Posts in den sozialen Medien reicht für eine Verhaftung aus. Die Verhaftungen »gehen regelmäßig einher mit körperlichem und psychologischem Missbrauch oder Erniedrigung, einschließlich sexueller und geschlechtsspezifischer Gewalt gegen Männer wie Frauen«. Zu ergänzen ist an dieser Stelle, dass die UN-Statistik diejenigen Inhaftierten aufzählt, die amtlich erfasst wurden und regulär in Gefängnissen einsitzen – nicht aber jene zusätzlich nach Tausenden rechnenden Palästinenser überwiegend aus dem Gazastreifen, die tage- oder wochenlang in den Folterzentren der israelischen Armee, meist auf Militärbasen wie in Sde Teiman, misshandelt wurden und werden. Sie sind in keiner offiziellen Liste erfasst.

Insbesondere in den C-Gebieten des Westjordanlandes, die gemäß den längst irrelevanten Vereinbarungen von Oslo ausschließlich von Israel kontrolliert werden, kam es nach dem 7. Oktober zu einem dramatischen Anstieg der Siedlergewalt. Der Bericht hält fest, dass die Grenzen zwischen der israelischen Armee und den Siedlern zunehmend fließend verlaufen – vor allem, weil zum Militärdienst einberufene Siedler vielfach bewusst dort als Soldaten eingesetzt werden, wo sie schon seit Jahren bemüht sind, Palästinenser zu vertreiben.

Ein Schwerpunkt der Vertreibungen im Untersuchungszeitraum zwischen dem 7. Oktober und dem 27. Dezember 2023 war die Region South Hebron Hills im südlichen Westjordanland, wo bewaffnete Siedler/Soldaten 1208 palästinensische Bauern in dreißig Weilern von Haus und Hof verjagten. Sie rissen unter anderem Olivenbäume aus, zerstörten oder vergifteten sie, stahlen die Olivenernte, bedrohten die Bewohner physisch, entwendeten oder töteten das Vieh von Herdenzüchtern und verwehrten den Palästinensern mit vorgehaltener Waffe die Rückkehr in ihre Häuser oder das Betreten ihres Landes. Bei vielen Vorfällen wurden die Siedler von Soldaten begleitet oder trugen selbst Armeeuniformen und -gewehre. Zahlreiche Häuser wurden mit Bulldozern zerstört. Acht Palästinenser fanden dabei den Tod, darunter ein Kind.

Dieses Vorgehen ist selbst nach israelischem »Recht« illegal, in Haft genommen wurden dafür aber im Untersuchungszeitraum lediglich zwei Siedler. 2023 kam es im Westjordanland zu 905 Angriffen mit Zerstörungen oder Beschädigungen palästinensischen Eigentums, bei 315 kamen Menschen zu Schaden, mindestens wurden sie verletzt. Das ist die mit weitem Abstand höchste Quote seit 2020. Die Siedlergewalt hat demzufolge allein zwischen Dezember 2022 und Dezember 2023 um 80 Prozent zugenommen.

Nach dem 7. Oktober haben die Besatzungsbehörden die Bewegungsfreiheit der Palästinenser im gesamten Westjordanland und Ostjerusalem stark eingeschränkt, heißt es in dem Bericht weiter. Die israelische Armee hat fast alle Zugangswege zu palästinensischen Dörfern und Städten für Fahrzeuge gesperrt und manche Städte von den Hauptstraßen abgeriegelt, etwa mit Hilfe von Erdwällen oder Betonsperren. Abschließend fordert der UN-Hochkommissar für Menschenrechte, der Österreicher Volker Türk, Israel auf, das bestehende Einreiseverbot für Mitarbeiter des Menschenrechtsbüros wieder aufzuheben.[258]

Infolge der Zwangsmaßnahmen ist das Bruttoinlandsprodukt (BIP) im Westjordanland 2023 im Vergleich zum Vorjahr um 22 Prozent gesunken, die Arbeitslosenquote stieg von 14 Prozent vor dem Krieg auf 30 Prozent zum Jahresende 2023. Verschärft wird die wirtschaftliche Lage durch den Wegfall fast aller Arbeitsgenehmigungen für Palästinenser aus dem Westjordanland in Israel und den israelischen Siedlungen. Außerdem wird ein Großteil der Steuereinnahmen, die Israel zwangsweise namens der Palästinensischen Nationalbehörde in Ramallah erhebt, einbehalten oder nur teilweise respektive gar nicht an die PN weitergeleitet.[259] Überdies gibt es in den palästinensischen Gebieten kaum Sozialleistungen.

Seit Juni 2023 – also schon deutlich vor dem 7. Oktober – führt die israelische Armee regelmäßig Bomben- und Drohnenangriffe im Westjordanland durch. Offiziell zwecks »Terrorbekämpfung«, vor allem im Raum Dschenin, Tulkarem und Nablus. Dabei starben bis Juni 2024 55 Menschen, 24 von ihnen waren Kinder bzw. Jugendliche im Alter von elf bis siebzehn Jahren.[260] Im Juni 2024 berichtete die *New York Times*, dass die israelische Regierung das Westjordanland de facto zu annektieren beabsichtigt, ohne die Annexion als solche zu benennen. Finanzminister Bezalel Smotrich, der sich selbst, wie bereits erwähnt, als »homophoben Faschisten« bezeichnet, machte die entsprechenden Pläne gegenüber Siedlern publik. Demzufolge soll die dortige Militärverwaltung formell in die Hände von »Zivilisten« im Verteidigungsministerium übergehen, die wiederum Smotrich unterstehen. Das lasse sich »politisch und juristisch besser verkaufen, damit uns niemand vorwerfen kann, dass wir hier (tatsächlich, ML) irgendwas annektieren«[261], so Smotrich.

Meeresblick für Skrupellose

Das »Misgav-Institut für Nationale Sicherheit und Zionismus« ist eine rechtsgerichtete israelische Denkfabrik. Im Oktober 2023 hat es einen detaillierten Plan für die »Umsiedlung« aller Palästinenser aus dem Gazastreifen in den Sinai vorgelegt. Titel: »Ein Plan für die Umsiedlung und endgültige Repatriierung der gesamten Bevölkerung des Gazastreifens nach Ägypten: Wirtschaftliche Aspekte«. Untertitel: »Es gibt derzeit eine einzigartige und seltene Gelegenheit, den gesamten Gazastreifen in Abstimmung mit der ägyptischen Regierung zu evakuieren«. Aus Sicht dieses Strategiepapiers gilt es, die wirtschaftliche Schwäche Ägyptens zu nutzen. Quintessenz: Kairo nimmt 2,3 Millionen Palästinenser auf, im Gegenzug sollten westliche Schuldner dem Land am Nil einen Großteil seiner Staatschulden erlassen. Die Kosten für die Umsiedlung würde Israel übernehmen: 19 000 US-Dollar pro Haushalt, was einmalig einem bis 1,5 Prozent des jährlichen israelischen BIP entspräche.

Autor des ursprünglich geheimen, dann durchgesickerten Berichts ist Amir Weitmann, ein hochrangiges Mitglied des Likud. Im Vorstand des Misgav-Instituts sitzen eine Reihe bekannter Rechtsextremisten, die aus ihren Absichten kein Hehl machen. Geheimdienstminister Gila Gamliel, ebenfalls Likud, hat das Strategiepapier unter dem Logo seines Ministeriums übernommen. Generalmajor a. D. Giora Eiland, der schon Seuchen für Gaza das Wort geredet hatte, schlug seinerseits vor, die Palästinenser im Gazastreifen anzuweisen, »nach Ägypten zu gehen oder sich an der Küste zu versammeln«, während Israel die Enklave »vorübergehend oder dauerhaft unbewohnbar« mache. Danny Ayalon, vormaliger Botschafter Israels in Washington, schwärmte von »großen Gebieten im Sinai, … in die sie evakuiert werden könnten«. Nicht etwa Israel, sondern die Staatengemeinschaft hätte dann dort die Möglichkeit, »Zeltstädte für sie zu errichten«. Israel Katz, zu dem Zeitpunkt Energieminister, twitterte, »die gesamte Zivilbevölkerung« in Gaza müsse sofort »verschwinden«. Daraufhin warnte die UN-Sonderberichterstatterin für die Menschenrechtslage in den besetzten palästinensischen Gebieten, Francesca Albanese, vor einer »ethnischen Massensäuberung«.[262]

Das hiesige »Bündnis für Gerechtigkeit zwischen Israelis und Palästinensern« hat umfassend zu diesen Vertreibungsfantasien recherchiert, die entsprechenden Zitate zusammengestellt und die Bundesregierung warnend in Kenntnis gesetzt – ohne Reaktion. Warum auch? Wusste Kanzler Olaf Scholz doch bereits am 26. Oktober 2023: »Israel ist ein demokratischer Staat mit sehr humanitären Prinzipien, die ihn leiten.« Im Übrigen sprach er der israelischen Armee sein volles Vertrauen aus, bei ihren Angriffen im Gazastreifen das Völkerrecht einzuhalten. Wie vorbildlich das gelingt, bezeugt nicht zuletzt das vorgestellte »Evangelium«, der gezielte Einsatz von KI als Mordmaschinerie.

Zwar hat Kairo das israelische Ansinnen offiziell zurückgewiesen, doch belegen Satellitenaufnahmen vom Februar 2024, dass ein Areal direkt hinter den Grenzanlagen in Rafah mit hohen Betonmauern umfriedet worden ist. Offenbar in der Absicht, dort Raum für eine Zeltstadt zu schaffen.[263] Im November 2023 berichtete die Zeitung *Israel Hayom*, führende US-Politiker beider Parteien wollten künftige Finanzhilfen für Ägypten, den Irak, Jemen und die Türkei davon abhängig machen, ob sie palästinensische Flüchtlinge aufnähmen. Denn: »Israel versucht die Zahl ziviler Opfer so gering wie nur möglich zu halten, aber die Hamas erlaubt es den Flüchtlingen nicht zu gehen, und Ägypten ist nicht willens die Grenze zu öffnen.« Deren Vorstellungen zufolge solle Ägypten 1,3 Millionen Palästinenser aufnehmen, die Türkei 500 000, der Irak und Jemen jeweils 250 000.[264] Zeitgleich forderten zwei Knesset-Abgeordnete, einer ein vormaliger Botschafter Israels bei den Vereinten Nationen, der andere zuvor stellvertretender Mossad-Chef, die Palästinenser sollten »freiwillig« dorthin gehen, wo man bereit wäre, sie aufzunehmen: »Selbst wenn einzelne Länder nur etwa 10 000 Leute hereinließen, würde das helfen die Krise zu beenden.« Und: »Für die internationale Gemeinschaft ist es moralisch zwingend … Mitgefühl zu zeigen und den Menschen in Gaza dabei zu helfen, einer besseren Zukunft entgegenzusehen …«[265] Der Appell richtete sich vornehmlich an die Europäer. CDU-Chef Friedrich Merz winkte gleichwohl ab: »Wir haben genug antisemitische junge Männer im Land.«[266]

Im Januar 2024 begannen israelische Regierungsvertreter Verhandlungen mit dem Tschad und Ruanda zur Aufnahme von Palästinensern – im Gegenzug für Finanz- und Militärhilfen.[267] Andere afrikanische Staaten, darunter der Kongo, lehnten entsprechende Gesuche ab. Im selben Monat schlug Außenminister Israel Katz bei einem Gespräch mit seinen EU-Amtskollegen vor, eine künstliche Insel vor der Küste des Gazastreifens aufzuschütten und dort die Palästinenser anzusiedeln. Ebenfalls auf dieser Gefängnisinsel: eine internationale Militärbasis, um für Ruhe und Ordnung zu sorgen.[268]

Im Januar 2024 mehrten sich auch die Hinweise, dass der vormalige britische Premier Tony Blair, Juniorpartner der USA im Irakkrieg 2003, als »Mediator« der Regierung Netanjahu im Einsatz ist, um für die Aufnahme von Palästinensern im Ausland zu werben.[269] Er hat das dementiert – aber was will das heißen bei einem Mann, der sich unter Berufung auf nichtexistente Massenvernichtungswaffen an einem völkerrechtswidrigen Angriffskrieg beteiligt hat? Im israelischen Radio stellte Blair im Januar klar: »Die arabischen Länder sind verpflichtet, den Palästinensern zu helfen. Sie sollten besser das tun, als aufhetzende Reden zu halten.«[270]

Es passt ins Bild, dass mehrere Minister der israelischen Regierung an einer Konferenz ultrarechter Siedler teilgenommen haben, alles im Januar 2024, die unter der Devise »Besiedlung bedeutet Sicherheit und Sieg« die Gründung neuer israelischer Siedlungen im Gazastreifen verlangten – nach »Emigration« der Palästinenser.[271]

Im Februar 2024 erklärte Jared Kushner, milliardenschwerer Fondsmanager und Schwiegersohn Donald Trumps, bei einer Gesprächsrunde ausgerechnet an der Eliteuniversität Harvard, dass der Gazastreifen »aus der Perspektive von Real Estate sehr wertvoll ist« – sofern es Israel gelinge, jeden von dort zu vertreiben, auch gewaltsam. Das sei Voraussetzung, um »Immobilienentwicklung mit Meeresblick betreiben zu können«. Und weiter: »Die Lage da ist ein bisschen unglücklich, aber aus israelischer Sicht würde ich mein Bestes tun, um die Leute von dort zu entfernen und anschließend aufzuräumen.« Kushner wird übrigens als Minister für den Fall einer zweiten Amtszeit Trumps gehandelt.[272]

Der US-Kongress hat Israel allein in den ersten sechs Monaten 2024 12,5 Milliarden US-Dollar an finanzieller Unterstützung gewährt, de facto geschenkt, zwecks Kriegsführung im Gazastreifen. Maßgeblich zum Einkauf amerikanischer Waffen. Gleichzeitig haben die Republikaner im Juni 2024 durch ein Veto im US-Repräsentantenhaus verhindert, dass US-Gelder für den Wiederaufbau des Gazastreifens bereitgestellt werden können – um wenigstens einen kleinen Teil jener Schäden zu beseitigen, die Israel zuvor dank Washingtons Waffenlieferungen angerichtet hat.[273] Ein ebenso anschauliches wie bezeichnendes Beispiel für die vielgepriesene »Werteorientierung« westlicher Politik.

Keine Hilfe für Gaza

Seit Jahrzehnten bemächtigt sich Israel in den besetzten Gebieten illegal der natürlichen Ressourcen, die eigentlich den Palästinensern zustehen – allen voran beansprucht Tel Aviv den Zugriff auf Grund und Boden sowie auf das Wasser. Das folgende Vorgehen passt somit ins Bild: Vor der Küste des Gazastreifens liegt das Erdgasfeld »Gaza Marine« mit einem Volumen von mehreren Milliarden Kubikmetern Erdgas. Obwohl der Gazastreifen nicht zu Israel gehört und die israelische Regierung sich dort nicht als Besatzungsmacht sieht, gab das israelische Energieministerium am 29. Oktober bekannt, dass es Lizenzen an sechs israelische und internationale Energie-Konsortien vergeben hat, darunter BP und ENI, um vor der Küste des Gazastreifens nach Erdgas zu suchen – Krieg hin oder her. Ein weiterer völkerrechtswidriger Akt des jüdischen Staates – wen im westlichen Wertekosmos ficht es an?

Die zu erwartenden Milliardengewinne, so die Planung, teilt sich Israel mit den Investoren, die Palästinenser dürften leer ausgehen. Da Gaza Marine keine 35 Kilometer vor der Küste liegt, ist die Gasförderung dort deutlich billiger als anderswo im Mittelmeer. In Verbindung mit anderen »Exclusive Economic Zones« unmittelbar vor seiner Küste steht Israel im Begriff, zu einem wichtigen (Transit-)Lieferanten von Erdgas und Erdöl für Europa zu werden. Entsprechende Verträge haben Tel Aviv und Brüssel bereits 2022 geschlossen, nach Beendigung der EU-Energiepartnerschaft mit Russland.[274] Perspektivisch braucht es für die Verarbeitung und Verschiffung entsprechende Anlagen und Betriebe an Land, also im Gazastreifen. Bauvorhaben in großem Umfang sind unerlässlich.

Hier nun schließt sich der Kreis zum Real Estate Investor Jared Kushner, der auf diesem Gebiet sicherlich Großes zu leisten imstande wäre – mit Meeresblick und erst recht als Minister.

Der vormalige Nationale Sicherheitsberater Giora Eiland lässt es auch hier nicht an Deutlichkeit fehlen: »Das ist es, was Israel zu tun begonnen hat – wir machen Schluss mit der Versorgung des Streifens mit Energie, Wasser und Diesel … Aber das reicht nicht. Um die Belagerung effektiv zu gestalten, müssen wir andere daran hindern, in Gaza Hilfe zu leisten. Die Leute müssen lernen, dass sie zwei Möglichkeiten haben. Sie bleiben, und sie verhungern. Oder aber sie gehen. Wenn Ägypten und andere Länder es vorziehen, dass diese Leute in Gaza sterben werden, dann ist das deren Entscheidung.«[275]

Diesen unmissverständlichen Worten folgten nicht weniger unmissverständliche Taten. Am 1. Oktober 2024 hat Israel die ohnehin nur spärliche Versorgung des Gazastreifens mit Lebensmitteln und Wasser nördlich des Netzarim-Korridors (siehe die Karte auf dem hinteren Buchdeckel) vollständig eingestellt. Die 400000 Bewohner der dortigen Ruinen-Landschaft wurden aufgefordert, sich in Richtung Süden zu begeben. Andernfalls drohe ihnen das, was Eiland klar benannt hat. Seine Ideen sind mittlerweile Regierungspolitik und aufgegangen im »Generalsplan«, wie er in Israel heißt: der erste große Schritt der angestrebten ethnischen Säuberung, angefangen mit dem Norden.

Vor diesem Hintergrund trafen sich am 21. Oktober 2024 erneut rund 200 Ultrarechte zu einer Konferenz unweit des Gazastreifens, darunter mehrere Minister und zahlreiche Knesset-Abgeordnete, und verlangten die »Neubesiedlung Gazas« innerhalb eines Jahres. In gewohnter Manier verlangten die Redner den »freiwilligen Transfer« der Gaza-Bewohner und die Neuvermessung der Grenzen Israels, nämlich »vom Euphrat bis zum Nil«, also von Bagdad bis nach Kairo.[276]

Ungeachtet der erneuten und verstärkten Bombardements des nördlichen Gazastreifens seit dem 1. Oktober 2024 und der dort grassierenden Hungersnot, der allein noch Abertausende zum Opfer fallen dürften, weigern sich viele der dortigen Bewohner, die schon mehrfach von Nord nach Süd und wieder zurück fliehen mussten, sich ein weiteres Mal vertreiben zu lassen. Sie ziehen es vor in den Ruinen getötet zu werden oder zu verhungern. Das stellt die israelische Kriegsführung vor ein Problem: Sterben zu viele der Eingekesselten an Hunger oder Durst, wäre das schlecht fürs Image der »moralischsten Armee der Welt« in der »einzigen Demokratie im Nahen Osten«. Die Vereinten Nationen wie auch zahlreiche Nichtregierungsorganisationen bezeichneten die Lage im Norden des Gazastreifens am 23. Oktober als »apokalyptisch«.[277]

All diese Pläne und Fantastereien laufen nicht zuletzt darauf hinaus, Drittstaaten an den von Israel mit Nachdruck forcierten Vertreibungsplänen zu beteiligen und sie in gravierende Verletzungen des Völkerrechts einzubinden. Der Wunsch, die Palästinenser insgesamt zu vertreiben, nicht allein diejenigen im Gazastreifen, ist in Israel weitverbreitet. Einer Umfrage von 2016 zufolge befürworten 48 Prozent der Israelis die »Umsiedlung« der Palästinenser.[278] Gewiss betonen israelische Politiker gegenüber ihren westlichen Wertepartnern, dass entsprechende Maßnahmen »freiwillig« erfolgen sollten, so auch Außenminister Katz auf der Münchner Sicherheitskonferenz im Februar 2024. Das Ausmaß der Zerstörungen im Gazastreifen legt allerdings den Eindruck nahe, dass »Umsiedlung« oder »Emigration« wenig mehr ist als ein Euphemismus für ethnische Säuberung.

Vor diesem Hintergrund erschließt sich auch die Strategie der vollständigen Zerstörung jedweder Infrastruktur im Gazastreifen, allen voran der Krankenhäuser. Gesundheitliche Versorgung ist ein Symbol des Lebens schlechthin. Gibt es kaum noch Ärzte, keine Medizin, keine Medikamente, keine funktionstüchtigen Apparaturen, erfolgen Operationen ohne Narkose, Geburten ohne Wundversorgung, endet perspektivisch alles Leben. Dann insbesondere, wenn Hunger parallel und systemisch als Waffe eingesetzt wird. Einschließlich der als »versehentlich« deklarierten oder »dem Chaos« zugeschriebenen Angriffe auf Helfer und Hilfsorganisationen, sei es durch Beschuss aus der Luft oder durch Bodentruppen, nicht zu vergessen der Einsatz von Heckenschützen.

Es verwundert kaum, dass es im Gazastreifen kein sauberes Trinkwasser mehr gibt. Alle Wasseraufbereitungsanlagen sind zerstört, und Israel untersagt die Einfuhr von Chlor oder vergleichbaren Mitteln zur Wasserreinigung.[279]

Deswegen auch erfolgte die Zerstörung des Gazastreifens von Nord nach Süd. In einem ersten Schritt wurden mehr als eine Million Palästinenser aufgefordert, den Norden in Richtung Süden zu verlassen. Angeblich über sichere »Fluchtkorridore«, die aber trotzdem vorsätzlich beschossen und bombardiert wurden. Folglich sind die Zerstörungen im Norden am größten – um eine Rückkehr der Vertriebenen nach Möglichkeit auszuschließen. Wer dennoch bleibt, hungert. Damit das so bleibt, darf die UNRWA den Norden auch nicht versorgen.

Am zweitgrößten sind die Zerstörungen im Zentrum. Ein halbes Jahr nach Kriegsbeginn fanden sich 1,1 Millionen Palästinenser rund um die Grenzstadt Rafah wieder, auf einem Territorium von gerade einmal zehn Prozent der Gesamtfläche des Küstenstreifens. Wie erwähnt, ist dieser in etwa so groß wie die Stadt Bremen mit ihren 570 000 Einwohnern. Auf zehn Prozent der Fläche Bremens leben also 57 000 Menschen, auf zehn Prozent der gleich großen Fläche des Gazastreifens dagegen 1,1 Millionen. Das läuft auf Käfighaltung hinaus.

Man kann sich vorstellen, was das für den Fall einer Bodenoffensive bedeutet. Der Norden und die Mitte des Gazastreifens sind umfassend zerstört und teilweise vermint. Ein menschenwürdiges Leben ist dort auf lange Zeit ausgeschlossen und aus israelischer Sicht auch nicht vorgesehen. Nachdem auch der Süden umfassend zerstört worden ist, selbstverständlich auch weiterhin unter Berufung auf das israelische Recht zur Selbstverteidigung – welche Optionen blieben den Palästinensern noch?

Killing Fields

Ungeachtet aller Warnungen vor den dramatischen humanitären Folgen einer Bodenoffensive in Rafah selbst aus US-Regierungskreisen fand sie im Rahmen einer umfassenden israelischen Militäroperation im Mai 2024 dennoch statt. Mehr als eine Million Palästinenser wurden damit zum wiederholten Mal zur Flucht gezwungen, 40 Prozent der Gesamtbevölkerung – innerhalb von nur zwei Wochen.[280] Da die Israelis ihre Operation in einer Art »Salamitaktik« durchführten, nicht in Gestalt »spektakulärer« Großangriffe, erfolgte sie gewissermaßen unterhalb des Radars hiesiger Wahrnehmung in Politik und Medien. Zwar setzte sich das Sterben im Gazastreifen unvermindert fort, jedoch leiser, etwas langsamer und weitgehend ohne öffentlichen Aufschrei – unabhängig davon, dass dieser ohnehin folgenlos geblieben wäre.

Parallel setzte die israelische Führung verstärkt Hunger als Waffe ein. Im Juni 2024 stand mehr als die Hälfte der Bevölkerung im Gazastreifen, über eine Million Menschen, am Rande einer Hungersnot. Davon die Hälfte wiederum sind Mütter und Kinder.

In einer Pressemitteilung der »Aktion gegen den Hunger« heißt es dazu: In den Kliniken im Gazastreifen »sehen wir, wie sich der Mangel an Nahrung insbesondere auf die Entwicklung von Kindern unter zwei Jahren auswirkt: Sie wachsen nicht in der altersentsprechenden Größe. Lebenswichtige Organe wie Herz, Nieren oder Lunge sind geschwächt, sie leiden stärker an Infektionen. Sie haben keine Impfungen erhalten und leben unter sehr prekären Bedingungen, ohne Zugang zu einer angemessenen sanitären Infrastruktur. Wir nehmen sie krank auf, vor allem mit Husten und möglicher Lungenentzündung … Sie leiden an Unterernährung.«[281]

Hunger als Waffe: Das bedeutet, die Hilfslieferungen in den Gazastreifen dauerhaft und nachhaltig einzuschränken. Angesichts des Risikos israelischer Angriffe auf Hilfskonvois und der anhaltenden Blockade der Grenzübergänge durch Israel herrschte bereits vor Beginn der Rafah-Offensive eine »akute Hungersnot« in Teilen des Gazastreifens, vor allem im Norden und im Zentrum[282] – in jenen Gebieten also, in welche die aus Rafah Vertriebenen nunmehr gezwungen waren zu flüchten.

Es dürfte daher kein Zufall gewesen sein, dass die israelische Luftwaffe am 1. April 2024 einen Konvoi der US-Hilfsorganisation »World Central Kitchen« (WCK) zeitversetzt mit drei Raketen angriff – sieben US-Amerikaner und Palästinenser kamen dabei ums Leben. Wie bei allen Hilfskonvois waren den Israelis die genauen Koordinaten der Fahrtroute bekannt, die Dächer aller Fahrzeuge waren mit einem WCK-Logo versehen. Die Botschaft ist mit Sicherheit angekommen: Wenn selbst eine US-Hilfsorganisation, die als ausgesprochen proisraelisch gilt, beschossen wird – wer wird dann noch so lebensmüde sein, Lebensmittel, Medikamente und Wasser im Gazastreifen zu verteilen?

Die US-Menschenrechtsorganisation »Human Rights Watch« stellte klar, dass es sich bei diesem Angriff auf die World Central Kitchen keineswegs um ein singuläres »Versehen« handele. Vielmehr gehöre es zur israelischen Kriegsstrategie, Hilfslieferungen und medizinisches Personal anzugreifen – 254 Tote habe es in dem Zusammenhang zwischen dem 7. Oktober 2023 und dem 30. April 2024 gegeben.[283]

Es passt einmal mehr ins Bild, dass die Rafah-Offensive am 5./6. Mai 2024 begann, unmittelbar nachdem die Hamas einem maßgeblich von Katar und den USA ausgehandelten Waffenstillstand zugestimmt hatte. Im Verlauf dieser Offensive hat die israelische Armee eine »Pufferzone« entlang der israelischen Grenze sowie zwei Korridore eingerichtet oder konsolidiert: den Netzarim-Korridor, der den Gazastreifen in zwei Teile unterteilt und voneinander trennt – teile und herrsche –, und den Philadelphi-Korridor entlang der ägyptischen Grenze, der einen klaren Bruch des ägyptisch-israelischen Friedensvertrages bedeutet. Er stellt die festgelegten Grenzarrangements infrage.

Im Zuge der Rafah-Offensive hat Israel seine Präsenz im Gazastreifen erhöht und 32 Prozent der dortigen Fläche zum Sperrgebiet für Palästinenser erklärt – sie wurden von dort vertrieben, ihre Häuser sämtlich zerstört. Damit sind die Menschen dort nicht mehr auf einer Fläche von der Größe Bremens eingepfercht, sondern eher auf einem Gebiet von der bescheidenen Ausdehnung Bremerhavens.

Alle Rahmendaten weisen unmissverständlich in nur eine Richtung: die Nakba 2.0. Es ist unmöglich, dass 2,3 Millionen Menschen in der Trümmerwüste Gazastreifen auf dermaßen kleinem Raum existieren können – ohne jede Zukunft, ohne Hoffnung auf eine menschenwürdige Existenz, ohne medizinische Versorgung, ohne Essen, ohne Wasser. Also bleibt ihnen nur ein Weg, und der wird ihnen in den nächsten Monaten und Jahren mit Nachdruck gewiesen werden: Exodus.

Alles, was zwischenzeitlich noch geschehen mag, darunter der von US-Präsident Joe Biden initiierte und vom UN-Sicherheitsrat gebilligte Waffenstillstand für Gaza im Juni 2024, ist wenig mehr als Makulatur. Während in New York darüber abgestimmt wurde, bombardierte die israelische Luftwaffe Gaza – eine klare Ansage. Dennoch halten Politik und Medien im Westen an ihrer Fiktion fest, allein die Hamas sei für Tod und Terror verantwortlich.

Zur gleichen Zeit bauten die Amerikaner im April/Mai 2024 einen schwimmenden Landungssteg vor der Küste Gazas – für 320 Millionen US-Dollar und mit einer Kapazität für Hilfslieferungen in der Größenordnung von zehn Lkw am Tag bei ruhiger See. Nichts als pseudohumanitäre Augenwischerei. Im Juni 2024 wurde der Steg »vorübergehend« abgebaut und nach Israel verlegt. Offiziell wegen des stürmischen Wetters, tatsächlich wohl eher deswegen, weil die Hilfsgüter dank israelischen Beschusses nicht verteilt werden konnten. Doch mag sich diese Pier noch als sehr nützlich erweisen – bei einer möglichen (Zwangs-)Evakuierung der Palästinenser aus dem Gazastreifen. Solche Stege haben die Amerikaner schon einmal eingesetzt: 1982, bei der Ausschiffung von Tausenden PLO-Kämpfern aus Beirut.

Die Alternative wäre, dass die USA und Deutschland, die Israels Waffenbedarf zu 99 Prozent decken, ihre Lieferungen einstellen, dass die westlichen Wertepartner insgesamt massiven politischen und/oder wirtschaftlichen Druck auf Tel Aviv ausüben und dem Projekt Großisrael unmissverständlich eine Absage erteilen. Da vermutlich eher ein Kamel durchs Nadelöhr geht, als dass für Israel jemals dieselben westlichen Spielregeln gelten werden wie etwa für Russland, ist der weitere Weg im Grundsatz gewiesen.

In der politischen wie medialen Einordnung des humanitären Desasters im Gazastreifen überwiegt in Deutschland wie in vielen westlichen Ländern allgemein der Eindruck, es handele sich dabei um einen tragisch zu nennenden Schicksalsschlag, der nach einer besseren Versorgung mit dem Notwendigsten verlange. Die dortige Tragödie aber ist menschengemacht, und die Verantwortung dafür trägt allein die israelische Regierung. Es ist die von ihr verhängte Blockade, es ist die von ihr zu verantwortende flächendeckende Zerstörung des Gazastreifens, die für das Massenelend verantwortlich ist. Der Angriff der Hamas vom 7. Oktober, sosehr er zu verurteilen ist, rechtfertigt nicht die israelische Antwort, die sehr viel weitreichendere Pläne verfolgt als lediglich deren Bekämpfung. Es ist nicht damit getan, »humanitäre Korridore« einzurichten oder »die Verteilung der Hilfsgüter« zu verbessern. Vielmehr geht es darum, Krieg und Blockade insgesamt zu beenden und die Regierung Netanjahu im nächsten Schritt für ihre Verbrechen zur Rechenschaft zu ziehen.

Die israelische Urheberschaft für die Killing Fields im Gazastreifen wird in Deutschland selten klar benannt. Zwar ergibt sie sich zwingend für jeden, der gewillt ist zu sehen, doch folgen Politik und Medien in der Regel ihrer eigenen Wahrnehmung. Die sich übrigens nie daran gestört hat, dass Israel keine Journalisten in den Gazastreifen einreisen ließ und lässt, jenseits von

»eingebetteten« Jasagern, die in Wort, Bild und Ton nur berichten dürfen, was die israelische Zensur zuvor gebilligt hat.

Im April 2024 beschloss die Regierung Netanjahu, den Sender *Al Jazeera* in Israel zu verbieten, im Folgemonat wurden dessen dortige Büros geschlossen. Der Vorwurf lautet auf die Verbreitung von »Terrorpropaganda«. Seither erfolgt dessen Berichterstattung über Israel aus der jordanischen Hauptstadt Amman. Der Sender berichtet nonstop live aus dem Gazastreifen, hat innerhalb der arabischen Welt die höchsten Einschaltquoten und ist mit seinem englischsprachigen Programm gleichzeitig ein Global Player. Nicht ohne Grund haben israelische Bomben, Drohnen oder Soldaten in den ersten sechs Monaten des Krieges 95 palästinensische Journalisten vor Ort getötet.[284] Mitte Mai 2024 waren es bereits 140.[285] Die meisten von ihnen hatten für *Al Jazeera* gearbeitet. Mit anderen Worten: 75 Prozent aller Journalisten, die 2023 weltweit in Ausübung ihres Berufes starben, kamen im Gazastreifen ums Leben.

Parteinahme aus Verblendung

Die deutsche Nachgiebigkeit gegenüber Tel Aviv hat zu tun mit der »Staatsräson«, aber auch dem steten Messen mit zweierlei Maß, wie es für westliche Politik insgesamt bezeichnend ist. Aussagen wie die etwa von EU-Kommissionspräsidentin Ursula von der Leyen oder von Kanzler Olaf Scholz, die wiederholt mit klaren und scharfen Worten die Brutalität des russischen Angriffs auf die Ukraine verurteilt und die vorsätzliche Zerstörung ukrainischer Infrastruktur als Kriegsverbrechen bezeichnet haben, fehlen im Kontext des Gaza-Krieges vollständig. Als 120 UN-Mitgliedstaaten am 27. Oktober 2023 für eine »humanitäre Waffenruhe« eintraten, also eine vorübergehende Kampfpause im Gazastreifen, enthielt sich Deutschland der Stimme. Diese Enthaltung bewerteten übrigens zahlreiche Leitartikler bereits als Verrat an der »Staatsräson«. Auch am 12. Dezember 2023, als 153 Staaten in der UN-Generalversammlung einen »sofortigen humanitären Waffenstillstand« forderten, blieb die Bundesregierung bei ihrer Enthaltung.

Am 25. März 2024 stimmten 14 Mitglieder des UN-Sicherheitsrates für einen »sofortigen Waffenstillstand« im Gazastreifen. Ohne den Einschub »humanitär«, was in der Politsprache potenziell eine Wiederaufnahme von Kampfhandlungen nicht ausschließt. Die USA enthielten sich und legten somit erstmals kein Veto bei einer israelkritischen Abstimmung ein. Wohl wissend, dass dieses Votum rein symbolisch war.

Nicht zuletzt die wohl höchste tägliche Tötungsrate seit dem Genozid in Ruanda 1994 und das Wissen um Israels aktive Unterstützung des vormaligen Apartheidregimes dürfte die Regierung Südafrikas veranlasst haben, im Dezember 2023 Klage gegen Israel beim Internationalen Gerichtshof IGH in Den Haag wegen Völkermordes im Gazastreifen einzureichen. Unter dessen engsten Verbündeten USA, Deutschland und Großbritannien hat die Klage Verwunderung und Empörung ausgelöst. Deutschland hat sich in der Rolle einer »Nebenintervention als Drittpartei« als einziges Land weltweit offiziell auf die juristische Seite Israels gestellt – sogar die USA haben es vorgezogen, diesen Schritt nicht zu gehen. Aus gutem Grund, denn die deutsche »Nebenintervention« erlaubte es Nicaragua im nächsten Schritt, Deutschland ebenfalls vor dem IGH anzuklagen, wegen Beihilfe zum Völkermord. Im Fokus standen dabei die deutschen Waffenlieferungen an Israel. Die Anhörung der Konfliktparteien Nicaragua und Deutschland erfolgte am 8. und 9. April 2024, am 30. April wies der IGH den Eilantrag Nicaraguas ab, der Lieferung von deutschen Rüstungsgütern an Israel sofort Einhalt zu gebieten. Dem deutschen Antrag auf Abweisung des Verfahrens aber gab das Gericht nicht statt – es wird folglich fortgesetzt und kann ungeachtet der Zurückweisung des Eilantrages durchaus mit einer

Verurteilung Berlins enden. Bis zu einem Urteilsspruch dürften aber noch Jahre vergehen.

Bei Völkermord denken die meisten an Vernichtungslager. Ein Genozid aber beginnt viel früher. Laut der »UN-Konvention über die Verhütung und Bestrafung von Völkermord« von 1948 werden Handlungen geahndet, »die in der Absicht geschehen, eine nationale, ethnische, rassische oder religiöse Gruppe ganz oder teilweise zu zerstören«. Im Grundsatz bedeutet Genozid die Entmenschlichung einer betroffenen Gruppe mit dem Ziel, deren Mitglieder zu töten oder ihnen die Lebensgrundlagen zu entziehen. Es genügt die erklärte Absicht – ein Völkermord liegt nicht erst vor, wenn die Betroffenen tot sind. Die Positionierung Deutschlands zugunsten Israels ist auch für Anhänger der »Staatsräson« nicht unproblematisch. Denn diese hat eine zweite Seite: die Erinnerungskultur. Wenn also Anzeichen eines Völkermordes zu erkennen sind, gilt es zu intervenieren, um ihn zu verhindern, »Staatsräson« hin oder her. Unter Berufung auf die Teleologie von Auschwitz einen kollektiven Tötungsakt zu billigen oder geschehen zu lassen – in diesem Fall der israelischen Seite gegenüber den Palästinensern, der anschließend vom IGH möglicherweise als Genozid bewertet wird –, wäre für Deutschland der GAU. In diesem Fall wäre der deutsche Moralismus als das entlarvt, was er de facto auch ist: vor allem eine krude Mischung aus Heuchelei, Realitätsvermeidung und imperialer Weltsicht.

Die Rechtsvertreter Südafrikas warfen Israel beim Vortrag ihrer Klageschrift im Januar 2024 an erster Stelle die systematischen Zerstörungen im Gazastreifen vor, wie auch in diesem Buch umfassend dargelegt. Die Anwälte Israels erinnerten in ihrer Verteidigung an den Horror des 7. Oktober und verwiesen auf die »genozidalen Absichten« der Hamas. Warum der Tod Hunderter Menschen in Israel demzufolge einen Genozid darstellt, nicht aber der von Zehntausenden Palästinensern, blieb dabei offen. Dessen ungeachtet ist diese Rechtsposition völkerrechtlich irrelevant, weil der Genozid der einen Seite grundsätzlich nicht den Genozid der anderen rechtfertigt.

Ernstzunehmender ist der israelische Hinweis, dass die Hamas in dicht bewohnten Wohnvierteln operiere und daher für die großen Schäden und hohen Opferzahlen im Gazastreifen selbst verantwortlich sei. Richtig ist, dass die Hamas keine Rücksicht auf Zivilisten nimmt.[286] Nicht anders jedoch als die israelische Armee. Das Erreichen eines militärischen Ziels muss in einem nachvollziehbaren Verhältnis zu den jeweiligen »Kollateralschäden« stehen. Was aber ist das militärische Ziel in einem Krieg, der gegen »menschliche Tiere« geführt wird?

Des Weiteren wiesen Israels Anwälte darauf hin, dass die Hamas Tunnel unter ziviler Infrastruktur angelegt habe und aus Wohngebieten heraus operiere. Insoweit seien zivile Opfer leider nicht zu vermeiden, die Verantwortung dafür trüge die Hamas. Unerwähnt ließen sie, dass die israelische Luftwaffe Tausende sogenannter *Dumb Bombs* (wörtlich: dummer Bomben) von jeweils 900 Kilogramm Eigengewicht über dicht besiedelten Wohnvierteln abgeworfen hat – wohl wissend, dass diese Bomben aus US-Produktion nicht gesteuert werden können, daher ihr Name, und maximalen Schaden anrichten. Zerstörungen um ihrer selbst willen aber stellen ein Kriegsverbrechen dar.

Viel Zeit verwendeten die Anwälte Israels auf die Behauptung, die Hamas nutze Krankenhäuser als Kommandozentralen, insbesondere das Al-Shifa-Krankenhaus, das größte im Gazastreifen, das die israelische Armee über Monate hinweg immer wieder angegriffen und mittlerweile vollständig zerstört hat. Allerdings fehlen für diese Behauptung die Beweise – jenseits des von der israelischen Armee dargestellten Fundes einiger Gewehre und Sprengsätze sowie eines Tunnels, den die Israelis selbst in den 1980er Jahren gebaut haben, so die Darstellung von Israels Ex-Premier Ehud Barak auf CNN im November 2023. Besagter Fund erweckt laut einer BBC-Reportage in Begleitung von Militärsprecher Jonathan Conricus den Eindruck, als hätten die Israelis ihn für die Kameras arrangiert.[287] Es handelt sich dabei übrigens um denselben bereits zitierten Militärsprecher, der im Kibbuz Kfar Aza geköpfte Babys gesehen haben will.

Ähnlich aufschlussreich ist ein Video der israelischen Armee, in dem ein Soldat behauptet, man habe Waffen und Technologie der Hamas im Al-Rantisi-Kinderkrankenhaus in Gaza gefunden, das die Armee ebenfalls in eine Ruine verwandelt hat. Als Beleg zeigt der Soldat eine arabisch geschriebene »Kommandoliste« mit den Namen führender Hamas-Terroristen, die von dort operiert hätten. Eine Moderatorin des französischen Auslandssenders *France 24* »dekonstruiert« dieses Video mit einem Gesichtsausdruck, der zwischen Ungläubigkeit und Belustigung changiert: Die Liste mit den Topterroristen entpuppt sich als Dienstplan der Ärzte, sortiert nach Wochentagen.[288] Hier hat die Hasbara eindeutig geschlampt. Dennoch: Warum eigentlich sind ARD und ZDF oder auch der Auslandssender *Deutsche Welle*, anders als Sendeanstalten in Paris oder London, nicht gewillt oder in der Lage, solche journalistischen Eigenleistungen zu erbringen?

Noch einmal zurück zu Israels Anwälten in Den Haag: Ihnen zufolge sind die von Südafrika angeführten Zitate maßgeblicher israelischer Politiker und Militärs, die auf eine genozidale Absicht schließen lassen, »willkürlich« ausgewählt und stellten keine Befehle oder Anordnungen dar.[289] In Deutschland stieß die Klage Südafrikas gegen Israel weitgehend auf Unverständnis und Ablehnung, wenn nicht Empörung. Die *taz* attestierte denen, die Israel einen Völkermord unterstellten, Hamas-Anhänger zu sein. Die *Welt* erklärte: »Warum Südafrikas Hass auf Israel so tief sitzt«. *Zeit Online*: »Dieser Prozess vor dem höchsten Gericht der Weltgemeinschaft sprengt fast jede Vorstellungskraft. Ausgerechnet Israel wird … des Völkermordes bezichtigt«. Ebenfalls auf Linie zeigte sich die Schweizer *NZZ*: »Ein Verrat an Nelson Mandelas Erbe … Südafrika beschuldigt Israel und schont die Hamas«.

»Plausible Akte von Völkermord«

Die Bundesregierung stellte in einer Pressemitteilung klar: »Wir wissen, dass verschiedene Länder die Operation Israels im Gazastreifen unterschiedlich bewerten. Den nun vor dem Internationalen Gerichtshof erhobenen Vorwurf des Völkermordes weist die Bundesregierung aber entschieden und ausdrücklich zurück. Dieser Vorwurf entbehrt jeder Grundlage.« Deswegen auch werde Berlin Israel als Drittpartei im Verfahren beistehen, wie dargelegt.

Der IGH sah das anders und wies die Klage Südafrikas nicht etwa ab, sondern hielt in einem 15 : 2 Votum am 26. Januar 2024 fest, dass »Zwischenmaßnahmen« zu ergreifen seien, denn »die katastrophale humanitäre Lage im Gazastreifen könnte sich weiter verschlechtern, bis das Gericht sein endgültiges Urteil fällt«, was verfahrensüblich mehrere Jahre dauern dürfte. Die Richter gingen damit nicht so weit, wie es Südafrika und dessen Unterstützer gehofft hatten. Weder verlangten sie die sofortige Beendigung der Kampfhandlungen noch der Blockade. Dennoch bedeutet das Urteil eine juristische Niederlage für Israel und seine Unterstützer, insbesondere die »Drittpartei« Deutschland, die ja für sich beanspruchte, von vornherein zu wissen, dass die Klage »jeder Grundlage« entbehre. Doch das Gericht erkannte auf »plausible Akte von Völkermord« und ordnete an, dass Israel »alles in seiner Macht Stehende zu unternehmen hat, um die Anwendung sämtlicher Bestimmungen im Rahmen des Artikels II der Genozid-Konvention zu gewährleisten«. Also weitere Handlungen zu unterlassen, die als genozidal bewertet werden könnten. Israel wurde aufgefordert, nach einem Monat einen Bericht vorzulegen, aus dem hervorgehe, welche Schritte es diesbezüglich unternommen habe.

Weder hat Israel einen solchen Bericht vorgelegt noch hat sich die Lage für die Palästinenser im Gazastreifen anschließend auch nur minimal verbessert. Hunger, Tod und Bomben blieben ihnen erhalten. Am 24. Mai 2024 ordnete der IGH an, dass Israel seine Militäroffensive in Rafah *sofort* einzustellen habe – eine in dieser Art erstmals getroffene, historische Notstandsentscheidung. Doch wen kümmert's?

Parallel dazu leitete der Chefankläger des Internationalen Strafgerichtshofes, der Brite Karim Khan, am 20. Mai 2024 die erforderlichen juristischen Schritte ein, um internationale Haftbefehle gegen drei Hamas-Führer sowie gegen Premierminister Benjamin Netanjahu und dessen Verteidigungsminister Yoav Gallant zu erwirken. Letztere werden unter anderem beschuldigt, das Aushungern von Zivilisten als Kriegswaffe einzusetzen, vorsätzlich Zivilisten anzugreifen und zu töten.[290] Das US-Repräsentantenhaus reagierte auf die Klageschrift, indem es im Folgemonat Sanktionen gegen den Strafgerichtshof verhängte, überwiegend in Form von Einreiseverboten, und Netanjahu demonstrativ einlud, vor beiden Kammern im Kongress zu reden.

Wenngleich sich die Realitätsverleugnung der Berliner Entscheider ungeachtet der Beschlüsse aus Den Haag ungebrochen fortsetzt, zeigen sich doch erste gravierende Risse im Gebälk der »Staatsräson«. Und nicht nur dort. Bereits im Oktober 2023 haben sich etwa 850 Mitarbeiter der EU-Kommission in einem offenen Brief an Kommissionspräsidentin Ursula von der Leyen gewandt und ihre fehlende Kritik an Israels Militäreinsatz angeprangert. Im November 2023 unterzeichneten mehr als 500 US-Behördenvertreter und Angehörige der Biden-Administration einen offenen Brief an den Präsidenten, in dem sie die bedingungslose Unterstützung für Israel und insbesondere dessen fehlendes Eintreten für einen Waffenstillstand monierten.

Im Februar 2024 unterzeichneten 800 leitende Beamte und Angestellte diesseits wie jenseits des Atlantiks eine gemeinsame, länderübergreifende Erklärung, in der sie die Passivität ihrer jeweiligen Regierungen angesichts der humanitären Katastrophe im Gazastreifen verurteilen. Die fehlende Bereitschaft, auf Israel politischen Druck auszuüben, stößt bei ihnen auf Unverständnis. Bezeichnend ist, dass sich die meisten Unterzeichner namentlich nicht zu erkennen gegeben haben – aus Angst vor Repression.

Ähnlich im Tonfall und ebenfalls aus gutem Grund ohne öffentliche Namensnennung haben sich im April 2024 anlässlich der Klage Nicaraguas gegen Deutschland wegen Beihilfe zum Völkermord 600 Bundesbeamte und Angestellte des öffentlichen Dienstes ihrerseits an die Bundesregierung gewandt und sie aufgefordert, die Waffenlieferungen an Israel umgehend einzustellen. Unter anderem heißt es in ihrer Petition: »Mit dem Schlagwort der ›Staatsräson‹ wird ein vermeintlich juristischer Begriff kreiert, der sich weder definieren lässt noch irgendwo gesetzlich oder verfassungsrechtlich verankert ist. Dieser Begriff wird sodann zur Rechtfertigung der eigenen Politik immer wieder herangezogen und hat damit die bedingungslose Unterstützung eines Unrechtsstaates zur Folge. Insbesondere muslimische Mitbürgerinnen werden von der Bundesregierung unter Generalverdacht gestellt und gezwungen, sich zu Israel zu bekennen oder andernfalls zu Unrecht als Antisemit*innen an den Pranger gestellt und mit dem Entzug ihrer Grundrechte bedroht. Damit schürt die Bundesregierung Angst, anstatt den Begriff der Staatsräson zu definieren und sich des in Deutschland fest verankerten strukturellen antimuslimischen Rassismus und des Antisemitismus ernsthaft anzunehmen.«[291]

Führt man sich vor Augen, dass es sich bei den Unterzeichnern um höhere und höchste Besoldungsgruppen handelt, darunter Ministerialbeamte, so werden sie ihre Unterschrift sorgfältig abgewogen haben. Wenn sie dennoch ein gewisses Risiko eingehen, so ist zu erahnen, was sie angesichts der Performance der Regierung in Sachen Nahost über Wochen und Monate hinweg gedacht und empfunden haben mögen. Da hat sich etwas aufgestaut und schließlich entladen – in einer Sprache, die in diesem Umfeld fast schon revolutionär anmutet. Es versteht sich von selbst, dass Politik und Mainstream-Medien dieses Manifest ignoriert haben. Man sollte es gleichwohl als eine erste größere Gewitterfront auf höchster staatlicher Ebene in Deutschland einordnen. Die Reliquie »Staatsräson« entweiht sich angesichts des israelischen Vorgehens im Gazastreifen zunehmend von selbst.

Grundsätzlich gibt es zwei Möglichkeiten, sich einer veränderten Realität zu stellen. Entweder passt man die eigene Wahrnehmung in kritischer Auseinandersetzung mit den Fakten den wechselnden Gegebenheiten an, was den Willen und die Bereitschaft voraussetzt, die Wirklichkeit zu lesen und auch einmal die Vogelperspektive einzunehmen. Oder aber man hält unbeirrt an einmal verinnerlichten Glaubensgewissheiten fest, bis die Titanic endgültig gesunken ist. Die Bundesregierung hat sich erkennbar für Letzteres entschieden und verpasst damit die Möglichkeit, die »Staatsräson« mit Inhalt statt mit Ideologie zu unterlegen. De facto beschädigen die Waffenlieferungen an Israel und die ebenso törichte wie unbedachte Positionierung Berlins als Drittpartei zugunsten eines »Unrechtsstaates« Deutschlands Ruf in der Welt. Innenpolitisch hat diese Haltung zur Folge, dass der Staat zunehmend repressiv auftritt, um Andersdenkende und Kritiker endgültig aus dem ohnehin schon stark verengten Diskursraum zu verdrängen oder sie gar zu kriminalisieren – unter Berufung, selbstverständlich, auf das Allerheiligste, den Kampf gegen »Judenhass« und Antisemitismus.

Hatten sich hiesige Entscheider und Meinungsmacher bereits über die Klage Südafrikas rechtschaffen empört, so galt das umso mehr für die im März 2024 eingereichte Klage Nicaraguas gegen Deutschland wegen Beihilfe zum Völkermord. Entsprechend gestaltete sich das mediale Framing: Das Land werde autoritär regiert und handle möglicherweise im Auftrag Moskaus. Belege für Letzteres gibt es nicht, aber das spielt im Kontext von Framing oder Nudging, also dort, wo die (mediale) Aufmerksamkeit vorsätzlich in eine bestimme Richtung gelenkt wird, auch keine Rolle. Der Hintergrund ist gleichwohl ein anderer: Nicaragua hat sich im Laufe der letzten Jahrzehnte auf internationale Strafverfahren dieser Art spezialisiert – als Reaktion auf imperiale Arroganz, wenn man so will. Schon 1984 hatte Nicaragua die USA vor dem IGH verklagt, vor allem wegen deren Verminung der Küstengewässer des Landes, dessen damals noch linksgerichtete Regierung Washington zu stürzen suchte. Die USA wurden in Den Haag verurteilt, die Blockade zu beenden und Entschädigung zu leisten – ein Urteil, das Washington der Einfachheit halber ignorierte. Die Folgeverfahren wurden 1991 endgültig eingestellt: Das höchste Gericht der Vereinten Nationen hat keine Möglichkeit, seine Beschlüsse unter Androhung von Zwangsmaßnahmen exekutiv durchzusetzen.[292]

Der Außenministerin schwant Böses

Der IGH hatte in seinem vorläufigen Urteil vom 26. Januar 2024 auf »plausible Akte von Völkermord« erkannt und angeordnet, dass Israel alle Handlungen zu unterlassen habe, die als genozidal angesehen werden könnten. Da sich Deutschland als »Drittpartei« auf die Seite Israels gestellt hat, gilt die Entscheidung entsprechend auch für »uns«. Dessen ungeachtet liefert die Bundesregierung weiterhin Waffen an Israel und hat die Zahlungen an die UNRWA israelischen Forderungen gemäß monatelang ausgesetzt. Juristisch macht sich Berlin damit angreifbar, weil die Ampelkoalition das IGH-Urteil, nämlich »plausible Akte von Völkermord« zu unterbinden, wissentlich unterläuft.

Genau das ist der Kern der Klage Nicaraguas gegen Deutschland. Die deutsche Verteidigung vor dem IGH im April 2024 »beruht auf Übertreibungen, Halbwahrheiten und Ausflüchten«, so das »Bündnis für Gerechtigkeit zwischen Israelis und Palästinensern«, das sich mit der Klage detailliert auseinandergesetzt hat.[293] Bezeichnend ist, dass die Bundesregierung vor Gericht nicht etwa ihr vertrautes Mantra wiederholen mochte, man stehe bedingungslos hinter Israel und vertraue darauf, dass sich das Land am Völkerrecht orientiere – weswegen die vorangegangene Klage Südafrikas Berliner Lesart zufolge ja auch »jeder Grundlage« entbehrt. Stattdessen verwendeten die deutschen Anwälte einen erheblichen Teil ihrer Ausführungen darauf, Ausmaß und Umfang der Waffenlieferungen an Israel herunterzuspielen und kleinzureden.

Nicht ohne Grund. Wie erwähnt, wäre eine mögliche partielle Verurteilung Deutschlands in Den Haag der GAU – immerhin sind wir Moralweltmeister. Selbst auf Regierungsebene beginnt den Ersten offenbar zu dämmern, worauf man sich da in Sachen »Staatsräson« eingelassen hat. Am 29. März 2024 berichtete die israelische Nachrichtenseite *Ynet*, Außenministerin Baerbock habe sich im Gespräch mit ihrem Amtskollegen Israel Katz besorgt geäußert, dass ihr wegen ihrer Unterstützung für Israel »ein Prozess wegen Kriegsverbrechen« gemacht werden könnte.[294] Hierzu gibt es vom Auswärtigen Amt weder eine Bestätigung noch ein Dementi.

Auch Netanjahu selbst zeigte sich im April 2024 besorgt, der Internationale Strafgerichtshof könnte gegen ihn einen internationalen Haftbefehl erwirken. Um das zu verhindern, hat er sich offenbar an die US-Regierung gewandt: in der Erwartung, dass sie dessen Chefankläger Karim Khan davon abhält.[295] Ohne Erfolg, siehe oben – doch wer wollte ausschließen, dass Vertreter Tel Avivs Khan motivieren, seine Entscheidung nochmals zu überdenken?

Wie der britische *Guardian* in dem Zusammenhang berichtet, hat der damalige Mossad-Chef Yossi Cohen dessen Vorgängerin, die gambische Juristin Fatou Bensouda, über Jahre hinweg persönlich bedroht, damit sie alle gegen Israelis, insbesondere gegen israelische Militärs, anhängigen Klagen und Verfahren einstellt.

Unter anderem warnte Cohen Bensouda mit den Worten: »Sie wollen besser nicht in irgendetwas hineingeraten, das Ihre oder die Sicherheit Ihrer Familie gefährden könnte.«[296]

Ein halbes Jahr nach der Ankündigung des Internationalen Strafgerichtshofes vom Mai 2024 waren die Haftbefehle gegen Premier Netanjahu und Verteidigungsminister Galant noch immer nicht ausgestellt – die drei mitangeklagten Hamas-Führer hatte Israel zwischenzeitlich »gezielt getötet«. Der Grund für den Verzug ist offenbar massiver Druck Washingtons auf die Richter, welche die entsprechenden Unterschriften zu leisten hätten, wie auch Verfahrenstricks unter Federführung Großbritanniens.[297] Gleichwohl spricht vieles dafür, dass die entsprechenden Haftbefehle ausgestellt werden – nicht ob, sondern wann scheint die entscheidende Frage zu sein. Ob das der Grund sein mag, warum gegen den Chefankläger Karim Khan im Oktober 2024 der Vorwurf »sexueller Übergriffigkeit« erhoben wurde, kolportiert vom britischen Revolverblatt *Daily Mail*? Khan soll demzufolge eine »Kollegin« belästigt haben. Das vermeintliche Opfer hat die Vorwürfe weder bestätigt noch dementiert und keine Strafanzeige gestellt. Nach einer internen Prüfung sah der Internationale Strafgerichtshof keinen Anlass, gegen Khan vorzugehen.[298] Gleichwohl: Ein anschauliches Beispiel dafür, wie das Spiel gespielt wird, was hinter den Kulissen passiert.

Mochten hiesige Entscheider und Meinungsmacher über die Klagen Südafrikas und Nicaraguas auch mit Nachdruck den Kopf schütteln – die Wahrnehmung im Globalen Süden ist eine ganz andere. Angefangen damit, dass dort kaum jemand auf die Idee käme, eigene Formen der »Erinnerungskultur« gleichzusetzen mit der vorbehaltlosen Unterstützung eines »Unrechtsstaates«. Die kollektiven Erinnerungsräume der meisten Staaten in Lateinamerika, Afrika und Asien kreisen im Zusammenhang mit Kolonialismus und Imperialismus um eigene Leidensgeschichten, bis hin zum US-geführten »Krieg gegen den Terror« nach

9/11, der ganze Staaten im arabisch-islamischen Raum verwüstet und Hunderttausende das Leben gekostet hat. Seit Kolumbus' »Entdeckung« Amerikas 1492 ist die Geschichte des Westens geprägt von Expansion und Ausbeutung, geopolitischem Dominanzstreben und dem Hunger nach Ressourcen. Damit einher gingen Versklavung, millionenfacher Mord, Suprematismus und Rechtsbeugung.

Seit Beginn der israelischen Invasion und Zerstörung des Gazastreifens sind nicht allein in westlichen Hauptstädten, allen voran in London, Hunderttausende Demonstranten auf die Straße gegangen. Im Globalen Süden ist eine länderübergreifende Protestbewegung entstanden, die von Kolumbien bis nach Indonesien reicht, von Land zu Land unterschiedlich ausgeprägt ist und sich doch geeint weiß in ihrer Solidarität mit den Palästinensern. Auch auf politischer Ebene: Das Massensterben und Elend im Gazastreifen ist den Menschen außerhalb der westlichen Machtzentren, angesichts ihrer jahrhundertelangen Gewalterfahrungen mit ebendiesem Westen, gewissermaßen qua Osmose vertraut. Sie mögen über Israel oder Palästina wenig wissen, doch können sie vermittels ihrer eigenen, generationenübergreifenden Traumata intuitiv nachempfinden, was Siedler und Besatzung, Fremdherrschaft und Kolonialismus bedeuten. Es gibt, anders gesagt, bei einer Vielzahl von Menschen im Globalen Süden eine tiefe, aufrichtig empfundene seelische wie geistige Verbundenheit mit der Leidensgeschichte der Palästinenser, die sie – unter anderen Vorzeichen – als die ihre wiedererkennen. Die Gleichgültigkeit westlicher Politik gegenüber deren Schicksal stößt sie ab und vertieft die Gräben zwischen Nord und Süd.

»Gaza« wird zunehmend zu einer Metapher für altbekannte Verbrechen. Wer im Globalen Süden mag die Selbstwahrnehmung der Machteliten in Washington, Brüssel oder Berlin, nämlich für Demokratie, Freiheit und Menschenrechte einzustehen, noch ernstnehmen? Entsprechend groß ist die Begeisterung über

Südafrikas Klage gegen Israel. Es ist das erste Mal, dass ein Land des Globalen Südens der westlichen Selbstermächtigung, internationale Rechtsnormen allein bei »Schurkenstaaten« anzulegen, nie aber bei sich selbst, öffentlichkeitswirksam Paroli bietet. Nicht allein Israel sitzt in Den Haag auf der Anklagebank, sondern der Westen insgesamt. Einschließlich der ebenso selbstgefälligen wie realitätsblinden politisch-medialen Klasse in Deutschland.

Der Tunnelblick der »Staatsräson« erlaubt es den meisten hiesigen Entscheidern nicht, neu geschaffene geopolitische Realitäten zu erkennen und ihr Handeln danach auszurichten. Bereits seit Beginn des Ukraine-Krieges hatte sich eine Neuformatierung der Welt abgezeichnet. So haben sich die Staaten des Globalen Südens keineswegs den Boykottmaßnahmen des Westens gegenüber Russland angeschlossen – sie sehen keinen Grund, sich in diesen Krieg hineinziehen zu lassen, auch wenn sie ihn ihrerseits nicht gutheißen. Lieber beziehen sie eine abwartende oder neutrale Haltung zwischen dem Westen hier sowie Russland und China dort. Der Gaza-Krieg vertieft die Entfremdung, allen voran zur arabisch-islamischen Welt. Der Ägypter Mohammed Elbaradei, langjähriger Direktor der Internationalen Atomenergie-Organisation in Wien, bemerkt treffend: »Die arabisch-islamische Welt hat ihren Glauben an die vermeintlichen Normen des Westens verloren: Internationales Recht, Menschenrechte, demokratische Werte. Aus ihrer Sicht stellt der Westen (in Gaza, ML) einmal mehr unter Beweis, dass sich rohe Gewalt am Ende durchsetzt. Natürlich ist die wachsende Überzeugung, dass Demokratie und Menschenrechte … lediglich Mittel zum Zweck der Aufrechterhaltung westlicher Vorherrschaft seien, Musik in den Ohren von Autokraten und Despoten.«[299]

Längst reicht der Gaza-Krieg weit über die Küstenenklave hinaus. Die Folgewirkungen für den Nahen und Mittleren Osten insgesamt offenbarten sich erstmals, als die Huthi-Rebellen im November 2023 dazu übergingen, vom Jemen aus im Golf von

Aden und im Roten Meer Schiffe mit Drohnen und Raketen anzugreifen, die entweder Reedereien aus westlichen Unterstützerstaaten Israels gehörten oder in Richtung auf die israelische Hafenstadt Eilat unterwegs waren. Spektakulärer Auftakt war die Entführung des Container-Frachtschiffs *Galaxy Leader* am 19. November 2023, dessen Miteigentümer eine israelische Reederei ist. Die Entführer kaperten das Schiff per Helikopter, der Landeanflug wurde propagandistisch äußerst professionell inszeniert, mit martialischer Musik unterlegt und später ein YouTube-Hit.

Exkurs: Die »Partisanen Gottes«

Diese Angriffe sind ein Novum: Erstmals verhängt ein nichtstaatlicher respektive halbstaatlicher Akteur Wirtschaftssanktionen, indem er selektiv die internationale Schifffahrt angreift. Im nächsten Schritt führt dieser Akteur, die Huthis, einen asymmetrischen Krieg gegen reguläre NATO-Streitkräfte, Marine wie Luftwaffe, die vor der jemenitischen Küste patrouillieren und den Rebellen Einhalt zu gebieten suchen – ohne nennenswerten Erfolg. Darunter war auch ein deutsches Schiff, die Fregatte *Hessen*.

Nach Beendigung seiner Mission gab der Kapitän der französischen Fregatte *Alsace* im April 2024 in Toulon zu Protokoll, mit der Abwehr der Huthi-Angriffe sei der Einsatz »an seine Grenzen« geraten. Die Rebellen hätten ihre Angriffe erheblich ausgeweitet und verwendeten mittlerweile nicht länger relativ leicht abzufangende Drohnen, sondern vielmehr ballistische Raketen.[300] Formal handelt es sich übrigens nicht um einen NATO-Einsatz. Vielmehr agieren Washington und London als Tandem und bombardieren Stellungen der Huthis. Unabhängig davon haben mehrere EU-Staaten Kriegsschiffe entsandt, die lediglich Geschosse der Huthis abfangen sollen, zum Schutz der Schifffahrt, nicht aber den Jemen selbst angreifen. Bei ihrem ersten Einsatz landete die Fregatte *Hessen* im Februar 2024 sogleich einen Volltreffer: Die Deutschen schossen versehentlich eine US-Drohne ab.

De facto kontrollieren die Huthis das »Tor der Tränen«, das Bab al-Mandab, jene schmale Meerenge zwischen dem Jemen und dem Horn von Afrika, durch das der Schiffsverkehr auf einer der wichtigsten globalen Wasserstraßen verläuft: in Richtung Rotes Meer und Suezkanal nordwärts, von Europa in Richtung Afrika und Asien südwärts. Zwölf Prozent des weltweiten Handels passieren diese Route. Mehrere Dutzend Schiffe sind allein von Mitte November 2023 bis Mitte März 2024 teilweise schwer beschädigt worden. Im März sank ein britisches Frachtschiff vor der Küste Jemens, nachdem es zwei Wochen zuvor als Folge von Raketenbeschuss leckgeschlagen war. Den proiranischen Huthis zufolge verstehen sich diese Angriffe als Vergeltung für die israelische Bombardierung und Blockade des Gazastreifens.

Wer aber sind diese Huthis? Um sich nicht in den Wirren des jemenitischen Bürgerkrieges zu verirren, hier die Kurzfassung. Der Jemen ist das Armenhaus der arabischen Halbinsel. Das überwältigend naturschöne Land mit seiner einzigartigen Lehmhaus-Architektur zeigt durchweg noch archaische soziale und gesellschaftliche Strukturen. Der Zentralstaat ist traditionell schwach, lokale Stämme bestimmen die Agenda. Nach dem Sturz des jahrzehntelangen Herrschers Ali Abdallah Salih im Zuge der arabischen Revolte 2011 entstand ein Machtvakuum, das umgehend von regionalen Akteuren gefüllt wurde, allen voran den Huthi-Rebellen.

Die Huthis, benannt nach ihrem Begründer, Hussein al-Huthi, verstehen sich als der bewaffnete Arm der nordjemenitischen Zaiditen. Dabei handelt es sich um eine religiöse Minderheit innerhalb des schiitischen Islam, die sogenannten »Fünferschiiten«. Die schiitische Mehrheit stellen die »Zwölferschiiten«. Bei diesen Zählungen geht es um die Frage, welcher Nachfolger des Propheten Mohammed in der Führung der Schiiten »in die Verborgenheit entrückt ist«, um am Tag des Gerichtes als Mahdi, als Erlöser, in die Welt zurückzukehren. Historisch betrachtet ging es allerdings nie allein um theologische, sondern stets auch um machtpolitische Fragen.

Die Zaiditen stellen rund ein Drittel der jemenitischen Bevölkerung. Ihre Heimat liegt im Norden Jemens, in den Grenzgebieten zu Saudi-Arabien. Aus ihren Reihen kamen vom 9. Jahrhundert bis 1962, also über mehr als tausend Jahre, die Herrscher des Landes, die Imame. Bis die Monarchie gestürzt wurde und die nachfolgende Republik die Macht der traditionellen Clane und Stammesführer zu brechen suchte. Seither kam es deswegen immer wieder zu schweren Unruhen. Als Reaktion auf die politische und wirtschaftliche Marginalisierung der Zaiditen entstand in den frühen 2000er Jahren die Huthi-Bewegung, die sich selbst vorzugsweise »Ansar Allah« nennt, »Partisanen Gottes«. Heute kontrollieren die Huthis den traditionellen Einflussbereich der Zaiditen aus der Zeit der Imam-Herrschaft, also weite Teile Nordjemens.

Der Jemen teilt sich in Nord und Süd. Der Südjemen war einst britisch kontrolliert und nach der Unabhängigkeit 1967 die einzige marxistische Republik der arabischen Welt. Wirtschaftsmetropole ist die Hafenstadt Aden, um deren Kontrolle willen die Briten Mitte des 19. Jahrhunderts dorthin vorstießen, parallel zum Bau des Suezkanals. Aden war ein wichtiger Knotenpunkt für den Schiffsverkehr zwischen Großbritannien und Londons Kronkolonie Indien, hier wurden zunächst die Kohle- und später die Dieselvorräte aufgefüllt. Nach dem Ende der Sowjetunion kam es 1994 zur Wiedervereinigung von Nord- und Südjemen, wobei allerdings die Führungspositionen in Staat und Gesellschaft in erster Linie nördlichen Stammesvertretern vorbehalten waren. Im Ergebnis führte das zu Staatszerfall und Bürgerkrieg.

Heute wird der frühere Südjemen, also der Süden und Südosten des nur noch formal vereinten Landes, von verschiedenen Milizen kontrolliert, die entweder aus Saudi-Arabien oder von den Vereinigten Arabischen Emiraten bewaffnet und finanziert werden. Die theoretisch vorhandene Zentralregierung in der Hauptstadt Sanaa hat keinen oder kaum noch Einfluss. Nüchtern betrachtet besteht sie nur noch auf dem Papier, obwohl sie international als die einzig legitime Regierung Jemens gilt. International bedeutet konkret: aus Sicht des Westens und Saudi-Arabiens. Allein in Aden ist sie noch mit eigenen Büros vertreten, die meisten ihrer »Minister« leben im saudischen Exil.

Tatsächlich aber sind die Huthis die wahren Herrscher über den Nordteil des Jemen. Entsprechend kontrollieren sie auch die Hauptstadt Sanaa. Dennoch weigern sich der Westen und Saudi-Arabien aus geopolitischen Erwägungen heraus, die Regierung der Huthis anzuerkennen. Deswegen firmieren sie als »Rebellen«, was ihnen mit Sicherheit herzlich egal sein dürfte. Die Huthis sind traditionell Stammeskrieger, die seit undenklichen Zeiten im bewaffneten Kampf geübt sind. Nicht zuletzt deswegen, weil sie schon lange vor der Staatsgründung Saudi-Arabiens mit den dortigen Stammesverbänden um Weideland und Wasser konkurrieren mussten.

Mohammed Bin Salman, der Kronprinz und faktische Machthaber in Saudi-Arabien, hat seit Beginn seiner Regentschaft, de facto 2013, de jure 2017 zwei große Fehler begangen. Zum einen die vermutlich von ihm persönlich in Auftrag gegebene Ermordung des Regimekritikers Jamal Khashoggi im Oktober 2018 in Istanbul. Kurzzeitig galt er deswegen in westlichen Hauptstädten als Schurke, wurde aber aufgrund der wirtschaftlichen und politischen Bedeutung seines Landes zügig rehabilitiert. Zum anderen leistete sich der Kronprinz 2015 eine militärische Intervention im Jemen, unterstützt von Washington und London, um die Huthis militärisch in die Knie zu zwingen und eine »legitime«, also prosaudische Regierung in Sanaa zu installieren. Denn die Huthis waren schon immer mit den saudischen Grenzstämmen verfeindet und als Zaiditen, als quasi natürliche Verbündete Teherans, dem wahhabitisch-sunnitischen Staatsislam in Saudi-Arabien stets zutiefst suspekt. Ähnlich wie die Hisbollah sind sie aber keineswegs Vasallen des Iran, auch wenn die Huthis ihr Raketen-Knowhow iranischen Militärexperten zu verdanken haben und Teheran sie finanziell unterstützt. Nicht annähernd aber im gleichen Umfang wie die libanesische Hisbollah. Der Iran hat also mit vergleichsweise geringem Aufwand einen zusätzlichen Verbündeten gewonnen, maßgeblich saudischer Fehlkalkulation geschuldet.

Drei Datteln am Tag

Für Saudi-Arabien mündete der Krieg im Jemen in ein Desaster. Er verschlang Milliardensummen, bewirkte eine humanitäre Katastrophe für Millionen Jemeniten und somit einen schweren Imageschaden, weil Riad und die verbündeten Emiratis die Häfen des Landes blockierten und damit verheerende Hungersnöte auslösten. Schlussendlich erlebten die Saudis ihr Waterloo: Die Huthis erwiesen sich als unbesiegbar – kein Wunder angesichts einer Gebirgslandschaft mit hinlänglich Rückzugsraum. Zu allem Überfluss beschossen die Huthis mit ihren Raketen auch noch saudische Städte und setzten Ölförderanlagen in Brand.

Der Konflikt ist bis heute nicht gelöst, wohl aber eingefroren. Vor allem deswegen, weil die großen Widersacher Saudi-Arabien und Iran ihre beiderseitigen Beziehungen infolge chinesischer Vermittlung 2023 normalisiert und ihre jahrelang unterbrochenen diplomatischen Beziehungen wieder aufgenommen haben.

In der westlichen Wahrnehmung stellen sich die Huthis als ein regionales, allein vom Iran verursachtes Problem dar, das wie üblich im Umgang mit den Schurken dieser Welt nach einer militärischen Antwort verlangt. Rein theoretisch wäre es natürlich auch möglich, den Gaza-Krieg zu beenden und den Huthis damit den Wind aus den Segeln zu nehmen. Rein theoretisch. Das »Engagement« der Huthis zugunsten der Palästinenser ist nicht allein ein propagandistisches, das ihnen in der Region zusätzliches politisches Gewicht und somit Legitimität verleiht. Die meisten Jemeniten solidarisieren sich, wie die Menschen im Globalen Süden insgesamt, tatsächlich mit deren Leidensgeschichte. Die wiederholten Demonstrationen in Sanaa gegen den Gaza-Krieg gehörten zu den größten weltweit.

Die Huthis und der Jemen stehen sinnbildlich für Konfliktlinien der Zukunft, vermutlich nicht allein im Nahen und Mittleren Osten. Ein gescheiterter Staat plus eine Sandalen-Miliz, die sich mit ballistischen Raketen, Drohnen und allgemein militärischem Hightech hervorragend auskennt und gleichzeitig die Klaviatur sozialer Medien souverän bedient. Wie aber einen irregulären Akteur der Sorte Huthis besiegen?

Darin ist die NATO gerade erst in Afghanistan mit ihrem Feldzug gegen die Taliban spektakulär gescheitert. Dessen ungeachtet ist sie nun vor der Küste Jemens militärisch präsent, einem weiteren islamischen Land mit einer ähnlichen Gebirgslandschaft wie Afghanistan – aus Fehlern lernen gilt offenbar als Untugend. Ungeachtet wiederholter Erfolgsmeldungen westlicher Akteure vor Ort zeigt die Kurve der Huthi-Angriffe auf den Schiffsverkehr seit dem 19. November 2023 ungebrochen nur in eine Richtung: nämlich steil nach oben.[301]

Die Israelis mögen über Atombomben und das stärkste Militär im Nahen Osten verfügen. Perspektivisch wird es aber kritisch, wenn sich hochmotivierte Milizen vernetzen und beispielsweise den Handel lahmlegen. Einen Krieg gegen einen Staat zu führen, ist das eine, einen Krieg gegen eine Miliz oder eine Guerilla-Armee zu führen, etwas ganz anderes. Angefangen damit, dass ein Huthi-Kämpfer nötigenfalls auch mit drei Datteln am Tag auskommt. Ein Soldat der Bundeswehr beispielsweise wohl eher nicht. Ein Volltreffer der Huthis bei einem NATO-Kriegsschiff mit Toten und/oder Totalschaden dürfte genügen und die üblichen Verdächtigen nicht allein in Deutschland werden das Zauberwort »Bodentruppen« bemühen. Um Europas Sicherheit zu verteidigen und rhetorisch auch aus humanitären Erwägungen heraus, etwa um Brunnen zu bohren oder Mädchen den Schulbesuch zu ermöglichen. Alles wie schon gehabt.

Die Huthis würden sich in einem solchen Fall vor Wonne auf die Schenkel klopfen: Noch nie ist es einer ausländischen Interventionsmacht gelungen, im Nordjemen Fuß zu fassen. Die Letzten, die das unter hohen Verlusten versucht haben und schließlich wieder abziehen mussten, waren die Ägypter in den 1960er Jahren. Für die Huthis wäre eine größere westliche Militärintervention ein Freudenfest, weil es ihren Nimbus in der arabisch-islamischen Welt ins Unermessliche steigern würde.

Angesichts der kaum messbaren Erfolge des westlichen Militäreinsatzes führten Emissäre Washingtons im Januar 2024 erstmals Verhandlungen mit Vertretern Irans im Oman, um ein Ende der Huthi-Angriffe auf den Schiffsverkehr zu erwirken.[302] Bislang ohne Erfolg. Ob die Iraner ihre Verbündeten davon überzeugen könnten, den Beschuss einzustellen, ist übrigens vollkommen offen.

Die Huthis sind, wie erwähnt, keine Vasallen Teherans. Die wirtschaftlichen Auswirkungen ihrer Kampfhandlungen sind jedenfalls gravierend. Kein Schiff aus Fernost läuft mehr den israelischen Hafen Eilat an, auch kein israelisches. Die Zahl der Schiffe, die den Suezkanal passieren, hat sich im ersten Quartal 2024 halbiert. Ägypten aber schöpft rund ein Viertel seines Staatshaushaltes aus den Suezkanal-Gebühren. Die meisten Reedereien ziehen es vor, ihre Schiffe den Umweg um das Kap der Guten Hoffnung, um Südafrika herum, nehmen zu lassen, was die Transportgebühren in etwa verdreifacht und angesichts der um zwei bis drei Wochen verlängerten Fahrzeit zu Lieferengpässen führt, von denen unter anderem Tesla in Brandenburg und IKEA zeitweise betroffen waren. Beide Unternehmen mussten ihre Produktion zurückfahren. Die Kosten für die Beförderung eines Containers von Fernost nach Europa oder in die USA haben sich dadurch von 1000 bis 1500 US-Dollar auf bis zu 6000 Dollar erhöht.

Sollte es zu einem Krieg gegen den Iran kommen, dürften die Huthis Raketen mit größerer Reichweite einsetzen, um auch Schiffe in Richtung Südafrika ins Visier zu nehmen. Im Juni 2024 versenkten die Huthis zwei Schiffe, woraufhin die weltweiten Lieferketten erneut unter erheblichen Druck gerieten und die Containerpreise entsprechend in die Höhe schnellten. Um die Reichweite ihrer Raketen unter Beweis zu stellen, griffen die Huthis, ebenfalls im Juni, einen Frachter in der Höhe Zentralomans an – rund 1500 Kilometer von ihren eigenen Stellungen entfernt, so weit wie nie zuvor. Das Pentagon wies zeitgleich die Darstellung der Huthis zurück, der US-Flugzeugträger *Dwight D. Eisenhower* sei im Roten Meer massiv unter Beschuss geraten, zog ihn aber gleichwohl von dort ab.

Europas Wirtschaft wäre von einem Iran-Krieg massiv betroffen. Infolge des Ukraine-Krieges verzichten Berlin und Brüssel offiziell auf die Pipeline-Versorgung mit Erdöl und Erdgas aus Russland. (Über Drittstaaten beziehen sie dennoch auch weiterhin russische Energie, nur unter anderem Label und drei-bis fünfmal so teuer wie zuvor – das aber ist eine andere Geschichte.) Sollte die Energieversorgung aus dem Nahen und Mittleren Osten unterbrochen werden, sähe es für die hiesige Wirtschaft düster aus. Die Amerikaner sind in Sachen Öl und Gas weitgehend Selbstversorger. Sollte absehbar eine längere Mangellage eintreten, werden sie ihre Energieexporte eher reduzieren als aufstocken. Die USA sind aber insbesondere für Deutschland mittlerweile ein maßgeblicher Energielieferant, nachdem »Unbekannte« die Ostsee-Pipeline Nord Stream 2 aus Russland gesprengt haben. Ein Krieg gegen den Iran wäre aus all diesen Gründen ein ökonomisches Desaster für Europa, allen voran für Deutschland.

Am 1. April 2024 bombardierte die israelische Luftwaffe die Iranische Botschaft in Damaskus. Mindestens sieben Menschen starben, darunter zwei Kommandeure der Revolutionsgarde, der iranischen Elitetruppe. Seit 2011, seit Beginn des Krieges in Syrien, greift Israel mit Flugzeugen, Drohnen und Marschflugkörpern regelmäßig tatsächliche oder vermeintliche Stützpunkte oder Waffenlager proiranischer Milizen im Nachbarland an. Insgesamt waren es Hunderte von Angriffen, die teilweise im Wochenrhythmus erfolgen. Auch die Flughäfen von Damaskus und Aleppo gerieten wiederholt ins Visier und wurden mehrfach zerstört. Das alles ist natürlich völkerrechtswidrig und illegal, wird aber im Westen geduldet und akzeptiert, da es sich bei Syrien wie auch dem Iran bekanntlich um »Schurkenstaaten« handelt.

Die Bombardierung der Botschaft aber war das bewusste Überschreiten einer roten Linie. Botschaften gelten als exterritorial, sie gehören zum Hoheitsgebiet des Entsendestaates. Deren diplomatischen Sonderstatus als unverletzliches Areal infrage zu stellen und vorsätzlich in eine Kampfhandlung einzubeziehen, kommt völkerrechtlich einer Kriegserklärung gleich. Sollte das der Grund dafür sein, dass in der hiesigen Berichterstattung stets die Rede von einem »Konsulat« war, das bombardiert worden sei? Ein Konsulat ist »weniger« als eine Botschaft, also alles halb so schlimm? Richtig ist, dass eine Botschaft über »Konsulatsabteilungen« verfügt, etwa für die Erteilung von Visa. Eine solche Abteilung kann in einem eigenen »Konsulatsgebäude« untergebracht sein, das aber logischerweise zur Botschaft gehört. Der israelische Angriff ist und bleibt daher einer auf das iranische Botschaftsgelände. Das hier klarzustellen verdankt sich nicht der Lust an Haarspalterei, sondern der Veranschaulichung politisch-medialen Framings. Zum israelischen Vorgehen gibt es nur einen Präzedenzfall in jüngerer Vergangenheit, die Bombardierung der chinesischen Botschaft in Belgrad 1999, von der NATO im Rahmen ihrer Luftangriffe zum Sturz der Regierung Milošević als »Versehen« deklariert.

Krieg gegen »die Mullahs«?

Die israelische Regierung aber hat nicht »versehentlich«, sondern vorsätzlich gehandelt, auch wenn sie sich zu dem Angriff nicht bekennt. Das ist Usus bei Tel Avivs Bombardements in Syrien und dem Libanon und gilt in westlichen Hauptstädten offenbar als besonders raffiniert oder als Kavaliersdelikt, ist jedenfalls nie angeprangert worden. Hinzu kommen zahlreiche Anschläge auf iranische Atomwissenschaftler und Sabotageakte im Iran, auch Cyberangriffe. Häufig kooperieren Israel und die USA bei dergleichen Aktionen, vor Ort oftmals unterstützt von Regimegegnern. Das schwerwiegendste Attentat war die Tötung von Generalmajor Qasem Soleimani, einem der ranghöchsten iranischen Militärs und engen Vertrauten von Revolutionsführer Khamenei. Die CIA liquidierte ihn auf direkten Befehl von US-Präsident Trump im Januar 2020 auf dem Weg vom Flughafen in Bagdad in die Innenstadt mittels einer Reaper-Drohne. Ihn und zwölf seiner Begleiter. Wie sich später herausstellte, wollte Soleimani unter irakischer Vermittlung die Beziehungen zu Saudi-Arabien verbessern. Die iranische Führung hat auf diese und andere Mordaktionen oder Kriegsakte nie unmittelbar reagiert, um eine militärische Eskalation zu vermeiden.

Natürlich war sich die Regierung Netanjahu darüber im Klaren, dass Teheran die Bombardierung seiner Botschaft nicht lediglich zur Kenntnis nehmen wird. Das gebietet die Selbstachtung, aber auch die machtpolitische Notwendigkeit, dem Gegner seine Grenzen aufzuzeigen. Dass die ohnehin hinlänglich angespannte Lage im Nahen und Mittleren Osten nachfolgend eskalieren würde, hat die israelische Regierung selbstredend ebenfalls gewusst – genau das war ja auch ihre Absicht. Schon unmittelbar nach dem 7. Oktober suchten Teile des neuformierten Kriegskabinetts nicht allein die Hamas auszuschalten, sondern die Widersacher Israels insgesamt – namentlich die Hisbollah und den Iran. Doch diese insbesondere von Verteidigungsminister Galant vertretene Linie fand zunächst keinen Rückhalt. Der Iran ist das letzte verbliebene Land in der Region, das für Israel ein militärisch ernstzunehmendes Gegengewicht darstellt. Mit anderen Worten: der einzige noch gegebene Kontrapunkt zum regionalen Hegemon und zu dessen Verbündetem USA. Das Mittel zum Zweck, Teheran zu schwächen, sind seit Jahren die Sanktionen rund um das iranische Atomprogramm.

Weder die US-Präsidenten George W. Bush noch Barak Obama noch Donald Trump haben dem beharrlichen israelischen Drängen nachgegeben, einen »Präventivschlag« gegen die Islamische Republik zu führen. Die Israelis wissen nur zu gut, dass sie für einen Krieg gegen »die Mullahs« auf amerikanische Unterstützung angewiesen sind. Wie also die USA und mit ihr die NATO auf den Pfad militärischer Konfrontation geleiten, nach so vielen vergeblichen Versuchen? Indem man, zum Beispiel, eine iranische Botschaft bombardiert. Netanjahu hat auf diese Weise zwei Fliegen mit einer Klappe geschlagen: Potenziell rückt, flankiert von der westlichen Wertegemeinschaft, ein Krieg gegen Teheran in Reichweite, und außerdem hat er vom Massentöten im Gazastreifen abgelenkt.

Die EU kritisierte die Bombardierung der Botschaft in den milden Worten eines Sprechers, ohne Israel beim Namen zu nennen: »Wir fordern alle Beteiligten auf, maximale Zurückhaltung zu üben.« In Europa haben allein Norwegen, Spanien und die Türkei Israels Verhöhnung des Völkerrechts verurteilt. Auch seitens der Bundesregierung fiel kein Wort der Kritik. Russland hat daraufhin eine Sondersitzung des UN-Sicherheitsrates einberufen, doch scheiterte eine Verurteilung Israels am Veto der USA, Großbritanniens und Frankreichs. Der iranische Außenminister Hossein Amir-Abdollahian gab später zu Protokoll, dass Teheran auf eine militärische Reaktion verzichtet hätte, wäre Israel vom Sicherheitsrat verurteilt worden. So aber griff der Iran am 13. April Israel als Vergeltung mit 300 Drohnen und Raketen an, ohne jedoch nennenswerten Schaden anzurichten. Teheran hatte die USA vorab in Kenntnis gesetzt, dass es sich um eine begrenzte Maßnahme handle, der keine weiteren folgen würden. Wiederholte Erklärungen iranischer Regierungsvertreter bekräftigten diese Linie. Unglaubwürdig ist das nicht, denn die eingesetzten Waffen waren zum einen nicht mit größerer Zerstörungskraft ausgestattet, zum anderen flogen insbesondere die Drohnen extrem langsam. Zwischen ihrem Start im Iran und ihrer Ankunft in Höhe Israels lagen bis zu sechs Stunden. Entsprechend wurden die meisten von ihnen bereits über dem Luftraum Iraks, Syriens und Jordaniens abgeschossen, überwiegend von Kampfjets der USA, Großbritanniens und Frankreichs.

Dieselben Akteure, die zuvor kein kritisches Wort über das israelische Vorgehen in Damaskus verloren hatten, ertönten nunmehr stimmgewaltig. Kanzler Scholz geißelte die Attacke »mit aller Schärfe«, sie sei »unverantwortlich«, »beispiellos«, »zutiefst beunruhigend«. Außenministerin Baerbock ergänzte: »Der Iran und seine Proxies müssen diesen Angriff sofort einstellen.« Wer auch immer diese »Proxies« sein mochten. Und, klar, »Israel gilt in diesen Stunden unsere ganze Solidarität«. Vergleichbare Solidaritätsbekundungen für Palästinenser im Gazastreifen sind nicht überliefert. Ähnlich im Soundtrack die Aussagen aus Washington, London oder Paris. Im Übrigen gelte es, so Baerbock des Weiteren, den Iran »maximal zu isolieren«. Politik und Medien erweckten den Eindruck, der iranische Angriff sei unerklärlich und wie aus dem Nichts erfolgt, selbstverständlich bösartig und von »Israelhass«, wenn nicht Vernichtungswillen getragen, ganz so als hätte er keinerlei Vorgeschichte. Washington und Brüssel verhängten weitere Sanktionen gegen Teheran, wahlweise symbolische (Einreiseverbote für ranghohe Militärs) oder alberne (kein Export von Raketentechnologie mehr in den Iran, der allerdings ohnehin nicht erfolgt).

Der Iran ist seit Jahrzehnten das meistsanktionierte Land der Welt – was hat es bewirkt? Dessen ungeachtet verlangten Wortführer der politisch-medialen Blase in Berlin, die Revolutionsgarde auf die EU-Terrorliste zu setzen oder das schiitische Islamische Zentrum in Hamburg zu schließen, diesen Hort der Terrorpropaganda. Das alles funktioniert wie bei einem pawlowschen Reflex, weitgehend befreit von Sinn und Verstand.

Und tatsächlich verfügte Innenministerin Nancy Faeser (SPD) im Juli 2024 die Schließung des Zentrums. Dessen Vermögen wurde beschlagnahmt, die dazugehörige Blaue Moschee ging über in Bundeseigentum und wurde vorerst geschlossen. 30000 Schiiten im Hamburg sind somit vorerst ohne Gotteshaus. Letztendlich handelt es sich dabei um einen überflüssigen, aber wohlgefälligen deutschen Beitrag zur Verschärfung der geopolitischen Konfrontation zwischen Israel und dem Westen hier, sowie dem Iran dort.

Die Revolutionsgarde, also eine reguläre Militäreinheit, auf eine Terrorliste zu setzen, ist problematisch, wenngleich in den USA und Kanada bereits geschehen. Terroristen zu bekämpfen, gilt allgemein als legitim. Die Streitkräfte eines Landes oder einen Teil davon als terroristisch zu brandmarken, erhöht die Gefahr einer militärischen Konfrontation. Was, wenn der Iran oder ein anderer Staat seinerseits etwa die Bundeswehr im Gegenzug als Terrororganisation einstuft? Und zur Terrorbekämpfung aufruft? Deswegen ist bislang weder Brüssel noch Berlin bereit, diesen Schritt zu gehen.

US-Präsident Biden hatte zwar klargestellt, dass die USA Israel im Fall eines Vergeltungsschlages gegen den Iran militärisch nicht beistehen würden. Ob er Wort gehalten hätte, sei dahingestellt. Dennoch war die Bombardierung der iranischen Botschaft für die Regierung Netanjahu ein voller Erfolg. Von jetzt auf gleich hatten sich die westlichen Reihen hinter Israel wieder fest geschlossen. Keine mahnenden Worte mehr wegen des Gaza-Krieges, der parallel erst einmal aus den Medien verschwand, obwohl sich das Sterben dort ungebrochen fortsetzte.

Ungeachtet aller internationalen Aufrufe zur Zurückhaltung feuerte Israel am 19. April 2024 mehrere Raketen in Richtung Iran, als Vergeltung der Vergeltung. Offenbar in der Absicht, die Lage nicht weiter eskalieren zu lassen, erklärten iranische Regierungsvertreter, es habe gar keinen israelischen Angriff gegeben. Die Explosionen, die in der Nacht nahe der Stadt Isfahan zu hören waren, seien auf den Abschuss dreier »Mini-Drohnen« durch das iranische Luftabwehrsystem zurückzuführen. Die wären nicht aus dem Ausland gekommen, sondern innerhalb des Landes von »Infiltratoren« gestartet worden. Da es keine Berichte über Schäden gab, mochte diese Erklärung gerade noch als gesichtswahrend durchgehen.

Tel Aviv dürfte für diese »Zurückhaltung« politisches Entgegenkommen eingefordert haben. Ob es Zufall ist, dass zur gleichen Zeit, in der sich die Konfrontation mit dem Iran zuspitzte, Vertreter Israels und der USA über die Modalitäten der Bodenoffensive in Rafah verhandelten?[303] Niemand täusche sich jedoch hinsichtlich der Absichten der Regierung Netanjahu: Sie hält unbeirrt an ihrer Agenda fest, zunächst die Hamas, dann die Hisbollah und schließlich den Iran als Machtfaktor auszuschalten.[304]

Der größte Irrtum westlicher Befürworter von immer mehr Zwangsmaßnahmen gegen den Iran besteht in deren Annahme, der Iran sei schwach, isoliert und stünde infolge der Unzufriedenheit weiter Teile der Bevölkerung kurz vor einem hoffentlich prowestlichen Umsturz. Aufgrund der Boykottmaßnahmen seitens der USA und der EU hat sich Teheran in den letzten Jahren verstärkt Russland und China zugewandt. Der Iran ist mittlerweile ein maßgeblicher Energielieferant der Volksrepublik und ein wichtiges Transitland für Russland, das seine Verkehrswege und Handelsrouten in den Fernen Osten zunehmend über das Kaspische Meer und den Iran umleitet, zum Nachteil Europas. Die Vorstellung, Moskau oder Peking würden einen westlich unterstützten Krieg Israels gegen den Iran lediglich zur Kenntnis nehmen, ist sträflich naiv. Das Land ist auch keineswegs isoliert. Es ist Mitglied der »Schanghaier Organisation für Zusammenarbeit«, der wichtigsten Regionalorganisation im Globalen Süden, die 40 Prozent der Weltbevölkerung vertritt. Und es gehört zu den BRICS-Staaten, ebenfalls ein politisches und wirtschaftliches Schwergewicht, längst nicht mehr allein im Globalen Süden. Die westlichen Sanktionen gegen Teheran laufen daher zunehmend ins Leere und dienen in erster Linie wohl der eigenen Selbsterhöhung: Wir sind die Guten.

Albtraum ohne Ende

Sind wir das? Die Heuchelei westlicher Politik springt doch geradezu ins Auge. Sanktionen gegen Teheran, Waffen für Tel Aviv. Keinerlei Druck auf das Gelobte Land, seine unter Genozid-Verdacht stehende Militärkampagne im Gazastreifen zu beenden. Stattdessen der nahezu blinde Schulterschluss mit einer Regierung, die durchaus das Potenzial hat, die Welt in einen globalen Krieg zu führen. Hier Israel und seine westlichen Wertepartner, dort der Iran und seine Schurkenfreunde. Oder, in der Weltsicht binär gepolter Transatlantiker: Freiheit versus Autoritarismus.

Wie explosiv die Lage ist, unterstreicht der Huthi-Angriff auf Tel Aviv mit einer ballistischen Rakete, die im Juli 2024 in einem Wohnviertel einschlug. Das bedeutet, dass die Huthis in der Lage sind, Raketen relativ zielgenau über 2000 Kilometer hinweg einzusetzen – bis dato ihr »Rekord«. Die Israelis reagierten mit einem Bombenangriff auf die jemenitische Hafenstadt Hodeida, der nicht militärischen Stellungen galt, sondern der Energieversorgung: Zerstört wurden ein Kraftwerk sowie Öl- und Gasdepots.

Zum Auslöser einer folgenschweren nahöstlichen Eskalation aber wurde die »gezielte Tötung« des ranghohen Hisbollah-Kommandeurs Fuad Shukr am 30. Juli in Beirut, gefolgt, wenige Stunden später, in der Nacht zum 31. Juli, von der Ermordung Ismail Haniyehs in einem Gästehaus der iranischen Regierung in Teheran. Der Leiter des politischen Flügels der Hamas hatte sich dort zur Amtseinführung des neuen iranischen Präsidenten Massud Peseschkian aufgehalten. Offiziell hat sich Tel Aviv zu diesem Anschlag nicht bekannt, anders als zu dem auf Shukr, aber das ist Formsache. Haniyehs Liquidierung unterstreicht, dass die Freilassung der israelischen Geiseln mit Sicherheit nicht zu den Prioritäten der Regierung Netanjahu gehört – er war der Chefunterhändler der Hamas in Katar zur Freilassung der israelischen Geiseln.

Doch damit nicht genug. Im August/September 2024 weitete Israel den Krieg mit massiven Luftangriffen auf den Libanon aus. Am 17. und 18. September explodierten dort ferngesteuert tausende Pager und Walkie-Talkies, die zuvor vom Mossad manipuliert worden waren. Mindestens 37 Menschen starben, fast 3000 wurden verletzt. Insbesondere die Pager dienten der Kommunikation innerhalb der Hisbollah, doch fielen dem Anschlag auch zahlreiche Zivilisten zum Opfer. Aya Majzoub, Regionaldirektorin von Amnesty International für den Nahen Osten, kommentiert treffend: »Die massiven Explosionen im Libanon und in Syrien in den vorigen Tagen weisen alle Züge eines sinistren, dystopischen Albtraums auf. Einen Angriff dieser Größenordnung hat es bislang nicht gegeben. Selbst wenn die Angriffe militärischen Zielen gegolten haben sollten: Tausende technische Geräte zeitgleich explodieren zu lassen ohne zu wissen, wo und in wessen Händen die Sprengladungen hochgehen, offenbart eine tiefsitzende Missachtung menschlichen Lebens und der bestehenden Regeln und Gesetze für bewaffnete Konflikte … Die Explosionen erfolgten in Supermärkten, Autos, Wohnvierteln und auf öffentlichen Plätzen, verursachten traumatisierende Verletzungen, (darunter zahlreiche Amputationen, Gesichtsentstellungen und Erblindungen, ML) sie verbreiteten überall im Libanon Terror und Panik und überforderten das Gesundheitswesen, das ohnehin schon schwer von der bestehenden Wirtschaftskrise getroffen war.«[305]

Offiziell sucht Israel durch seine Angriffe auf den Libanon die Hisbollah zu schwächen und deren Beschuss Nordisraels zu beenden – aus deren Sicht eine Antwort auf den Gaza-Krieg. Dabei setzt die Regierung Netanjahu auch weiterhin nicht auf Verhandlungen, sondern allein auf Gewalt. Systematisch wurden und werden die Führer nicht allein der Hamas, sondern auch der Hisbollah ermordet, darunter deren Generalsekretär Hassan Nasrallah am 27. September 2024. Um ihn zu töten wurde ein ganzer Straßenzug im Schiiten-Viertel Dahiyeh im Süden Beiruts zerstört, mit einer wahrscheinlich dreistelligen Zahl an Toten. Sie zu bergen oder zu zählen war kaum mehr möglich, da die meisten Oper im Zuge der Bombardierung, die einen zehn Meter tiefen, dreißig Meter breiten und hundert Meter langen Krater riss, regelrecht pulverisiert wurden.

Dabei war eine Waffenruhe zum Greifen nahe. Im Gespräch mit CNN erklärte der libanesische Außenminister Abdallah Bou Habib am 2. Oktober, Nasrallah habe einer 21-tägigen Feuerpause als Voraussetzung für weiterführende Verhandlungen zugestimmt. Doch die israelische Führung zog es vor, ihn und Dutzende Unbeteiligte zu ermorden – und den ohnehin fragilen Libanon noch weiter zu destabilisieren. Die massiven israelischen Bombardements des Südlibanon, der südlichen Vororte von Beirut wie auch der östlichen Bekaa-Ebene zwangen rund 1,2 Millionen Menschen zur Flucht. Das entspricht einem Fünftel der Gesamtbevölkerung – auf deutsche Verhältnisse übertragen wären das etwa 17 Millionen Flüchtlinge. Der libanesische Staat ist mit deren Versorgung in jeder Hinsicht überfordert und überlässt sie weitgehend ihrem Schicksal. Viele schlafen oder campieren im Freien – was aber geschieht im Winter? Gleichzeitig bombardierte und zerstörte die israelische Luftwaffe den wichtigsten Grenzübergang nach Syrien, Masna'a, sowie die dazugehörige Zufahrtstraße, eine Lebensader für Syrien wie auch den Libanon und eine wichtige Fluchtroute.

Doch greifen die Israelis nicht allein schiitische Regionen an, sondern auch Wohngebiete von Drusen, Sunniten und Christen, die mit der Hisbollah nichts zu tun haben. Die Angriffe geschehen offenkundig auch mit der Absicht, religiöse Spannungen zu schüren, denn schiitische Flüchtlinge werden oft genug gewaltsam aus nichtschiitischen Gebieten vertrieben – aus Angst vor weiteren israelischen Luftangriffen. Wie zuvor schon im Gazastreifen nehmen die Israelis bevorzugt Krankenhäuser und medizinische Einsatzkräfte ins Visier, die zur Erstversorgung ausrücken. Zur Rechtfertigung dienen teils absurde Behauptungen: Die Hisbollah habe Bargeld und Gold im Wert von einer halben Milliarde US-Dollar unter dem wichtigsten Krankenhaus der Dahiyeh versteckt, hieß es etwa. Natürlich fehlen jedwede Beweise – die Hasbara (Regierungspropaganda) genügt und wird in westlichen Medien meist unreflektiert übernommen. Wie auch im Gazastreifen sterben im Libanon überwiegend Zivilisten, rund 2500 allein in den ersten beiden Septemberwochen.

Doch die aus Hybris geborene Überzeugung der Regierung Netanjahu, die Sicherheit und das »Existenzrecht Israels« ließen sich durch die eigene, zweifelsohne beeindruckende militärische Überlegenheit gewaltsam erzwingen, erweist sich weiterhin als Illusion. Es ist der israelischen Armee im Verlauf eines Jahres nicht gelungen, die Hamas im Gazastreifen zu zerschlagen. Umso weniger ist es ihr gegeben, die militärisch deutlich besser aufgestellte Hisbollah in die Knie zu zwingen. Daran ändert auch die Liquidierung deren Führungspersonals nichts – jeder dortige Kader hat einen Stellvertreter, der seinerseits einen Stellvertreter hat und so weiter.

Was die israelische Seite wie auch die westlichen Unterstützer Großisraels nicht verstehen (wollen): die Hamas wie auch die Hisbollah sind tief in der eigenen Bevölkerung verwurzelte Graswurzelbewegungen, man könnte auch sagen »Volksparteien«. Aus Sicht der meisten Araber (nicht aber ihrer Regierungen) handelt es sich bei ihnen um Widerstands- und Freiheitskämpfer gegen die israelische Kriegs- und Landraubmaschinerie. Nachdem die Israelis am 16. Oktober 2024 den Hamas-Anführer Yahya Sinwar liquidiert hatten, stellten sie Fotos des furchtbar entstellen Leichnams ins Netz und warfen Flugblätter mit diesen Aufnahmen über Gaza ab, ergänzt um höhnische Kommentare. Offenbar in der Annahme, sie könnten damit den palästinensischen Widerstand brechen.

Und was geschah? Nach dem darauffolgenden Freitagsgebet kam es in Amman zu einer der größten Demonstrationen in der Geschichte Jordaniens: Mehr als 100 000 Menschen skandierten »Wir sind alle Yahya Sinwars!«

Israel sät im Zuge seiner Zerstörungsorgien und Großmachtphantasien einen Hass, der sich über Generationen fortsetzen wird. Wenn ein Land mit sieben Millionen jüdischen Bewohnern glaubt, mehr als zwei Milliarden Muslimen den Krieg erklären zu können, so jedenfalls kommt die Botschaft dort überwiegend an, – wohin soll das führen?

Die ständigen Provokationen Israels in Richtung Teheran, darunter die Bombardierung der iranischen Botschaft in Damaskus und die Ermordung des Hamas-Politikers Ismail Haniyeh in einem Gästehaus der Regierung und schließlich die »gezielte Tötung« Nasrallahs beantwortete die iranische Regierung am 1. Oktober 2024 mit einem Angriff von rund 200 ballistischen Raketen überwiegend auf drei militärische Ziele in Israel, darunter der Fliegerhorst der modernsten US-Jagdbomber im Süden des

Landes. Von offizieller Seite wurden die Zerstörungen heruntergespielt, doch zahlten israelische Versicherungen bis zu 53 Millionen US-Dollar an Entschädigungen vor allem für Häuser und Gebäude im Norden Tel Avivs wie auch in der Retortenstadt Hod HaSharon nordöstlich von Tel Aviv.[306] Insgesamt wurden rund 1000 Immobilien beschädigt. Peanuts, gemessen an den Zerstörungen in Palästina und im Libanon, aber ein psychologischer Schock in Israel.

Die Frage war nicht, ob Tel Aviv auf diesen Angriff reagieren würde, sondern wann und in welcher Größenordnung die Vergeltung der Vergeltung, der Gegenschlag erfolgt – ein Tanz auf des Rasiermessers Schneide. Am 26. Oktober 2024 schließlich zerstörte die israelische Führung militärische Ziele im Iran – nicht aber, wie befürchtet, Erdölförder- oder Atomanlagen. Doch waren die Schäden offenbar begrenzt, blieb der Showdown hin zu einem großen Krieg vorerst aus. Die Gefahr einer unberechenbaren Konfrontation zwischen Israel und den USA hier sowie dem Iran und seinen Verbündeten dort bleibt allerdings bestehen.

Ausblick: Wie geht es weiter?

Die Regierung Netanjahu hat keinen konkreten Plan für die Zeit nach dem Gaza-Krieg. Allerdings verfolgt sie ein klares Anliegen, nämlich die Vertreibung der Palästinenser. Das aber ändert nichts an der Notwendigkeit, die Fassade erst einmal aufrechterhalten zu müssen. Wer soll denn diese Trümmerwüste regieren? Wovon sollen die Menschen dort leben? Gelegentlich in Politik und Medien aufscheinende Überlegungen, eine »reformierte« Nationalbehörde in Ramallah solle den Gazastreifen verwalten, selbstverständlich ohne Beteiligung der Hamas, sind reine Kopfgeburten. In der Realität werden sie keinen Bestand haben. Konstruktive Lösungen kann es nicht geben, da der weit rechts stehende politische Mainstream in Israel der Gründung eines palästinensischen Staates auf keinen Fall zustimmen wird: »Haaretz shelanu«, das Land gehört uns. Ganz unabhängig davon, wer künftig den Premier stellen mag.

Gleichzeitig ist aber auch die bisherige israelische Strategie, die besetzten palästinensischen Gebiete in ein Freiluftgefängnis zu verwandeln, als gescheitert anzusehen. Gewiss, das Westjordanland ist mittlerweile in zweihundert »Kantone« unterteilt, Bewegungsfreiheit kaum mehr gegeben; der Gazastreifen ist zerstört und abgeriegelt.

Doch ganz gleich, welche Hölle auf Erden israelische Regierungen den Palästinensern bereiten mögen, man wird sie weder sämtlich verhungern lassen noch das letzte Haus zerstören können.

Oder doch? Bislang jedenfalls hält sich die Kritik der westlichen Unterstützer Israels angesichts der Katastrophe im Gazastreifen, höflich gesagt, in Grenzen. Mit Appellen zur »Zurückhaltung« oder dem folgenlosen Mantra einer »Zweistaatenlösung« kann jede israelische Regierung bequem leben. Solange die USA und Deutschland auch weiterhin unbegrenzt Waffen liefern und Zwangsmaßnahmen gegenüber Tel Aviv nicht einmal angedacht werden, bleibt alles Reden bloße Rhetorik.

Das Streben der Großisrael-Ideologen ist unmissverständlich. Sie wollen so viele Palästinenser wie nur möglich davon überzeugen, »freiwillig« zu gehen. Der angestrebte Exodus wird nicht morgen, vielleicht auch nicht übermorgen erfolgen. Die Richtung aber ist gewiesen. Wer sich den Werdegang des zionistischen Projektes bis 1948 und nachfolgend jenen Israels in Erinnerung ruft, der weiß, dass die maßgeblichen Entscheider stets mit langem Atem gesegnet waren. Was nicht verwundert, denn sie haben ihre Ziele stets erreicht, ohne je für ihr Tun zur Rechenschaft gezogen zu werden, am allerwenigsten für die Nakba. Sie wussten, was sie wollten, und sie haben es bekommen: das gesamte Erez Israel, sprich: Palästina. Nun gilt es, konsequent den letzten Schritt zu gehen. Und wer wollte Tel Aviv daran hindern? Die USA? Die EU? Deutschland gar?

Im Zweifel genügen einige wenige, doch wohlgewählte Parolen, um für Ruhe an der Meinungsfront zu sorgen. Alles Weitere regeln die entsprechenden Lobbyverbände und hierzulande die »Staatsräson«.

14 Millionen Menschen leben zwischen Mittelmeer und Jordanfluss, davon sind rund 55 Prozent Nichtjuden. Die dauerhafte Herrschaft einer Minderheit über die Mehrheit ist im vorigen Jahrhundert in Südafrika gescheitert – welchen Grund gäbe es für die Annahme, ein vergleichbares Modell könnte in diesem Jahrhundert im Nahen Osten gelingen?

Im Grundsatz geht es um dauerhaften Krieg oder Frieden. Für

die Option Frieden gibt es zwei Varianten. Zum einen diese: Das Land wird geteilt, in den 1967 von Israel besetzten Gebieten Gazastreifen und Westjordanland einschließlich Ostjerusalems entsteht ein unabhängiges Palästina. Kaum vorstellbar angesichts einer von Ultrarechten und Siedlern dominierten israelischen Politik mit mächtigen Verbündeten. Am 18. April 2024 etwa legten die USA ihr Veto bei einem Entwurf des UN-Sicherheitsrates ein, welcher der Vollversammlung empfehlen wollte, den Staat Palästina als Vollmitglied der Vereinten Nationen aufzunehmen. Bislang haben die Palästinenser dort lediglich einen »Beobachterstatus«. Als Reaktion stimmte die UN-Generalversammlung am 10. Mai 2024 mit 143 Jastimmen, 9 Neinstimmen (darunter die USA und Israel) und 25 Enthaltungen (darunter Deutschland) für die Vollmitgliedschaft Palästinas. Parallel erkannten Norwegen, Spanien und Irland den Staat Palästina am 28. Mai 2024 an, Slowenien folgte am 4. Juni.

Am 18. September 2024 beschloss die UN-Generalversammlung in einer weiteren, mit überwältigender Mehrheit angenommenen Resolution (124 Jastimmen, 14 Neinstimmen und 43 Enthaltungen, darunter Deutschland), dass Israel »die ungesetzliche Anwesenheit in den besetzten palästinensischen Gebieten unverzüglich zu beenden hat«. Desgleichen fordert die Resolution, die Waffenlieferungen an Israel einzustellen. Doch was macht die Bundesregierung? Sie beschließt, die aufgrund der Klage Nicaraguas gegen Deutschland wegen Beihilfe zum Völkermord vorübergehend unterbrochenen Waffenlieferungen an Israel wieder aufzunehmen. Allein von August bis Oktober 2024 hat Berlin Waffenexporte dorthin in der Größenordnung von 94,05 Millionen Euro genehmigt – ungeachtet der UN-Resolution, ungeachtet der Tatsache, dass 60 Prozent der Deutschen Rüstungsexporte nach Israel ablehnen.[307] Mehr Realitätsverleugnung, mehr Selbstentlarvung der eigenen hohlen Rhetorik rund um die famose »Werteorientierung«, mehr Wählerverachtung und Verhöhnung internationaler Rechtsnormen geht kaum.

Die zweite Variante: Das Land zwischen Mittelmeer und Jordanfluss erfindet sich neu im Geist der Binationalisten, im Geiste derer vom philosophisch-moralischen Format eines Martin Buber, Albert Einstein oder einer Hannah Arendt. Ein gemeinsames Land für Juden wie Nichtjuden ohne ethnonationale Herrschaft der einen über die anderen. Vor allem Intellektuelle auf beiden Seiten freunden sich zunehmend mit dieser Idee an, die aber eine wunderbare Utopie bleiben dürfte.

Stattdessen stehen die Zeichen auf anhaltende und dauerhafte Gewalt. Maßgeblich ausgelöst von einer Ideologie, die ein Großisrael mit möglichst wenigen Palästinensern anstrebt, diese mittels Entrechtung jedoch mindestens dauerhaft in Schach zu halten sucht. Jahrzehnte der Militärherrschaft und fortwährende Unfreiheit erzeugen indessen anhaltenden Widerstand, auch in Gestalt brutalen Terrors. Zur Erinnerung: Sowohl die Hamas wie auch die Hisbollah sind als Reaktion auf die israelische Besatzung entstanden. Die Logik israelischer »Abschreckung« oder übersteigerter Sicherheitsbedürfnisse läuft ins Leere, solange die Wurzel allen Übels erhalten bleibt.

Die westlichen Unterstützer Israels allerdings stellen keine Fragen nach Ursache und Wirkung. Und warum auch sollten sie? Ist doch ihr eigenes Weltbild oft genug ein ebenso schlichtes wie imperiales. Umso mehr wächst freilich die Gefahr, sich auf Gedeih und Verderb einer auf Expansion und Gewalt abonnierten israelischen Regierung auszuliefern. Es ist kein Zufall, dass Premier Netanjahu die Iranische Botschaft in Damaskus in dem Moment bombardieren ließ, als die weltweite Kritik am israelischen Vorgehen im Gazastreifen eine für Tel Aviv bedrohliche Lautstärke erreicht hatte.

Den Holocaust »erretten«

Worin aber liegt das Interesse der Deutschen, sich, der »Staatsräson« verpflichtet, in einen Krieg gegen Dritte hineinziehen zu lassen? Im Verständnis der hiesigen politisch-medialen Klasse ist Deutschland Teil einer westlichen Wertegemeinschaft, die sich finsteren Mächten entlang der Achse Moskau–Gaza–Teheran–Peking gegenübersieht. Unverhohlen sinniert etwa ein linientreuer Transatlantiker in *Foreign Affairs*, dem Leitorgan US-amerikanischer Außenpolitik, im Juni 2024 darüber, wie es der NATO unter amerikanischer Führung gelingen könne, zeitgleich an drei Fronten zu bestehen: in der Ukraine, im Nahen Osten sowie rund um Taiwan gegenüber China.[308] Israel gilt somit gewissermaßen als Frontstaat in der Verteidigung der »regelbasierten Ordnung« gegen das Böse, sowohl gegenüber der Hamas wie auch gegenüber Teheran. Das bedeutet im Klartext, dass Tel Aviv auch weiterhin freie Hand behalten dürfte, Palästinenser nach Belieben zu entrechten, zu vertreiben, zu ermorden. Da nichts darauf hindeutet, dass Israel den Gaza-Krieg »gewinnen« wird und es auch keinen Plan für den »Tag danach« gibt, jenseits der Illusion einer vollständigen Zerstörung der Hamas und der geplanten Vertreibung der Gaza-Bewohner, spricht vieles dafür, dass sich diese wie auch nachfolgende Regierungen in Tel Aviv auf einen endlosen Krieg einstellen. Den Segen der US-Machtelite hätten sie dafür mit Sicherheit – die ihrerseits lieber auf militärische Stärke setzt denn auf Diplomatie. Der französische Anthropologe Emmanuel Todd bezeichnet diesen Weg als »nihilistisch«. Die Haltung Washingtons gegenüber Israel sei darüber hinaus geradezu »faszinierend«, da sich die USA mit einem Staat »solidarisch erklären«, der in Wirklichkeit gar nicht existiere und Ausdruck eines beschönigenden Wunschdenkens sei.[309] Eine Analyse, die uneingeschränkt auch für Deutschland zutrifft.

Gegebene Realitäten aber hören nicht auf zu bestehen, indem man sie ausblendet oder ignoriert. So etwa die nicht unwesentliche Tatsache, dass sich die Welt längst neu sortiert und westliche Akteure im globalen Maßstab bereits deutlich an Gewicht und Einfluss verloren haben. Während die Welt das Blutbad im Gazastreifen zu beenden suchte, genügte es den westlichen Förderern Israels, die Öffentlichkeit zu beschwichtigen und das Massensterben rhetorisch in Watte zu packen. Den offen genozidalen Absichtserklärungen und faschistoiden Fantasien israelischer Politiker oder Militärs haben sie weder widersprochen noch Einhalt geboten. Stattdessen sah sich UN-Generalsekretär António Guterres massiven Angriffen ausgesetzt, weil er sich daran zu erinnern erlaubte, dass die Untat des 7. Oktober »nicht in einem Vakuum« stattgefunden habe.

Das moralische Versagen des Westens im Gaza-Krieg beschleunigt dessen selbst verschuldeten Niedergang. Mehr noch: Erleben wir gerade womöglich den Zusammenbruch der freien Welt, ihren Offenbarungseid? Längst ist Gaza auch eine Metapher, das einigende Band des politischen wie ethischen Bewusstseins einer größer werdenden Zahl von Menschen mit wenig Macht und geringem Einfluss, nicht allein im Globalen Süden. Für sie ist »Gaza« eine Art Erweckungserlebnis, ihr »Nie wieder«, das sie nach Antworten suchen lässt jenseits jener Versprechen von Freiheit und Gerechtigkeit, die der Westen zwar für sich beanspruchen mag, für die er aber längst nicht mehr steht.

Es geht um nichts Geringeres als die Wiederherstellung des ethisch-moralischen Gleichgewichtes auf globaler Ebene. Was auch bedeute, den Holocaust »zu erretten«, so der indische Philosoph Pankaj Mishra. Ihn der politischen Instrumentalisierung durch Netanjahu, Biden, Scholz, Macron oder den (vormaligen) britischen Premier Rishi Sunak zu entziehen und seine moralische Bedeutung, sein Vermächtnis für die Menschheit wiederherzustellen, das historische Erinnern an die millionenfachen Opfer zu »reuniversalisieren«. Kurz gesagt, nicht ein weiteres Jahrhundertverbrechen geschehen zu lassen, auf der Grundlage einer manipulierten, beschädigten Erinnerungskultur.[310]

Das aber ist leichter gesagt als getan. Gut möglich, dass diejenigen scheitern werden, die als Menschen empfinden und denken, nicht als Marionetten der Macht. Was zählt Empathie in einer Welt, deren politische Spielregeln Vorherrschaft legitimieren, nicht etwa Ausgleich und Kompromiss? Vielleicht ist Israel, getrieben von einer Überlebens-Psychose, gleichzeitig der Vorbote einer neuen Ära, die sich längst ankündigt, aber noch nicht vollendet ist: nihilistisch und selbstzerstörerisch.

Die Zeit offener Grenzen, individueller Freiheitsrechte und international gültiger Rechtsnormen scheint sich ihrem Ende zuzuneigen. Sollte es Zufall sein, dass rechtsextreme Demagogen wie der Argentinier Javier Milei oder der Brasilianer Jair Bolsonaro Israel in den Arm fallen, während weiße Suprematisten in den USA und rechtsautoritäre Parteien in Europa, darunter die AfD, ihr Herz an Großisrael verloren haben? Wer wollte denn ausschließen, dass es dieser oder nachfolgenden Regierungen in Tel Aviv nicht tatsächlich gelingt, die Nakba zu vollenden und erst den Gazastreifen, dann das Westjordanland ethnisch zu säubern?

Allzu viel deutet darauf hin, dass sich »der Bogen des moralischen Universums nicht der Gerechtigkeit zuneigt«, so noch einmal Pankaj Mishra. Herrschern mit Macht und ohne Skrupel ist es durchaus gegeben, noch die schlimmsten Massaker schönzureden, sie zu leugnen oder als notwendiges Übel zu verkaufen. Dann vor allem, wenn sie ihre Kriege gewinnen.

Warum also sollten die Verbrechen im Gazastreifen für Israel am Ende nicht mit einem Triumph enden? Gewiss, den Friedensnobelpreis wird Netanjahu kaum erhalten. Doch nicht allein in Washington oder Berlin werden er und seinesgleichen stets gern gesehene Gäste bleiben, Haftbefehl hin oder her. Ein möglicherweise für Israel nachteiliges Urteil des Internationalen Gerichtshofes lässt sich im Zweifel mit einem Achselzucken quittieren oder als antisemitisch brandmarken. Für Deutschland und den Westen könnte sich die Maxime, einem »Unrechtsstaat« blinde Gefolgschaft zu leisten, allerdings noch rächen. Sei es, dass Israel seine Wertepartner in einen Krieg gegen den Iran und somit gegen Russland und China hineinzieht, sei es, dass eine Welle des Terrors Europa überzieht, als Antwort auf »Gaza«. Zu glauben, das hiesige Appeasement angesichts des Massensterbens werde nicht früher oder später eine Antwort erfahren, wäre überaus gutgläubig. Was dann geschieht, als Reaktion auf die Reaktion, liegt auf der Hand: noch mehr Repression im Innern, gesellschaftliche Spaltung, wachsende Islamfeindlichkeit.

Seit dem 7. Oktober 2023 hat sich das innenpolitische Klima ohnehin schon aufgeheizt wie seit dem »Deutschen Herbst« im Umfeld des RAF-Terrors 1977 nicht mehr. Ein offener Brief von mehr als hundert deutschen oder in Deutschland lebenden Juden, überwiegend Künstler und Wissenschaftler, beschreibt die gegebene Lage sehr anschaulich. Er datiert auf den 23. Oktober 2023, an den angeprangerten Missständen aber hat sich bis Drucklegung des vorliegenden Buches wenig bis gar nichts geändert. Darin heißt es:

»Es gibt keine Rechtfertigung für vorsätzliche Angriffe auf Zivilisten durch die Hamas. Wir verurteilen vorbehaltlos die terroristischen Angriffe auf Zivilisten in Israel … Mit gleicher Schärfe verurteilen wir die Tötung von Zivilisten in Gaza. In den letzten Wochen haben Landes- und Stadtregierungen in ganz Deutschland öffentliche Versammlungen mit mutmaßlichen Sympathien für Palästinenser verboten. Diese Repressionen betrafen auch Demonstrationen wie ›Jugend gegen Rassismus‹ und ›Jüdische Berliner*innen gegen Gewalt in Nahost‹. In einem besonders absurden Fall wurde eine jüdische Israelin festgenommen, weil sie ein Schild in der Hand hielt, auf dem sie den Krieg, den ihr Land führt, anprangerte.

Die Polizei hat keine glaubwürdige Verteidigung für diese Entscheidungen geliefert. Praktisch alle Absagen, einschließlich derjenigen, die von jüdischen Gruppen organisierte Versammlungen verbieten, wurden von der Polizei zum Teil mit der ›unmittelbaren Gefahr‹ von ›volksverhetzenden, antisemitischen Ausrufen‹ begründet. Diese Behauptungen dienen unserer Meinung nach dazu, legitime und gewaltfreie politische Äußerungen, die auch Kritik an Israel enthalten dürfen, zu unterdrücken. Versuche, sich diesen willkürlichen Einschränkungen zu widersetzen, werden mit wahlloser Brutalität beantwortet. Die Behörden haben Menschen mit Migrationshintergrund in ganz Deutschland ins Visier genommen und Zivilisten belästigt, verhaftet und verprügelt, oft unter den fadenscheinigsten Vorwänden.

In Berlin ist der Bezirk Neukölln, in dem große türkische und arabische Gemeinschaften leben, heute ein von der Polizei besetztes Viertel. Gepanzerte Lieferwagen und bewaffnete Bereitschaftspolizisten patrouillieren durch die Straßen und suchen nach spontanen Unterstützungsbekundungen für die Palästinenser oder nach Symbolen der palästinensischen Identität. Fußgänger werden auf dem Bürgersteig angerempelt und mit Pfefferspray attackiert. Kinder werden rücksichtslos angegriffen und verhaftet. Zu den Festgenommenen gehören bekannte syrische und palästinensische Aktivisten. In den Schulen sind palästinensische Flaggen und Keffiyeh verboten. Obwohl deren Besitz in der Öffentlichkeit gesetzlich erlaubt ist, führt er zu Polizeigewalt und Verhaftungen …

Diese Verstöße gegen die Bürgerrechte rufen bei den kulturellen Eliten in Deutschland kaum einen Aufschrei hervor. Große Kultureinrichtungen haben sich wie synchronisiert selbst zum Schweigen gebracht, indem sie Theaterstücke, die sich mit dem Konflikt befassen, abgesagt haben und indem Persönlichkeiten, die Israels Aktionen kritisch gegenüberstehen könnten – oder die einfach selbst Palästinenser sind – , das Rederecht entzogen wurde. Diese freiwillige Selbstzensur hat ein Klima der Angst, der Wut und des Schweigens geschaffen. All dies geschieht unter dem Vorwand, Juden zu schützen und den Staat Israel zu unterstützen.«[311]

Böser Grieche

Sehr viele, wenn nicht fast alle Deutsche mit arabischen oder muslimischen Wurzeln überlegen sich mittlerweile zweimal, ob sie offen ihre Meinung sagen oder besser nicht. Aus Angst, ins Visier philosemitischer Sittenwächter zu geraten. Und diese Angst ist alles andere als unbegründet, wie auch das folgende Beispiel zeigt. Es spricht übrigens für sich, dass die Betroffenen, in diesem Fall Studenten der Freien Universität Berlin, auf den englischsprachigen Dienst von *Al Jazeera* ausweichen – in welchen deutschen Medien fänden sie Gehör? Mittlerweile sind der Sender aus Katar wie auch *Haaretz* für dissidente Stimmen unter Arabischstämmigen und Juden in Deutschland fast schon letzte Zufluchtsstätten.[312] In dem Beitrag für *Al Jazeera* vom Februar 2024 heißt es:

»Am 14. Dezember haben wir, eine Gruppe von Studenten der Freien Universität Berlin, einen Vorlesungssaal besetzt, in Solidarität mit dem palästinensischen Volk. Es war die erste Besetzung dieser Art in Deutschland. Das alles verlief friedlich, obwohl eine Gruppe von Gegendemonstranten versucht hat, die Besetzung zu verhindern. Dennoch reagierte die Universitätsleitung, indem sie die Polizei rief, um den Saal von den protestierenden Studenten zu räumen. Zwanzig von uns wurden dabei in Gewahrsam genommen. Obwohl die Polizei wie auch die Universitätsleitung betonten, es habe keinerlei antisemitische Übergriffe oder

Handlungen bei der Protestaktion gegeben, begründete Letztere ihr Eingreifen in einer nachfolgenden Erklärung mit ihrer Null-Toleranz-Politik gegenüber Antisemitismus. Vorige Woche informierte uns die Polizei, dass die Universitätsleitung uns wegen ›Hausfriedensbruchs‹ angezeigt habe. Mittlerweile hat eine Petition 26 000 Unterschrift erhalten, die unsere Exmatrikulation fordert. Auch Bettina Stark-Watzinger, Bundesministerin für Bildung und Forschung, verlangte öffentlich, ›die härtesten Fälle‹ sollten exmatrikuliert werden. Gleichzeitig arbeitet der Berliner Senat an einer Gesetzesverschärfung, die solche Zwangsmaßnahmen erleichtern soll.«[313]

Tatsächlich hat der Berliner Senat im Folgemonat, im März 2024, das Hochschulgesetz verschärft und die Exmatrikulation als Ordnungsmaßnahme wiedereingeführt. Andere Bundesländer dürften folgen. Offiziell zur Abschreckung oder Bestrafung von »Gewalttätern«, doch geht der Weg erkennbar in Richtung Gesinnungsstrafrecht. Und warum ein solches auf »Israelhasser« beschränken? Sollte sich die Demokratie nicht generell viel wehrhafter zeigen? Jenen gegenüber, die unsere Freiheit bedrohen und möglicherweise aus Russland und China gesteuert werden? Verdacht genügt? Oder, in den Worten etwa der Berliner Justizsenatorin Felor Badenberg (CDU) vom April 2024: »Die Sabotage des Meinungsbildungsprozesses muss unter Strafe gestellt werden.«[314]

Wandeln sich Parlamente schleichend in Horte politisch korrekten Denkens und Handelns, gibt es kein Halten mehr. Mittlerweile ist der Abstand zum autoritären Staat deutlich kürzer geworden. Sollten Historiker dereinst nach dem Kipppunkt suchen, jener entscheidenden Klippe, auf die der Absturz folgte, dann werden sie eventuell beim »Palästina-Kongress« fündig werden, der im April 2024 in Berlin stattfinden sollte, auf drei Tage angelegt war, nach zwei Stunden aber unter Einsatz von mehreren Hundert Beamten geradezu gesprengt wurde.

Zu den Mitorganisatoren der Veranstaltung gehörte die »Jü

dische Stimme für gerechten Frieden in Nahost«, deren Vereinskonto die Berliner Sparkasse bereits zwei Wochen zuvor gesperrt hatte. Sie forderte die »Jüdische Stimme« auf, eine vollständige Liste ihrer Mitglieder mit Namen und Anschrift vorzulegen.[315] Das Timing ist sicher kein Zufall. Fühlte sich hier ein Finanzinstitut berufen, als Vollzugsorgan staatlicher Behörden zu dienen? Die Polizei hat den Kongress unter massivem Einschreiten aufgelöst, obwohl es keine strafbaren Handlungen oder Aussagen gegeben hat, wie sie anschließend einräumen musste.[316] Im Vorfeld der Veranstaltung hatte das Innenministerium bereits mehrere Einreiseverbote ausgesprochen, »um antisemitische und israelfeindliche Propaganda … zu verhindern«. Davon betroffen war zunächst der britisch-palästinensische Gesichtschirurg und Rektor der Universität Glasgow, Ghassan Abu Sitta, der in den ersten Kriegswochen im Al-Shifa-Krankenhaus im Gazastreifen im Einsatz war, vor dem Internationalen Gerichtshof als Berichterstatter wirkte und seine Erfahrungen wiedergeben wollte. Seinen Angaben zufolge wurde er drei Stunden am Berliner Flughafen festgehalten, verhört und anschließend abgeschoben. Unter Strafandrohung wurde ihm untersagt, sich aus dem Ausland per Video dem Kongress zuzuschalten.[317]

Aber nicht nur Abu Sitta war von dem Einreiseverbot betroffen, sondern auch der vormalige Finanzminister Griechenlands, Yanis Varoufakis. Da er gar nicht vorhatte, nach Berlin zu kommen, sondern seinen Vortrag per Liveschalte halten wollte, verhängte Innenministerin Nancy Faeser gegen Varoufakis zusätzlich ein zunächst offenbar unbefristetes, dann aber am 15. April wieder aufgehobenes »Betätigungsverbot« für den Geltungsbereich des Grundgesetzes. Damit hätte die Polizei auch die Liveschalte untersagen können, was infolge der vorzeitigen Beendigung des Kongresses allerdings nicht erforderlich war.

Man muss sich das auf der Zunge zergehen lassen: Die Bundesregierung, vertreten durch die zuständige Innenministerin, verbietet einem Politiker, dem früheren Minister eines befreundeten Mitgliedstaates der EU, in Deutschland das Wort. Ein vergleichbares »Betätigungsverbot« hat es in der Geschichte der Bundesrepublik seit 1949 nicht gegeben. Wahrhaftig ein Novum, ein mehr als bedenkliches zudem. Normalerweise werden Betätigungsverbote gegen radikale oder terroristische Organisationen ausländischer Herkunft verhängt. Ganz gleich, was man von einem Kongress wie dem erwähnten halten mag – dass hier etwas gefährlich ins Rutschen geraten ist, liegt auf der Hand. Was kommt als Nächstes? Standgerichte für Meinungsdelikte?

Varoufakis attestierte den deutschen Behörden »Irrationalität«. Sie hätten mit dem Verbot des Kongresses »jede Grenze überschritten«. In seinem geplanten Vortrag, den er anschließend online stellte, warf er Deutschland vor, »Mittäter« beim »Völkermord« im Gazastreifen zu sein.[318] Das hören hiesige Verantwortliche verständlicherweise ungern, weswegen die deutsche Politik besagtes Verbot ausdrücklich begrüßte. Berlins Regierender Bürgermeister Kai Wegner (CDU) betonte, dass »Berlin keinen Antisemitismus, Hass und Hetze gegen Jüdinnen und Juden duldet«. Innenministerin Nancy Faeser (SPD) nannte ihre Entscheidung »richtig und notwendig«, da »wir keine islamistische Propaganda dulden«.[319] Betreibt also, wer sich gegen das Massensterben im Gazastreifen ausspricht, islamistische Propaganda?

Auf der falschen Seite der Geschichte

Die hier exemplarisch aufgeführten Ereignisse und Erfahrungen ergeben sich nahezu zwangsläufig aus der »Selbsterniedrigung« (Varoufakis) deutscher Politik, die sich ohne Not in eine geistig-moralische Sackgasse begeben hat, aus der herauszufinden der Gesellschaft insgesamt sehr schwerfallen dürfte. Die hiesige »Ursünde« besteht in der Annahme, die richtigen Lektionen aus der jüngeren deutschen Geschichte habe gelernt, wer sich ohne Wenn und Aber hinter die jeweilige israelische Regierung stelle. Daraus ergibt sich die eher reflexhafte denn reflektierte Übernahme der IHRA-Definition von Antisemitismus, deren Anliegen es ist, wie bereits wiederholt ausgeführt, Kritik an Israel mit Antisemitismus gleichzusetzen. Im Grunde sitzt Deutschland damit in der Falle, denn der »israelbezogene Antisemitismus« ist nichts anderes als eine politische Waffe in den Händen der Großisrael-Verfechter, die sich in Politik und Medien wie zu Hause fühlen dürfen. Gibt es einen einzigen Wunsch, der ihnen nicht bereits von den Lippen abgelesen würde?

Diese ungute Symbiose, geboren aus der politischen Instrumentalisierung von Auschwitz, hatte zwangsläufig zur Folge, dass Berlin genau das nicht geleistet hat, was in der Sache zwingend geboten gewesen wäre: sich bei aller Solidarität mit den Opfern des 7. Oktober eben nicht mit der Regierung Netanjahu gemeinzumachen. Es war und bleibt falsch, Israel Waffen für seinen Vernichtungsfeldzug im Gazastreifen zu liefern, selbigen nicht entschieden zu verurteilen und sich stattdessen als »Drittpartei« vor dem Internationalen Gerichtshof zum Handlanger einer genozidalen Politik zu machen.

Keine Frage, Deutschland hat eine besondere Verantwortung für Israel. Aber nicht für Großisrael – und nicht auf Kosten der Palästinenser. Unabhängig davon wird die Gleichsetzung von Israel und Judentum nicht besser, wenn man sie ständig wiederholt. In den Worten der US-Philosophin und Jüdin Nancy Fraser: »Das Judentum hat eine reiche säkulare und vor allem universalistische Tradition. Es schmerzt mich, wenn es auf die aktuelle hyper-ethnonationalistische Politik Israels reduziert wird.«[320] Fraser gehört zu der mittlerweile deutlich im dreistelligen Bereich liegenden Zahl renommierter Wissenschaftler und

Kulturschaffender, die seit dem 7. Oktober in Deutschland gecancelt wurden – weil sie den israelischen Siedlerkolonialismus, den dortigen Suprematismus oder den Massenmord im Gazastreifen beim Namen nennen. Da sie im November 2023 zu den 400 Mitunterzeichnern des offenen Briefes »Philosophy for Palestine« gehört, der unter anderem zum Boykott israelischer Universitäten aufruft, wurde ihr im April 2024 die Albert-Magnus-Professur der Universität Köln wieder aberkannt. Ihre Haltung vertrage sich nicht mit der solidarischen Haltung der Universität mit Israel.

Laut ZDF-Politbarometer vom März 2024 halten 69 Prozent der Deutschen das israelische Vorgehen im Gazastreifen angesichts der vielen zivilen Opfer für nicht gerechtfertigt (im Januar 2024 waren es 61 Prozent gewesen). 87 Prozent meinten, dass der Westen mehr Druck auf Israel ausüben sollte, um die Versorgung der Bevölkerung mit Lebensmitteln und Medikamenten zu verbessern. Die Haltung des politischen Berlin quer durch die Parteien steht für das genaue Gegenteil, was den Regierungsverantwortlichen letztendlich nur zwei Alternativen lässt. Entweder sie überdenken ihre Einstellung, wofür wenig bis gar nichts spricht. Oder aber sie immunisieren sich gegen Kritik unter Anwendung aller nur erdenklichen repressiven Maßnahmen, selbst auf die Gefahr hin, dadurch den Rechtsstaat zu beschädigen oder ihn gar auszuhebeln.

Kurzum: Deutschland steht hier auf der falschen Seite der Geschichte. Mit fatalen Folgen. Dieses Land steht im Begriff, infolge seiner Ignoranz gegenüber »Gaza« zur geistigen Provinz zu werden. Wer von der offiziellen regierungsamtlichen Linie abweicht, ist in diesem Land nicht willkommen und läuft Gefahr, sanktioniert oder bestraft zu werden. Dreihundert Wissenschaftler und Kulturschaffende aus dem Globalen Süden, die in Berlin leben und arbeiten, haben sich im Januar 2024 in einem offenen Brief an die Bundesregierung gewandt, aus den bekannten Gründen ebenfalls ohne offizielle Namensnennung. Nachzulesen ist er bei *Al Jazeera* und nicht etwa in einem deutschen Leitmedium. Darin kritisieren die Verfasser, dass sich die Bundesregierung vorbehaltlos auf die Seite Israels stelle, ungeachtet des Blutbades im Gazastreifen, und offenbar nicht willens sei, auch nur zur Kenntnis zu nehmen, was die internationale Gemeinschaft als evident ansehe. Zensur, *Cancel Culture* und Drohungen mit beruflichen oder finanziellen Konsequenzen gehörten mittlerweile an deutschen Universitäten, in kulturellen Einrichtungen oder bei Regierungsbehörden zum Alltag. »Die Bundesregierung wie auch die Leitmedien missbrauchen das Gedenken an den Holocaust, und sie verwechseln Kritik an Israel mit Antisemitismus. Gleichzeitig vertreten sie die gegenstandslose Annahme, dass die Deutschen migrantischer Herkunft, allen voran Muslime, grundsätzlich antisemitisch eingestellt seien. Diese Haltung ist gleichbedeutend mit einer Manipulation der deutschen Erinnerungskultur. Sie sucht abweichende Meinungen zum Schweigen zu bringen, und sie fördert Ausländerfeindlichkeit und Islamophobie.«[321]

Ungeachtet der zahlreich vorhandenen »offenen Briefe« einer Vielzahl von Institutionen und Personengruppen auf globaler Ebene gibt es in Deutschland weder in den Parlamenten noch im medialen Mainstream auch nur Ansätze einer kritischen Selbstbefragung. Im öffentlichen Diskurs, sofern dieser Begriff angesichts der wohltemperierten Scheindebatten in den hiesigen Leitmedien noch eine Berechtigung haben sollte, fällt das Thema »Palästina« überwiegend in die Kategorie »betreutes Denken«. Ein Klassiker ist die Aussage, Israel führe Krieg gegen die Hamas. In Wirklichkeit richtet sich dieser Krieg gegen die Palästinenser als Volk, wie auch die Genozid-Klage Südafrikas unterstreicht. Mehr als 70 Prozent der Toten im Gazastreifen sind Frauen und Kinder – handelt es sich bei ihnen um Hamas-Kämpfer? Und nein, sie sind nicht gestorben, weil die Hamas sie zu Geiseln genommen oder sich hinter ihnen verschanzt hätte – sie sind Opfer der völkerrechtswidrigen Dahiyeh-Doktrin geworden, wie ausgeführt. Laut der Hilfsorganisation »Save the Children« gelten, Stand Juni 2024, fast 21 000 Kinder im Gazastreifen als vermisst. Sie liegen entweder unter dem Schutt oder namenlos in Massengräbern, irren durch die Trümmer, als Vollwaisen oder auf der Suche nach ihren Eltern, wurden durch israelische Bomben oder Granaten bis zur Unkenntlichkeit entstellt oder sitzen in israelischen Gefängnissen.[322] Würden die Russen vergleichbare Verbrechen in der Ukraine begehen, wäre das eine Topmeldung. Nicht so im Gazastreifen, wo nicht »Putin«, sondern »Netanjahu« wütet.

Bereits am 18. Oktober 2023 hat die ARD in einem »Glossar Berichterstattung Nahostkonflikt. Zur internen Nutzung« auf 44 Seiten detailliert dargelegt, wie über den Gaza-Krieg politisch korrekt zu berichten sei. Anders als etwa die BBC, die sachlich die »Hamas« beim Namen nennt, hat die ARD-Chefredaktion beschlossen, sie zusätzlich klar zu labeln, etwa als »Terrormiliz« oder als »militant islamistisch«. Vom Begriff »Hamas-Kämpfer« wird abgeraten, er gilt offenbar als nicht bildmächtig genug. Denn: Die »antisemitische Hamas« unterscheidet »im Gegensatz zur israelischen Armee in ihren Aktionen nicht zwischen militärischen Zielen und Zivilisten. Erklärtes Ziel der Hamas ist vielmehr ›die Vernichtung Israels‹«.

Das Glossar bemüht sich um eine umfassende Erklärung des »Nahostkonflikts« und bezieht sich dabei, wohlwollend formuliert, durchweg auf Quellen, die Großisrael zugeneigt sind. Am Ende steht eine »Expertenliste Hamas/Eskalation Naher Osten« für künftige Interviews (»möglichst unabhängiger Blick auf die Lage«). Wiederum handelt es sich um durchweg handzahme Fachleute, die selten bis gar nicht durch kritische Worte in Richtung Israel aufgefallen sind. Mit einer einzigen Ausnahme: Muriel Asseburg von der »Stiftung Wissenschaft und Politik«, die als »Antisemitin« zu diffamieren sich die israelische Botschaft erlaubte.[323] Entsprechend findet sich hinter ihrem Namen im Glossar der Hinweis: »Achtung: steht in der Kritik, einseitig zu argumentieren«.[324]

Was bedeutet es für eine Demokratie, wenn die Kluft zwischen der Wahrnehmung einer deutlichen Mehrheit der Bevölkerung und der veröffentlichten Meinung größer und größer wird? Glauben die Entscheider und Meinungsmacher ernsthaft, dass ihre Realitätsverweigerung für Deutschland auf Dauer ohne Folgen bleibt?

Im Januar 2024 unterzeichneten mehr als tausend Kulturschaffende weltweit den Aufruf »Strike Germany«. Unter anderem fordern sie, aufgrund der hiesigen Unterstützung für den »Genozid im Gazastreifen« und wegen der Unterdrückung von Solidaritätsbekundungen mit Palästina, deutsche Kultureinrichtungen zu boykottieren. Bekannteste Unterzeichnerin ist die französische Literaturnobelpreisträgerin Annie Ernaux. Mittlerweile findet der Aufruf auch in der Wissenschaft Resonanz. Die Folgen halten sich bislang zwar in Grenzen, doch ist der Weg gewiesen. Wer selbst cancelt, riskiert, seinerseits gecancelt zu werden. Wie man in den Wald ruft, so schallt es heraus.

Und warum sollte es bei kulturellen Boykottmaßnahmen bleiben? Was, wenn Konsumenten, Investoren oder Unternehmen im Globalen Süden ihrerseits zu dem Schluss gelangen: »Nie wieder« ist jetzt, unter veränderten Vorzeichen? Die US-Firmen McDonald's und Burger King sind in zahlreichen Ländern des Globalen Südens umfassend boykottiert worden und sahen sich veranlasst, ihr Israel-Geschäft neu auszurichten. Vor allem wurde den Franchisenehmern untersagt, weiterhin kostenlose Mahlzeiten an israelische Soldaten auszuteilen. Wer wollte ausschließen, dass die satte deutsche Selbstgefälligkeit, der Glaube an das eigene moralische Übermenschentum, nicht sehr bald schon eine überaus harte Landung erfährt?

Die Zeichen an der Wand sind jedenfalls nicht zu übersehen,

die Haltung der Bundesregierung im Gaza-Krieg beschädigt Deutschlands Reputation nachhaltig. Insbesondere das Verhältnis zum Globalen Süden hat eine regelrechte Zäsur erfahren. Bilder vom Einsatz deutscher Waffen in Gaza oder der polizeilichen Auflösung propalästinensischer Proteste sind um die Welt gegangen und haben Deutschland einen Imageverlust beschert, der jenem der USA im Zuge des Irakkrieges 2003 in nichts nachsteht. Dieser Verlust wird auch wirtschaftliche Folgen haben, denn im Zweifel werden Regierungen und Investoren aus dem Globalen Süden lieber mit anderen Partnern kooperieren.

Darüber hinaus verhindert die »Staatsräson« jede Differenzierung zwischen legitimen Protesten gegen israelische Kriegsverbrechen und dem Schutz jüdischen Lebens vor Antisemitismus. Mit Staunen und zunehmender Empörung wird auch im europäischen Ausland registriert, dass innerdeutsche »Debatten« um Israel und Palästina in erster Linie um politisch korrekte Begrifflichkeiten kreisen, nicht etwa um die eigentlichen Verbrechen im Gazastreifen.

Gleichzeitig führt der dortige Krieg zu einer Entfremdung zwischen Deutschen mit Migrationshintergrund, darunter viele Jugendliche, und den politischen wie medialen Eliten. Die Gefahr wächst, dass diese Menschen in Parallelgesellschaften abgedrängt werden, was im nächsten Schritt die ohnehin grassierende Islamophobie zusätzlich anheizt.

Die »militärisch-mediale Allianz« des Westens zugunsten Israels, als welche sie der französische Politologe Claude Serfati bezeichnet[325], dürfte wesentlich zu den Studentenprotesten beigetragen haben, die im April/Mai 2024 in den USA, in Deutschland und anderswo in Europa einen ersten Höhepunkt erlebten. Oft genug wurden die Proteste mit Hilfe von Polizeieinsätzen und der Kriminalisierung von Demonstranten zunächst beendet. Als Fallbeispiel sei die brutale Räumung des Instituts für Sozialwissenschaften an der Humboldt-Universität (HU) in Berlin genannt.

Im Grundsatz hatte sich die Hochschulleitung am 24. Mai 2024 mit den propalästinensischen Studenten bereits auf eine Beendigung der Besetzung geeinigt, was die Polizei allerdings nicht von ihrem Einsatz abhielt – offenbar auf Anweisung des Regierenden Bürgermeisters Kai Wegner (CDU).[326] Die Hochschulleitung sah sich den üblichen Antisemitismus-Vorwürfen ausgesetzt, doch stellten sich alle acht Dekane der HU-Fakultäten hinter ihre Präsidentin Julia von Blumenthal – rund achthundert HU-Lehrkräfte, fast das gesamte Personal, erklärten sich ihrerseits mit ihr solidarisch.[327]

Zwei Wochen zuvor war es bereits zu einer Zwangsräumung an der Freien Universität Berlin gekommen. Das hatte mehr als tausend Lehrkräfte an den Berliner Hochschulen veranlasst, sich in einem »Statement« mit den Studierenden solidarisch zu erklären: »Angesichts der angekündigten Bombardierung Rafahs und der Verschärfung der humanitären Krise in Gaza sollte die Dringlichkeit des Anliegens der Protestierenden auch für jene nachvollziehbar sein, die nicht alle konkreten Forderungen oder die gewählte Aktionsform für nicht geeignet halten.« Ausdrücklich lehnen die Unterzeichner Polizeieinsätze auf dem Campus ab.[328]

Hinsichtlich solcher Renitenz zeigte sich Bettina Stark-Watzinger (FDP), Bundesministerin für Bildung und Forschung, »fassungslos«. Anstatt sich klar gegen »Israel- und Judenhass zu stellen«, würden »Uni-Besetzer zu Opfern gemacht und Gewalt verharmlost«.[329] In dieselbe Kerbe schlug auch ein zeitgleicher Hetzartikel der *Bild* mit der Überschrift: »Die Universitäter«. Darin wurden einzelne Wissenschaftler mit Foto, Namen und Funktion in Gestalt eines Fahndungsplakates an den Pranger gestellt: »Diese Lehrkräfte unterschrieben offenen Brief für Juden-Hass-Demos«.[330]

Im Folgemonat, im Juni 2024, wurde bekannt, dass die Ministerin prüfen ließ, ob und welche Möglichkeiten es gäbe, Hochschullehrern die Fördermittel zu kürzen oder zu streichen, wenn diese sich auf die Seite propalästinensischer Demonstranten stellten. Außerdem ließ sie straf- und dienstrechtliche Konsequenzen prüfen.[331]

Daraufhin verlangten rund zweitausend Wissenschaftler in einem offenen Brief den Rücktritt der Ministerin: »Repressive Überprüfungen von Wissenschaftler:innen, die ihre kritische Haltung zu politischen Entscheidungen öffentlich machen, sind aus autoritären Regimen bekannt, die eine freie Diskussion auch an Universitäten systematisch behindern.«[332] Als Reaktion auf die massive Kritik und ihre politische Verfehlung trat nicht etwa Ministerin Stark-Watzinger selbst zurück: Lieber schickte sie ihre Staatssekretärin in den vorgezogenen Ruhestand. Ein Bauernopfer also, auf Kosten der Steuerzahler – im Dienst an der »Staatsräson«.

Zwei Jungen reichen sich die Hände

Wo aber bleibt nun das Positive? Die Frage stellt sich in der Tat, und wie schön wäre es, gäbe es einfache Antworten. Während im Rest der Welt vermittelnde und nachdenkliche Positionen gefragt sind, überwiegen in Sachen »Gaza« in Deutschland die Stimmen derer, die unter Berufung auf das Allerheiligste am hiesigen Sonderweg unbeirrt festhalten. Das politische Berlin hat sich (nicht allein) in Sachen Nahost in ein unhaltbares Bündnis mit Washington verstrickt und leistet sich einen bedingungslosen Schulterschluss mit ideologischen Zeloten in Tel Aviv. Wie ausgeführt, hat sich Deutschland damit in eine Sackgasse manövriert und beschädigt seinen Ruf in weiten Teilen der Welt, womöglich irreparabel.

Deutschland hat heute im Globalen Süden ein schlechteres Image als selbst die USA. Bei den Vereinigten Staaten weiß jeder, woran er ist. Eine imperiale Macht, die nie Skrupel hatte, auch über Leichen zu gehen. Deutschland wurde bislang anders wahrgenommen, zwar im Windschatten »westlicher Werte«, aber doch weniger imperial als andere. Man nahm uns ab, dass wir irgendwie »anders« wären. Vielleicht etwas naiv, mit merkwürdigem Akzent, aber nicht bösartig. Das ist nach »Gaza« anders: Moral zu predigen, aber für den Tod von Zehntausenden Palästinensern mitverantwortlich zu sein – das passt nicht zusammen. In den Worten Pankaj Mishras: »Ich glaube, die deutsche Außenpolitik wird umso mehr verachtet, je mehr sie moralisiert.«

Positiv denken, konstruktiv denken, das bedeutet zwangsläufig, die Axt an die »Staatsräson« zu legen. Das schließt die Erinnerungskultur in ihrer gegenwärtigen Gestalt ausdrücklich mit ein. »In dem Maß, wie die Erinnerungskultur ihren herrschaftskritischen Charakter verloren hat, laufen die sich Erinnernden Gefahr, sich selbst mehr und mehr mit den Opfern deutscher Verbrechen zu identifizieren. Das ersetzt die Beschäftigung mit der Täterschaft ihrer Vorväter«, so Katja Maurer von der Hilfs- und Menschenrechtsorganisation »medico international«. Vor diesem Hintergrund würden »die Antisemitismusbeauftragten zu Zensoren«, die »sich dabei nicht einmal der Verantwortung für die Verletzung eines grundlegenden Prinzips der Freiheit bewusst sind. Erinnerungskultur ist heute in einer Weise identitätsstiftend geworden, dass jeder und jede, die dazu biografisch nicht gehört, schon ausgeschlossen ist. Das betrifft die Migrationsgesellschaft und Menschen aller Art, die sich einer multiplen und kosmopolitischen Identität verschrieben haben. Sie sollen schweigen und sich unterwerfen.«[333]

Der Gaza-Krieg hat diese Tendenz zusätzlich verschärft, und in der Tat wäre die Annahme verwegen, die Anhänger der »Staatsräson« könnten sich jemals selbst im Irrtum wähnen. Moralisten stellen sich nicht infrage. Und sie haben auch kein Problem damit, Andersdenkenden mit Zwangsmaßnahmen zu begegnen –

sie gleichen modernen Inquisitoren, nur ihren eigenen Hohepriestern verpflichtet. Längst ist die hiesige Erinnerungskultur in das Gegenteil ihrer ursprünglich aufklärerischen und humanitären Ideale umgeschlagen. Heute dient sie als moralische Keule, als propagandistisches Korsett. Das zunehmend fatale Emblem »Staatsräson« wirkt wie das Waffenschild von Kreuzrittern wider die Ungläubigen. Mit potenziell fatalen Folgen: Wer Antisemitismus zu bekämpfen sucht, indem er Israelkritik gleichsetzt mit Judenfeindschaft, fordert den Backlash geradezu heraus, riskiert wut- und hasserfüllte Gegenreaktionen, die eines Tages tatsächlich Juden treffen könnten, einzig weil sie Juden sind.

Die »Staatsräson« ist ein historischer, politischer und moralischer Fehler, weil sie nur Schwarz oder Weiß kennt und zur Differenzierung weder befähigt noch geeignet ist. Als Ausdruck eines ideologisierten geschichtlichen Gedenkens zum Nutzen Großisraels schadet sie deutschen Interessen und dem Frieden nicht allein im Nahen Osten. Stattdessen gilt es, die Erinnerungskultur aus ihrer missbräuchlichen Verwendung zu lösen und mit neuen Inhalten zu füllen.

Wie das geschehen könnte, hat etwa der US-Holocaustforscher Michael Rothberg umfassend beschrieben. Er setzt sich auseinander mit »Holocaustgedenken im Zeitalter der Dekolonialisierung«. Wie »die präzedenzlose Radikalität des Holocaust« in Bezug setzen zu den Verbrechen des Kolonialismus, deren Aufarbeitung erst in ihren Anfängen steht? Indem wir uns, so Rothbergs Plädoyer, einer »multidirektionalen Erinnerung« zuwenden, die nicht die einen Opfer der Geschichte über die anderen stellt, sondern den wechselseitigen Bezug von Kolonialismus, Sklaverei, Rassismus, Holocaust und Antisemitismus anerkennt.

Als Beispiel dafür nennt er eine Videoarbeit des britisch-jüdischen Künstlers Alan Schechner, der zwei Bilder verwendet: »… das des ›Jungen im Warschauer Ghetto‹ (ikonisches Foto eines Kindes mit erhobenen Armen, hinter ihm bewaff nete SS-Männer, ML) und das eines palästinensischen Jungen, der vom israelischen Militär verhaftet wird. Man könnte die Arbeit Schechners leicht als Gleichsetzung der beiden Erfahrungen sehen. Aber diese Arbeit hat eine differenziertere Sichtweise, denn die Gegenüberstellung erfolgt mit dem Ziel der Solidarität: Schechner bearbeitet die Bilder so, dass der Junge aus dem Warschauer Ghetto das Bild des palästinensischen Jungen in den Händen hält, und der palästinensische Junge das Bild des Jungen aus dem Warschauer Ghetto. Ihr Leben, so vermittelt diese Montage, ist miteinander verwoben. Auch viele Schriften des palästinensischen Intellektuellen Edward Said sind meiner Meinung nach Vorschläge einer differenzierten Solidarität zwischen Juden und Palästinensern: einer Solidarität, die die Traumata beider Gruppen anerkennt, ohne die Unterschiedlichkeiten der Erfahrung, Verantwortung oder Macht zu negieren.«

An anderer Stelle in seinem Buch *Multidirektionale Erinnerung* schreibt Rothberg: »Ich verstehe gut, warum sich in Deutschland eine Erinnerungskultur entwickelt hat, die stark an der Singularität des Holocaust und an der besonderen Verantwortung der Deutschen festhält. Dennoch glaube ich, dass eine stärker multidirektionale Sensibilität auch im deutschen Kontext aus mehreren Gründen wertvoll sein kann.«

Erstens, um die Erinnerungskultur einem staatlichen Gedenken zu entziehen, das auf einem »sakralisierten Diskurs der Einzigartigkeit« beruhe und nicht dazu beitrage, »den Gefahren für unser aller Welt zu begegnen«. Rothberg empfiehlt, zu den emanzipatorischen Anfängen der Erinnerungskultur zurückzukehren und zu fragen, wie sich verschiedene Vektoren der Erinnerung überkreuzt und gegenseitig beeinflusst haben: »Erinnerungen zum Beispiel an Flucht und Vertreibung, an Viktimisierung, an politische Verfolgung, an frühere Kriege und koloniale Eroberungen, an die Ost-West-Teilung. Ich glaube nicht, dass wir die Kultur der Holocaust-Erinnerung, die schließlich entstand, verstehen können, ohne die multidirektionale Dynamik zu begreifen«, aus der sie hervorgegangen sei.

Zweitens könne ein multidirektionaler Zugang neue Wege eröffnen, um die gegebene Vielzahl von Erinnerungen anzuerkennen und zwischen den verschiedenen Ansprüchen, die sie erheben, zu unterscheiden. »Es geht nicht darum, die deutsche Erinnerung und Verantwortung für den Holocaust auszulöschen, sondern sie mit der Erinnerung an andere einschneidende Episoden der nationalen und transnationalen Geschichte zu ergänzen – nicht zuletzt die des deutschen Kolonialismus.«

Drittens, so Rothberg weiter, helfe das Verständnis einer pluralen Erinnerungskultur der »Erweiterung der demokratischen Staatsbürgerschaft«. Migranten werde vermittelt, dass ihrem richtigen Gedenken an den Holocaust eine Schlüsselrolle zukomme, um als Deutsche anerkannt zu werden, während gleichzeitig ihre Zugehörigkeit zu Deutschland und ihr Anspruch an eigenes Erinnern laufend infrage gestellt würden. Das aber sei falsch. Vielmehr gelte es, ihre Erinnerungen und Erfahrungen in den öffentlichen Raum einzubringen. Das mag zu Kontroversen und Konflikten führen, etwa im Zusammenhang mit Erinnerungen an den Völkermord an den Armeniern oder die Nakba, aber auch diese Erinnerungen seien Teil der multidirektionalen Erinnerungslandschaft in Deutschland. »Sie müssen als unvermeidbare Bestandteile des Sprechens über die Erinnerung an den Holocaust (an-)erkannt und in die Erinnerungskultur integriert werden. Um eine wirkliche ›Integration‹ der Erinnerungskulturen zu erreichen, wird es sicherlich eine gewisse Lockerung der Verengungen geben müssen, die mit Holocaustvergleichen verbunden sind. Aber Vergleiche müssen nicht zu einer Relativierung oder zum Verzicht historischer Verantwortung führen.«[334]

Seit Jahrzehnten ist die Erinnerung an den Holocaust eine treibende Kraft für Antirassismus und Antikolonialismus – jenseits ihrer staatlichen Instrumentalisierung. Sie dient als Fundament für den Kampf gegen Ungleichheit, Ausgrenzung und Diskriminierung. Wird dieses Gedenken entwertet, geraten wir in eine Welt, in der im schlimmsten Fall Worte ihren Wert verlieren. Entwicklungen in diese Richtung sind in Deutschland bereits zu beobachten: Hier muss das Gedenken an Auschwitz herhalten für die nahezu manisch anmutende Identifikation einer Machtelite mit der, gelinde gesagt, fragwürdigen Politik Israels.

Unsere Vorstellung von Demokratie fußt jedoch nicht allein auf einer Rechtsordnung, sie beruht gleichermaßen auf einem kulturellen System, einer kollektiven Erinnerung und einem historischen Erbe. Diese bilden gemeinsam das Fundament für gesellschaftliche Pluralität und Meinungsvielfalt, die beide gegenwärtig, wie vielleicht nie zuvor seit Bestehen der Bundesrepublik, eingeschränkt, geschwächt und ausgehöhlt werden. Zugunsten des autoritären Staates.

Es besteht die Gefahr, dass der Antisemitismus, der im geschichtlichen Vergleich rückläufig ist, vor diesem Hintergrund dramatisch wiedererstarkt. Der gegenwärtig obwaltende Philosemitismus ist lediglich eine politisch korrekt formatierte »Schönwetterphase« des Rassismus, die sich heute vor allem gegen Muslime und Migranten richtet. Das muss aber so nicht bleiben. Geschichte verläuft in Wellenbewegungen, und Philosemiten sind im Zweifel in der Wolle gefärbte Antisemiten, die genau wissen, was ihrer Karriere guttut und was nicht.

Der Humanismus ist die letzte Verteidigungslinie auch unserer Zeit. Gelingt es, sie zu halten? Die Antwort hängt von uns ab. Von jedem Einzelnen unter uns.

Kurz gefasst: Wichtige historische Daten

1516–1917/18:	Palästina gehört zum Osmanischen Reich.
1896:	Theodor Herzl veröffentlicht seine Schrift *Der Judenstaat*. Auftakt des politischen Zionismus.
1917:	Balfour-Erklärung. Großbritannien betrachtet »mit Wohlwollen« die Errichtung einer »Heimstätte« für das jüdische Volk in Palästina.
1922:	Der Völkerbund in Genf überträgt das »Mandat« zur Herrschaft im Nahen Osten an Frankreich (Syrien, Libanon) und Großbritannien (Palästina, Transjordanien).
1936–1939:	Generalstreik und Revolte in Palästina gegen die Briten, die jüdische Einwanderung und Landnahme.
1947:	Teilungsplan der Vereinten Nationen für Palästina. Beginn der Nakba.
1948:	Proklamation Israels. Erster arabisch-israelischer Krieg.
1956:	Suezkrieg.
1964:	Gründung der PLO.
1967:	»Sechstagekrieg«. Israel erobert die Golanhöhen, das Westjordanland einschließlich Ostjerusalems, den Gazastreifen sowie den Sinai.
1973:	Oktoberkrieg.

1978:	Ägypten und Israel schließen Frieden.
1979:	Iranische Revolution. Ayatollah Khomeini übernimmt die Macht.
1980–1988:	Irakisch-iranischer Krieg.
1982:	Die israelische Armee marschiert im Libanon ein und rückt bis Beirut vor. Die PLO unter Führung Jassir Arafats geht ins Exil nach Tunis. Nachfolgend wachsender schiitischer Widerstand gegen die israelische Besatzung des Südlibanon – die Hisbollah entsteht.
1987:	Die erste Intifada der Palästinenser in den besetzten Gebieten beginnt. Gründung der Hamas.
1993:	Oslo – Start des »Friedensprozesses« zwischen Israel und den Palästinensern.
1995:	Israels Premierminister Jitzchak Rabin wird von einem rechtsextremen Siedler ermordet.
2000:	Beginn der zweiten Intifada. Abzug Israels aus dem Südlibanon, militärischer Sieg der Hisbollah.
2006:	Die Hamas wird in freien Wahlen zur stärksten politischen Kraft in den besetzten palästinensischen Gebieten. Israel reagiert mit der Abriegelung und Belagerung des Gazastreifens. Dramatische Eskalation der Gewalt in den Folgejahren.
2023:	Großangriff der Hamas auf Südisrael.
2024:	Israel und der Iran beschießen sich gegenseitig.

Anmerkungen

Hinweis: Die Übersetzung der fremdsprachigen Originaltexte stammt jeweils vom Autor. Externe Links konnten nur bis zum Zeitpunkt der Drucklegung eingesehen werden. Auf mögliche nachfolgende Änderungen haben Verlag und Autor keinen Einfluss. Eine Haftung für externe Links ist ausgeschlossen.

1 Daniel Marwecki: *Absolution? Israel und die deutsche Staatsräson*, Göttingen 2024, S. 11

2 Hier vollständig wiedergegeben: https://www.youtube.com/watch?v=90EVIH4KZsc

3 Theodor W. Adorno: »Aufarbeitung der Vergangenheit« (1963) https://germanhistorydocs.org/de/zwei-deutsche-staaten-1961-1989/ghdi:document-5059

4 Marwecki, *Absolution?*, a. a. O., S. 78 ff.

5 Hannah Arendt: *Eichmann in Jerusalem. Ein Bericht von der Banalität des Bösen*, München 1964, S. 91

6 Zit. nach https://www.spiegel.de/kultur/diese-revolutionaere-kaelte-a-9dba1a3e-0002-0001-0000-000009181102

7 Zit. nach Marwecki, *Absolution?*, a. a. O., S. 82

8 Daniel Cil Brecher: Zwischen Stigma und Identität, in: Wolfgang Benz (Hrsg.), *Streitfall Antisemitismus. Anspruch auf Deutungsmacht und politische Interessen*, Berlin 2020, S. 43

9 Dazu ausführlich Michael Lüders: *Moral über alles? Warum sich Werte und nationale Interessen selten vertragen*, München 2023

10 Zit. nach https://www.tagesspiegel.de/politik/helmut-schmidt-kritisiert-merkels-israel-politik-6497389.html

11 Michael Kohlstruck: Zur öffentlichen Thematisierung des Antisemitismus, in: Benz (Hrsg.), *Streitfall Antisemitismus*, a. a. O., S. 134

12 Ebenda, S. 136

13 Muriel Asseburg: Die deutsche Kontroverse um die BDS-Bewegung, in: ebenda, S. 287

14 Asa Winstanley: *Weaponizing Anti-Semitism. How the Israel-Lobby brought down Jeremy Corbyn*, New York 2023, S. 283

15 Hier vollständig zu sehen: https://electronicintifada.net/content/watch-film-israel-lobby-didnt-want-you-see/25876

16 Vgl. https://www.haaretz.com/israel-news/security-aviation/2024-06-05/ty-article-magazine/.premium/israel-secretly-targeted-american-lawmakers-with-gaza-war-influence-campaign/0000018f-e7c8-d11f-a5cf-e7cb62af0000

17 Zit. nach https://www.berliner-zeitung.de/open-source/historiker-moshe-zuckermann-baerbock-ist-schlicht-und-ergreifend-keine-israelin-li.2149572

18 Vgl. https://overton-magazin.de/top-story/ich-darf-mich-ruehmen-von-der-bundesregierung-offiziell-als-antisemit-eingestuft-worden-zu-sein/

19 Daniel Cil Brecher: Zwischen Stigma und Identität, in: Benz, *Streitfall Antisemitismus*, a. a. O., S. 54

20 Zit. nach https://www.welt.de/podcasts/welt-talks/article248996436/Mathias-Doepfner-im-Gespraech-mit-Rapper-Ben-Salomo-ueber-den-wachsenden-Antisemitismus.html

21 Zit. nach https://www.nybooks.com/articles/2023/10/19/historical-reckoning-gone-haywire-germany-susan-neiman/

22 Vgl. https://indianexpress.com/article/explained/explained-global/israel-sanctions-curbs-over-gaza-assault-9307976/

23 Vgl. https://www.haaretz.com/world-news/europe/2024-05-06/ty-article/.premium/belgium-trying-to-recruit-european-countries-to-impose-economic-sanctions-on-israel/0000018f-4de3-d17f-adcf-fde3aad60000

24 Vgl. https://geschichtedergegenwart.ch/der-katechismus-der-deutschen/

25 Hajo Funke: *Black Lives Matter in Deutschland. George Floyd und die Diffamierung von Achille Mbembe als Antisemit – eine Streitschrift über (post-)koloniale Konflikte*, Hamburg 2021, S. 15 ff.

26 Zit. nach ebenda, S. 34

27 So jedenfalls das vorherrschende jüdische Geschichtsverständnis. Der israelische Historiker Shlomo Sand stellt diesen Gründungsmythos Israels radikal infrage. Vertreibung durch die Römer? Exodus? Rückkehr nach 2000 Jahren ins Land der Väter? Alles Erfindungen europäischer Zionisten im 19. Jahrhundert, schreibt Sand in seinem aufsehenerregenden Buch *Die Erfindung des jüdischen Volkes. Israels Gründungsmythen auf dem Prüfstand*, Berlin 2010. Um den Bogen nicht zu weit zu

spannen, bleibt Sands Argumentation, so überzeugend sie ist, an dieser Stelle unberücksichtigt.

28 Abraham Léon: *Judenfrage und Kapitalismus*, München 1971, S. 104

29 Nathan Weinstock: *Das Ende Israels? Nahostkonflikt und Geschichte des Zionismus*, Berlin 1975, S. 64

30 Vgl. Walter Hollstein: *Kein Frieden um Israel. Zur Sozialgeschichte des Palästina-Konfliktes*, Bonn 1977, S. 24

31 Zit. nach Klaus Polkehn: *Der antiimperialistische Befreiungskampf des palästinensischen Volkes*, Berlin (DDR) o. J., S. 8

32 Zit. nach Alexander Bein (Hrsg.): *The Mozkin Book*, Jerusalem 1939, S. 164. Wie tief das Transfer-Konzept im zionistischen Denken verwurzelt war (und noch immer ist), dokumentiert ausführlich etwa Nur Masalha: *Expulsion of the Palestinians: The Concept of »Transfer« in Zionist Political Thought, 1882 – 1948*, Beirut/Washington 1992

33 Zit. nach John Bunzl: *Israel im Nahen Osten. Eine Einführung*, Wien 2008, S. 47

34 Alexander Flores: Die Entwicklung der palästinensischen Nationalbewegung bis 1939, in: Helmut Mejcher/Alexander Schölch (Hrsg.): *Die Palästina-Frage 1917 – 1948*, Paderborn 1981, S. 93

35 Vgl. Amos Elon: *Morgen in Jerusalem. Theodor Herzl, sein Leben und Werk*, Wien 1975, S. 192 f.

36 Chaim Weizmann: *Trial and Error*, London 1950, S. 305

37 Nathan Weinstock, *Das Ende Israels?*, a. a. O., S. 98 f.

38 Dazu ausführlich International Encyclopedia of the First World War: Husayn-McMahon Correspondence https://encyclopedia.1914-1918-online.net/article/husayn-mcmahon_correspondence

39 Zit. nach Walid Khalidi: *From Haven to Conquest: Readings in Zionism and the Palestine Problem until 1948*, Washington 1987, S. 203

40 Zit. nach Wolfgang Benz (Hrsg.), *Streitfall Antisemitismus*, a. a. O., S. 317

41 Winston Churchill: Zionism versus Bolshevism: A Struggle for the Soul of the Jewish People, *Illustrated Sunday Herald*, 8. Februar 1920, S. 5; https://de.slideshare.net/Anochi/zionism-versus-bolshevism

42 The Palin Commission Report, 1. Juli 1920; https://www.palquest.org/en/historictext/6709/palin-commission-report

43 Vgl. Simha Flapan: *Zionism and the Palestinians*, London 1979, S. 96

44 Zu den sehr professionellen Vorbereitungen des Anschlags sowie dem religiösen Weltbild der verhinderten Attentäter vgl. Dror Moreh: *The Gatekeepers. Aus dem Inneren des israelischen Geheimdienstes*, Köln 2015, S. 155 ff.

45 Zit. nach https://www.nytimes.com/2015/05/19/world/middleeast/moshe-levinger-contentious-leader-of-jewish-settlers-in-hebron-dies-at-80.html

46 Vgl. Neil Caplan: *Palestine Jewry and the Palestine Question 1917-1925*, London 1978, S. 26

47 Ebenda, S. 150

48 Simha Flapan, *Zionism and the Palestinians*, a. a. O., S. 11

49 Ebenda, S. 82

50 Vgl. Martin Buber: *On Zion: The History of an Idea*, Syracuse 1973 sowie Buber: *Israel and the World: Essays in a Time of Crisis*, Syracuse 1997

51 Zit. nach David Rowe/Robert Schulman (Hrsg.): *Einstein on Politics. His Private Thoughts and Public Stands on Nationalism, Zionism, War, Peace, and the Bomb*, Princeton 2007, S. 33

52 Zit. nach Daphna Levit: *Wrestling with Zionism: Jewish Voices of Dissent*, Northampton/Maine 2020, S. 38

53 Zit. nach https://www.journal21.ch/artikel/von-herzl-bis-hamas

54 Auf Englisch hier nachzulesen: http://en.jabotinsky.org/media/9747/the-iron-wall.pdf

55 Vgl. Ofira Gruweis-Kovalsky: The Revisionist Movement and the British Mandate for Palestine, in: *Israel Studies* 3 (2021), S. 179 ff.

56 Zit. nach https://www.middleeasteye.net/opinion/israel-palestine-war-jordan-gaza-genocide-existential-threat

57 Zit. nach Norman G. Finkelstein: *Der Konflikt zwischen Israel und den Palästinensern. Mythos und Realität*, München 2002, S. 11

58 Dazu ausführlich James Barr: *A Line in the Sand: Britain, France and the Struggle that shaped the Middle East*, London 2011

59 Record of the Conversation Between the Führer and the Grand Mufti of Jerusalem on November 28, 1941, in the Presence of Reich Foreign Minister and Minister Grobba in Berlin, in: *Documents on German Foreign Policy 1918–1945*, Series D, Vol. XIII, London 1964, S. 881 ff.

60 Vgl. Gilbert Achcar: »Der nützliche Großmufti. Legende und historische Wahrheit über einen arabischen Antisemiten«, in: *Edition Le Monde diplomatique No 21, 2017, S. 101*

61 Hier der entsprechende Ausschnitt von Netanjahus Rede: https://www.youtube.com/watch?v=-Ju1w-iDR0o

62 *Frankfurter Allgemeine Zeitung:* »Sie machen den Hass zum Weltbild«, 20. Oktober 2023, S. 11

63 Vgl. *A Survey of Palestine 1946*, S. 122 ff.; https://www.bjpa.org/con-

tent/upload/bjpa/a_su/A%20SURVEY%20OF%20PALESTINE%20 DEC%201945-JAN%201946%20VOL%20I.pdf

64 Zit. nach John Bunzl, *Israel im Nahen Osten*, a. a. O., S. 52

65 Benny Morris: *Rightous Victims: History of the Zionist-Arab conflicts 1881–2001*, New York 2001, S. 136 f.

66 Vgl. Walid Khalidi (Hrsg.): *From Haven to Conquest*, Beirut 1971, S. 848 f.

67 Ausführlich dargelegt vom US-Historiker Ted Swedenburg: *Memories of Revolt – The 1936–1939 Rebellion and the Palestinian National Past*, Fayetteville/Arkansas 1995

68 Zit. nach Simha Flapan, *Zionism and the Palestinians*, a. a. O., S. 141 f.

69 In Israel wird sein Andenken bis heute in Ehren gehalten: Das Wingate-Institut in Netanya ist nach ihm benannt, Israels Trainingszentrum für Hochleistungssport und Sportarten aller Art.

70 Zit. nach Ilan Pappe: *Die ethnische Säuberung Palästinas*, Frankfurt am Main 2019, S. 38

71 Vgl. Itzhak Galnoor: *The Partition of Palestine. Decision Crossroads in the Zionist Movement*, New York 2012, S. 278

72 Hier vollständig nachzulesen: Hannah Arendt: *Sechs Essays. Die verborgene Tradition*, Göttingen 2019

73 https://www.theguardian.com/commentisfree/2023/dec/18/hannah-arendt-prize-masha-gessen-israel-gaza-essay

74 Beide Zitate nach John Bunzl, *Israel im Nahen Osten*, a. a. O., S. 54 f.

75 Ilan Pappe, *Die ethnische Säuberung Palästinas*, a. a. O., S. 41

76 Vgl. ebenda, S. 50

77 Zit. nach https://www.timesofisrael.com/britain-defends-balfour-declaration-100-years-on/

78 Vgl. Ilan Pappe, *Die ethnische Säuberung Palästinas*, a. a. O., S. 53

79 Zit. nach George Lenczowski: *American Presidents and the Middle East*, Durham/ North Carolina 1990, S. 28

80 Zit. nach Wolfram Brönner: *Der Nahost-Konflikt und die Palästina-Frage*, Frankfurt am Main 1979, S. 64

81 Die Vertreibungen aus Lydda und Ramle beschreibt ausführlich Benny Morris: *The Birth of the Palestinian Refugee Problem 1947–1949*, Cambridge 1987, S. 425 ff.

82 Vgl. Ilan Pappe, *Die ethnische Säuberung Palästinas, a. a. O., S. 62 f.*

83 Walid Khalidi: Revisiting the UNGA Partition Resolution, in: *Journal of Palestine Studies 105* (1997), S.15

84 Vgl. Rosemary Sayigh: *Palestinians: From Peasants to Revolutionaries*, London 1979, S. 78

85 Vgl. ebenda, S. 77

86 Vgl. Walid Khalidi (Hrsg.), *From Haven to Conquest*, a. a. O., S. 861 ff.

87 Vgl. Dieter Bednarz/Michael Lüders: *Palästina Protokolle. Gespräche mit Israelis und Palästinensern über Menschenwürde*, Hannover 1981, S. 77

88 Vgl. Nathan Weinstock, *Das Ende Israels?*, a. a. O., S. 196

89 Vgl. David Hirst: *The Gun and the Olive Branch. The Roots of Violence in the Middle East*, London 1977, S. 129

90 Vgl. Walter Hollstein, *Kein Frieden um Israel*, a. a. O., S. 144

91 Ebenda

92 Zit. nach https://www.counterpunch.org/2005/03/11/ben-gurion-quot-we-must-expel-the-arabs-and-take-their-place-quot/

93 Vgl. Noam Chomsky: *Fateful Triangle: The United States, Israel and the Palestinians*, London 1999, S. 186

94 In diesem Zusammenhang die folgende Anekdote. Der Autor des vorliegenden Buches wurde einmal von dem Ressortleiter einer überregionalen Zeitung gebeten, ihm entsprechende Belege für dergleichen Aussagen arabischer Politiker zukommen zu lassen. Er suchte nach Munition, um den Friedensunwillen der Araber zu illustrieren. Als ich ihm mitteilte, dass es die nicht gäbe, war ich von jetzt auf gleich in Ungnade gefallen, jedenfalls wechselte er kein Wort mehr mit mir. Wenig später wurde meine Mitarbeit bei dieser Zeitung beendet. Ob es hier einen Zusammenhang gibt? Fraglos ist der Glaube an das eigene Halbwissen ein mächtiger Blutsbruder.

95 Vgl. Ilan Pappe, *Die ethnische Säuberung Palästinas*, a. a. O., S. 73 ff.

96 Henri Laurens: *La Question de Palestine*, Paris 2007, S. 70

97 Amitzur Elan: *The Origin of the Arab-Israel Arms Race. Arms, Embargo, Military Power and Decision in the 1948 Palestine War*, New York 1996

98 Ausführlich beschrieben von Itamar Rabinovich: *The Road Not Taken. Early Arab-Israeli Negotiations*, Oxford 1991, S. 36 ff. Vgl. auch Avi Shlaim: *Collusion Across the Jordan: King Abdullah, the Zionist Movement, and the Partition of Palestine*, New York 1988

99 Itamar Rabinovich, *The Road Not Taken*, a. a. O.; Wolfram Brönner, *Der Nahost-Konflikt und die Palästina-Frage*, a. a. O., S. 220

100 ebd., S. 64

101 Zit. nach Dror Moreh, *The Gatekeepers*, a. a. O., S. 442

102 Ilan Pappe, *Die ethnische Säuberung Palästinas*, a. a. O., S. 184 ff.

103 Vgl. https://reliefweb.int/report/occupied-palestinian-territory/israeli-apartheid-legacy-ongoing-nakba-75-enar

104 Vgl. https://www.middleeasteye.net/opinion/israel-palestine-no-longer-bury-tantura-massacre

105 Vgl. https://www.theguardian.com/world/2023/may/25/study-1948-israeli-massacre-tantura-palestinian-village-mass-graves-car-park

106 https://www.haaretz.com/opinion/2022-01-25/ty-article-opinion/.premium/palestinians-have-talked-about-the-tantura-massacre-but-a-jewish-film-made-it-fact/0000017f-db57-db22-a17f-fff776620000

107 Ilan Pappe: *Out of the Frame. The Struggle for Academic Freedom in Israel*, London 2010

108 Zu deren Werdegang und Positionen vgl. etwa Barbara Schäfer (Hrsg.): *Historikerstreit in Israel. Die »neuen« Historiker zwischen Wissenschaft und Öffentlichkeit*, Frankfurt am Main 2000

109 Vgl. Avi Shlaim: *Three Worlds. Memoirs of an Arab-Jew*, London 2023, S. 111 ff.

110 Ella Shohat: »Remembering A Baghdad Elsewhere: An Emotional Cartography«, in: *Biography*, vol. 37 no. 3, 2014, p. 784–790. *Project MUSE*, https://doi.org/10.1353/bio.2014.0034.

111 Zit. nach https://merip.org/2019/09/israels-vanishing-files-archival-deception-and-paper-trails/

112 Ebenda

113 Vgl. https://www.haaretz.com/israel-news/2019-07-05/ty-article-magazine/.premium/how-israel-systematically-hides-evidence-of-1948-expulsion-of-arabs/0000017f-f303-d487-abff-f3ff69de0000

114 Zit. nach https://www.haaretz.com/2004-01-08/ty-article/survival-of-the-fittest/0000017f-e874-dc7e-adff-f8fdc87a0000

115 Vgl. https://www.haaretz.com/us-news/2019-01-22/ty-article-magazine/.premium/israel-will-decline-and-jews-will-be-persecuted-those-who-can-will-flee/0000017f-e552-d9aa-afff-fd5a159f0000

116 Vgl. https://www.derstandard.at/story/3325698/letzte-chance-ist-eine-israelische-atombombe

117 Vgl. https://taz.de/Historiker-Eklat-in-Muenchen/!5153448/

118 https://www.hagalil.com/2009/10/pappe/

119 Zit. nach https://www.jungewelt.de/artikel/464134.opfer-der-staatsr%C3%A4son-aufruf-zum-boykott.html

120 Vgl. https://www.adalah.org/en/content/view/7771

121 Vgl. Ilan Pappe, *Die ethnische Säuberung Palästinas*, a. a. O., S. 280

122 Das Flüchtlingshilfswerk der Vereinten Nationen UNHCR entstand erst 1950 und ergänzt die Arbeit der IRO.

123 Vgl. Muriel Asseburg: *Palästina und die Palästinenser. Eine Geschichte von der Nakba bis zur Gegenwart*, München 2023, S. 37

124 Vgl. https://www.dw.com/en/israel-conflict-who-will-pay-for-gaza-reconstruction/a-67714098

125 Vgl. https://www.timesofisrael.com/israel-hoping-to-push-unrwa-out-of-gaza-post-war-report/

126 Vgl. https://www.aljazeera.com/news/liveblog/2024/1/6/israel-war-on-gaza-live-israeli-forces-raid-occupied-west-bank-towns

127 Vgl. https://www.wsj.com/world/middle-east/u-s-finds-claims-that-u-n-aid-agency-staff-took-part-in-hamas-attack-credible-957b747e?mod=e2tw

128 Zit. nach https://www.aljazeera.com/news/liveblog/2024/2/22/israels-war-on-gaza-live-gaza-has-become-a-death-zone-says-who-chief

129 Vgl. https://www.aljazeera.com/news/2024/3/13/after-the-unrwa-report-more-accounts-of-israels-torture-in-gaza

130 Vgl. https://www.newarab.com/news/27-palestinians-died-israeli-jails-7-october

131 Vgl. https://www.ft.com/content/f0945f3c-e4ab-4c04-8e1e-1e6f8397cb2c

132 Udo Steinbach: Die arabischen Staaten und der Konflikt mit Israel, in: Karl Kaiser/Udo Steinbach (Hrsg.): *Deutsch-arabische Beziehungen,* München 1981, S. 262

133 Hier ein Überblick der israelischen Morde oder Mordversuche: https://www.aljazeera.com/news/2024/1/4/israels-long-history-of-assassination-attempts-in-lebanon

134 Dazu und zur theologischen Einordnung von »Amalek« vgl. etwa https://www.motherjones.com/politics/2023/11/benjamin-netanyahu-amalek-israel-palestine-gaza-saul-samuel-old-testament/

135 Vgl. https://www.jpost.com/international/a-new-amalek-is-appearing-netanyahu-warns-at-auschwitz

136 Zit. nach https://www.middleeasteye.net/opinion/israel-mass-murder-palestinians-gaza-began-seven-decades-ago

137 Dazu ausführlich Kenneth Love: *Suez: The Twice-Fought War*, London 1969, sowie Benny Morris: *Israel's Border Wars 1949-1956*, Oxford 1993

138 Der maltesisch-amerikanische Journalist und Comiczeichner Joe Sacco hat 1991 unter anderem in Gaza recherchiert, um das Geschehen von 1956 anschließend in einer Graphic Novel aufzuarbeiten: *Footnotes in Gaza,* New York 2009. Dabei hat er auch ar-Rantisi interviewt. Saccos Comics im Stil einer Reportage, in denen sich Text und Bild abwech-

seln, sind ihrer Form nach vergleichbar etwa mit Art Spiegelmann: *Maus – Die Geschichte eines Überlebenden*, Reinbek 1989

139 Vgl. etwa http://www.hartford-hwp.com/archives/51b/001.html

140 Vgl. https://www.aljazeera.com/news/2024/1/4/israels-long-history-of-assassination-attempts-in-lebanon

141 Dazu ausführlich Patrick Seale: *Abu Nidal. Händler des Todes*, München 1992. Zu einer möglichen »Israel-Verbindung« etwa S. 309 und S. 324 ff.

142 Zit. nach John Cooley: *Green March, Black September. The Story of the Palestinian Arabs*, London 1973, S. 1

143 Abu Iyad: *Freiheit oder Tod. Der Freiheitskampf der Palästinenser*, Düsseldorf 1979, S. 92 f.

144 Zit. nach ebenda, S. 19

145 Vgl. http://www.deepjournal.com/p/7/a/en/729.html

146 Vgl. Ilan Pappe, *The Biggest Prison on Earth. A History of the Occupied Territories*, London 2017, S. XIVf.

147 Ebenda, S. 27

148 Ebenda, S. 29 f.

149 Vgl. http://unispal.un.org/UNISPAL.NSF/0/5B1BC7E46C040DF7852560DE0054E654

150 Zit. nach Menachem Klein: *Lives in common: Arabs and Jews in Jerusalem, Jaffa and Hebron*, Oxford 2014, S. 185

151 Vgl. David Halme: *Identity, Ideology and the Future of Jerusalem*, London 2006, S. 76

152 Helga Baumgarten: *Kein Frieden für Palästina. Der lange Krieg gegen Gaza, Besatzung und Widerstand*, Wien 2023, S. 68

153 Hier ausgewählte Stimmen: https://www.haaretz.com/israel-news/2017-06-07/ty-article-magazine/.premium/the-first-dissenting-israeli-voices-of-the-occupation/0000017f-f834-d318-afff-fb773ec70000?lts=1705423238293

154 Zit. nach Dror Moreh, *The Gatekeepers*, a. a. O., S. 17

155 Odd Bull: *War and Peace in the Middle East*, London 1973, S. 126

156 Norman G. Finkelstein, *Der Konflikt zwischen Israel und den Palästinensern*, a. a. O., S. 261 ff.

157 Ebenda, S. 270

158 Zit. nach ebenda, S. 283

159 Dazu ausführlich Avi Shlaim: *The Iron Wall: Israel and the Arab World*, London 2001, S. 309 ff.

160 Norman G. Finkelstein, *Der Konflikt zwischen Israel und den Palästinensern*, a. a. O., S. 284

161 Zit. nach ebenda, S. 288

162 Avi Shlaim, *The Iron Wall*, a. a. O., S. 349

163 »Kissinger meets Haikal«, *Journal of Palestine Studies*, Winter 1994, S. 233 und 214

164 Vgl. Norman G. Finkelstein, *Der Konflikt zwischen Israel und den Palästinensern, a. a. O., S. 286*

165 Die beste Einordnung der Geschehnisse im Libanon 1982, einschließlich einer erschütternden Darstellung des Massakers von Sabra und Schatila stammt aus der Feder des britischen Journalisten Robert Fisk, der als erster westlicher Ausländer die Lager nach der Tat aufgesucht hatte: *Pity the Nation. Lebanon at War*, London 2001

166 Dazu ausführlich Michael Lüders: *Die scheinheilige Supermacht. Warum wir aus dem Schatten der USA heraustreten müssen*, München 2021, S. 15 ff.

167 Vgl. John J. Mearsheimer/Stephen M. Walt: *Die Israel-Lobby. Wie die amerikanische Außenpolitik beeinflusst wird*, Frankfurt am Main 2007, S. 396

168 Ebenda, S. 217

169 Zit. nach ebenda, S. 226

170 Vgl. etwa https://griid.org/2023/10/16/pro-israeli-pacs-fund-members-of-congress-and-influence-us-policy-on-israel-palestine/

171 Zit. nach https://theintercept.com/2020/12/01/obama-book-israel-aipac-iran/

172 Vgl. https://theintercept.com/2024/03/03/israel-our-palestine-question-zionism-american-jews/

173 John J. Mearsheimer/Steven M. Walt, *Die Israel-Lobby*, a. a. O., S. 320 ff.

174 Vgl. ebenda, S. 371 ff.

175 Die »Roadmap« ist hier vollständig nachzulesen: https://www.washingtonpost.com/wp-srv/world/documents/us_iran_1roadmap.pdf

176 John J. Mearsheimer/Steven M. Walt, *Die Israel-Lobby*, a. a. O., S. 395

177 Sehr eindringlich beschrieben von Amira Hass, der einzigen israelischen Journalistin, die je im Gazastreifen gelebt hat: *Drinking the Sea at Gaza. Days and Nights in a Land under Siege*, New York 1996

178 Zit. nach Ilan Pappe, *The Biggest Prison on Earth*, a. a. O., S. 175

179 Zit. nach ebenda, S. 176

180 Ebenda, S. 176 f.

181 Helga Baumgarten: *Hamas. Der politische Islam in Palästina*, München 2006, S. 60 f. Dort ist auch, S. 207 ff., die vollständige Charta im Wortlaut nachzulesen.

182 Zit. nach https://www.nytimes.com/1997/10/23/world/sheik-vows-to-continue-the-hamas-holy-war-against-israel.html

183 Zit. nach https://www.washingtoninstitute.org/policy-analysis/hamas-ceasefire-proposal-peace-or-pause

184 Vgl. https://peacenow.org.il/en/30-years-after-oslo-the-data-that-shows-how-the-settlements-proliferated-following-the-oslo-accords

185 https://www.nybooks.com/articles/2001/08/09/camp-david-the-tragedy-of-errors/

186 Vgl. Ilan Pappe, *The Biggest Prison on Earth*, a.a.O., S. 206f.

187 Vgl. etwa die US-Regierungsseite https://pubmed.ncbi.nlm.nih.gov/26707208/ Vgl. auch https://www.nytimes.com/2013/11/07/world/middleeast/swiss-report-supports-theory-arafat-was-poisoned.html

188 Vgl. Muriel Asseburg/Jan Busse: *Der Nahostkonflikt. Geschichte, Positionen, Perspektiven, München 2023, S. 39*

189 Vgl. Sara Roy: *Failing Peace: Gaza and the Palestinian-Israeli Conflict*, London 2007, S. 327f.

190 https://www.jewishvirtuallibrary.org/original-party-platform-of-the-likud-party

191 Die historischen Hintergründe des Slogans »From the River to the Sea« erläutert ausführlich und sehr gut der gleichlautende englischsprachige Wikipedia-Eintrag – eine große Ausnahme inmitten der ansonsten überaus israelaffinen Wikipedia-Artikel zum Thema Nahost.

192 Zit. nach https://www.nachdenkseiten.de/?p=116519

193 Zit. nach https://www.haaretz.com/2004-10-06/ty-article/top-pm-aide-gaza-plan-aims-to-freeze-the-peace-process/0000017f-e56c-dea7-adff-f5ff1fc40000

194 Ein ausführlicher Überblick der entsprechenden Hamas-Vorschläge findet sich hier: https://www.aljazeera.com/features/2024/1/22/how-israel-has-repeatedly-rejected-hamas-truce-offers

195 Zit. nach Norman G. Finkelstein: *Gaza. An Inquest into its Martyrdom*, Oakland 2018, S. 11

196 Zit. nach ebenda

197 Zit. nach https://www.prospectmagazine.co.uk/world/israel/64132/all-that-remains

198 Dazu auch Michael Bröning: *The Politics of Change in Palestine. State-Building and Non-Violent Resistance*, London 2011, S. 10ff.

199 Vgl. https://www.aljazeera.com/features/2024/1/22/how-israel-has-repeatedly-rejected-hamas-truce-offers

200 Vgl. Michael Lüders: *Wer den Wind sät. Was westliche Politik im Orient anrichtet*, München 2015, S. 150 f.

201 Auf Englisch hier nachzulesen: https://www.middleeasteye.net/news/hamas-2017-document-full

202 Vgl. https://www.timesofisrael.com/hamas-leader-sinwar-sent-a-hebrew-letter-to-netanyahu-during-2018-truce-talks/

203 Vgl. https://www.prospectmagazine.co.uk/world/israel/64132/all-that-remains

204 https://transparency.aljazeera.net/en/projects/thepalestinepapers/

205 Vgl. https://www.jewishvirtuallibrary.org/leaked-cable-israel-kept-gaza-economy-functioning-at-lowest-level-november-2008

206 Vgl. etwa Leila H. Farsakh (Hrsg.): *Rethinking Statehood in Palestine. Self-Determination and Decolonisation beyond Partition*, Oakland 2021, S. 65 f.

207 Zit. nach Michael Lüders: *Wer den Wind sät*, a. a. O., S. 151

208 Helga Baumgarten: *Kein Frieden für Palästina, a. a. O., S. 140 f.*

209 Vollständig ist der Goldstone-Bericht hier nachzulesen: https://www2.ohchr.org/english/bodies/hrcouncil/docs/12session/a-hrc-12-48.pdf

210 Zit. nach https://www.haaretz.com/2008-12-29/ty-article/trying-to-teach-hamas-a-lesson-is-fundamentally-wrong/0000017f-e08f-df7c-a5ff-e2ff98850000

211 Vgl. https://www.haaretz.com/2011-04-12/ty-article/what-exactly-did-goldstone-retract-from-his-report-on-gaza/0000017f-e49b-d568-ad7f-f7fbecd80000

212 Vgl. https://www.haaretz.com/2012-11-15/ty-article/.premium/hamas-source-jabari-wanted-truce/0000017f-e79c-dc7e-adff-f7bdfaca0000 Und: https://www.haaretz.com/opinion/2012-12-04/ty-article/.premium/reuven-pedatzur-why-kill-jabari/0000017f-ded6-db5a-a57f-defe58f00000

213 Dazu ausführlich Michael Lüders: *Armageddon im Orient. Wie die Saudi-Connection den Iran ins Visier nimmt*, München 2018, S. 117 ff.

214 Vgl. Helga Baumgarten: *Kein Frieden für Palästina*, a. a. O., S. 167

215 https://www.un.org/unispal/document/gaza-unliveable-un-special-rapporteur-for-the-situation-of-human-rights-in-the-opt-tells-third-committee-press-release-excerpts/

216 Vgl. etwa https://theintercept.com/2024/06/13/intercepted-israel-hostage-rescue-nuseirat-massacre/

217 Vgl. https://www.nytimes.com/2023/11/30/world/middleeast/israel-hamas-attack-intelligence.html

218 Vgl. https://www.haaretz.com/israel-news/2023-11-22/ty-article/.premium/netanyahu-ignored-all-the-warnings-and-pushed-the-palestinians-into-confrontation/0000018b-f398-d117-abcf-f7ffdb040000

219 Vgl. https://www.haaretz.com/israel-news/2023-11-20/ty-article-magazine/.premium/the-women-soldiers-who-warned-of-a-pending-hamas-attack-and-were-ignored/0000018b-ed76-d4f0-affb-eff740150000

220 Vgl. https://theintercept.com/2024/02/07/gaza-israel-netanyahu-propaganda-lies-palestinians/

221 Vgl. https://www.haaretz.com/israel-news/2024-07-07/ty-article-magazine/.premium/idf-ordered-hannibal-directive-on-october-7-to-prevent-hamas-taking-soldiers-captive/00000190-89a2-d776-a3b1-fdbe45520000

222 Vgl. etwa https://www.haaretz.com/opinion/editorial/2024-01-08/ty-article-opinion/the-idf-must-investigate-the-kibbutz-beeri-tank-fire-incident-right-now/0000018c-e5b8-d765-ab9d-f5fd1f830000; https://www.aljazeera.com/features/2023/11/3/whats-the-hannibal-directive-a-former-israeli-soldier-tells-all; https://mondoweiss.net/2023/10/a-growing-number-of-reports-indicate-israeli-forces-responsible-for-israeli-civilian-and-military-deaths-following-october-7-attack/; https://electronicintifada.net/content/israeli-forces-shot-their-own-civilians-kibbutz-survivor-says/38861

223 Deutsche Medien haben diese Sichtweise, für die es keinerlei Belege gibt, gerne übernommen. So heißt es etwa in einem Beitrag der *Süddeutschen Zeitung* vom 17. Oktober 2023 unter der Überschrift »Die Hamas ist nicht allein«: »Der Terror gegen Israel ist international organisiert, unter der Leitung der Islamischen Republik Iran. Ihr Ziel geht uns alle an.« https://www.sueddeutsche.de/kultur/nahost-konflikt-hamas-islamische-republik-iran-einfluss-israel-natalie-amiri-1.6289167?reduced=true

224 Vgl. https://www.haaretz.com/israel-news/2023-12-09/ty-article-magazine/.highlight/the-israeli-army-has -dropped-the-restraint-in-gaza-and-data-shows-unprecedented-killing/0000018c-4cca-db23-ad9f-6cdae8ad0000

225 Vgl. https://thewire.in/world/northern-gaza-israel-palestine-conflict

226 Vgl. https://apnews.com/article/israel-palestinians-south-africa-genocide-hate-speech-97a9e4a84a3a6bebeddfb80f8a030724

227 Vgl. https://www.newarab.com/news/israeli-general-praises-spread-disease-gaza

228 Vgl. https://www.haaretz.com/israel-news/2023-11-12/ty-article/israeli

security-cabinet-member-calls-north-gaza-evacuation-nakba-2023/0000018b-c2be-dea2-a9bf-d2be7b670000

229 https://twitter.com/SkyNews/status/1711879287278850551

230 Vgl. etwa https://www.haaretz.com/israel-news/2024-01-21/ty-article/.premium/army-officer-makes-incorrect-claims-on-oct-7-massacre-idf-well-set-record-straight/0000018d-2c67-daf5-a1bf-ac77f9b50000

231 Vgl. etwa https://theintercept.com/2023/10/31/gaza-death-palestine-health-ministry/

232 Vgl. etwa https://www.nachdenkseiten.de/?p=106529

233 Ein guter Überblick über die zahlreichen Propaganda-Aussagen findet sich hier: https://theintercept.com/2024/02/07/gaza-israel-netanyahu-propaganda-lies-palestinians/

234 Vgl. https://www.juedische-allgemeine.de/israel/in-kritischem-zustand/

235 Vgl. https://www.youtube.com/watch?v=6ZzPA2OfUKc

236 Vgl. https://www.timesofisrael.com/report-us-quietly-approved-more-than-100-arms-sales-to-israel-since-october-7/

237 Zit. nach https://www.jns.org/biden-is-the-primary-obstacle-to-israeli-victory

238 Vgl. https://www.aljazeera.com/news/2024/10/7/us-spends-more-than-20bn-in-aid-to-israel-middle-east-conflicts-report

239 Vgl. https://www.tagesschau.de/ausland/amerika/un-berichte-missbrauch-israel-hamas-gaza-100.html

240 Vgl. https://www.timesofisrael.com/israel-fumes-as-un-secretay-general-leaves-hamas-off-sexual-violence-blacklist/

241 Hier nachzulesen: https://www.nytimes.com/2023/12/28/world/middleeast/oct-7-attacks-hamas-israel-sexual-violence.html

242 Die US-Nachrichtenwebsite *Mondoweiss* hat die Hintergründe der fragwürdigen *Times*-Recherche detailliert aufgearbeitet: https://mondoweiss.net/2024/01/family-of-key-case-in-new-york-times-october-7-sexual-violence-report-renounces-story-says-reporters-manipulated-them/

243 Vgl. https://www.aljazeera.com/news/2023/10/9/israel-announces-total-blockade-on-gaza

244 https://reliefweb.int/report/occupied-palestinian-territory/people-northern-gaza-forced-survive-245-calories-day-less-can-beans-oxfam-enar

245 Vgl. etwa https://www.politico.eu/article/israel-pm-netanyahu-denies-palestinians-are-starving/

246 Vgl. https://www.tagesspiegel.de/internationales/auswartiges-amt-

nennt-bericht-irrefuhrend-zwischen-baerbock-und-netanjahu-soll-es-zu-heftigen-wortgefechten-gekommen-sein-11540924.html

247 Hier der Ausschnitt im Original: https://www.youtube.com/watch?v=61jhtUuJulc

248 Der Bericht ist hier vollständig nachzulesen: https://reliefweb.int/report/occupied-palestinian-territory/anatomy-genocide-report-special-rapporteur-situation-human-rights-palestinian-territories-occupied-1967-francesca-albanese-ahrc5573-advance-unedited-version

249 Vollständig hier nachzulesen: https://www.972mag.com/mass-assassination-factory-israel-calculated-bombing-gaza/

250 Vgl. https://www.bbc.co.us/news/world-middle-east-68745681

251 Vollständig hier nachzulesen: https://www.972mag.com/lavender-ai-israeli-army-gaza/

252 Vollständig hier nachzulesen: https://www.972mag.com/israel-torture-camp-gaza-detainees/

253 Hier der vollständige Artikel: https://edition.cnn.com/2024/05/10/middleeast/israel-sde-teiman-detention-whistleblowers-intl-cmd/index.html

254 Vgl. https://www.ohchr.org/en/press-releases/2024/07/un-report-palestinian-detainees-held-arbitrarily-and-secretly-subjected

255 Hier vollständig zu sehen: https://www.youtube.com/watch?v=3EtNFXL_ykg

256 Vgl. https://www.youtube.com/watch?v=53G_Pkz2wAo

257 https://www.berliner-zeitung.de/open-source/nahostkonflikt-warum-israelis-kein-interesse-haben-den-gaza-krieg-zu-beenden-li.2191762

258 https://www.un.org/unispal/document/flash-report-on-the-human-rights-situation-in-the-west-bank-including-east-jerusalem-7-october-20-november-2023-un-human-rights-office-ohchr/

259 Vgl. https://www.newarab.com/analysis/israels-war-gaza-strangling-west-banks-economy

260 Vgl. https://theintercept.com/2024/06/12/israel-west-bank-airstrikes-drones-palestinians-killed-children/

261 Vgl. https://www.nytimes.com/2024/06/21/world/middleeast/israel-west-bank-netanyahu-bezalel-smotrich.html

262 Vgl. https://bip-jetzt.de/2023/11/04/bip-aktuell-279-welchen-plan-gibt-es-fuer-gaza/

263 Vgl. https://www.theguardian.com/world/2024/feb/16/egypt-building-walled-enclosure-in-sinai-for-rafah-refugees-videos-suggest

264 Vgl. https://www.israelhayom.com/2023/11/29/senior-us-lawmakers-review-plan-that-conditions-aid-on-arab-countries-receiving-gazans/

265 Vgl. https://www.haaretz.com/israel-news/2023-11-14/ty-article/israeli-mks-publish-plan-to-transfer-gazans-to-europe-to-alleviate-humanitarian-crisis/0000018b-ce7c-d168-a3ef-dffeed320000?lts=1712582205018

266 Vgl. https://www.nzz.ch/international/friedrich-merz-wir-haben-genug-antisemitische-junge-maenner-im-land-ld.1761710

267 Vgl. https://www.middleeasteye.net/news/war-gaza-israel-talks-rwanda-and-chad-receive-exiled-palestinians

268 Vgl. https://www.newarab.com/news/israel-could-create-artificial-island-gaza-fm

269 Vgl. etwa https://www.middleeasteye.net/news/tony-blair-reportedly-tapped-relocate-palestinian-refugees-gaza

270 Vgl. https://www.jns.org/tony-blair-to-look-into-voluntary-emigration-for-gazans-report/

271 Vgl. https://edition.cnn.com/2024/01/17/middleeast/israel-far-right-gaza-settler-movement-cmd-intl/index.html

272 Vgl. etwa https://www.vanityfair.com/news/jared-kushner-israel-gaza-waterfront-property

273 Vgl. https://theintercept.com/2024/06/12/republicans-gaza-funding-rebuild-aid/

274 Vgl. etwa https://diem25.org/is-natural-gas-the-real-reason-for-the-genocide-in-gaza/

275 Zit. nach https:://www.middleeasteye.net/opinion/war-gaza-fate-global-justice-hangs-south-africas-icj-case

276 Vgl. https://www.haaretz.com/israel-news/2024-10-21/ty-article-magazine/.premium/at-the-prepare-to-resettle-gaza-conference-wishful-thinking-made-way-to-concrete-plans/00000192-b04a-daee-a9fb-fedaf2a60000

277 Vgl. https://donare.info/en/news/northern_gaza_un_ngos_report_extreme_suffering_apocalyptic_conditions

278 Vgl. https://bip-jetzt.de/2023/12/09/bip-aktuell-284-ethnische-saeuberung-keine-umsiedlung/

279 Vgl. https://www.aljazeera.com/news/liveblog/2024/4/27/israels-war-on-gaza-live-israel-bombards-gaza-as-student-protests-spread?update=2863507

280 Vgl. https://www.aljazeera.com/news/liveblog/2024/5/21/israels-war-on-gaza-live-40-of-gaza-population-displaced-in-two-weeks

281 https://www.aktiongegendenhunger.de/presse/drohende-hungersnot-gaza-500000-muetter-und-kinder-haben-keinen-zugang-zu-nahrung

282 Vgl. etwa https://www.nytimes.com/2024/05/04/world/middleeast/gaza-famine-mccain-israel.html

283 https://www.hrw.org/news/2024/05/14/gaza-israelis-attacking-known-aid-worker-locations

284 Vgl. https://cpj.org/2024/04/journalist-casualties-in-the-israel-gaza-conflict/

285 Vgl. https://www.aljazeera.com/news/2024/5/5/netanyahu-government-votes-to-close-al-jazeera-channel-in-israel

286 So bezeichnete der Hamas-Führer Yahya Sinwar die Zehntausende von zivilen Toten im Gazastreifen offenbar als »notwendige Opfer«. Deren Tod werde »Leben in die Adern unserer Nation pumpen und ihr helfen, in Ruhm und Ehre wiederaufzustehen«. Die Quelle dieser Information, das *Wall Street Journal*, ist allerdings mit Vorsicht zu betrachten: Bereits am 8. Oktober 2023 veröffentlichte die Zeitung eine Reportage aus Beirut, die auf Grundlage fragwürdiger Indizien behauptet, der Angriff der Hamas am Tag zuvor sei erfolgt, nachdem die iranische Revolutionsgarde dafür grünes Licht erteilt hätte – was nicht einmal die Regierung Netanjahu behauptet. Vgl. https://www.wsj.com/world/middle-east/iran-israel-hamas-strike-planning-bbe07b25
Zur Causa Sinwar vgl. https://www.wsj.com/world/middle-east/gaza-chiefs-brutal-calculation-civilian-bloodshed-will-help-hamas-626720e7

287 Vgl. https://www.bbc.com/news/world-middle-east-67436154

288 Vgl. https://www.france24.com/en/tv-shows/truth-or-fake/20231116-idf-claims-to-find-list-of-hamas-names-but-it-s-the-days-of-the-week-in-arabic

289 Eine gute Zusammenstellung der Positionen beider Seiten, in deutschen Leitmedien nicht zu finden: https://www.theguardian.com/commentisfree/2024/jan/13/south-africa-israel-genocide-the-hague

290 Der vollständige Text der Anklageschrift ist etwa hier nachzulesen: https://www.timesofisrael.com/full-text-of-icc-prosecutor-karim-khans-application-for-arrest-warrants/

291 Hier vollständig nachzulesen: https://diefreiheitsliebe.de/politik/600-bundesbeamte-fordern-von-bundesregierung-waffenlieferungen-an-israel-umgehend-einzustellen/

292 Zu den juristischen Hintergründen vgl. https://www.icj-cij.org/case/70

293 Vgl. https://bip-jetzt.de/2024/04/16/bip-aktuell-300-die-verteidigung-deutschlands-vor-dem-internationalen-gerichtshof/

294 Vgl. https://www.ynet.co.il/news/article/byfvfoeyc

295 Vgl. https://english.almayadeen.net/news/politics/netanyahu-fears-icc-arrest-warrant--israeli-media

296 Vgl. https://www.theguardian.com/world/article/2024/may/28/israeli-spy-chief-icc-prosecutor-war-crimes-inquiry

297 Dazu ausführlich etwa: https://www.middleeasteye.net/news/israel-war-gaza-icc-arrest-warrant-netanyahu-why-late-next

298 Vgl. https://www.dailymail.co.uk/news/article-13979123/British-lawyer-called-Netanyahu-arrested-war-crimes-denies-misconduct-following-harassment-claims.html und https://palestinetoday.quora.com/BREAKING-ICC-chief-prosecutor-accused-of-sexual-misconduct-Daily-Mail

299 Zit. nach https://www.project-syndicate.org/commentary/end-gaza-war-last-chance-for-peace-palestine-by-mohamed-elbaradei-2024-01

300 Vgl. https://www.berliner-zeitung.de/politik-gesellschaft/geopolitik/kampf-gegen-huthi-rebellen-fregatten-kapitaen-ueberrascht-von-ungehemmter-gewalt-li.2205770

301 Vgl. https://arabcenterdc.org/resource/houthi-red-sea-attacks-have-global-economic-repercussions/

302 Vgl. https://www.middleeastmonitor.com/20240314-us-held-secret-talks-with-iran-in-oman-to-halt-houthi-red-sea-attacks/

303 Vgl. https://www.aljazeera.com/news/liveblog/2024/4/19/israels-war-on-gaza-live-us-veto-at-un-unfair-unethical-pa-president

304 Vgl. https://www.haaretz.com/israel-news/2024-04-25/ty-article/.premium/first-rafah-then-hezbollah-then-iran-israels-govt-plans-for-more-war/0000018f-11b3-dc39-a9cf-b5f75d1a0000

305 https://www.amnesty.org/en/latest/news/2024/09/lebanon-establish-international-investigation-into-deadly-attacks-using-exploding-portable-devices/

306 Vgl. etwa https://www.middleeastmonitor.com/20241013-iran-missile-attack-causes-53m-in-damage-in-israel-media-report/

307 Vgl. https://www.zeit.de/politik/deutschland/2024-10/deutschland-ruestungsexport-israel-ausweitung

308 Vgl. https://www.foreignaffairs.com/united-states/theater-defense-war-asia-europe-middle-east

309 Emmanuel Todd: *La Défaite de l'Occident*, Paris 2024, S. 367 f.

310 Diese wie auch die nachfolgenden Zitate von Pankaj Mishra sind sei-

nem Essay »*The Shoah after Gaza*« entnommen: https://www.lrb.co.uk/the-paper/v46/no6/pankaj-mishra/the-shoah-after-gaza

311 Hier vollständig nachzulesen: https://taz.de/Offener-Brief-juedischer-Intellektueller/!5965154/

312 Nicht allein in Deutschland, sondern auch in den USA, wie die *New York Times* erstaunt feststellt: https://www.nytimes.com/2024/05/12/business/media/al-jazeera-college-protests-gaza.html

313 Hier vollständig nachzulesen: https://www.aljazeera.com/opinions/2024/2/27/german-guiltwashing-in-times-of-genocide

314 Zit. nach https://www.berliner-zeitung.de/politik-gesellschaft/berlin-justizsenatorin-felor-badenberg-sabotage-der-demokratie-soll-straftat-werden-li.2209729

315 Vgl. https://www.juedische-stimme.de/berliner-sparkasse-sperrt-konto-der-jüdischen-stimme

316 Vgl. https://www.berliner-zeitung.de/news/verbot-von-palaestina-kongress-handelte-die-berliner-polizei-rechtswidrig-proteste-li.2205621

317 Hier sein Bericht: https://www.youtube.com/watch?v=BiparGPDc_w

318 Hier der vollständige Vortrag: https://www.youtube.com/watch?v=9JXXBhruGhc

319 Vgl. https://www.berliner-zeitung.de/politik-gesellschaft/varoufakis-nach-einreiseverbot-berlin-hat-den-punkt-der-selbsterniedrigung-erreicht-li.2207128

320 Zit. nach https://www.zeit.de/kultur/2024-04/nancy-fraser-uni-koeln-albertus-magnus-professur

321 Hier vollständig nachzulesen: https://www.aljazeera.com/opinions/2024/1/22/gaza-and-germanys-departure-from-reason

322 Vgl. https://www.aljazeera.com/news/2024/6/24/over-20000-children-buried-trapped-detained-lost-amid-gaza-war-report

323 Vgl. https://www.sueddeutsche.de/politik/israel-botschaft-asseburg-interview-tilo-jung-antisemitin-kritik-1.6035432

324 Hier vollständig nachzulesen: https://www.nachdenkseiten.de/?p=105894

325 Claude Serfati: *Un monde en guerres*, Paris 2024, S. 35

326 Vgl. https://www.faz.net/aktuell/politik/inland/raeumung-von-protest-an-der-hu-berlin-wegner-bestreitet-anweisung-19741964.html

327 Vgl. https://www.hu-berlin.de/de/pr/themen/stellungnahme-der-dekan-innen-der-humboldt-universitaet

328 Das »Statement« ist vollständig hier nachzulesen: https://docs.google.com/forms/d/e/1FAIpQLSfVy2D5Xy_DMiaMx2TsE7YediR6qifxoLDP1zljKzEl9t1LWw/viewform

329 Vgl. https://www.rbb24.de/panorama/beitrag/2024/05/berlin-pro-palaestina-brief-dozenten-empoerung-kritik-raeumung-fu.html

330 https://www.bild.de/politik/inland/uni-lehrkraefte-unterstuetzen-krawall-studenten-die-universitaeter-663cb4dfa8485058948a470e

331 Vgl. etwa https://taz.de/Reaktionen-auf-veroeffentlichte-E-Mails/!6013421/

332 Der offene Brief ist vollständig hier nachzulesen: https://docs.google.com/forms/d/e/1FAIpQLSccTcNVPTUSpezw2v7wWgNVpoFPfYsYMa9QpLkmCaq4YWy1Nw/viewform

333 https://www.medico.de/blog/schuld-ohne-suehne-19312

334 Michael Rothberg: *Multidirektionale Erinnerung. Holocaustgedenken im Zeitalter der Dekolonisierung*, Berlin 2021, hier S. 8–23

Literatur

Arendt, Hannah: *Eichmann in Jerusalem. Ein Bericht von der Banalität des Bösen*, München 1964

Arendt, Hannah: *Sechs Essays. Die verborgene Tradition*, Göttingen 2019

Asseburg, Muriel: *Palästina und die Palästinenser. Eine Geschichte von der Nakba bis zur Gegenwart*, München 2023

Asseburg, Muriel/Busse, Jan: *Der Nahostkonflikt. Geschichte, Positionen, Perspektiven*, München 2023

Barr, James: *A Line in the Sand: Britain, France and the Struggle that shaped the Middle East*, London 2011

Baumgarten, Helga: *Hamas. Der politische Islam in Palästina*, München 2006

Baumgarten, Helga: *Kein Frieden für Palästina. Der lange Krieg gegen Gaza, Besatzung und Widerstand*, Wien 2023

Bednarz, Dieter/Lüders, Michael: *Palästina Protokolle. Gespräche mit Israelis und Palästinensern über Menschenwürde*, Hannover 1981

Bein, Alexander (Hrsg.): *The Mozkin Book*, Jerusalem 1939

Benz, Wolfgang (Hrsg.): *Streitfall Antisemitismus. Anspruch auf Deutungsmacht und politische Interessen*, Berlin 2020

Bröning, Michael: *The Politics of Change in Palestine. State-Building and Non-Violent Resistance*, London 2011

Brönner, Wolfram: *Der Nahost-Konflikt und die Palästina-Frage*, Frankfurt am Main 1979

Buber, Martin: *On Zion: The History of an Idea*, Syracuse 1973

Buber, Martin: *Israel and the World: Essays in A Time of Crisis*, Syracuse 1997

Bull, Odd: *War and Peace in the Middle East*, London 1973

Bunzl, John: *Israel im Nahen Osten. Eine Einführung*, Wien 2008

Caplan, Neil: *Palestine Jewry and the Palestine Question 1917–1925*, London 1978

Chomsky, Noam: *Fateful Triangle: The United States, Israel and the Palestinians*, London 1999

Cooley, John: *Green March, Black September. The Story of the Palestinian Arabs*, London 1973

Elan, Amitzur: *The Origin of the Arab-Israel Arms Race. Arms, Embargo, Military Power and Decision in the 1948 Palestine War*, New York 1996

Elon, Amos: *Morgen in Jerusalem. Theodor Herzl, sein Leben und Werk*, Wien 1975

Farsakh, Leila H. (Hrsg.): *Rethinking Statehood in Palestine. Self-Determination and Decolonisation beyond Partition*, Oakland 2021

Finkelstein, Norman G.: *Der Konflikt zwischen Israel und den Palästinensern. Mythos und Realität*, München 2002

Finkelstein, Norman G.: *Gaza. An Inquest into its Martyrdom*, Oakland 2018

Fisk, Robert: *Pity the Nation. Lebanon at War*, London 2001

Flapan, Simha: *Zionism and the Palestinians*, London 1979

Friedländer, Saul: *Blick in den Abgrund. Ein israelisches Tagebuch*, München 2023

Funke, Hajo: *Black Lives Matter in Deutschland. George Floyd und die Diffamierung von Achille Mbembe als Antisemit – eine Streitschrift über (post) koloniale Konflikte*, Hamburg 2021

Galnoor, Itzhak: *The Partition of Palestine. Decision Crossroads in the Zionist Movement*, New York 2012

Gorenberg, Gershom: *Israel schafft sich ab*, Frankfurt am Main 2012

Gresh, Alain: *Israel – Palästina. Die Hintergründe eines unendlichen Konfliktes*, Zürich 2001

Halme; David: *Identity, Ideology and the Future of Jerusalem*, London 2006

Hass, Amira: *Drinking the Sea at Gaza. Days and Nights in a Land under Siege*, New York 1996

Hirst, David: *The Gun and the Olive Branch. The Roots of Violence in the Middle East*, London 1977

Hollstein, Walter: *Kein Frieden um Israel. Zur Sozialgeschichte des Palästina-Konfliktes*, Bonn 1977

Iyad, Abu: *Freiheit oder Tod. Der Freiheitskampf der Palästinenser*, Düsseldorf 1979

Kaiser, Karl/Steinbach, Udo (Hrsg.): *Deutsch-arabische Beziehungen*, München 1981

Khalidi, Rashid: *Der Hundertjährige Krieg um Palästina. Eine Geschichte von Siedlerkolonialismus und Widerstand*, Zürich 2024

Khalidi, Walid (Hrsg.): *From Haven to Conquest*, Beirut 1971

Khalidi, Walid: *From Haven to Conquest: Readings in Zionism and the Palestine Problem until 1948*, Washington 1987

Klein, Menachem: *Lives in common: Arabs and Jews in Jerusalem, Jaffa and Hebron*, Oxford 2014

Laurens, Henri: *La Question de Palestine*, Paris 2007

Lenczowski, George: *American Presidents and the Middle East*, Durham/North Carolina 1990

Léon, Abraham: *Judenfrage und Kapitalismus*, München 1971

Levit, Daphna: *Wrestling with Zionism: Jewish Voices of Dissent*, Northampton/Maine 2020

Love, Kenneth: *Suez: The Twice-Fought War*, London 1969

Lüders, Michael: *Wer den Wind sät. Was westliche Politik im Orient anrichtet*, München 2015

Lüders, Michael: *Armageddon im Orient. Wie die Saudi-Connection den Iran ins Visier nimmt*, München 2018

Lüders, Michael: *Die scheinheilige Supermacht. Warum wir aus dem Schatten der USA heraustreten müssen*, München 2021

Lüders, Michael: *Moral über alles? Warum sich Werte und nationale Interessen selten vertragen*, München 2023

Marwecki, Daniel: *Absolution? Israel und die deutsche Staatsräson*, Göttingen 2024

Masalha, Nur: *Expulsion of the Palestinians: The Concept of »Transfer« in Zionist Political Thought, 1882 – 1948*, Beirut/Washington 1992

Mearsheimer, John J./Walt, Steven M.: *Die Israel-Lobby. Wie die amerikanische Außenpolitik beeinflusst wird*, Frankfurt am Main 2007

Mejcher, Helmut/Schölch, Alexander (Hrsg.): *Die Palästina-Frage 1917 – 1948*, Paderborn 1981

Moreh, Dror: *The Gatekeepers. Aus dem Inneren des israelischen Geheimdienstes*, Köln 2015

Morris, Benny: *The Birth of the Palestinian Refugee Problem 1947–1949*, Cambridge 1987

Morris, Benny: *Israel's Border Wars 1949–1956*, Oxford 1993

Pappe, Ilan: *Out of the Frame. The Struggle for Academic Freedom in Israel*, London 2010

Pappe, Ilan: *The Biggest Prison on Earth. A History of the Occupied Territories*, London 2017

Pappe, Ilan: *Die ethnische Säuberung Palästinas*, Frankfurt am Main 2019

Polkehn, Klaus: *Der antiimperialistische Befreiungskampf des palästinensischen Volkes*, Berlin (DDR) o. J.

Rabinovich, Itamar: *The Road Not Taken. Early Arab-Israeli Negotiations*, Oxford 1991
Rothberg, Michael: *Multidirektionale Erinnerung. Holocaustgedenken im Zeitalter der Dekolonisierung*, Berlin 2021
Rowe, David/Schulman, Robert (Hrsg.): *Einstein on Politics. His Private Thoughts and Public Stands on Nationalism, Zionism, War, Peace, and the Bomb*, Princeton 2007
Roy, Sara: *Failing Peace: Gaza and the Palestinian-Israeli Conflict*, London 2007
Sacco, Joe: *Footnotes in Gaza*, New York 2009
Sand, Shlomo: *Die Erfindung des jüdischen Volkes. Israels Gründungsmythen auf dem Prüfstand*, Berlin 2010
Sayigh, Rosemary: *Palestinians: From Peasants to Revolutionaries*, London 1979
Schäfer, Barbara (Hrsg.): *Historikerstreit in Israel. Die »neuen« Historiker zwischen Wissenschaft und Öffentlichkeit*, Frankfurt am Main 2000
Seale, Patrick: *Abu Nidal. Händler des Todes*, München 1992
Segev, Tom: *Die siebte Million. Der Holocaust und Israels Politik der Erinnerung*, Reinbek 1995
Serfati, Claude: *Un monde en guerres*, Paris 2024
Shlaim, Avi: *Collusion Across the Jordan: King Abdullah, the Zionist Movement, and the Partition of Palestine*, New York 1988
Shlaim, Avi: *The Iron Wall: Israel and the Arab World*, London 2001
Shlaim, Avi: *Three Worlds. Memoirs of an Arab-Jew*, London 2023
Swedenburg, Ted: *Memories of Revolt – The 1936–1939 Rebellion and the Palestinian National Past*, Fayetteville/Arkansas 1995
Todd, Emmanuel: *La Défaite de l'Occident*, Paris 2024
Weinstock, Nathan: *Das Ende Israels? Nahostkonflikt und Geschichte des Zionismus*, Berlin 1975
Weizmann, Chaim: *Trial and Error*, London 1950
Winstanley, Asa: *Weaponizing Anti-Semitism. How the Israel-Lobby brought down Jeremy Corbyn*, New York 2023

Ausführliches Inhaltsverzeichnis

Jüdische Besiedlung Palästinas 1946

Palästina
Jüdische Siedlungsgebiete

UN-Teilungsplan 1947

Palästina
Israel
Jerusalem unter internationaler Kontrolle